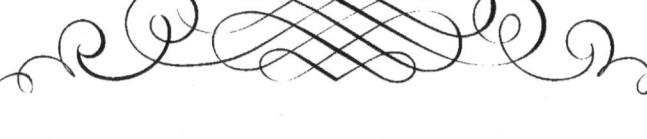

ISBN 978-0-282-43268-3
PIBN 10521711

# 1 MONTH OF
# FREE
# READING

## at
## www.ForgottenBooks.com

By purchasing this book you are
eligible for one month membership to
ForgottenBooks.com, giving you
unlimited access to our entire
collection of over 700,000 titles via
our web site and mobile apps.

To claim your free month visit:
www.forgottenbooks.com/free521711

PROVIDENCIA

# POR LA SECRETARIA DE HACIENDA.

——

*No se eximen los capitales de capellanías de la contri-
bucion del dos por ciento.*

Vista la solicitud que han presentado varios capella-
nes, pidiendo se les exima del pago del dos por ciento
sobre capitales,[1] el C. Presidente se ha servido resolver
que no ha lugar á lo que solicitan los interesados.

Se publicó por la Direccion de centribuciones directas en 6 del presente.

——

### Enero 2.

### DECRETO POR LA SECRETARIA DE JUSTICIA E INSTRUCCION PUBLICA.

## *Planta de ella.*

El C. Presidente de la República me ha dirigido el
decreto que sigue:

*"El C. Benito Juarez, Presidente constitucional de los
Estados—Unidos Mexicanos, á sus habitantes, sabed:*

Que en uso de las amplias facultades concedidas al
Ejecutivo por el Congreso de la Union en la ley de 11

1 Recopilacion de 26 de Diciembre de 1861, pág. 57.

del mes de Diciembre próximo pasado,[1] he venido en decretar lo siguiente:

La planta del Ministerio de Justicia, Fomento é Instruccion pública, será la que sigue:

| | |
|---|---:|
| Un Ministro.................... $ | 6,000 |
| Un oficial mayor................ | 4,000 |

### SECCION DE JUSTICIA Y MINERIA.

| | |
|---|---:|
| Un gefe....................... | 3,000 |
| Un oficial.................... | 1,500 |
| Un escribiente 1 ?............. | 600 |
| Un idem 2 ?................... | 600 |

### SECCION DE FOMENTO.

| | |
|---|---:|
| Un gefe....................... | 3,000 |
| Un oficial 1 ?................. | 2,200 |
| Un idem 2 ?................... | 2,200 |
| Un idem 3 ?................... | 2,000 |
| Un escribiente 1 ?............. | 800 |
| Un idem 2 ?................... | 800 |
| Un idem 3 ?................... | 600 |
| Un idem 4 ?................... | 600 |

### SECCION DE INSTRUCCION PUBLICA.

| | |
|---|---:|
| Un gefe....................... | 2,200 |
| Un escribiente................ | 600 |

### ARCHIVO.

| | |
|---|---:|
| Un gefe....................... | 1,200 |
| Un escribiente................ | 600 |
| Al frente..... $ | 32,500 |

---

1   Recopilacion de ese mes, pág. 13.

Del frente............ $32,500

SERVICIO DEL MINISTERIO.

| | |
|---|---|
| Un portero...................... | 600 |
| Un mozo de oficios............. | 300 |
| Dos ordenanzas con gratificacion de 5 pesos mensuales cada uno..... | 120 |
| Gastos de oficio................. | 1,200 |

SERVICIO DE PALACIO.

| | |
|---|---|
| Un arquitecto.................... | 600 |
| Un conserge..................... | 300 |
| Un jardinero.................... | 600 |
| Peones y gasto.................. | 600 |

SECRETARIA DE LA SOCIEDAD DE GEOGRAFIA.

| | |
|---|---|
| Un escribiente.................. | 800 |
| Un mozo......................... | 192 |
| Gastos de oficina............... | 150 |

$37,962

Por tanto, mando se imprima, publique circule y se le dé el debido cumplimiento. Palacio del Gobierno federal eu México, á 2 de Enero de 1862.—*Benito Juarez.* —Al C. Jesus Teran, Ministro de Justicia, Fomento é Instruccion pública."

Y lo comunico á V. para su publicacion y demas fines.

Dios, Libertad y Reforma. México, &c.—*Teran.*

Se publicó en bando del dia 7.

———

## Enero 3.

DECRETO POR LA SECRETARIA DE RELACIONES
Y GOBERNACION.

### Declarando en estado de sitio el de Puebla.

El C. Presidente constitucional de la República se ha servido dirigirme el decreto que sigue:

"*Benito Juarez, Presidente constitucional de los Estados-Unidos Mexicanos, á sus habitantes, sabed:*

Que en atencion á las circunstancias estraordinarias en que se halla la República, y á la peculiar posicion del Estado de Puebla, amenazado inmediatamente de la invasion estrangera, y usando de las facultades de que me hallo investido, he tenido á bien decretar lo siguiente:

Artículo único. El Estado de Puebla se declara en estado de sitio. En consecuencia, la autoridad militar, nombrada por el Gobierno general, reasumirá desde luego los mandos político, civil y militar.

Por tanto, mando se imprima, publique y observe. Palacio nacional de México, á tres de Enero de mil ochocientos sesenta y dos.—*Benito Juarez.*—Al C. Manuel Doblado, Ministro de Relaciones y Gobernacion."

Y lo comunico á V. para su inteligencia y fines consiguientes.

Libertad y Reforma. México, &c.—*Doblado.*

## Enero 3.

### DECRETO POR LA SECRETARIA DE RELACIONES Y GOBERNACION.

*Declarando en estado de sitio el de San Luis Potosí.*

El C. Presidente de la República se ha servido dirigirme el decreto que sigue:

"*Benito Juarez, Presidente constitucional de los Estados-Unidos Mexicanos, á sus habitantes, sabed:*

Que en atencion á las circunstancias estraordinarias en que se halla la República, y á la peculiar posicion del Estado de San Luis Potosí, amenazado de ser uno de los primeros que invadan las fuerzas estrangeras; usando de las facultades de que me hallo investido, he tenido á bien decretar:

Artículo único. Se declara el Estado de San Luis Potosí en estado de sitio. La autoridad militar, nombrada por el Gobierno general, reasumirá en consecuencia los mandos político, civil y militar.

Por tanto, mando se imprima, publique y observe. Palacio nacional de México, á tres de Enero de mil ochocientos sesenta y dos.—*Benito Juarez.*—Al C. Manuel Doblado, Ministro de Relaciones y Gobernacion."

Y lo comunico á V. para su inteligencia y fines consiguientes.

Libertad y Reforma. México &c.—*Doblado.*

---

### Enero 3.

#### GOBIERNO DEL DISTRITO FEDERAL.

#### BANDO.

En el de esta fecha se publicó el decreto espedido por la Secretaría de Hacienda en 30 de Diciembre anterior,[1] que contiene el reglamento de papel sellado para la contribucion federal y la planta de la administracion principal de la renta.

---

### Enero 3.

#### PROVIDENCIA POR LA SECRETARIA DE JUSTICIA.

---

*Las fincas y capitales de la instruccion pública quedan exentos de la contribucion del dos por ciento.*

El C. Presidente de la República ha tenido á bien disponer queden esceptuadas las fincas y capitales de la instruccion pública de la contribucion de dos por ciento, impuesta por decreto de 26 de Diciembre próximo pasado.[2]

Se publicó por la direccion general del ramo en 6 del presente.

---

### Enero 3.

#### CIRCULAR POR LA SECRETARIA DE HACIENDA.

---

Se previene el cobro de la contribucion federal[3] sobre lo que se paga por amonedacion y apartado de metales.[4]

1 Recopilacion de ese mes, pág. 66.
2 Recopilacion de ese mes, pág. 59.
3 Fué decretada en 16 de Diciembre de 1861. Recopilacion de ese mes, página 23.
4 Se derogó esta circular por otra de la misma Secretaría, fecha 24 del presente.

### Enero 3.

En circular de este dia, núm. 32, se comunicó la número 23, espedida por la Secretaría de Hacienda en 28 de Diciembre último,[1] acerca de que no se cobre la contribucion federal á los que satisfacen pagarés de la clase que espresa, la cual se aclaró en la núm. 43 de dicha Secretaría, fecha 20 de Marzo de 1862.

———

### Enero 4.

#### DECRETO POR LA SECRETARIA DE RELACIONES Y GOBERNACION.

*Declarando en estado de sitio el de Tamaulipas.*

El C. Presidente de la República se ha servido dirigirme el decreto que sigue:

*"Benito Juarez, Presidente constitucional de los Estados-Unidos Mexicanos, á sus habitantes, sabed:*

Que en atencion á las circunstancias estraordinarias en que se halla la República, y á la peculiar posicion del Estado de Tamaulipas, amenazado de ser uno de los primeros que invadan las fuerzas estrangeras; usando de las facultades de que me hallo investido, he tenido á bien decretar:

Artículo único. Se declara al Estado de Tamaulipas en estado de sitio. La autoridad militar, nombrada por el Gobierno general, reasumirá en consecuencia los mandos político, civil y militar.

Por tanto, mando se imprima, publique y observe. Palacio nacional de México, á cuatro de Enero de mil

---

1  Recopilacion de ese mes, pág. 65.

ochocientos sesenta y dos.—*Benito Juarez.*—Al C. Manuel Doblado, Ministro de Relaciones y Gobernacion."

Y lo comunico á V. para su inteligencia y fines consiguientes.

Libertad y Reforma. México, &c.—*Doblado.*

---

**Enero 6.**

DECRETO POR LA SECRETARIA DE RELACIONES
Y GOBERNACION.

*Ayuntamiento de la capital. Se proceda á las elecciones de él, y en el entretanto funcionen los individuos que espresa.*

El C. Presidente de la República se ha servido dirigirme el decreto que sigue:

"*Benito Juarez, Presidente constitucional de los Estados-Unidos Mexicanos, á sus habitantes sabed:*

Que en uso de las facultades de que me hallo investido, he decretado lo siguiente:

Art. 1.º Se declara vigente el art. 63 del decreto de 4 de Mayo del ano próximo pasado;[1] y en consecuencia se procederá á celebrar las elecciones de Ayuntamiento de esta capital, con arreglo al mismo decreto, á los dos meses contados desde esta fecha.

Art. 2.º Entretanto se verifican las elecciones, funcionará el cuerpo municipal compuesto de las personas siguientes, que al efecto han sido nombradas por este Gobierno.

PRESIDENTE.

## C. Manuel Terreros.

---

1 Recopilacion de ese mes, pág. 30.

C. Juan Navarro.

„ Agustin del Rio.

„ José Cervantes Ozta.

„ Benito Quijano.

„ José de la Luz Moreno.

„ Lic. José María Godoy.

„ Eduardo Cañas.

„ José María Vasabilvaso.

„ Alfonso Labat.

„ Francisco Diaz Covarrubias.

„ José de Jesus Diaz Covarrubias.

„ Pedro Garay y Garay.

„ Francisco Garay.

„ Antonio Suarez Teruel.

### SINDICOS.

1º Lic. Antonio Martinez de Castro.

2º Felipe Perez Soto.

Por tanto, mando se imprima, publique y observe. Palacio nacional de México, á seis de Enero de mil ochocientos sesenta y dos.—*Benito Juarez.*—Al C. Manuel Doblado, Ministro de Relaciones y Gobernacion."

Y lo comunico á V. para su inteligencia y fines consiguientes.

Libertad y Reforma. México, &c.—*Doblado.*

Se publicó en bando del dia 8.

---

### Enero 6.

#### GOBIERNO DEL DISTRITO FEDERAL.

##### BANDO.

En el de esta fecha se publicó el decreto espedido por la Secretaría de Relaciones en 16 de Diciembre último,[1] que redujo á cuatro las Secretarías de Estado.

---

1 Recopilacion de ese mes, pág. 21.

**Enero 6.**

COMUNICACION DE LA DIRECCION GENERAL DE INSTRUCCION
PUBLICA.

Participa la exencion concedida en 3 del presente[1] á las fincas y capitales del ramo, de la contribucion del dos por ciento dictada en 26 de Diciembre último.

---

**Enero 6.**

CIRCULAR POR LA SECRETARIA DE HACIENDA.

---

*Cómo deben caucionar su manejo los empleados de las aduanas marítimas y fronterizas.*

El C. Presidente de la República, de conformidad con lo consultado por la tesorería general, y en atencion á que la diversidad de disposiciones relativas á las fianzas con que deben caucionar su manejo los empleados de aduanas marítimas y fronterizas, ha dado márgen á frecuentes dudas y á que cada oficina de las espresadas, se atenga en los casos que ocurren, á las distintas disposiciones que se han dictado sobre la materia, sin que haya la conformidad necesaria para la resolucion de las dudas que con mas frecuencia ocurren por falta de las bases convenientes, ha tenido á bien acordar se observen estrictamente, de hoy en adelante, las siguientes prevenciones:

1° Los administradores, contadores y alcaides de las aduanas marítimas y fronterizas afianzarán su manejo por una cantidad equivalente al doble del sueldo anual que la planta les señale.

2° Los oficiales primeros afianzarán por igual can-

1 Página 8.

tidad que los contadores, y solo para el caso de que sustituyan á éstos.

3.° En las aduanas que haya tesorero, afianzará éste por una cantidad equivalente al doble del sueldo anual que disfrute.

4.° Para responder por una cantidad hasta de dos mil pesos, bastará un solo fiador; desde dos hasta cuatro mil pesos, dos fiadores; desde cuatro hasta seis mil pesos tres fiadores, y de seis mil pesos en adelante, tantos fiadores cuantos sean necesarios, á razon de uno por cada dos mil pesos.

5.° En las fianzas que otorguen varias personas, serán éstas responsables de mancomun é insólidum.

6.° Cesa la obligacion de proponer los fiadores á la tesorería general. En lugar de este requisito, se observará lo siguiente:

7.° Los empleados que deben caucionar su manejo propondrán sus fiadores al juez de distrito respectivo, para que éste reciba la correspondiente informacion de solvencia é idoneidad; y en el caso de que éstas circunstancias queden suficientemente acreditadas se otorgará la escritura correspondiente, de la cual, así como de la informacion, remitirá el referido juez un testimonio á la tesorería general para su aprobacion, reservando otro en su archivo para el caso de hacerse efectiva la responsabilidad de los fiadores.

8.° Al remitir las aduanas marítimas y fronterizas á la tesorería general, los libros y comprobantes de su cuenta en el último mes del ano, lo harán con los justificantes de la supervivencia é idoneidad de los fiadores que hayan afianzado el manejo de los empleados en ellas.

Estas disposiciones tendrán efecto para los empleados que se nombren de esta fecha en adelante, y para los que estando anteriormente nombrados, no hubiesen caucionado todavía su manejo; mas no para aquellos que hayan cumplido ya con este requisito, quienes seguirán sirviendo sus empleos bajo las fianzas que á la presente tengan prestadas; y solo se arreglarán á estas prevenciones, en el caso de que por fallecimiento, ausencia ó atraso de sus fiadores, sea preciso el otorgamiento de nuevas escrituras.

Todo lo que de órden suprema comunico á V. para su inteligencia y cumplimiento.

Libertad y Reforma. México &c.—*Gonzalez.*

---

### Enero 6.

#### DIRECCION DE CONTRIBUCIONES DIRECTAS.

En este dia se publicó por ella la providencia por la Secretaría de Hacienda de 1? del presente, declarando que la contribucion del 2 por 100 decretada en 26 de Diciembre último, [1] comprende á los poseedores de capellanías.

---

### Enero 7.

#### DECRETO POR LA SECRETARIA DE RELACIONES Y GOBERNACION.

*La declaracion en estado de sitio de la ciudad de Veracruz, se hace estensiva á todo el Estado.*

El C. Presidente de la República se ha servido dirigirme el decreto que sigue:

"*Benito Juarez, Presidente constitucional de los Estados-Unidos Mexicanos, á sus habitantes, sabed:*

Que á virtud del estremo á que tocan las cuestiones internacionales, y haciéndose indispensable activar las operaciones de la campana contra las fuerzas invasoras;

---

1 Recopilacion de ese mes, pág. 59.

en uso de las facultades de que me hallo investido, he tenido á bien decretar lo siguiente:

Artículo único. La declaracion del estado de sitio limitada á solo la ciudad de Veracruz [1] se estiende por el presente á todo el Estado. En consecuencia, el general en gefe del ejército de Oriente reasumirá desde luego los mandos político y militar, y obrará en todo conforme á sus facultades.

Por tanto, mando se imprima, publique, y observe. Palacio nacional de México, á siete de Enero de mil ochocientos sesenta y dos.—*Benito Juarez.*—Al C. Manuel Doblado, ministro de Relaciones y Gobernacion."

Y lo comunico á V. para su inteligencia y fines consiguientes.

Libertad y Reforma. México, &c.—*Doblado.*

---

### Enero 7.

#### GOBIERNO DEL DISTRITO FEDERAL.

##### BANDO.

En el de esta fecha se publicó el decreto espedido por la Secretaría de Justicia y Fomento en 2 del presente, [2] que determina la planta de ella.

---

### Enero 7.

#### PROVIDENCIA DEL GOBIERNO DEL DISTRITO FEDERAL.

---

*Para que se riegue el frente de las casas.*

El C. Gobernador me manda poner en conocimiento de las personas á quienes corresponda, que el Ayunta-

---

1  Es de 17 de Diciembre último. Recopilacion de ese mes, pág. 33.
2  Página 3.

miento de esta capital, en cabildo ordinario del dia 3 del corriente, ha aprobado la siguiente proposicion:

"Todos están obligados á regar el frente de sus casas á las tres y media de la tarde, de la misma manera que lo hacen en la manana; bajo la pena de doce reales de multa por cada vez que dejaren de hacerlo."

Y habiendo dado su aprobacion el ciudadano gobernador al anterior acuerdo, lo pongo en conocimiento del público para que tenga su debido cumplimiento.

México, &c.—*J. M. del Castillo Velasco*, secretario.

———

**Enero 7.**

### AVISO DE LA INTERVENCION DE LA CASA DE MONEDA.

*Todos los introductores de platas, satisfarán el 25 por ciento adicional sobre los derechos que hoy pagan por acunacion y apartado.*

Habiendo dispuesto el Supremo Gobierno que los introductores de platas en todas las casas de moneda de la República, satisfagan el 25 por ciento adicional, sobre los derechos que hoy pagan por acunacion y apartado, conforme previene el decreto de 16 de Diciembre próximo pasado, [1] lo participo á los individuos á quienes corresponda; en el concepto de que por los que se causen en esta capital, desde esta fecha deben pagarlos en esta oficina de intervencion. [2]

México. &c. —*Jesus Medina.*

———

1  Recopilacion de ese mes, pág. 23.
2  Véase la providencia dada por la Secretaría de Hacienda en 24 del presente.

## Enero 8,

### GOBIERNO DEL DISTRITO FEDERAL.

#### BANDO.

En el de esta fecha se publicó el decreto espedido por la Secretaría de Relaciones en 6 del presente.[1] Ayuntamiento de la capital. Se proceda á las elecciones de él y en el entretanto funcionen los individuos que espresa.

———

## Enero 8.

### CIRCULAR POR LA SECRETARIA DE HACIENDA.

———

*Se esceptúan de la contribucion del 2 por ciento sobre capitales, los que pertenecen á dotes de monjas.*

Dispone el C. Presidente de la República queden escentos de la contribucion del 2 por ciento sobre capitales, los que pertenecen á dotes de monjas.

Comunícolo á V. para su conocimiento y efectos consiguientes.

Libertad y Reforma. México, &c.—*Gonzalez.*

Se publicó en aviso del Gobierno del Distrito el dia 11 del presente.

[1] Página 10.

**Enero 10.**

GOBIERNO DEL DISTRITO FEDERAL.

BANDO.

En el de esta fecha se publicó el decreto espedido en 20 de Diciembre último por la Secretaría de Hacienda.

*Reforma de la ley de presupuestos generales en lo relativo á la planta del juzgado de Distrito de esta capital.*

ANASTASIO PARRODI, General de Division y Gobernador del Distrito federal, á sus habitantes, sabed:

Que por la Secretaría de Estado y del Despacho de Hacienda y Crédito Público se me ha dirigido el siguiente decreto:

"Con esta fecha se ha servido el C. Presidente de la República dirigirme el decreto que sigue:

"*El C. Benito Juarez, Presidente constitucianal de los Estados-Unidos Mexicanos, á sus habitantes, sabed:*

Que usando de las amplias facultades concedidas por el Congreso de la Union en la ley de 11 del actual,[1] he tenido á bien decretar lo siguiente:

Artículo único. Se reforma la ley de presupuestos generales de 16 de Agosto de este año,[2] en la parte relativa á la planta del juzgado de Distrito de esta capital, de la manera siguiente:

| | |
|---|---:|
| 1 Juez.................... | $ 4 000 |
| 1 Promotor fiscal............ | 2,500 |
| Al frente........ | $ 6,500 |

1 Recopilacion de Diciembre último, pág. 13.
2 Recopilacion de ese mes, pág. 56.

| Del frente..... | $ 6,500 |
|---|---|
| 2 Secretarios abogados ó escribanos á $ 1,500.......... | 3,000 |
| 1 Ejecutor................. | 700 |
| 1 Comisario................ | 300 |
| 1 Escribano de diligencias.... | 1,200 |
| 1 Escribiente............... | 500 |
| Gastos de oficio............. | 150 |
| Suma...... | $ 12,350 |

Por tanto, mando se imprima, publique y se observe. Dado en el Palacio del Gobierno nacional de México, á 20 de Diciembre de 1861.—*Benito Juarez.*—Al C. José Gonzalez y Echeverría, Secretario del Despacho de Hacienda y Crédito Público."

Y lo inserto á V. para su inteligencia y fines correspondientes.

Libertad y Reforma. México, Diciembre 20 de 1861. —*Gonzalez.*—C. Gobernador del Distrito federal."

Y para que llegue á noticia de todos, mando se imprima, publique y circule á quienes corresponda.

México, Enero 10 de 1862.—*Anastasio Parrodi.*— *Patricio T. Robles*, Oficial primero.

### Enero 10.

#### PROVIDENCIA POR LA SECRETARIA DE JUSTICIA.

*Cesen los agentes de fomento en todos los puntos de la República entregando sus archivos y demas objetos á las respectivas gefaturas de Hacienda.*

Está inserta en circular de la Secretaría de Hacienda del dia 15 donde se encontrará.

## Enero 10.

CIRCULAR POR LA SECRETARIA DE HACIENDA.

---

### No se ocupe, por ningun motivo, el producto del papel sellado

Habiendo tomado en su alta consideracion el C. Presidente la ley de 17 del mes próximo pasado,[1] espedida por el Ministerio de Relaciones, y la circular aclaratoria de la Secretaría de Hacienda,[2] en la que se previene que solo puedan disponer los Gobernadores de los Estados de las rentas de la federacion para poner en marcha el contingente de fuerza armada señalado á los mismos, recibiéndolas de los gefes de Hacienda, se ha servido prevenir de nuevo que ademas de observarse estrictamente la indicada circular aclaratoria, por ningun motivo se ocupe el papel sellado[3] ni sus productos por ninguna clase de personas ni autoridades, pues que habiéndose casi nulificado la percepcion de derechos de aduanas marítimas, solo queda al Supremo Gobierno para ocurrir á los cuantiosos gastos del presupuesto las contribuciones interiores, entre las que espera que será pronto la primera la renta del papel sellado.

Lo digo á V. para su mas exacta observancia Libertad y Reforma. México, &c.—*Gonzalez*

---

## Enero 10.

CIRCULAR POR LA SECRETARIA DE GUERRA.

---

### Que por ningun motivo se ocupen los bagajes destinados á los conductores de la correspondencia.

Ha llegado á conocimiento del C. Presidente constitucional de la República, que algunos gefes de fuerzas

---

1  Recopilacion de ese mes, pág. 33.
2  Es de 19 de dicho Diciembre. Véase la Recopilacion de ese mes, p. 47.
3  Véase la de 17 del mismo, pág. 42.

de las que están bajo las órdenes del Gobierno general, han cometido el punible abuso de tomar de las postas de correos los bagajes destinados á los conductores de la correspondencia, á quienes con estos hechos han dejado imposibilitados para poder cumplir con el objeto de su instituto.

Desórdenes semejantes, que acarrean el descrédito del Gobierno y pueden ser de fatales consecuencias para el país, han llamado fuertemente la atencion del Supremo Magistrado de la Nacion, quien, deseando poner coto á tales abusos, ha tenido á bien acordar se prevenga á la autoridad y gefes militares, no permitan ni consientan, bajo su mas estrecha responsabilidad, la perpetracion de estos hechos, que serán castigados severamente, sean quienes fueren los que resulten responsables de ellos.

Lo que comunico á V. para su debida observancia y exacto cumplimiento.

Libertad y Reforma. México, &c.—*Hinojosa.*

---

### Enero 11.

#### GOBIERNO DEL DISTRITO FEDERAL.

##### AVISO.

En el de esta fecha se publicó la circular espedida por la Secretaría de Hacienda en 8 del presente,[1] esceptuando del pago de la contribucion del 2 por 100 sobre capitales, los que pertenecen á dotes de monjas.

1 Página 17.

CIRCULAR POR LA SECRETARIA DE HACIENDA.

---

*Cuál pago de la contribucion del dos por ciento se ten-*
*drá por redencion.*

El C. Presidente se ha servido determinar que el pago de la contribucion del dos por ciento que hagan los censatarios por cuenta de los capitales que reconozcan en sus fincas por escritura pública, conforme al artículo 12 de la ley de 26 de Diciembre último,[1] se tenga como redencion parcial del capital que reconozcan, si los censatarios no lo repugnan, en cuyo caso se considerará simplemente como aticipacion de réditos.[2]
Libertad y Reforma. México, &c.— *Gonzalez.*

---

**Enero 11.**

CIRCULAR POR LA SECRETARIA DE HACIENDA.

---

*La contribucion del dos por ciento y el aumento de la*
*federal que satisfagan los censatarios por capitales de*
*beneficencia pública, se rebajan de los mismos capita-*
*les, quedando éstos redimidos en esa parte.*

Previene el C. Presidente que el importe de la contribucion del dos por ciento sobre capitales decretada en 26 de Diciembre último,[3] y el aumento de la contri-

---

1 Recopilacion de ese mes, pág. 61.
2 La anterior circular está mandada rectificar Véase la de ese mismo Ministerio du 17 del presente.
3 Recopilacion de ese mes, pág. 59.

bucion federal sobre la primera que satisfagan los censatarios por capitales consignados á la beneficencia pública, se rebajen de los mismos capitales los que por tal motivo y con solo la presentacion de la boleta respectiva de pago, se entenderán redimidos en esa parte, anotándolo así el funcionario á quien corresponda.

Lo digo á V. para su inteligencia y exacto cumplímiento.

Libertad y Reforma. México, &c.—*Gonzalez.*

## Enero 13.

CIRCULAR NUM. 29 POR LA SECRETARIA DE HACIENDA.

*Acompanando la tarifa de los honorarios que deben disfrutar los administradores principales del papel sellado.*

Habiéndose servido el C. Presidente aprobar la tarifa de los honorarios que deben disfrutar los administradores principales del papel sellado, conforme al art. 13 del reglamento de 30 de Diciembre último,[1] la cual formó la administracion general del ramo, acompano á V. un tanto de ella, para que las oficinas recaudadoras de que habla el art. 2.º de la ley de 16 de Diciembre[2] que amorticen el papel de la contribucion federal, se instruyan de la indemnizacion que les corresponde.

Libertad y Reforma. México, &c.—*Gonzalez.*

1 Recopilacion de ese mes, pág. 69.
2 Idem idem pág 28.

*TARIFA de honorarios, que se sujeta á la aprobacion del Ministerio de Hacienda, conforme al art.* 13 *del reglamento de* 30 *de Diciembre último.*

| Administraciones principales. | Sus residencias. | Cuotas anuales. | Tanto p⁓ sobre ellas. |
|---|---|---|---|
| Aguascalientes..... | Aguascalientes..... | 3,500 | 10 |
| Colima........... | Colima........... | 4,000 | 15 |
| California........ | Puerto de la Paz .. | 1,5· 0 | 25 |
| Chiapas......... | San Cristóbal...... | 3,500 | 20 |
| Chihuahua....... | Parral. .......... | 6,000 | 18 |
| Campeche....... | Campeche........ | 6,000 | 12½ |
| Durango . ... | Durango......... | 8,000 | 16 |
| Distrito. . ... | México.......... | 60,000 | 8 |
| Guanajuato. ...... | Guanajuato........ | 30,000 | 10 |
| Guerrero......... | Iguala........... | 4,000 | 25 |
| Jalisco........... | Guadalajara ...... | ,40,000 | 10 |
| Estado de México.. | Toluca........... | 35,000 | 10 |
| Michoacan    ... | Morelia......... | 24,000 | 12 |
| N. Leon y Coahuila. | Monterey......... | 10,000 | 17 |
| Oajaca........... | Oajaca.......... | 18,000 | 11 |
| Puebla.......... | Puebla.......... | 30,000 | 10 |
| Querétaro........ | Querétaro    ... | 6,000 | 15 |
| San Luis Potosí... | San Luis Potosí... | 16,000 | 11 |
| Sonora .......... | Sonora.......... | 8,000 | 18 |
| Sinaloa......... | Puerto de Mazatlan. | 10,000 | 18 |
| Tamaulipas....... | Tampico.    ... | 8,000 | 18 |
| Tabasco..    ... | San Juan Bautista.. | 4,000 | 20 |
| Veracruz........ | Veracruz.......... | 40,000 | 10 |
| Yucatan......... | Mérida.......... | 16,000 | 12½ |
| Zacatecas.. ...... | Zacatecas........ | 15,000 | 12 |

Por el esceso de ventas sobre las cuotas asignadas, se abonará á los administradores principales de papel sellado el 2 por 100. Estos darán el uno á las oficinas recaudadoras que amorticen sobre la cantidad que entreguen en papel, en virtud de la liquidacion que practiquen y que se verificará precisamente en los ocho dias posteriores al mes precedente.

México, Enero 10 de 1862.—*José Enciso.*

Es copia.—*Nicolas Pizarro,* oficial mayor.

*Al acompañar en 15 de este mes la administracion ge-
neral de la renta á las principales la circular anterior, núm. 29, añadió en la que dirigió con el núm. 35
á sus subalternas, lo siguiente:*

Esta Administracion general, de acuerdo con la Ins-
peceion, y para la aplicacion del honorario que concede
á V. la nueva tarifa, ha acordado: 1 º, que en los mismos términos que se han observado antes, debe V. abonarse en la cuenta de caudales de cada mes el honorario correspondiente del ... hasta la suma de $.....
y del escedente, sea cual fuere, el dos, del que dará V.
el uno por ciento á las oficinas amortizadoras del papel
especial para la contribucion federal: 2 º, que por convenios particulares, como propio de sus atribuciones,
obligaciones é intereses, podrá hacer los arreglos de
abono de honorario á sus subalternos y espendedores:
en el concepto de que por ningun motivo dejará de haber de unos y otros los convenientes al servicio, y teniendo presente sobre esto y para las circunstancias que
deben concurrir en las personas que sirvan á la renta,
lo dispuesto en la circular núm. 35 de 31 de Mayo de
56; y 3 º, que de los citados arreglos dé V. cuenta á
esta oficina para su conocimiento.—*José Enciso.*

### Enero 14.

#### CIRCULAR POR LA SECRETARIA DE HACIENDA.

*Derechos que deben cobrar las aduanas marítimas á los
introductores de numerario que presenten como sobrante de lo que se les guió libre para gastos.*

Dé conformidad con lo consultado por la seccion 1ª, el
C. Presidente de la República se ha servido acordar se

inserte el parecer de aquella á las aduanas marítimas y fronterizas para su estricta observancia, y el cual es como sigue:

"Ciudadano Ministro.—La instruccion reglamentaria del decreto de 19 de Mayo de 1854, espedida en 1 ? de Febrero de 1855,[1] dá á las oficinas respectivas autorizacion para que marquen la cantidad que puedan necesitar para gastos los que soliciten documentos para el trasporte de dinero, segun los diversos casos que se presenten —Con el apoyo de esta disposicion, es legal la conduccion del numerario que llevan los conductores de que hablan los CC. administrador y contador de la aduana marítima de Matamoros; pero como quiera que, todo funcionario tiene el deber de no permitir abusos y de poner los medios para evitar aun aquellos de que no tenga mas que sospechas que se cometen, en la órbita de las atribuciones de dichos empleados está poner el que corresponde para impedir el de los casos de que se trata. Este es, que á los introductores que se presenten con el todo ó con parte, como un sobrante de sus gastos del que marquen sus guías, se les exija precisamente, ó el pago del 2 por 100 de circulacion que deberian pagar como dinero trasportado, ó que les espidan guías de las mismas cantidades para el punto de su regreso, supuesto que el objeto por el que se les concede el libre trasporte, que es el de sus gastos, no tuvo efecto en el todo ó en parte.—En cuanto al pago de derechos de esportacion que cree el contador de la aduana de Matamoros debe cobrarse, no opina del mismo modo la seccion, por no tener el dinero de que se trata la direccion de esportarse, y si teme que se verifique su embarque clandestinamente, que se vigile el fraude por el resguardo y por cualquiera otro medio permitido, pero

---

1 Semanario Judicial, parte 1ª, tomo VIII, pág. 56. El decreto de 19 de Mayo se encuentra en el tomo VI del mismo Semanario, pág. 215.

de ninguna manera que se cobre por lo que se teme que pueda suceder."

Lo que de órden suprema comunico á V., á fin de que sujete esa oficina sus procedimientos á lo prescrito en el dictámen inserto.

Libertad y Reforma. México, &c.—*Gonzalez.*

———

**Enero 15.**

CIRCULAR POR LA SECRETARIA DE HACIENDA.

———

*Plazos que se senalan á los nombrados en los empleos de aduanas marítimas y de frontera para marchar al punto de su destino, y pena al que los escediere.*

Dispone el C. Presidente de la República se recuerde el cumplimiento del art. 162 del reglamento de aduanas marítimas de 22 de Diciembre de 1849, [1] que dice: "Luego que algun individuo que fuere nombrado para empleo de aduana marítima ó de frontera, se le comunique por la direccion general su nombramiento, comenzará á alistar su viaje, en términos de que no pase de un mes la demora en marchar al punto de su destino, si éste no fuere de los que deben dar fianzas, ni de cincuenta dias si fuere de los que tienen precision de otorgarlas. Si el agraciado escediere de estos términos, cuando no sea por enfermedad legítimamente comprobada, se entenderá que renuncia el empleo y será provisto en otro."

Libertad y Reforma. México, &c.—*Gonzalez.*

———

1 Apéndice al tomo de esta Recopilacion de Enero á Abril de 1849, página 162.

**Enero 15.**

CIRCULAR POR LA SECRETARIA DE HACIENDA.

*Inserta la providencia de la Secretaría de Justicia del dia 10.[1] Agentes de fomento. Cesen en todos los puntos de la República. Prevenciones á los Gefes de Hacienda.*

Con fecha 10 del actual dijo el Ministerio de Fomento á esta Secretaría lo que sigue:

"Con esta fecha se dirige por este Ministerio á sus agentes la comunicacion que sigue:—Atendiendo el C. Presidente de la República á las circunstancias en que se encuentra el país, y deseando introducir todas las economías compatibles con la buena marcha de la administracion, se ha servido disponer cesen en su encargo los agentes de este Ministerio en todos los puntos de la República y se les den las debidas gracias por la eficacia, celo y honradez con que han desempeñado siempre su comision. Al comunicarlo á V. para su inteligencia, le prevengo entregue los archivos y demas objetos pertenecientes á la agencia que ha estado á su cargo al Gefe de Hacienda de ese Estado, verificando al hacer la entrega el correspondiente corte de caja, del que remitirá V. un tanto á este Ministerio, enviando en libranza segura la existencia que resulte en numerario."—Y lo trascribo á V. para su conocimiento y á fin de que dicte las órdenes convenientes; en el concepto de que los espresados Gefes de Hacienda se dirijan á este Ministerio para todos los negocios que hasta hoy han estado á cargo de los agentes, que por la preinserta disposicion quedan suprimidos."

Y lo traslado á V. para su inteligencia y cumplimiento. Dios y Libertad. México, &c.—*Gonzalez.*

_____

1 Página 19.

## Enero 17.

### DECRETO POR LA SECRETARIA DE RELACIONES Y GOBERNACION.

*Se destinará otro local para el hospital de maternidad en vez del de Terceros que se le habia señalado.*

El C. Presidente de la República se ha servido dirigirme el decreto que sigue:

"*El C. Benito Juarez, Presidente constitucional de los Estados-Unidos Mexicanos, á sus habitantes, sabed:*

Que para el mejor cumplimiento del art. 3 ? del decreto de 9 de Noviembre, [1] que establece en la capital un hospicio de maternidad é infancia, y en uso de las amplias facultades de que me hallo investido, he tenido á bien decretar lo siguiente:

Artículo único. En lugar del edificio designado por dicho decreto para el establecimiento de la casa de Maternidad é Infancia, se destinará por el Ministerio de Relaciones y Gobernacion, otro local á propósito de entre las fincas pertenecientes al fondo de beneficencia pública.

Por tanto, mando se imprima, publique y observe. Palacio nacional de México, á 17 de Enero de 1862.—*Benito Juarez.*—Al C. Manuel Doblado, Ministro de Relaciones y Gobernacion."

Y lo comunico á V. para su inteligencia y cumplimiento.

Libertad y Reforma. México, &c.—*Doblado.*

---

1 Recopilacion de ese mes, pág. 7.

### Enero 17.

CIRCULAR NUM. 34 POR LA SECRETARIA DE HACIENDA.

———

*Se manda rectificar la núm. 27 de 11 del corriente, que dispuso que el pago de la contribucion del 2 por ciento que hagan los censatarios por cuénta de los capitales que reconozcan, se tenga como redencion parcial.*

El C. Presidente se ha servido mandar se rectifique la circular de esta secretaría núm. 27 fecha 11 del corriente mes,[1] por la que se dispuso que el pago de la contribucion del 2 por ciento que hagan los censatarios por cuenta de los capitales que reconozcan en sus fincas conforme al art. 12 de la ley de 26 de Diciembre último,[2] se tenga como redencion parcial del capital que se reconozca á los censualistas, pues el objeto de tal disposicion es dar libertad de eleccion al que perciba el rédito, á fin de que lo aplique á redencion del capital si le conviene.

Lo digo á V. para los fines consiguientes.

Libertad y Reforma. México, &c.—Por ocupacion del C. Ministro, *Nicolas Pizarro*, oficial mayor.

———

### Enero 17.

CIRCULAR POR LA SECRETARIA DE GUERRA.

———

*Que todo militar que renuncie ó resista el cargo ó comision que el Supremo Gobierno le confiera, quede dado de baja en el ejército y castigado segun convenga al intérés de la nacion.*

El C. Presidente á pesar de haber tenido á la vista las severas prescripciones de la Ordenanza general del

———

1  Página 22.
2  Recopilacion de ese mes, pág. 61.

ejército y otras diversas disposiciones vigentes que tienden á conservar la disciplina y moralidad del mismo, ha
considerado que en las presentes circunstancias, si bien
todos los ciudadanos están en la obligacion de cooperar de la manera mas conveniente al sostén de la independencia y decoro de la nacion, la clase de ciudada-
danos militares tiene el estricto deber de prestar sus
servicios en las comisiones, cargos ó empleos que á juicio del Gobierno deban desempenar para el mejor servicio público, sin presentar escusas de ningun género,
puesto que como inmediatos servidores de la nacion
que paga sus servicios, no se hallan en el caso de los
demas ciudadanos, que pueden ó no aceptar los cargos
que se les ofrezcan; y por lo mismo ha tenido á bien
determinar:

Que todo individuo de la clase militar que por cualquier motivo renuncie ó se resista á aceptar el cargo ó
comision que el Supremo Gobierno le confiera, quede
por el mismo hecho dado de baja en el ejército y castigado ademas gubernativamente segun convenga al interes de la nacion.

Dígolo á V. para que haciéndolo saber en el territorio de su digno mando, tenga lo dispuesto su mas exacto cumplimiento.

Libertad y Reforma. México, &c.—*Hinojosa.*

---

## Enero 17.

### CIRCULAR POR LA SECRETARIA DE GUERRA.

---

*A los gobernadores de los Estados sobre el envío de las
fuerzas de todas armas que estén ya listas, equipadas
y armadas, socorriéndolas para la marcha, y enviando los fondos para su subsistencia despues.*

No obstante que el C. Presidente se halla plenamente satisfecho de la actividad y acrisolado patriotismo

con que V. trabaja en el territorio de su mando por alis·
tar el contingente de fuerza que corresponde á ese Estado conforme al decreto de 17 de Diciembre último [1] y
con el que debe concurrir á la defensa de nuestra nacionalidad, los acontecimientos se precipitan de tal manera, que tal vez se haga indispensable sostener con la
fuerza de las armas nuestro buen derecho en favor de
la absoluta independencia de la República, y por lo mismo me manda prevenir á V. que sin pérdida de momento, haga marchar las fuerzas de todas armas que tenga
ya listas, equipadas y armadas.

El buen juicio de V. le habrá hecho comprender que
en tan críticos momentos, la cuestion de recursos es de
una gravedad inconmensurable, que al Supremo Go·
bierno le seria imposible hacer frente á la situacion, li-
mitado como lo está á los pequenos productos del Distrito federal, notablemente agotados como consecuencia
de la funesta guerra civil que nos ha dividido.

Es pues indispensable, que sin omitir esfuerzo, haga
V. que el referido contingente de tropas sea socorrido
competentemente, no solo para su marcha, sino que cuide V. de remitir en lo sucesivo los fondos indispensables á su subsistencia, haciendo uso de la autorizacion
que le concede el art. 4.º del mencionado decreto, y
poniendo en accion todos los elementos de ese Estado
y aun los de sus patrióticos habitantes.

En asunto de tan vital importancia se encuentra com-
prometido el honor de la nacion, y por lo mismo el C.
Presidente, que conoce el corazon y sentimientos de V.,
confia plenamente que nada dejará de hacer en tan importante asunto.

Libertad y Reforma. México, &c.—*Hinojosa.*

---

[1] Recopilacion de ese mes, pág. 36.

CIRCULAR POR LA SECRETARIA DE HACIENDA.

*Que la Ordenanza general de aduanas marítimas, en lo relativo á prohibiciones, continúe en todo su vigor mientras se espide la que corresponde.*

El C Presidente se ha servido acordar que la Ordenanza general de aduanas marítimas, en lo relativo á prohibiciones,[1] continúe en todo su vigor, mientras se espide la que corresponda segun el espíritu de la Constitucion federal, y en virtud de la autorizacion especial que para formarla ha dado al Ejecutivo el Congreso de la Union.

Lo que de órden suprema comunico á V., para que disponga que esta determinacion llegue desde luego á conocimiento de los comerciantes en general, á fin de que en ningun caso aleguen ignorancia: y en concepto de que, por esta órden queda derogada cualquiera otra que pudiera dar lugar á dudas respecto de la Ordenanza general de aduanas, que continúa vigente.

Libertad y Reforma. México, &c.—*Gonzalez.*

Enero 22.

PROVIDENCIA POR LA SECRETARIA DE RELACIONES
Y GOBERNACION.

*Revocando el acuerdo que eximia á los curas de dar las noticias que exige el perfecto arreglo del registro civil.*

El C. Presidente de la República ha tenido á bien revocar el acuerdo que eximia á los curas de dar las no-

1 Archivo Mexicano tom. I, pag. 521

ticias que exige el perfecto arreglo del registro civil;[1] y en consecuencia queda ese gobierno autorizado para pedir todas las que sean necesarias.

Comunícolo á V. en contestacion á su nota relativa de ayer, y para que lo haga saber á quienes corresponda.

Libertad y Reforma. México, &c.—*Doblado.*

Revocado en 4 de Febrero del presente ano.

---

### Enero 22.

#### PROVIDENCIA POR LA SECRETARIA DE HACIENDA.

---

*Prevenciones á los cónsules mexicanos, sobre manifiestos y facturas que deben exigir para dar las certificaciones que les pidan. Derecho de consulado.*

En respuesta á la comunicacion de esa Secretaría, fecha 15 de Noviembre del ano próximo pasado, en que inserta la que le dirige nuestro cónsul en las Ciudades Anseáticas, relativa á la irregularidad con que aquel comercio verifica el embarque de sus mercancías, el C. Presidente se ha servido acordar se observen las prevenciones consultadas por la seccion 1ª de esta Secretaría, y son las siguientes:

1ª  Que cada remitente debe formar una sola factura para cada consignatario, verificándolo del mismo modo, cuando aquellos sean varios y éste uno solo, entendiéndose lo mismo si es un solo remitente para varios consignatarios.

2ª  Que aun cuando dichas facturas se compongan

---

1  Véase el decreto de 28 de Julio de 1859. Recopilacion de Diciembre de 860, pág. 139.

de una ó mas hojas, que serán siempre de tamano comun, solo se cobrará por el consulado un solo derecho, cuidando dicha oficina de que estén perfectamente unidas, y asegurándolas, ademas, del modo que parezca mas conveniente; como v. g. por medio de una cinta que pasada por todas las hojas vengan á unirse las estremidades bajo el sello del consulado.

3 ? Que respecto de la claridad y especificacion con que deben estar redactados y escritos los manifiestos y facturas, debe ser tal, que no admita duda sobre los nombres, calidad, cantidad, peso, medida, &c., &c., de los efectos que se remiten, sin ambigüedad en la redaccion, ni en la ininteligible escritura que se ha observado, lo hacen, en algunas cosas.

4 ? Que faltando estos requisitos, no pongan la certificacion á dichos documentos, sino cuando se subsanen, y caso de no poderse verificar, dé la certificacion, pero anotando las faltas que haya observado, para que la aduana adonde se dirige, conforme á sus facultades, imponga la pena que corresponda.

Lo que comunico á V. á fin de que por la Secretaría de su digno cargo, se sirva comunicar á los cónsules mexicanos las anteriores prevenciones para su exacto cumplimiento.

Libertad y Reforma. México, &c.—*Gonzalez.*—Al C. Ministro de Relaciones."

---

## Enero 22.

### CIRCULAR POR LA SECRETARIA DE HACIENDA.

---

*Solo el Gobierno general puede nombrar empleados para las gefaturas de Hacienda, aduanas marítimas y fronterizas.*

Dispone el C. Presidente constitucional, que por ningun motivo se admita ni dé posesion en los empleos de esa oficina á persona alguna cuyo nombramiento y patente respectiva, con los requisitos legales, no proceda del Gobierno de la federacion, á quien únicamente está reservada por las leyes esta facultad.

En ningun caso corresponde á las autoridades de los Estados el nombramiento de empleados de la federacion y menos de aduanas marítimas ó fronterizas, ni aun con calidad de provisionales; pues cuando ocurra alguno, cuya provision sea de notoria importancia y no pudiere hacerse el nombramiento por el Supremo Gobierno con la oportunidad que el buen servicio demande, lo hará el gefe superior de Hacienda, dando cuenta inmediatamente á esta Secretaría; y á falta de dicho funcionario, que en ningun caso tendrá empleo de los gobiernos de los Estados, hará el nombramiento provisional el administrador de la aduana; dando igualmente cuenta para la resolucion correspondiente.

Comunícolo á V. de órden suprema, para su estricta observancia.

Libertad y Reforma. México, &c.—*Gonzalez.*

---

**Enero 22.**

PROVIDENCIA POR LA SECRETARIA DE GUERRA.

---

*El Gobierno del Distrito, al cual se ha devuelto la inspeccion de la guardia nacional, corresponde aprobar los nombramientos y espedir las patentes de oficiales.*

Dí cuenta al C. Presidente con el oficio de V. de 17 del actual, en que se sirve insertarme el que le dirigió el C. coronel del batallon de Industriales, participándole la formacion de la 4ª compañía del propio batallon, y V. pide se apruebe el nombramiento de oficiales que hizo aquella y se les espida el nombramiento respectivo.

En contestacion á dicho oficio, tengo el honor de manifestar á V. que el C. Presidente ha acordado le diga, que conforme á la ley, á ese Gobierno, á quien se ha devuelto la Inspeccion de la Guardia Nacional, corresponde aprobar tales nombramientos y espedir á los agraciados las patentes respectivas; en la inteligencia de que dicho C. Presidente, en uso de sus amplias facultades, se las trasmite á V., si necesario fuere, para este efecto y para todos los demas casos que ocurran de la misma naturaleza.

Libertad y Reforma. México, &c.—*Hinojosa.*—C. Gobernador del Distrito.

---

### Enero 23.

#### DECRETO POR LA SECRETARIA DE HACIENDA.

---

*Declarando inconstitucional el de 5 de Diciembre de 1861, espedido por la legislatura del Estado de Sinaloa, sobre pago de derechos de los efectos estrangeros, el cual se acompana.*

Con esta fecha se ha servido dirigirme el C. Presidente constitucional de la República el decreto que sigue:

"*El C. Benito Juarez, Presidente constitucional de los Estados-Unidos Mexicanos, á todos sus habitantes, sabed:*

Que usando de las facultades que concede al Ejecutivo la ley espedida en 11 de Diciembre último[1] por el Congreso de la Union, y teniendo en consideracion que la legislatura del Estado de Sinaloa al dar su decreto de Diciembre 5 del ano próximo pasado en que previe-

1 Recopilacion de ese mes, pág. 13.

ne que los efectos estrangeros nacionalizados en algunos de los puertos del litoral del Pacífico, no se admitan en los mercados del mismo Estado sino pagando derechos como si directamente viniesen del estrangero, ha legislado sobre asuntos que son de la esclusiva incumbencia de las autoridades federales, conforme á la parte IX del artículo 72 de la Constitucion de la República,[1] he venido en declarar y declaro lo siguiente:

"Es inconstitucional y de ningun efecto el decreto de 5 de Diciembre de 1861, espedido por la legislatura del Estado de Sinaloa, en el que dispuso que los efectos estrangeros nacionalizados en algunos de los puertos del litoral del Pacífico, no se admitan en los mercados del mismo Estado, sino pagando derechos como si viniesen directamente del estrangero."

Por tanto, mando se imprima, publique, circule y se le dé el debido cumplimiento. Palacio del Gobierno federal en México, á veintitres de Enero de mil ochocientos sesenta y dos.—*Benito Juarez.*—Al C. José Gonzalez y Echeverría, Ministro de Hacienda y Crédito Público."

Y lo comunico á V. para su inteligencia y fines consiguientes.

Libertad y Reforma. México, &c.—*Gonzalez.*

Se publicó en bando de 28 del presente.

*El decreto citado en el anterior es como sigue:*

Manuel Marquez, Vice-Gobernador del Estado de Sinaloa, en ejercicio del poder ejecutivo, á los habitantes del mismo, sabed:

Que el Congreso constitucional me ha dirigido el siguiente decreto:

"Núm. 9.—El pueblo del Estado de Sinaloa, representado por su primer Congreso constitucional, toman-

---

1 Recopilacion de Diciembre de 1860, pág. 24.

do en consideracion la iniciativa del Gobierno del Estado, fecha 3 del corriente, decreta:

Artículo único  Los efectos estrangeros nacionalizados en alguno de los puertos del litoral del Pacífico, no se admitirán en los mercados del Estado; sino pagando los derechos correspondientes como si vinieran directamente del estrangero.

Comuníquese al Ejecutivo para su promulgacion.

Sala de sesiones del H. Congreso del Estado. Mazatlan, Diciembre 5 de 1861.—*Luis Lerdo de Tejada,* diputado presidente.—*Pedro Sanchez,* diputado secretario.—*Francisco Cortés,* diputado secretario."

Por tanto, mando se imprima, publique y circule para su estricta observancia.

Puerto de Mazatlan, Diciembre 7 de 1861.—*Manuel Márquez.—Eustaquio Buelna,* secretario.

### Enero 24.

#### DECRETO POR LA SECRETARIA DE JUSTICIA.

*Se suprimen los juzgados de Distrito y tribunales de Circuito foráneos, y cesa, por ahora, el Tribunal Superior del Distrito: desempeñará las funciones de éste la Suprema Corte de Justicia, &c.*

El C. Presidente de la República se ha servido dirigirme el decreto que sigue:

"*El C. Benito Juarez, Presidente constitucional de los Estados Unidos Mexicanos, á todos sus habitantes, sabed:*

Que en uso de las amplias facultades concedidas al Ejecutivo por el Congreso de la Union en la ley de 11 de Diciembre del año próximo pasado, r he tenido á bien decretar lo siguiente:

Art. 1.º Se suprimen los juzgados de Distrito y tribunales de Circuito establecidos fuera de la capital, y cesa por ahora el Tribunal Superior del Distrito.[2]

Art. 2.º Las funciones de este último se desempeñarán por la Suprema Corte de Justicia conforme á su reglamento,[3] la que con arreglo á este mismo conocerá en segunda y tercera instancia de los negocios de Hacienda de que conozca en primera el juzgado de Distrito de la capital.

Art. 3.º Las funciones de los juzgados de Distrito y tribunales de Circuito suprimidos se desempenarán por los jueces de Hacienda de los Estados las de los primeros, y las de los segundos por los tribunales superiores de los mismos, sujetándose dichos jueces y tribunales á las leyes orgánicas de procedimientos y de responsabilidad de los Estados respectivos en los negocios comunes y á las generales de la Union en los concernientes á ellas

Art. 4.º En los Estados los gefes de Hacienda representarán en juicio al erario federal en los negocios en que no tenga interes la Hacienda particular del Estado respectivo, pues en los que lo tenga, el representante de ésta lo será tambien del erario federal.

Art. 5.º Las tres defensorías de pobres que establece la ley de presupuestos generales de 16 de Agosto último[4] para el tribunal superior del Distrito, quedan agregadas á la Suprema Corte de Justicia.

Por tanto, mando se imprima, publique, circule y se le dé el debido cumplimiento. Palacio del Gobierno fe-

1 Recopilacion de ese mes, pág. 13.
2 Véase la ley de 23 de Noviembre de 855 en el tomo I del Archivo Mexicano, pág. 170.
3 Fué aprobado por el Congreso en 13 de Mayo de 826. Coleccion de decretos publicados por Galvan, tomo IV, pág. 35
4 Recopilacion de ese mes, pág 52, donde dice: Poder judicial. Tribunal superior de Justicia. Tres abogados de pobres á mil quinientos pesos.

deral en México, á 24 de Enero de 1862.—*Benito Juarez.*—Al C. Jesus Terán, Secretario de Estado y del
Despacho de Justicia, Fomento é Instruccion pública."
Y lo comunico á V. para su inteligencia y fines consiguientes.

Libertad y Reforma. México, &c.—*Terán.*

Se publicó por bando en 27 del presente.

### Enero 24.

#### PROVIDENCIA POR LA SECRETARIA DE HACIENDA.

*Se deroga la circular de 3 del corriente sobre cobro de
la contribucion federal, ademas de lo que se paga por
amonedacion y apartado de metales*

El C. Presidente se ha servido derogar la circular de
este Ministerio, fecha 3 del corriente,[1] en la que se previene el cobro de la contribucion federal sobre lo que se
paga por amonedacion y apartado.

Lo que digo á V. para su inteligencia y efectos consiguientes.

Libertad y Reforma. México, &c.—*Gonzalez.*—A los
interventores de la casa de moneda.

### Enero 25.

#### LEY POR LA SECRETARIA DE RELACIONES Y GOBERNACION.

*Para castigar los delitos contra la nacion, el órden, la
paz pública y las garantías individuales.*

El C. Presidente de la República se ha servido dirigirme el decreto que sigue:

1 Página 8.

*"Benito Juarez, Presidente constitucional de los Estados-Unidos Mexicanos, á sus habitantes, sabed:*

Que en uso de las amplias facultades con que me hallo investido, he decretado la siguiente ley para castigar los delitos contra la nacion, contra el órden, la paz pública y las garantías individuales.

Art. 1? Entre los delitos contra la independencia y seguridad de la nacion, se comprenden:

I. La invasion armada, hecha al territorio de la **Re**pública por estrangeros y mexicanos, ó por los primeros solamente, sin que baya precedido declaracion de guerra por parte de la potencia á que pertenezcan.

II. El servicio voluntario de mexicanos en las tropas estrangeras enemigas, sea cual fuere el carácter con que las acompanen.

III. La invitacion hecha por mexicanos ó por estran geros residentes en la República, á los súbditos de otras potencias, para invadir el territorio nacional, ó cambiar la forma de gobierno que se ha dado la República, cual quiera que sea el pretesto que se tome.

IV. Cualquiera especie de complicidad para escitar ó preparar la invasion, ó para favorecer su realizacion y éxito.

V. En caso de verificarse la invasion, contribuir de alguna manera á que en los puntos ocupados por el invasor se organice cualquiera simulacro de gobierno, dando su voto, concurriendo á juntas, formando actas, aceptando empleo ó comision, sea del invasor mismo ó de otras personas delegadas por éste.

Art. 2? Entre los delitos contra el derecho de gentes, cuyo castigo corresponde imponer á la nacion, se comprenden:

1. La piratería y el tráfico de esclavos **en las aguas** de la República.

**II.** Los mismos delitos, aunque no sean cometidos en dichas aguas, si los reos son mexicanos, ó si, caso de ser estrangeros, se consignaren legítimamente á las autoridades del país.

**III.** El atentar á la vida de los ministros estrangeros.

**IV.** Enganchar á los ciudadanos de la República, sin conocimiento y licencia del Supremo Gobierno, para que sirvan á otra potencia ó invadir su territorio.

**V.** Enganchar ó invitar á los ciudadanos de la República para que se unan á los estrangeros que intenten invadir ó hayan invadido su territorio.

Art. 3 ° Entre los delitos contra la paz pública y el órden se comprenden:

**I.** La rebelion contra las instituciones políticas, bien se proclame su abolicion ó reforma.

**II.** La rebelion contra las autoridades legítimamente establecidas.

**III.** Atentar á la vida del Supremo Gefe de la nacion ó á la de los ministros de Estado.

**IV.** Atentar á la vida de cualquiera de los representantes de la nacion en el local de sus sesiones.

**V.** El alzamiento sedicioso, dictando alguna providencia propia de la autoridad, ó pidiendo que ésta la espida, omita, revoque ó altere.

**VI.** La desobediencia formal de cualquiera autoridad civil ó militar á las órdenes del Supremo Magistrado de la nacion trasmitidas por los conductos que senalan las leyes y la Ordenanza del ejército.

**VII** Las asonadas y alborotos públicos, causados intencionalmente, con premeditacion ó sin ella, cuando tienen por objeto la desobediencia ó el insulto á las autoridades, perpetrado por reuniones tumultuarias que intenten hacer fuerza en las personas ó en los bienes de cualquiera ciudadano; vociferando injurias; introduciéndose violentamente en cualquier edificio público ó particular; arrancando los bandos de los lugares en que se fijan para conocimiento del pueblo; fijando en los mismos proclamas subversivas ó pasquines, que de cualquiera manera inciten á la desobediencia de alguna ley ó disposicion gubernativa que se haya mandado observar. Serán circunstancias agravantes, en cualesquiera de los casos referidos, forzar las prisiones, portar armas ó repartirlas, arengar á la multitud, tocar las campanas, y todas aquellas acciones dirigidas manifiestamente á aumentar el alboroto.

VIII. Fijar en cualquier paraje público, y distribuir y comunicar abierta ó clandestinamente copia de cualquiera disposicion verdadera ó apócrifa que se dirija á impedir el cumplimiento de alguna órden suprema. Mandar hacer tales publicaciones y cooperar á que se verifiquen, leyendo su contenido en los lugares en que el pueblo se reune, ó vertiendo en ellos espresiones ofensivas é irrespetuosas contra las autoridades.

IX. Quebrantar el presidio, destierro ó la confinacion que se hubiere impuesto por autoridad legítima á los ciudadanos de la República, ó el estrañamiento hecho á los que no lo fueren; así como separarse los militares sin licencia del cuartel, destino ó residencia que tengan señalados por autoridad competente.

X. Abrogarse el poder supremo de la nacion, el de los Estados ó Territorios, el de los Distritos, Partidos y Municipalidades, funcionando de propia autoridad ó por comision de la que no lo fuere legítima.

XI. La conspiracion, que es el acto de unirse algunas ó muchas personas, con objeto de oponerse á la obediencia de las leyes, ó al cumplimiento de las órdenes de las autoridades reconocidas.

XII. Complicidad en cualesquiera de los delitos anteriores, concurriendo á su perpetracion de un modo indirecto, facilitando noticias á los enemigos de la nacion ó del Gobierno, especialmente, si son empleados públicos los que las revelen; ministrando recursos á los sediciosos ó al enemigo estrangero, sean de armas, víveres, dinero, bagajes, ó impidiendo que las autoridades los tengan; sirviendo á los mismos enemigos de espías, correos ó agentes de cualesquiera clase, cuyo objeto sea favorecer la empresa de ellos ó de los invasores, ó que realicen sus planes los perturbadores de la tranquilidad pública esparciendo noticias falsas, alarmantes, ó que debiliten el entusiasmo público, suponiendo hechos contrarios al honor de la República, ó comentándolos de una manera desfavorable á los intereses de la patria.

- Art. 4º Entre los delitos contra las garantías individuales se comprenden:

I. El plagio de los ciudadanos ó habitantes de la República para exigirles rescate. La venta que de ellos se haga ó el arrendamiento forzado de sus servicios ó trabajo.

II. La violencia ejercida en las personas con objeto de apoderarse de sus bienes y derechos que constituyan legítimamente su propiedad.

III. El ataque á las mismas personas á mano armada, en las ciudades ó en despoblado, aunque de este ataque no resulte el apoderamiento de la persona ó de sus bienes.

Art. 5º Todos los ciudadanos de la República tienen derecho de acusar ante la autoridad que establece esta ley, para juzgar los delitos que ella espresa, á los individuos que los hayan cometido.

Art. 6º La autoridad militar respectiva es la única competente para conocer de los delitos especificados en esta ley; á cuyo efecto, luego que dicha autoridad tenga conocimiento de que se ha cometido cualesquiera de ellos, bien por la fama pública, por denuncia ó acusacion, ó por cualquiera otro motivo, procederá á instruir la correspondiente averiguacion con arreglo á la Ordenanza general del ejército, y á la ley de 15 de Setiembre de 1857; [1] y la causa, cuando tenga estado, se verá

1 Archivo Mexicano, tom. III, pág: 935.

en consejo de guerra, ordinario, sea cual fuere la categoría, empleo ó comision del procesado. En los lugares donde no hubiere comandantes militares ó generales en gefe, harán sus veces los gobernadores de los Estados.

Art. 7? El procedimiento hasta poner la causa en estado de defensa, quedará terminado por el fiscal dentro de sesenta horas; y en el plazo de veinticuatro, evacuada aquella: acto continuo se mandará reunir el consejo de guerra.

Art. 8? Siempre que una sentencia del consejo de guerra ordinario sea confirmada por el comandante militar respectivo, generales en gefe ó gobernadores en su caso, se ejecutará desde luego, sin ulterior recurso, y como está prevenido para el tiempo de guerra ó estado de sitio.

Art. 9? En los delitos contra la nacion, contra el órden, la paz pública y las garantías individuales que se han especificado en esta ley, no es admisible el recurso de indulto.

Art. 10. Los asesores militares nombrados por el Supremo Gobierno, asistirán necesariamente á los consejos de guerra ordinarios, como está prevenido en la ley de 15 de Setiembre de 1857,[1] para ilustrar con su opinion á los vocales de dicho consejo. Los dictámenes que dieren á los comandantes militares, generales en gefc ó gobernadores, fundados legalmente, deberán ejecutarse conforme á la circular de 6 de Octubre de 1860,[2] pues como asesores necesarios, son los verdaderamente responsables por las consultas que dieren.

Art. 11. Los generales en gefe, comandantes militares ó gobernadores á quienes incumba el exacto cumplimiento de esta ley, y sus asesores, serán responsables personalmente de cualquiera omision en que incurran, por tratarse del servicio nacional.

1 Archivo Mexicano, tom. III, pág. 935.
2 Recopilacion de 1860, pág. 269.

## PENAS.

Art. 12. La invasion hecha al territorio de la República de que habla la fraccion 1ᵃ del art. 1º de esta ley, y el servicio de mexicanos en tropas estrangeras enemigas, de que habla la fraccion II, serán castigados con pena de muerte.

Art. 13. La invitacion hecha para invadir el territorio, de que hablan las fracciones III y IV del art. 1º se castigará con pena de muerte.

Art. 14. Los capitanes de los buques que se dedican á la piratería ó al comercio de esclavos, de que hablan las fracciones I y II del art. 2º, serán castigados con pena de muerte; los demas individuos de la tripulacion serán condenados á trabajos forzados por el tiempo de diez años.

Art. 15. Los que invitaren ó engancharen á los ciudadanos de la República para los fines que espresan las fracciones IV y V del art. 2º, sufrirán la pena de cinco años de presidio: si el enganche ó la invitacion se hiciere para invadir el territorio de la República la pena será de muerte.

Art. 16. Los que atentaren á la vida del Supremo Gefe de la nacion, hiriéndolo de cualquier modo, ó solo amagándolo con armas, sufrirán la pena de muerte. Si el amago es sin armas y se verifica en público, la pena será de ocho anos de presidio: si se verifica en actos privados, la pena será de reclusion por cuatro anos.

Art. 17. Los que atentaren á la vida de los ministros de Estado y de los ministros estrangeros, con conocimiento de su categoría, sufrirán la pena de muerte si llegan á herirlos; y si solo los amagaren con armas, la pena será de diez años de presidio: entendiéndose, siempre que no hayan sido los primeros agresores, de hecho, los mismos ministros; pues en tales casos, el delito será considerado y sentenciado conforme á las leyes comunes sobre riñas.

Art. 18. El atentado contra la vida de los representantes de la nacion, de que habla la fraccion IV del art. 3º, será castigado con pena de muerte, si llegare á ser herido el representante; si solo fuere amagado con armas, la pena será de cuatro á ocho años de presidio, al arbitrio del juez: entendiéndose, siempre que no haya sido el primer agresor, de hecho, el mismo representante, pues en tal caso el delito será considerado y sentenciado conforme á las leyes comunes sobre riñas.

Art. 19. Los delitos de que habian las fracciones I, II y V del art. 3º, serán castigados con pena de muerte.

Art. 20. La desobediencia formal de que habla la fraccion VI del art. 3º, será castigada con pérdida del empleo y sueldo que obtenga el culpable, y cuatro años de trabajos forzados, siempre que por tal desobediencia no haya sobrevenido algun perjuicio á la nacion, el cual, si se verifica, se tomará en cuenta para aumentar la pena al arbitrio del juez

Art 21. Los que preparen las asonadas y alborotos públicos, de que habla la fraccion VII del art. 3º, y los que concurran á ellos en los términos espresados en dicha fraccion, ú otros semejantes, sufrirán la pena de diez años de presidio, ó la de muerte, si concurren las circunstancias agravantes referidas al final de dicha fraccion; sin perjuicio de responder con sus bienes por los daños que individualmente causaren.

Art. 22. Los que cometieren los delitos de que habla la fraccion VIII del art. 3º, sufrirán la pena de seis años de presidio.

Art. 23. A los que evadan el presidio que se les hubiere impuesto por autoridad legítima, se les duplicará la pena; y si por segunda vez reincidieren, se les impondrá pena de muerte, así como á los estrangeros que espulsados una vez del territorio nacional, volvieren á él sin permiso del Gobierno Supremo. Los militares que se separen del cuartel, destino ó residencia que tengan senalados, sufrirán la pérdida de empleo y cuatro anos de presidio.

Art. 24. Los que se arroguen el poder público de que habla la fraccion X del art. 3 º, sufrirán la pena de muerte.

Art. 25. El delito de conspiracion de que habla la fraccion XI del art. 3 º, será castigado con pena de muerte.

Art. 26. A los que concurran á la perpetracion de los delitos de que habla la fraccion XII del art. 3 º, facilitando noticias á los enemigos de la nacion ó del Gobierno, ministrando recursos á los sediciosos, ó al enemigo estrangero, sean de armas, víveres, dinero, bagajes, ó impidiendo que las autoridades los tengan; sirvan de espías á los enemigos, de correos, guías ó agentes de cualesquiera clase, cuyo objeto sea favorecer la empresa de aquellos, ó de los invasores, sufrirán la pena de muerte. Los que esparcieren noticias falsas alarmantes, ó que debilitaren el entusiasmo público, suponiendo hechos contrarios al honor de la República, ó comentándolos de una manera desfavorable á los intereses de la patria, sufrirán la pena de ocho años de presidio.

Art. 27. Los que incurran en los delitos especificados en las fracciones I, II y III del art. 4 º, sufrirán la pena de muerte.

Art 28. Los reos que sean cogidos *infraganti* delito, en cualquiera accion de guerra, ó que hayan cometido los especificados en el artículo anterior, serán identificadas sus personas y ejecutados acto continuo.

## DISPOSICIONES GENERALES.

Art. 29. Los receptadores de los robos en despoblado, sufrirán la pena de muerte: serán castigados con seis anos de trabajos forzados los que lo hicieren en las poblaciones.

Art. 30. Los individuos que tuvieren en su poder armas de municion, y no las hubieren entregado conforme á lo dispuesto en el decreto del dia 25 del mes próximo pasado,[1] si no las presentan dentro de ocho dias despues de publicada esta ley, serán: los mexicanos, tratados como á traidores, y como á tales se les impondrá la pena de muerte; los estrangeros sufrirán la de diez anos de presidio.

Art. 31. Los gefes y oficiales de la Guardia Nacional que fueren llamados al servicio en virtud de esta ley, percibirán su haber del erario federal durante el tiempo de la comision que se les diere.

Por tanto, mando se imprima, publique y observe. Palacio nacional de México, á veinticinco de Enero de mil ochocientos sesenta y dos.—*Benito Juarez.*—Al C. Manuel Doblado, Ministro de Relaciones y Gobernacion."

Y lo comunico á V. para su inteligencia y cumplimiento.

Libertad y Reforma. México, &c.—*Doblado.*

Se publicó en bando de 6 de Febrero.

---

### Enero 27.

#### GOBIERNO DEL DISTRITO FEDERAL.

##### BANDO.

En el de esta fecha se publicó el decreto espedido por la Secretaría de Justicia en 24 del actual,[2] suprimiendo los juzgados de Distrito y tribunales de Circuito establecidos fuera de la capital y que cese por ahora el tribunal superior del Distrito.

1   Véase en su fecha, pág. 56.
2   Página 39.

**Enero 27**

GOBIERNO DEL DISTRITO FEDERAL.

———

*Aviso recordando la obligacion de inscribirse en el registro de Guardia Nacional, y próroga del tiempo para hacerlo, &c.*

Habiendo resuelto este Gobierno hacer efectiva la obligacion que tiene todo ciudadano de inscribirse en el registro de Guardia Nacional, conforme al art. 36 de la Constitucion,[1] se hace saber por el presente á todos los que no se hayan inscrito hasta la fecha, que se les proroga el término para verificarlo en sus respectivos cuarteles hasta el dia 5 del entrante mes, apercibidos de que si, pasado este término, no justificaren con el documento respectivo haber dado cumplimiento á la ley de la materia, se les aplicarán las penas que ella misma demarca; y á los que estuvieren aptos para tomar las armas se les destinará á cubrir las bajas del ejército permanente.

México, &c.—*Villalobos*, secretario.

———

**Enero 27.**

GOBIERNO DEL DISTRITO FEDERAL.

———

*Aviso. Las multas impuestas por la Gefatura de policía se enteren en la Administracion de rentas municipales, presentando el recibo á la Gefatura.*

El C. Gobernador ha tenido á bien disponer que las multas impuestas por la Gefatura de policía sean satis-

———

1  Recopilacion de Diciembre de 1860, pág. 16.

fechas en la Administracion de rentas municipales por los causantes, quienes justificarán el entero ante la primera de dichas oficinas con el recibo espedido por la segunda. La lista de las multas impuestas en cada semana, se publicará á fin de ésta en los periódicos y se fijará manuscrita en el Palacio Municipal.

Se suplica á las personas multadas se sirvan leer dichas listas, y en caso de no encontrar sus nombres, dar de ello parte á la Secretaría de Gobierno.

México, &c.—*Francisco J. Villalobos*, secretario.

### Enero 27.

PROVIDENCIA POR LA SECRETARIA DE HACIENDA.

*Declaratoria de que la contribucion federal debe cobrarse de solo lo que realmente se entera por cualquiera otra.*

Dada cuenta al C Presidente con el oficio de V., número 24, fecha 18 del corriente, en que participa haber hecho el descuento de 25 por 100 á los que pagan la contribucion de capitales dentro del primer plazo, solamente en la parte de numerario y no en la de papel sellado, por creer que ésta debe satisfacerse íntegra, me manda decir á V. en contestacion, como lo verifico, que la cuota adicional de la contribucion general solo debe cobrarse de lo que realmente se entera.

Lo digo á V. para su inteligencia.

Libertad y Reforma. México, &c.—*Gonzalez*.

**Enero 28,**

DECRETO POR LA SECRETARIA DE RELACIONES
Y GOBERNACION.

## Declarando en estado de sitio al de Colima.

El C. Presidente de la República se ha servido dirigirme el decreto que sigue:

"*Benito Juarez, Presidente constitucional de los Estados-Unidos Mexicanos, á sus habitantes, sabed:*

Que en atencion á las circunstancias en que se encuentra la República, y usando de las omnímodas facultades de que me hallo investido, he tenido á bien decretar lo siguiente:

Artículo único. Se declara al Estado de Colima en estado de sitio; en consecuencia, la autoridad nombrada al efecto por el Supremo Gobierno de la Union, reasumirá desde luego los mandos político y militar de dicho Estado.

Por tanto, mando se imprima, publique, circule y ob serve. Palacio nacional de México, á veintiocho de Enero de mil ochocientos sesenta y dos.—*Benito Juarez.*—Al C. Manuel Doblado, Ministro de Relaciones y Gobernacion."

Y lo comunico á V. para su inteligencia y fines consiguientes.

Libertad y Reforma. México, &c.—*Doblado.*

---

**Enero 28.**

GOBIERNO DEL DISTRITO FEDERAL.

**BANDO.**

En el de esta fecha se publicó el decreto espedido por la Secretaría de Hacienda en 23 de éste,[1] declaran-

1  Página 37.

do inconstitucional el dado por la legislatura de Sinaloa sobre pago de derechos de los efectos estrangeros,
en 5 de Diciembre último.

## Enero 28.

### GEFATURA DE POLICIA DEL DISTRITO FEDERAL.

*Aviso importante: que cuando algun agente de policía
se presente haciendo alguna reclamacion, se le exija
que manifieste el documento que acredite la legalidad
de su mision, &c.*

El que suscribe, deseoso de corregir los trascendentales abusos que se cometen por algunos individuos de
los que han pertenecido al ramo de policía que es á su
cargo, sin mas derecho que el de ser conocidos por los
habitantes de esta capital como empleados del ramo, ha
creido conveniente dirigirse al público manifestando,
que con esta fecha se les ha espedido un documento á
todos y cada uno de los individuos que componen la
comision secreta (cuyas filiaciones y retratos aparecen
al márgen), para que desde luego puedan y deban vigilar sobre las infracciones de policía, dando cuenta á
esta oficina, para que en vista de los datos que aparezcan, se tomen las medidas que para tales casos señalan
los bandos de la materia.

Se encarga, por lo mismo, que cuando algun agente
de policía se presentase haciendo alguna reclamacion,
*se le exija que manifieste el documento que acredite la
legalidad de su mision,* y de no verificarlo así, se ase-
gure su persona y se ponga á disposicion del C. Gobernador del Distrito para que dicte las medidas de su
resorte.

México, &c.—*Juan N. Pimentel.*

**Enero 28.**

CIRCULAR POR LA SECRETARIA DE HACIENDA.

---

*Que las Gefaturas de Hacienda y las recaudaciones del Distrito remitan á la Inspeccion general del papel sellado un ejemplar del corte de caja mensual que practiquen y copia del que intervengan, y le den las esplicaciones que pida.*

Dispone el C. Presidente que las Gefaturas de Hacienda de los Estados y las oficinas recaudadoras del Distrito, remitan á la Inspeccion general de la renta del papel sellado un ejemplar del corte de caja mensual que practiquen y copia del que intervengan. Asimismo dispone que dichas oficinas y todas en general den las esplicaciones que la citada Inspeccion les pida respecto á las dudas que le ocurran.

Lo que digo á V. para su cumplimiento en la parte que le toca, bajo el concepto de que la espresada remision debe hacerse inmediatamente despues de formados ó visados dichos documentos.

Libertad y Reforma. México, &c.—*Gonzalez.*

---

**Enero 29.**

DECRETO POR LA SECRETARIA DE RELACIONES
Y GOBERNACION.

*Derogando los de la legislatura de Colima, números 57, 59, 61 y 62, estableciendo algunos impuestos.*

El C. Presidente de la República se ha servido dirigirme el decreto que sigue:

"*Benito Juarez, Presidente constitucional de los Esta-dos-Unidos Mexicanos, á todos sus habitantes sa bed: que*

Considerando inconstitucionales y atentatorios á la soberanía nacional los decretos espedidos por la legislatura del Estado de Colima, números 57, 59, 61 y 62, en uso de las amplias facultades de que me hallo investido, he venido en decretar lo siguiente:

Artículo único. Se derogan los decretos números 5́, 59, 61 y 62 espedidos por la legislatura de Colima, es tableciendo algunos impuestos.

Por tanto, mando se imprima, publique, circule y se le dé el debido cumplimiento. Palacio nacional. México, veintinueve de Enero de mil ochocientos sesenta y dos.—*Benito Juarez.*—Al C. Manuel Doblado, Ministro de Relaciones Esteriores y Gobernacion."

Y lo comunico á V. para su conocimiento y fines consiguientes.

Dios y Libertad. México, &c.—*Doblado.*

Se acompanan los decretos números 57, 59 y 62. El 61 no se encontró. Los otros tres dicen así:

*El C. Urbano Gomez, Gobernador constitucional del Estado libre y soberano de Colima, á todos sus habi-tantes, sabed:*

Que el Congreso del Estado ha tenido á bien decretar lo siguiente:

"El Congreso del Estado, á nombre del pueblo, decreta:

Núm. 57.—Art. 1.º En cumplimiento del art. 1.º de la ley de 24 de Enero de 1861, espedida por el Gobierno general, cesan en todo el Estado desde el dia 1.º de Enero del año entrante las alcabalas que se cobraban á los

efectos nacionales, con la escepcion que comprende el
art. 2 º de la misma ley.

Art. 2 º  Entretanto se practica el nuevo valúo de la
propiedad del Estado, que debe servir de base para la
ley de Hacienda y para cubrir los gastos generales del
Estado en el término de tres meses, se impone una contribucion que gravitará sobre los capitales mercantil,
urbano y rústico, conforme al valúo que existe y en que
se basó la contribucion de Agosto del presente ano, en
los términos siguientes:

1 º  El capital importador pagará el. . 2 p⁄º .
2 º  El urbano de la capital. . . . . . . . . . 1 p⁄º .
3 º  El mercantil al menudeo, el urba
    no de fuera de la capital y el rústico. ½ p⁄º

Art. 3 º  El pago de esta contribucion deberá hacerse por terceras partes en los primeros ocho dias de los
meses de Enero, Febrero y Marzo del año próximo
de 1862.

Art. 4 º  Los infractores del artículo anterior sufrirán
un recargo del 25 p⁄º que pagarán irremisiblemente.

Art. 5 º  Se concede al director general de Hacienda
que debe hacer la recaudacion de esta contribucion, la
facultad económico coactiva.

Art. 6 º  Quedan esceptuadas del pago de esta contribucion todas las personas cuyo capital no llegue á
mil pesos.

Art. 7 º  La presente contribucion se tendrá como
una anticipacion de la general para todo el ano. En
consecuencia, los recibos que se espidan de las cantidades que ahora se impongan, se considerarán como di
nero para el pago de la contribucion general.

Art. 8 º  Se abonará á los causantes al pagar la contribucion general el uno por ciento mensual de las cantidades que hayan anticipado, y se les concede verificar

el entero por completo en lugar de hacerlo por terceras partes.

Art. 9 º Desde el dia 1 º de Enero del ano entrante queda suprimida la oficina recaudadora con todos sus empleados, así como tambien el recaudador de plaza, el del degüello de reses y el escribiente de la Tesorería Municipal.

Art. 10. Para completar los gastos de la municipalidad de esta capital en los meses de Enero, Febrero y Marzo, se pasará por la Direccion general de Hacienda á la Tesorería Municipal la cantidad de dos mil pesos, y por igual motivo se pasarán á la instruccion pública mil pesos, al Colegio Civil seiscientos ochenta y un pesos, y á las otras municipalidades el déficit que tengan.

Art. 11. A propuesta en terna del Gobierno del Estado, se nombrará un director general de Hacienda, el cual será á la vez el tesorero del Estado, disfrutando 350 pesos mensuales por todo gasto: dicho director se entenderá con la recaudacion y distribucion de la presente contribucion, v de los rezagos pendientes en la oficina de alcabalas.

Art. 12. Se suspende la admision de bonos en la presente anticipacion, hasta la organizacion de la ley general de Hacienda.

Art. 13. Interin se discute y aprueba el presupuesto de gastos del Estado, inclusive los municipales, cuidará el tesorero de pagar los sueldos de empleados con rebaja de un diez por ciento sobre las cantidades que hoy disfrutan, sin mas escepcion que los sueldos que no pasen de treinta pesos mensuales, los cuales serán pagados íntegramente, reintegrándose dicha rebaja luego que haya fondos suficientes.

Art. 14. Se concede facultad al director general de Hacienda para proceder á la valorizacion de los capitales que escediendo de mil pesos no estén comprendidos en el valúo de que habla el art. 2 º de esta ley.

El Gobernador del Estado dispondrá se publique,

circule y observe. Salon de sesiones del Congreso del
Estado. Colima, Diciembre 25 de 1861.—*Fermin Gonzalez Castro*, diputado presidente.—*Agustin Barreto*,
diputado secretario.—*Santiago Cárdenas*, diputado secretario "

Por tanto, mando se imprima, publique, circule y se
le dé el debido cumplimiento. Dado en el Palacio del
Gobierno del Estado. Colima, Diciembre 27 de 1861.
—*Urbano Gomez.*—*Mariano Riestra*, secretario.

*El C. Urbano Gomez, Gobernador constitucional del
Estado libre y soberano de Colima, á todos sus habitantes, sabed:*

Que el Congreso del Estado ha decretado lo siguiente:

"Núm. 59.—El Congreso del Estado, á nombre del
pueblo, decreta:

Art. 1 ° Todo importador que establezca comercio
al menudeo, pagará la contribucion de éste, conforme á
la manifestacion que se haga á la aduana marítima para la importacion de los efectos, con escepcion de lo
que justifiquen haber vendido por mayor por medio de
sus libros que presentarán á la Direccion general de
Hacienda á los tres meses de recibida cualesquiera
espedicion.

Art. 2 ° Se concede accion popular para denunciar
el fraude que se haga, abriendo bajo otro nombre los
comercios de que habla el artículo anterior.

Art. 3 ° La casa ó persona importadora que come-
tiere dicho fraude, tendrá la pena de un cincuenta por
ciento sobre el valor de los efectos que existan en el comercio al menudeo.

Art. 4 ° La denuncia de que habla el art. 2 °, se
hará en los juzgados de primera instancia, quienes procederán á la averiguacion en acta, conforme á los tér-

minos marcados en el reglamento de justicia vigente para toda causa criminal.

El Gobernador del Estado dispondrá se publique, circule y observe.

Salon de sesiones del Congreso del Estado. Colima, Diciembre 29 de 1861.—*Fermin G. Castro,* diputado presidente.—*Agustin Barreto,* diputado secretario.—*Santiago Cárdenas,* diputado secretario."

Por tanto, mando se imprima, publique, circule y se le dé el debido cumplimiento. Dado en el Palacio del Gobierno del Estado. Colima, Diciembre 30 de 1861. *Urbano Gomez.— Mariano Riestra,* secretario.

*El C. Urbano Gomez, Gobernador constitucional del Estado libre y soberano de Colima, á todos sus habitantes, sabed:*

Que el Congreso del Estado ha decretado lo siguiente:

"Núm. 62. El Congreso del Estado á nombre del pueblo decreta:

Art. 1 ° Todos los efectos nacionales ó estrangeros que se introduzcan al Estado, ó se estraigan de él por el puerto del Manzanillo, pagarán un real por carga, computándose esta á razon de doce arrobas.

Art. 2 ° La recaudacion de este fondo creado esclusivamente para el fomento de los caminos del Estado, se hará por la persona á quien el Gobierno tenga á bien encomendársela.

Art. 3 ° Recaudado que sea el citado fondo, se pondrá á disposicion de la junta inspectora de caminos para que lo invierta en su objeto.

Art. 4 ° Queda derogado por el presente, el decreto de 9 de Noviembre del año próximo pasado.

El Gobernador del Estado, dispondrá se publique, circule y observe.

Salon de sesiones del Congreso del Estado. Colima,

Diciembre 31 de 1861.—*Fermin G. Castro,* diputado presidente.—*Agustin Barreto,* diputado secretario.— *Santiago Cárdenas,* diputado secretario."

Por tanto, mando se imprima, publique, circule y se le dé el debido cumplimiento. Dado en el palacio del Gobierno del Estado. Colima, Enero 8 de 1862.—*Urbano Gomez.*—*Mariano Riestra,* secretario.

---

**Enero 29.**

DECRETO POR LA SECRETARIA DE JUSTICIA Y FOMENTO.

---

*Derogando la ley de 25 de Abril de 61 que estableció una contribucion sobre fincas rústicas, carros, carruajes y ganado; quedando subsistente el impuesto que ella suprimió*

El C. Presidente de la República me ha dirigido el decreto que sigue:

"*El C. Benito Juarez, Presidente constitucional de los Estados-Unidos Mexicanos, á sus habitantes, sabed:*

Que en uso de las amplias facultades concedidas al Ejecutivo por el Congreso de la Union en la ley de 11 del mes de Diciembre próximo pasado [1] he venido en decretar lo siguiente:

Artículo único. Se deroga la ley de 25 de Abril último, [2] que estableció una contribucion sobre fincas rústicas, carros, carruajes y ganados; quedando subsistente, en consecuencia, el impuesto que suprimió la espresada ley.

Por tanto, mando se imprima, publique circule y se le

1 Recopilacion de ese mes, pág. 13.
2 Idem de Abril, pág. 113.

dé el debido cumplimiento. Palacio del Gobierno federal en México, á 29 de Enero de 1862.—*Benito Juarez* —Al C. Jesus Teran, Ministro de Justicia, Fomento é Instruccion pública."

Y lo comunico á V. para su inteligencia.

Dios, Libertad y Reforma. México, &c.—*Teran*.

Se publicó en bando de 1 ? de Febrero.

---

### Enero 29.

PROVIDENCIA POR LA SECRETARIA DE JUSTICIA Y FOMENTO.

---

### *Bases para la celebracion de igualas en el ramo de peajes.*

Debiendo cesar todas las igualas celebradas con arreglo á la ley de 25 de Abril[1] del ano próximo pasado, y disposiciones relativas, á consecuencia de la ley espedida con esta fecha, y por la cual se deroga la ya citada de 25 de Abril; en lo sucesivo, las igualas que se promuevan por los causantes de peajes, se celebrarán bajo las bases siguientes:

1.º El tiempo que se estipule en la iguala no podrá ser menos que el de seis meses.

2.º Solo se podrá hacer el rebajo de una tercera parte de los peajes que causen los objetos que se igualen.

3.º El pago de la cantidad convenida será precisamente eu pesos fuertes y por meses adelantados; siendo condicion, que la falta del pago adelantado, ó el abuso que se haga de cualquier género, respecto de los objetos igualados, ó de la patente, será motivo bastante para considerar terminada la iguala, y sujeto el trasgre-

---

1 Recopilacion de ese mes, pág. 113.

sor á las penas establecidas por las leyes y reglamentos de la materia.

4 º La iguala una vez celebrada, durará precisamente el tiempo estipulado en ella, sin que se pueda rescindir ó hacer otra deduccion ó rebajo sobre la cantidad convenida, aun cuando se supriman los peajes por cualquiera autoridad que no sea el Gobierno general; dejen de transitar uno ó todos los objetos igualados, por causa de revolucion, providencia precautoria, ó cualquier otro incidente, ya sea público ó privado, del interesado, el que será compelido ejecutivamente al pago, en caso de resistencia ó demora.

México, &c.—*Teran.*

## Enero 30.

### CIRCULAR POR LA DIRECCION GENERAL DE BENEFICENCIA PUBLICA.

*Con aprobacion suprema, sobre que los escribanos, jueces, síndicos de concursos y albaceas, le den noticias de las limosnas, mandas, donaciones ó legados que sean de caridad y beneficencia pública.*

En 6 de Agosto del año precedente, esta oficina propuso al Supremo Gobierno se sirviese dictar en favor de los fondos de beneficencia pública que, segun las leyes de 2[1] y 28[2] de Febrero del mismo ano, han quedado bajo su amparo é inmediata proteccion. las siguientes providencias.

"Art. 1.º Que todos los escribanos públicos del Distrito que hayan autorizado ó autorizaren testamentos en que se hayan dejado ó dejaren limosnas, mandas para

---

1 Recopilacion de Febrero, pág. 6.
2 Se circuló en 3 de Marzo de 861, Recopilacion de ese mes, pág. 9.

pobres, donaciones para socorrer desvalidos, ó legados
de cualquiera clase que sean para objetos de caridad y
beneficencia, remitan á la direccion de sus fondos una
noticia circunstanciada de las cláusulas testamentarias
que los contengan.

2 º Que los albaceas de testamentarías terminadas,
ó pendientes, en que hubiere esta clase de mandas ó legados, den cuenta igualmente á la Direccion de beneficencia, dentro del término de treinta dias, del estado
que guarda el cumplimiento de dichos legados ó mandas.

3 º Que los jueces de lo civil, en cuyos juzgados estén radicadas las testamentarías de que se trata, bajo
su mas estrecha responsabilidad den las mismas noticias á la Direccion de beneficencia, y en todos los casos
en que se interese esta no procedan sino con citacion y
audiencia del abogado defensor de sus fondos que, ademas de ser un funcionario público establecido por la ley,
es parte legítima para representarlos.

4 º Que los síndicos de todos los concursos pendientes en que figuren capitales de Hospicios, Hospitales,
Casa de Expósitos, fundaciones piadosas y demas casas y obras de beneficencia, remitan dentro de un mes
á la misma Direccion la espresada noticia de estos créditos y del estado que guardan los concursos, para que
el abogado defensor tenga conocimiento de ellos y pro
mueva lo conducente á su término.

5 º Que las secciones 6ª y 7ª del Ministerio de Ha
cienda y la intervencion general dè las antiguas oficinas
eclesiásticas, ministren sobre el particular todos los datos que tuvieren, y los que en señalados casos les pida
la Direccion de beneficencia.

6 º Que el escribano de hipotecas remita igualmente á la misma Direccion, una circunstanciada noticia de
las imposiciones que en favor de la beneficencia se hayan verificado de treinta anos á esta parte, y de todas
las que se verifiquen para lo de adelante, con espresion
de las fincas del Distrito que aseguren estos capitales.

7 ? Que estas prevenciones sean cumplidas eficaz-
mente por los albaceas y escribanos bajo la multa que
designe el Supremo Gobierno segun sus facultades constitucionales y que se hará efectiva por la autoridad judicial ó por la política, con informe justificado de la Direccion de beneficencia, y respecto de las oficinas públicas, bajo pena de suspension del empleado que las
desobedezca."

En suprema órden de 4 del corriente el Supremo Gobierno ha tenido á bien acordar de conformidad con lo
consultado por esta oficina, á la que previene proceda
ella misma como propio de sus facultades y para dar
cumplimiento á las leyes respectivas á poner en práctica las medidas propuestas, librando al efecto las órdenes correspondientes.

En consecuencia, y para que tengan cumplido efecto
las disposiciones anteriores, la Direccion de beneficencia con consulta del abogado defensor de los fondos y
conformidad de los gefes de la oficina, reunidos en junta de reglamento, acordó las siguientes providencias.

1ª Los escribanos públicos del Distrito cumplirán
dentro de treinta dias lo prevenido en el art. 1 ? de las
proposiciones insertas, limitándose por ahora á los testamentos otorgados en los diez anos anteriores, sin perjuicio de remitir á la oficina de beneficencia las noticias
que conserven en la memoria aun sin necesidad de hacer registro de sus protocolos.

2ª En el caso de no cumplir lo prevenido, incurrirán
en una multa correspondiente al 10 por 100 del capital
que se denuncie; pero si en consecuencia de sus noticias se pusiere en vía de pago algun capital de que no
tenga conocimiento la oficina, el escribano respectivo
tendrá derecho á una indemnizacion del 10 por 100 que
del mismo capital le adjudicará la Direccion de beneficencia.

3ª Los albaceas y los síndicos de concursos que no
cumplieren lo dispuesto en los artículos 2 ? y 4 ? in-

currirán personalmente en la multa prefijada; pero en el caso de que por sus informes se ponga en corriente algun capital de que no tenga noticia la oficina, acorda rá ésta en favor del albacea ó síndico respectivo, la indemnizacion que corresponda segun las circunstancias y con aprobacion del ministerio del ramo.

4ª Pasados los treinta dias que se fijan en las prevenciones anteriores, cualquiera persona que denuncie algun capital de los espresados, tendrá derecho á una indemnizacion que acordará la oficina, segun corresponda, y que en ningun caso bajará del 15 por 100 del mismo capital denunciado.

Y habiendo dado cuenta con las prevenciones anteriores al Supremo Gobierno, el C. Ministro de Relaciones y Gobernacion dice á esta oficina con fecha 29 del corriente lo que sigue:

"El C. Presidente de la República ha tenido á bien aprobar la circular formulada por esa Direccion general de beneficencia, á consecuencia de la autorizacion que se dió á esa oficina para pedir á los escribanos, jueces, síndicos de concursos y albaceas las noticias de las limosuas que eu sus testamentos hayan dejado las personas caritativas á los establecimientos de beneficencia."

Lo comunico á V. para su debido y mas eficaz cumplimiento.

Patria, Libertad y Reforma. México, &c.—*Ponciano Arriaga.*

---

### Enero 31.

#### GOBIERNO DEL DISTRITO FEDERAL.

##### CIRCULAR.

*Se suprime la inspeccion de Guardia Nacional, reasumiéndola el mismo gobierno.*

Por disposicion suprema ha reasumido el gobierno del Distrito las facultades inspectoras que tenia en el ramo de Guardia Nacional, antes de la espedicion del decreto de 31 de Diciembre[1] del ano próximo pasado; en tal virtud, el C. Gobernador se ha servido disponer que desde esta fecha quede suprimida la inspeccion, y que en lo sucesivo se entienda V. para todos los asuntos del servicio y relativos á la Guardia Nacional, directamente con este gobierno por conducto de su secretaría.

Libertad y Reforma. México, &c.—*Francisco J. Villalobos.*—Se comunicó á los ciudadanos coroneles de los cuerpos de Guardia Nacional del Distrito.

---

**Enero 31.**

### DECRETO POR LA SECRETARIA DE JUSTICIA.

---

*Nombramientos de magistrados interinos, supernumerarios y fiscal de la Suprema Corte de Justicia de la Nacion.*

El C. Presidente de la República se ha servido dirigirme el decreto que sigue:

"*El C. Benito Juarez, Presidente constitucional de los Estados-Unidos Mexicanos, á todos sus habitantes, sabed:*

Que en uso de las amplias facultades de que me hallo investido, he tenido á bien decretar lo siguiente:

Art. 1.º Mientras se verifican las elecciones constitucionales de presidente y magistrados de la Suprema

---

1 No es de 31 sino de 26, publicado en bando de 31. Recopilacion de ese mes, pág. 58.

Corte de Justicia de la nacion y para cubrir las vacantes que en ella han resultado, se nombra 7 ? magistrado interino al C. Lic. Bernardino Olmedo, y 10 ? al C. Lic. Ignacio Mariscal.

Art. 2 ? Se nombra fiscal interino de la misma al C. Lic. Mariano Macedo.

Art. 3 ? Se nombra igualmente primer magistrado supernumerario interino del mismo Tribunal al C. Lic. Marcelino Castañeda, y segundo al Lic Ponciano Arriaga.

Por tanto, mando se imprima, publique, circule y se le dé el debido cumplimiento. Palacio del Gobierno federal en México, á 31 de Enero de 1862.—*Benito Juarez.*—Al C. Jesus Teran, Ministro de Justicia, Fomento é Instruccion Pública."

Y lo comunico á V. para su inteligencia y fines consiguientes.

Dios, Libertad y Reforma. México, &c.—*Teran.*

Se publicó en bando de 7 de Febrero.

---

### Enero 31.

CIRCULAR POR LA SECRETARÍA DE JUSTICIA.

---

*Que los archivos de los estinguidos tribunales de Circuito y juzgados de Distrito se entreguen á los gefes de Hacienda.*

A consecuencia del decreto de 24 del actual, se ha mandado por este Ministerio que los archivos de los estinguidos tribunales de Circuito y juzgados de Distrito sean entregados á los gefes de Hacienda de los Estados; lo que pongo en conocimiento de V. á fin de que se sirva ordenar que dichos gefes de Hacienda reciban los archivos de que se ha hecho mencion.

Se insertó en circular de la Secretaría de Hacienda, núm. 40, de 4 de Febrero siguiente.

## Enero 31.

### CIRCULAR POR LA SECRETARIA DE HACIENDA.

*Se esceptúan del pago del 2 por* 100 *los capitales consignados á los fondos de beneficencia.*

Habiendo tenido en consideracion el C. Presidente las manifestaciones que se le han hecho en solicitud de que se declaren exentos de la contribucion de 2 por 100 sobre capitales los que estén consignados á fondos de beneficencia en toda la República, ha tenido á bien acordar de conformidad, derogándose por la presente cualquiera disposicion en contrario.

Libertad y Reforma. México, &c.—*Gonzalez.*

## Enero 31.

### PROVIDENCIA POR LA SECRETARIA DE GUERRA.

*Que se descuente á sus empleados de los vencimientos que se les queden á deber, el 2 por* 100 *del sueldo lí quido que disfruten, como impuesto de exentos de la Guardia Nacional.*

De conformidad con lo dispuesto en la circular de 13 de Enero de 1849[1] y lo prevenido en el art. 13 del reglamento de 23 de Diciembre de 1851[2] por la recauda-

---

1 No es de 13 sino de 15. Recopilacion de ese mes pág. 80.
2 No se ha encontrado.

cion del impuesto de exentos de la Guardia Nacional, el Presidente ha tenido á bien disponer que esa oficina descuente á cada uno de los empleados de ella el 2 por 100 del sueldo líquido que disfrute, y cuyo descuento tendrá en su poder, bajo su responsabilidad, el empleado que corresponda hasta el último dia del mes que lo entregará á la recaudacion de dicha Guardia Nacional mediante certificado.

El pago espresado deberá verificarse no obstante el servicio patriótico que se han propuesto prestar los empleados, y el que solo tendrá efecto cuando las circunstancias por supremas pudiesen exigirla; pero en consideracion á las escaseces del erario, que no permiten cubrir completamente los haberes de dichos empleados, este pago no lo harán de la parte de aquellos que reciban, sino que la tesorería les hará el descuento respectivo por cuenta de sus vencimientos.

Lo que tengo el honor de comunicar á V. á fin de que se sirva hacerlo con las oficinas de su resorte para su debido cumplimiento.

Libertad y Reforma. México, &c.—*Hinojosa.*

# INDICE CRONOLOGICO

# INDICE ALFABÉTICO

POR MATERIAS

DE LAS DISPOSICIONES CONTENIDAS EN ESTE
CUADERNO.

~~~~~~~~~~~

Páginas

## A.

## C.

## D.

## E.

## R.

# INDICE CRONOLÓGICO

POR SECRETARIAS

DE LAS DISPOSICIONES CONTENIDAS EN ESTE CUADERNO.

Páginas.

## SECRETARIA DE RELACIONES
### Y GOBERNACION.

DIRECCION GENERAL

## DE BENEFICENCIA PUBLICA.

## GOBIERNO DEL DISTRITO.

## GEFATURA DE POLICIA.

## SECRETARIA DE JUSTICIA.

#### DIRECCION GENERAL

## DE INSTRUCCION PUBLICA.

## SECRETARIA DE HACIENDA.

ADMINISTRACION GENERAL

# DE LA RENTA DEL PAPEL SELLADO.

# DIRECCION DE CONTRIBUCIONES DIRECTAS.

# INTERVENCION DE LA CASA DE MONEDA.

## SECRETARIA DE GUERRA.

# RECOPILACION

### DE

# LEYES, DECRETOS BANDOS,

## REGLAMENTOS, CIRCULARES Y PROVIDENCIAS

#### DE LOS

### SUPREMOS PODERES

#### Y OTRAS AUTORIDADES DE LA REPUBLICA MEXICANA,

#### INCLUYENDO LAS DE LAS
#### DIRECCIONES DE CONTRIBUCIONES DIRECTAS Y PAPEL SELLADO.

Obra útil á toda clase de personas
y necesaria á muchos individuos, como funcionarios públicos, curiales y
empleados en las oficinas

#### FORMADA

### DE ORDEN DEL SUPREMO GOBIERNO

#### POR EL

## Licenciado Basilio José Arrillaga

### FEBRERO DE 1862.

### MEXICO

## IMPRENTA DE VICENTE G. TORRES,

Calle de San Juan de Letran núm. 3.

## 1862.

# GOBIERNO DEL DISTRITO FEDERAL.

## BANDO.

En el de esta fecha se publicó el decreto comunicado por la Secretaría de Justicia en 29 de Enero anterior, [1] derogando la ley de 25 de Abril último[2] que suprimio el impuesto de peajes, el cual queda subsistente.

### Febrero 1?

#### DECRETO POR LA SECRETARIA DE HACIENDA.

*Prevenciones relativas á la contribucion de 2 por 100 sobre capitales, decretada en 26 de Diciembre último.*

El C. Presidente se ha servido dirigirme el decreto que sigue:

"*Benito Juarez, Presidente de la República Mexicana, á sus habitantes, sabed:*

Que en uso de las facultades concedidas al Ejecutivo por el Congreso de la Union en la ley de 11 de Diciembre último,[3] he venido en decretar lo siguiente:

Art. 1.º  Los capitales á que se refiere la ley gene-

1  Recopilacion de ese mes, pág. 61.
2  Idem de Abril, pág 113.
3  Idem de Diciembre, pág. 13.

ral de 26 de Diciembre próximo pasado,[1] si esceden de cincuenta mil pesos, pagarán como está mandado el dos por ciento, mitad á los ocho dias y mitad á los treinta, contados ambos plazos desde la publicacion de esta ley en cada lugar.

Art. 2.º Los capitales que no lleguen á dicha cantidad de cincuenta mil pesos, ni bajen de veinte mil, pagarán el uno por ciento en tres exhibiciones; la primera á los ocho, la segunda á los treinta, y la tercera á los sesenta dias, contados como se espresa en el artículo anterior.

Art. 3.º Los capitales que no lleguen á veinte mil pesos, solamente pagarán el medio por ciento en cuatro exhibiciones; las tres primeras como previene el artículo precedente, y la cuarta á los noventa dias.

Art. 4.º Se abonará el esceso á los causantes de esta contribucion que hayan pagado mayor cuota de la que les corresponde por esta ley, en las contribuciones ordinarias que personalmente deban satisfacer.[2]

Art. 5.º En todo lo que no se reforma por la presente, queda en vigor la ley de 26 de Diciembre último.

Por tanto, mando se imprima, publique, circule y se le dé el debido cumplimiento. Dado en el Palacio nacional de México, á primero de Febrero de mil ochocientos sesenta y dos.—*Benito Juarez.*—Al C. José Gonzalez y Echeverría, Ministro de Hacienda y Crédito Público."

Y lo comunico á V. para su cumplimiento.

Libertad y Reforma. México, &c.—*Gonzalez.*

Se publicó en bando de 6 del presente.

---

1 Recopilacion de Diciembre, pág. 59.
2 Véase la circular por Hacienda de Mayo 7 de 62.

### Febrero 3.

GOBIERNO DEL DISTRITO FEDERAL.

AVISO IMPORTANTE.

*Prevenciones relativas á que ningun ciudadano deje de inscribirse en el registro de la Guardia nacional.*

El dia 5 del corriente espira el plazo fijado para las inscripciones de los ciudadanos que no se han alistado en el registro de la Guardia Nacional. El C. Gobernador ha dispuesto que se nombren comisiones encargadas de conducir á los omisos ante los gefes de los cuerpos de número, para que éstos procedan con arreglo á las instrucciones que sobre el particular se les han comunicado. Cada uno de los comisionados llevará una autorizacion espedida por este Gobierno con el retrato del portador, quien estará obligado á presentarla á las personas contra quienes tenga que proceder; y en caso de no hacerlo, podrá ser aprehendido y consignado á este Gobierno por cualquiera de los agentes del poder público, para que se le aplique la pena impuesta á los que usurpen las atribuciones de la autoridad.

México, &c.—*Francisco J. Villalobos*, secretario.

### Febrero 3.

CIRCULAR POR LA SECRETARIA DE HACIENDA.

*Sobre el 25 por 100 de contraregistro.*

El C. Gobernador del Estado de Guanajuato ha dirigido á esta Secretaría un oficio en que consulta cuál sea la inteligencia que deba darse á las prevenciones del art. 10 de la ley de 16 de Diciembre último,[1] en la

1 Recopilacion de ese mes, pág. 29.

parte relativa á la imposicion del 25 por 100 á los efectos estrangeros; y habiéndose pedido informe á la seccion 1ª de este Ministerio, lo ha producido en los términos siguientes:

"C. Ministro: A consecuencia del anterior acuerdo,
el que suscribe tiene la honra de manifestar: Que la
cuota adicional de veinticinco por ciento á que se refiere el art. 10 de la ley de 16 de Diciembre próximo pasado, se forma de la cuarta parte de los derechos que
en aquella fecha se cobraban á los efectos de proceden-
cia estrangera, como sigue:

100 Importacion.            )
 20 Mejoras materiales.   > Pagadero en los puertos.
 10 Internacion.            )
 20 Contraregistro.—Pagadero en el lugar de consumo.
 10 Aumento al contraregistro, conforme al decreto de
        17 de Julio del año anterior, reducido por el de
        21 de Agosto siguiente [1]

160 Sóbre cuyo importe el referido 25 p⊗ hace... 40
    A que se agregan los..................... 20
del contraregistro primitivo (porque el aumento de
10 fué transitorio, y cesaba por el art. 9 de la citada
ley de 16 de Diciembre.)                        —
    Y son los,............................... 60
por ciento sobre la importacion, que se citan en la 2ª
fraccion del art. 10 mencionado al principio. Lo que en
mi concepto, puede decirse al Gobierno de Guanajuato
en contestacion á su oficio relativo.—México, Enero 22
de 1862.—*F. Delahanty.*"

Y habiendo sido aprobado por el C. Presidente, ha
dispuesto se circule para la mejor inteligencia del artículo ya referido.

Libertad y Reforma. México, &c.—*Gonzalez.*

---

1  Recopilacion de Julio, pág. 30, artículo 13, y de la de Agosto, pág. 81,
artículo 2º

### Febrero 4.

PROVIDENCIA POR LA SECRETARIA DE RELACIONES
Y GOBERNACION.

*Comunicada á los párrocos de esta capital, revocando el acuerdo de 22 de Enero anterior y declarando vigente el de 11 de Abril de 61, sobre noticias semanarias de matrimonios y bautismos.*

Seccion 1ª—Con esta fecha se dice al C. Gobernador lo siguiente:

"El C. Presidente, en vista de un ocurso presentado por los curas de esta capital, pidiendo se les exima de dar las noticias semanarias de los matrimonios y bautismos que segun sus registros consten haberse efectuado, se ha servido revocar el acuerdo de 22 del pasado,[1] quedando en consecuencia vigente el de 11 de Abril último."

Lo comunico á V. para los fines consiguientes.

Y lo inserto á VV. como resultado de su ocurso fecha 30 del mes próximo pasado.

Libertad y Reforma. México, &c.—*Doblado.*—Señores curas de las parroquias de esta capital.

*El acuerdo citado es el siguiente.*

Secretaría de Relaciones esteriores.—Departamento de Gobernacion.—Seccion 5ª—Con esta fecha digo al Exmo. Sr. Gobernador del Distrito lo que sigue:

"Exmo. Sr.—En vista dé la comunicacion que algunos curas de esta capital dirigieron á este Ministerio relativa á que se les exonere de remitir al gobierno del Distrito, noticia de los nacidos, casados y muertos de que tengan conocimiento en sus respectivas parroquias,

---

1 Recopilacion de Enero, pág. 38.

el Exmo. Sr. Presidente me manda decir á V. E., que debiendo conservarse la independencia absoluta del Gobierno y de las autoridades eclesiásticas, nö es conveniente pedir la noticia de que se trata, pues esto importaria tanto, como hacer depender á los curas en sus funciones eclesiásticas, de la autoridad civil. Que por lo tanto, V. E. no insista en pedir tal noticia, pero sí que haga entender á los ciudadanos, que el no contraer matrimonio civilmente los priva de todos aquellos derechos que la ley senala, como el de patria potestad. sucesion legítima, &c., dejándolos, sin embargo, en entera libertad para que ocurran ó no ante los ministros del culto que elijan."

Lo traslado á VV. para su conocimiento y como resultado de su comunicacion fecha 9 del corriente, reiterándoles las protestas de mi consideracion.

Dios y Libertad. México, Abril 11 de 1861.—*Zarco.*

### Febrero 4.

#### DECRETO POR LA SECRETARIA DE JUSTICIA.

*Prevenciones relativas al juzgado de Distrito de la capital de la República.*

El C. Presidente de la República se ha servido dirigirme el decreto que sigue:

"*El C. Benito Juarez, Presidente constitucional de los Estados-Unidos Mexicanos, á todos sus habitantes, sabed:*

Que en uso de las amplias facultades de que me hallo investido, he tenido á bien decretar lo siguiente:

Art. 1.º  En caso de recusacion ó impedimento legal

del juez de Distrito de esta capital, será reemplazado por los jueces de lo civil en los negocios civiles y por los de lo criminal en los criminales.

Art. 2º Los espedientes y causas de que no pueda conocer el Juez de Distrito por los motivos que se espresan en el artículo anterior, pasarán á los de lo civil ó criminal, segun su naturaleza, por turno rigoroso.

Art. 3º Cuando el juez de Distrito tenga que separarse del juzgado, ya sea temporalmente ó por enfermedad, el Ministerio de Justicia nombrará el sustituto que deba hacer sus veces.

Por tanto, mando se imprima, publique, circule y se le dé el debido cumplimiento. Palacio del Gobierno federal en México, á 4 de Febrero de 1862.—*Benito Juarez.*—Al C. Lic. Jesus Teran, Ministro de Justicia, Fomento é Instruccion Pública."

Y lo comunico á V. para su cumplimiento y publicacion.

Dios, Libertad y Reforma. México, &c.—*Teran.*

Se publicó en bando del dia 11.

---

## Febrero 4.

### CIRCULAR POR LA SECRETARIA DE HACIENDA.

---

En la núm 40 de este dia se inserta la de la de Justicia de 31 de Enero próximo pasado,[1] la cual ordena que los gefes de Hacienda reciban los archivos de los estinguidos tribunales de Circuito y juzgados de Distrito de fuera de la capital.

1 Recopilacion de ese mes, pág. 68.

## Febrero 6.

### GOBIERNO DEL DISTRITO FEDERAL.

#### BANDO.

En este dia se publicó la ley espedida por la Secretaría de Relaciones y Gobernacion en 25 de Enero anterior,[1] para castigar los delitos contra la nacion, el órden, la paz pública y las garantías individuales.

---

## Febrero 6.

### GOBIERNO DEL DISTRITO FEDERAL.

#### BANDO.

En el de esta fecha se publicó el decreto comunicado por la Secretaría de Hacienda en 1º del presente.[2] Prevenciones relativas á la contribucion del 2 por 100 sobre capitales.

---

## Febrero 6.

### PROVIDENCIA POR LA SECRETARIA DE HACIENDA.

---

*Todo el aguardiente que se introduzca á esta capital pague sus derechos, guiándose libre el que de aquí salga para cualquiera otro punto.*

El C. Presidente, de conformidad con lo que V. propone en su oficio núm. 34, fecha 4 del corriente, se ha servido acordar, con el fin de que se evite el abuso que se comete con el sistema de escala, que todo el aguar-

1  Recopilacion de Enero, pág. 41.
2  Página 3

diente que se introduzca á esta capital pague sus derechos, espidiéndose guia libre de ellos para el que de aquí se lleve á cualquiera otro punto.

Lo digo á V. para los efectos correspondientes, como resultado de su oficio citado y con el objeto de que sea publicada esta suprema disposicion.

Libertad y Reforma. México, &c.—*Gonzalez.*

Está inserta en el aviso de la administracion principal de rentas del Distrito, fecha 10 del actual.

---

### Febrero 6.

#### CIRCULAR POR LA SECRETARIA DE HACIENDA.

*Sobre el derecho de contraregistro y su aumento.*

El C. Presidente se ha servido acordar que el derecho de contraregistro con el aumento que previene el art. 10 de la ley de 16 de Diciembre del año próximo pasado,[1] se cobre por las aduanas marítimas ó fronterizas al tiempo de espedir los pases para los efectos estrangeros, cuando el valor de ellos no haga necesarias guias para su internacion.

Y lo comunico á V. para su inteligencia y cumplimiento.

Libertad y Reforma. México, &c.—*Gonzalez.*

---

### Febrero 7.

#### DECRETO POR LA SECRETARIA DE RELACIONES.

*Exencion de derechos á la sociedad aviadora del Mineral del Monte.*

El C. Presidente de la República se ha servido dirigirme el decreto que sigue:

1 Recopilacion de ese mes, pág. 29.

"*Benito Juarez, Presidente constitucional de los Estados-Unidos Mexicanos, á sus habitantes, sabed:*

Que en uso de las facultades de que me hallo investido, he tenido á bien decretar lo siguiente:

Art. 1 ° En compensacion de los trescientos mil pesos que la Sociedad aviadora del Mineral del Monte y Pachuca ha enterado en numerario en la Tesorería general, se le concede exencion de todos los derechos que cause en los distritos de Pachuca, Mineral del Monte, Huasca y Omitlan por los frutos que produce la negociacion.

Art. 2 ° Esta exencion comprende, tanto los impuestos pertenecientes á la Federacion, como los que han impuesto ó impusieren los poderes del Estado de México, y durará el término de diez años, contados desde 15 de Enero del presente.

Por tanto, mando se imprima, publique y observe. Palacio nacional de México, á siete de Febrero de mil ochocientos sesenta y dos.—*Benito Juarez.*—Al C. Manuel Doblado, Ministro de Relaciones y Gobernacion."

Y lo comunico á V. para su inteligencia y fines con siguientes.

Libertad y Reforma. México, &c.—*Doblado.*

---

### Febrero 7.

#### GOBIERNO DEL DISTRITO FEDERAL.

#### BANDO.

En el de esta fecha se publicó el decreto espedido en 31 de Enero último[1] por la Secretaría de Justicia. Nombramiento de Magistrados interinos y supernumerarios de la Suprema Corte.

1 Recopilacion de ese mes, pág. 67.

## Febrero 10.

AVISO POR LA ADMINISTRACION PRINCIPAL DE RENTAS DEL DISTRITO.

Inserta la providencia de la Secretaría de Hacienda del dia 6 sobre cobro de derechos al aguardiente.[1]

## Febrero 11.

GOBIERNO DEL DISTRITO FEDERAL.

BANDO.

En el de esta fecha se publicó el decreto espedido por la Secretaría de Justicia en 4 del presente.[2] Prevenciones relativas al juzgado de Distrito de la capital de la República.

## Febrero 11.

DECRETO POR LA SECRETARIA DE JUSTICIA.

*Planta de empleados y subalternos de las secretarías de la Suprema Corte de Justicia ínterin desempeña las atribuciones de Tribunal Superior del Distrito.*

El C. Presidente de la República me ha dirigido el decreto que sigue:

"*El C. Benito Juarez, Presidente constitucional de los Estados-Unidos Mexicanos, á sus habitantes, sabed:*

Que usando de las amplias facultades de que me hallo investido, he tenido á bien decretar la siguiente

1 Página 10.
2 Página 8.

*Planta de los empleados de las secretarías y demas subalternos de la Suprema Corte de Justicia, ínterin desempeña las atribuciones de Tribunal Superior del Distrito.*

| | |
|---|---:|
| 1 Secretario para la primera sala y tribunal pleno ............................ $ | 8,000 |
| 2 Secretarios para la segunda y tercera sala á dos mil quinientos pesos cada uno | 5,000 |
| 3 Oficiales mayores, uno para cada secretaría, á dos mil pesos ..................... | 6,000 |
| 3 Oficiales segundos á mil quinientos pesos. | 4,500 |
| 6 Escribientes á seiscientos pesos ......... | 3,600 |
| 1 Oficial archivero para toda la Corte. | 2,000 |
| 2 Escribanos de diligencias á ochocientos ps. | 1,600 |
| 1 Ministro ejecutor. ..................... | 800 |
| 3 Porteros á quinientos pesos............. | 1,500 |
| 1 Mozo de aseo para toda la Corte........ | 300 |
| 2 Ordenanzas con gratificacion de sesenta pesos cada uno....................... | 120 |
| Gastos de oficio...................... | 600 |
| 3 Agentes fiscales, dos para el Fiscal y uno para el Procurador, á dos mil pesos.... | 6,000 |
| 2 Escribientes, uno para el Fiscal y otro para el Procurador general, á seiscientos ps.. | 1,200 |
| 4 Procuradores de oficio á quinientos pesos. | 2,000 |
| 3 Abogados de pobres á mil quinientos pesos. | 4,500 |
| Suma............. $ | 42,720 |

Por tanto, mando se imprima, publique, circule y se le dé el debido cumplimiento. Dado en el Palacio del Gobierno federal en México, á once de Febrero de mil ochocientos sesenta y dos.—*Benito Juarez.*—Al C. Jesus Terán, Ministro de Justicia, Fomento é Instruccion pública."

Y lo comunico á V. para su inteligencia y cumplimiento. Dios, Libertad y Reforma. México, &c.—*Terán.*

Se publicó en bando de 14

**Febrero 12.**

DECRETO POR LA SECRETARIA DE GUERRA.

*Inválidos y retirados en la clase de tropa á dispersos.*
*Haberes de unos y otros.*

"BENITO JUAREZ, Presidente constitucional de los Estados-Unidos Mexicanos, á sus habitantes, sabed:

Que en uso de las facultades de que me hallo investido y considerando: que al espedirse la ley de presupuestos, fecha 16 de Agosto del año próximo pasado,[1] fué con objeto de proporcionar economías á la hacienda pública, como se ve por las deducciones hechas en los haberes de tropa que en ella constan; y que tanto á los individuos que se retiren á dispersos, como á los que prestan sus servicios en el batallon de Inválidos, comprende igualmente la mencionada ley, porque sus goces deben ser proporcionados á los que disfruta la tropa viva; he tenido á bien decretar lo siguiente:

Art. 1.º Desde 1.º de Setiembre del año próximo pasado que está en observancia la ley de presupuestos, corresponden y deben abonarse á los individuos de tropa del batallon de Inválidos, los haberes que siguen:

Sargento 1.º con premio de 260 rs. ejerciendo $ 43 40
Idem......idem...... 135 id. id.... 27 77
Idem......idem...... 112½ id. id.... 24 96
Idem......idem...... 90 id. id.... 22 15
Idem......idem...... 9 id. id.... 22 03
Idem......idem...... 6 id. id.... 21 65
Idem inutilizado sin premio ejerciendo.... 32 40
Idem idem sin ejercer............. 26 40

1 Recopilacion de ese mes, pág. 15.

| | | |
|---|---|---|
| Sargento 2? con premio de 260 rs. ejerciendo. | 37 | 50 |
| Idem......idem...... 135 id.      id.... | 21 | 87 |
| Idem......idem..... 112½ id.      id.... | 19 | 06 |
| Idem......idem...... 90 id.      id.... | 16 | 25 |
| Idem......idem...... 9 id.      id.... | 16 | 13 |
| Idem......idem..... 6 id.      id.... | 15 | 75 |
| Idem inutilizado sin premio idem......... | 22 | 50 |
| Idem    idem    sin ejercer............... | 19 | 50 |
| Cabos y tambores, premio de 260 rs. ejerciendo. | 36 | 60 |
| Idem...... idem.... 135 id.      id.... | 20 | 97 |
| Idem...... idem.... 112½ id.      id.... | 18 | 16 |
| Idem...... idem... 90 id.      id.... | 15 | 35 |
| Idem...... idem.... 9 id.      id.... | 15 | 23 |
| Idem...... idem.... 6 id.      id.... | 14 | 85 |
| Idem inutilizados sin premio idem...... | 14 | 10 |
| Idem    idem    sin ejercer........... | 13 | 10 |
| Inválido con premio de 260 rs............... | 35 | 10 |
| Idem... idem.... 135 id.............. | 19 | 47 |
| Idem.... idem.... 112½ id........ | 16 | 66 |
| Idem.... idem.... 90 id.............. | 13 | 85 |
| Idem.  idem.... 9 id............... | 13 | 73 |
| Idem.  idem.... 6 id.............. | 13 | 35 |
| Idem sin premio........ ............. | 12 | 60 |

Art. 2? A los individuos de tropa que se retiren á dispersos ó que hayan obtenido cédula con posterioridad á la indicada fecha de 1? de Setiembre, se les abonarán los sueldos que á continuacion se espresan:

Sargentos primeros que habiendo servido mas de 18 anos, pero que no lleguen á 25 y por su edad ó achaques no puedan continuar sirviendo, sobre el premio de 6 ó 9 reales que disfrutan.........................$ 9 90
Sargentos segundos y demas clases en el propio caso y sobre el premio que gocen...... 6 30
Todos los individuos de tropa, escepto los ar-

meros y talabarteros por 25 anos de servicio
el premio de 90 rs........................ 11 25
Idem idem por 30 años el de $112\frac{1}{2}$ rs........ 14 06
Idem idem 35 id. id. 135........... 16 87
Idem idem 40 id. id. 260........... 32 50
Sargentos primeros inutilizados en accion de
guerra.............................. 27 20
Idem segundos idem idem.................. 20 09
Cabos idem idem...................... 14 52
Soldados é individuos de banda........... 12 98

Por tanto, mando se imprima, publique y observe.
Palacio del Gobierno nacional en México, á doce de
Febrero de mil ochocientos sesenta y dos —*Benito Jua-
rez.*—Al C. General Pedro Hinojosa, ministro de Guer-
ra y Marina "
Y lo comunico á V. para los fines consiguientes.—
*Hinojosa.*

Se publicó en bando del dia 24.

### Febrero 13.

#### ADMINISTRACION DE LA RENTA DE LA LOTERIA.

##### AVISO.

*Suspension de los sorteos mayores de á 25,000 pesos,
sustituyéndolos con otros mayores tambien de á 6,000
pesos.*

Habiéndose recibido por los últimos correos comunicaciones de diversos colectores, que acreditan la baja
de venta de billetes de los sorteos mayores de 25,000
pesos: siendo la exactitud en el pago de premios y la
conservacion del fondo de refaccion ó fomento, las que
han dado á la Lotería Nacional el completo crédito á

que ha llegado; es un deber del que suscribe vigilar
constantemente sobre la perfecta marcha del ramo, re-
moviendo obstáculos ó consultando providencias que se
dirijan á conciliar los intereses del público, con la conservacion del fondo que está destinado á su mayor garantía: cuyo fondo, debido á los esfuerzos que se han hecho para que progrese, se halla existente y listo en la
casa del Sr. D. Isidoro de la Torre, con la fianza de los
Sres. D. Pío Bermejillo, D. Manuel Mendoza Cortina
y D. Manuel J. de Lizardi, para seguir pagando los premios que toquen al público; y teniendo presentes las
dificiles circunstancias que atravesamos, que tanto per-
judican á toda renta de giro: deseando ademas darle al
público un nuevo testimonio de buena fé, del empeno
que se ha tenido y se tiene en que siga abierta y en giro
la Renta de Lotería Nacional, que tan útil le ha sido,
pero sin que se comprometa el fondo; y en vista de los
inconvenientes que se oponen á la mejor realizacion de
los billetes de los sorteos mayores de 25,000 pesos, porque hay muchos Estados, como Veracruz, Puebla, Durango, Mazatlan, Chihuahua y otros, que por diversos
motivos, ó no pueden realizar, ó su realizacion es muy
corta, se ha creido indispensable, para que el fondo no
se pierda y sí se conserve, siga la Lotería con el buen
crédito que hasta hoy: el público tenga siempre DOS
SORTEOS cada mes: la venta de billetes sea mas fácil por el menor precio de aquellos: y atendiendo tambien á que, la Administracion ha cuidado escrupulosa-
mente de que se paguen, como se han pagado en el
momento al público los premios en los sorteos ya celebrados y de que no circulen ni se vendan billetes de los
sorteos que no deban celebrarse, por estas razones de
órden, buena fé y completa legalidad, no circularán ni
se venderán los billetes del sorteo mayor número 6 de
25,000 pesos que debia verificarse en 7 del próximo
Marzo, ni los de los meses que siguen, dejando su celebracion para mas adelante, cuando se considere opor-

tuno, teniendo esta oficina cuidado de avisar al público
con la debida anticipacion el dia en que se vuelvan á
celebrar los sorteos de á 25,000 pesos de acuerdo con
el Supremo Gobierno, así como se da hoy este aviso de
suprema órden, dictada en virtud de las facultades con
que se halla investido el Ejecutivo, y mientras tanto, y
muy provisionalmente, queda sustituido el sorteo mayor
de 25,000 pesos con el que sigue, pues siendo notorio
que la Renta de Lotería aplica la utilidad líquida al
sosten de la Academia de Bellas Artes, Escuela de
Agricultura, y á la Beneficencia, el público verá con satisfaccion toda medida que se dirija á cuidar aquel fondo y á que los establecimientos de que se trata reciban
algunos auxilios.

Desde 14 de Marzo próximo y meses que siguen, se
dará un sorteo mayor con el fondo de 26,000 pesos, y
número de billetes del 1 al 13,000, á dos pesos billete
entero, dividido en octavos de á dos reales: un premio
principal de á 6,000 y 121 premios más, segun se ve en
la distribucion siguiente; repartiéndose al público el mismo 75 por 100 prevenido en el decreto de 1 $\circ$ de Mayo
de 1861,[1] advirtiendo, que la Renta tiene hoy un doble
fondo, en razon de que la mitad del que existe, seria
bastante para garantizar el pago de este sorteo y el del
menor.

### Sorteo mayor de 6,000 pesos.

| PREMIOS. | | TOTAL |
|---|---|---|
| 1 de á 6,000 | | 6,000 |
| 1 de á 2,000 | | 2,000 |
| 1 de á 1,000 | | 1,000 |
| 4 de á 500 | | 2,000 |
| 10 de á 200 | | 2,000 |
| 25 de á 100 | | 2,500 |
| 80 de á 50 | | 4,000 |
| 122 premios que importan | | 19,500 |

1 Publicada el dia 3. Recopilacion de ese mes, pág. 10.

## Sorteo menor de 3,000 pesos,

sigue sin variacion dándose como hasta hoy en los
mismos términos.

| PREMIOS. | | TOTAL. |
|---|---|---|
| 1 de á 3,000 | .................... | 3,000 |
| 1 de á 1,000 | .................... | 1,000 |
| 1 de á 500 | .................... | 500 |
| 4 de á 250 | .................... | 1,000 |
| 10 de á 100 | .................... | 1,000 |
| 25 de á 50 | .................... | 1,250 |
| 80 de á 25 | .................... | 2,000 |
| 122 premios que importan | .......... | 9.750 |

Administracion general de la Lotería Nacional. México, &c.—*Leandro Cuevas.*

### Febrero 14.

#### DECRETO POR LA SECRETARIA DE RELACIONES Y GOBERNACION.

*Se declara en estado de sitio el de Jalisco.*

El C. Presidente de la República se ha servido dirigirme el decreto que sigue:

"*El C. Benito Juarez, Presidente constitucional de los
Estados-Unidos Mexicanos, á sus habitantes, sabed:*

Que en atencion á las circunstancias en que se halla la República, y á fin de espeditar la accion militar
que éstas reclaman, usando de las facultades de que me
hallo investido, he tenido á bien decretar:

Artículo único. Se declara al Estado de Jalisco en
estado de sitio. La autoridad militar nombrada por el

Gobierno general reasumirá en consecuencia, los mandos político y militar

Por tanto, mando se imprima, publique y observe.
Palacio nacional de México, á catorce de Febrero de
mil ochocientos sesenta y dos.—*Benito Juarez.*—Al C.
Manuel Doblado, ministro de Relaciones y Gobernacion."

Y lo comunico á V. para su inteligencia v fines consiguientes.

Libertad y Reforma. México, &c.—*Doblado.*

Se publicó en bando del dia 25.

---

### Febrero 14,

#### DECRETO POR LA SECRETARIA DE RELACIONES Y GOBERNACION.

*Se declara en estado de sitio el de Querétaro.*

El C. Presidente de la República se ha servido dirigirme el decreto que sigue:

"*Benito Juarez, Presidénte constitucional de los Estados-Unidos Mexicanos, á sus habitantes, sabed:*

Que en atencion á las circunstancias en que se halla
la República, y á fin de espeditar la accion militar que
éstas reclaman, usando de las facultades de que me hallo investido, he tenido á bien decretar:

Artículo único. Se declara el Estado de Querétaro en
estado de sitio. La autoridad militar, nombrada por el
Gobierno general, reasumirá en consecuencia, los mandos político y militar.

Por tanto, mando se imprima, publique y observe. Palacio nacional de México, á catorce de Febrero de mil
ochocientos sesenta y dos.—*Benito Juarez.*—Al C. Manuel Doblado, ministro de Relaciones y Gobernacion."

Libertad y Reforma. México, &c.—*Doblado.*

Se publicó en bando del dia 25.

### Febrero 14.

GOBIERNO DEL DISTRITO FEDERAL.

AVISO.

*Designacion de los cuarteles mayores de la capital á los cuerpos de Guardia Nacional.*

El C. Gobernador ha tenido á bien hacer la siguiente designacion de cuarteles mayores á los cuerpos de Guardia Nacional móvil de este municipio.

El cuartel mayor núm. 1 se designa al sesto batallon, alojado en el Cármen. Comandante, C. Vicente Pagaza.

El cuartel mayor núm. 2, al primer batallon alojado en la Encarnacion, Comandante, C. Emilio Lynch.

El cuartel mayor núm. 3, al tercer batallon, su cuartel en San Pablo. Comandante, C. general Joaquin Rangel.

El cuartel mayor núm. 4, al cuarto batallon, su cuartel en el arzobispado, Comandante, C. Luis Pineda.

El cuartel mayor núm. 5, al cuerpo de caballería "Leandro Valle," alojado en la Aduana Comandante, C. Bernabé de la Barra.

El cuartel mayor núm. 6, al quinto batallon, su cuartel San Fernando. Comandante, C. general Miguel Blanco.

El cuartel mayor núm. 7, al batallon "Hidalgo," alojado en Betlemitas. Comandante, C. general P. Hinojosa.

El cuartel núm. 8, al batallon "Artillería de Mina," su cuartel en la Ciudadela. Comandante, C. Luis Salcedo.

El cuartel menor núm. 33, al batallon "Zapadores del Pueblo," alojado en el Seminario. Comandante, C. José L. Botello.

México, &c.—*Emilio Velasco,* oficial mayor.

**Febrero 14.**

GOBIERNO DEL DISTRITO FEDERAL.

BANDO.

En el de esta fecha se publicó el decreto comunicado por la Secretaría de Justicia, Fomento é Instruccion pública en 11 del presente[1] que contiene la planta de las secretarías de la Suprema Corte.

---

**Febrero 17.**

PROVIDENCIA POR LA SECRETARIA DE GUERRA

---

*Arreglo del ejército que está al servicio de la Federacion.*

Teniendo conocimiento el Supremo Magistrado de la República de que en los cuerpos del ejército ó de la guardia nacional que están al servicio de la Federacion hay un número escedente de gefes y oficiales de los señalados por reglamento, ha tenido á bien prevenir que para evitar este desarreglo, que sobre ser gravoso al erario trae muchos inconvenientes en el servicio, se observen las reglas siguientes:

1ª Desde la revista del próximo Marzo no habrá mas gefes y oficiales en los cuerpos del ejército, auxiliares ó de guardia nacional que estén al servicio de la Federacion, que los señalados por reglamento.

2ª Los gefes y oficiales que resulten sobrantes, formarán depósitos en las capitales de los Estados.

3ª Se remitirá á este Ministerio relacion de los gefes y oficiales que se hallen comprendidos en la prevencion

1 Página 15.

anterior, con espresion de sus clases, nombres, empleos y autoridades que les hayan espedido sus patentes.

4ª Los gefes superiores de Hacienda, los comisarios de las divisiones ó brigadas y los pagadores, no abonarán á los cuerpos mas haber que el correspondiente á los gefes y oficiales de dotacion, esceptuándose los que estén agregados por supremas resoluciones anteriores. Cualquiera contravencion en este respecto, será motivo para que sea separado de su destino el que la cometa.

Lo digo á V. para su cumplimiento.

Libertad y Reforma  México, &c.—*Hinojosa.*

------

### Febrero 19.

#### DECRETO POR LA SECRETARIA DE RELACIONES Y GOBERNACION.

*Erigiendo en Estado de la Federacion el Distrito de Campeche, &c.*

El C. Presidente de la República se ha servido dirigirme el decreto que sigue:

"*Benito Juarez, Presidente constitucional de los Esta- dos-Unidos Mexicanos, á sus habitantes, sabed:*

Que en uso de las facultades de que me hallo investido por la ley de 11 de Diciembre último, [1] y de conformidad con el dictámen de la comision de puntos constitucionales del Congreso de la Union en el espediente sobre ereccion del Estado de Campeche, he venido en decretar lo siguiente:

Art. 1.° Se erige en Estado de la Federacion el Dis-

------

1 Recopilacion de ese mes, pág. 13.

trito de Campeche en la Península de Yucatan con la estension de territorio y límites que tiene actualmente.

Art. 2.º Se remitirá este decreto á las legislaturas de los Estados para que hagan uso de la facultad que les concede la fraccion 3ª del artículo 72 de la Constitucion.[1]

Por tanto, mando se imprima, publique y observe. Palacio nacional de México, á diez y nueve de Febrero de mil ochocientos sesenta y dos.—*Benito Juarez.*—Al C. Juan de D. Arias, oficial mayor encargado del Ministerio de Relaciones y Gobernacion."

Y lo comunico á V. para su inteligencia y fines consiguientes.

Libertad y Reforma. México, &c.—*Juan de D. Arias.*

Se publicó en bando de 21.

---

### Febrero 19.

**DECRETO POR LA SECRETARIA DE JUSTICIA Y FOMENTO.**

---

*Exenciones acordadas á los terrenos y casas de las haciendas de la Teja y de la Condesa, que se espresan.*

Ciudadano Ministro:—En virtud de la solicitud de los Sres. Flores hermano, contraída á que se ratificaran ó se concedieran de nuevo las exenciones acordadas por el gobierno reaccionario á los terrenos de las haciendas de la Teja y de la Condesa que se vendieran con el objeto de edificar casas, y en atencion á lo que sobre esa solicitud habia dictaminado la comision de Hacienda del Soberano Congreso, se ha servido el C.

---

1 Recopilacion de Diciembre de 860, pág. 23.

4

Presidente de la República, en uso de las facultades omnímodas de que se halla investido, acordar lo siguiente:

1º Los terrenos de las haciendas de la Teja y de la Condesa, destinados por los Sres. Flores hermano para el objeto *preciso* de edificar casas, que se hubieren enágenado desde el 18 de Mayo de 1859, quedan libres del derecho de alcabala.

2º Por el tiempo de cinco años, contados desde esta fecha, quedan tambien libres del pago del mismo derecho los terrenos de las mencionadas fincas que se enágenen con el objeto espresado en el artículo anterior.

3º Se eximen tambien, por cinco años, de todas las contribuciones directas establecidas actualmente sobre la propiedad raiz, las fincas ya construidas ó que en adelante se construyan.

4º Se esceptúan igualmente de toda contibucion, por el propio tiempo, los materiales que se introduzcan para la construccion de las mismas fincas.

5º Para que tenga efecto la exencion de que trata el artículo anterior, se sujetarán los que quieran disfrutarla á las disposiciones que se dicten por la oficina correspondiente con el fin de evitar cualquiera fraude que se pretenda cometer; bajo el concepto de que no disfrutarán ninguna de las gracias que concede este decreto, los compradores de terrenos que los destinen al cultivo y no á la construccion de casas solas, ó con sus parques y jardines anexos.

6º Las construcciones, division de manzanas, anchura de las calles, paseos y edificios públicos, se sujetarán á los planos presentados por los Sres. Flores hermano, quedando copia de ellos en el Ministerio respectivo para que cuide de su observancia; entendiéndose que por la falta de este requisito perderá el omiso las gracias que este decreto le concede.

Y de órden suprema tengo el honor de insertarlo á V. para su conocimiento, y á fin de que se sirva dictar

las órdenes oportunas para que tenga efecto lo acordado por el C. Presidente.

Reitero á V. con este motivo las protestas de mi particular aprecio.

Dios y Libertad. México, &c.—*Teran.*—C. Ministro de Hacienda y Crédito Público.

---

### Febrero 20.

CIRCULAR POR LA SECRETARIA DE GUERRA.

---

*Se le remitan mensualmente estados pormenorizados de
la fuerza de cada cuerpo, luego que pase la revista
de comisario.*

Para facilitar los trabajos de este Ministerio, se hace
indispensable que V. remita todos los meses y desde el
próximo Marzo en adelante, un estado pormenorizado
de la fuerza que se halla á su mando, el cual será formado inmediatamente despues de pasada la revista de
comisario.

El Gobierno general espera del empeño y celo de V.
por el buen-servicio que dará puntual cumplimiento á
esta prevencion, pues en las circunstancias actuales en
que el país se halla amagado por una guerra estrangera, es absolutamente importante tener un conocimiento
exacto de la fuerza con que pueda contarse para sostener dignamente el decoro nacional.

Dígolo á V. para su conocimiento y efectos correspondientes.

Libertad y Reforma. México, &c.—*Hinojosa.*

## Febrero 21.

### DECRETO POR LA SECRETARIA DE RELACIONES Y GOBERNACION.

*Se suspenden los efectos del art 1? de la ley de 6 de Enero próximo pasado relativa al Ayuntamiento de la capital.*

El C. Presidente de la República se ha servido dirigirme el decreto que sigue:

"*Benito Juarez, Presidente constitucional de los Estados-Unidos Mexicanos, á sus habitantes, sabed:*

Que en uso de las facultades de que me hallo inv-s tido, y en atencion á las actuales circunstancias, he decretado lo siguiente:

Artículo único. Se suspenden los efectos del art. 1? de la ley de 6 de Enero próximo pasado,[1] sobre la eleccion de Ayuntamiento de esta capital.

Por tanto, mando se imprima, publique y observe. Palacio del Gobierno nacional de México, á veintiuno de Febrero de mil ochocientos sesenta y dos.—*Benito Juarez*—Al C. Juan de D. Arias, oficial mayor encargado del Ministerio de Relaciones y Gobernacion."

Y lo comunico á V. para su inteligencia y fines consiguientes.

Libertad y Reforma. México, &c.—*Juan de D. Arias.*

Se publicó en bando de 25.

---

1 Recopilacion de ese mes, pág. 10.

## Febrero 21.

### GOBIERNO DEL DISTRITO FEDERAL.

#### PROVIDENCIA.

*Reglamento á que se sujetarán los visitadores de casas de empeño de esta capital.*

1º Se harán visitas á las casas de empeño en los tres primeros meses de cada año, sin perjuicio de que se mande practicar la que crea necesaria el Gobierno del Distrito, para lo cual se librará la órden correspondiente.

2º El visitador se presentará en cada casa de empeno acompañado del ayudante de acera ó del sub-inspector, ó en su defecto del inspector del cuartel y de un vecino de la misma acera en que se halle situada la casa, presentándole al dueño de la negociacion su correspondiente credencial para que le conste la legitimidad de su mision, á fin de que exija del dueño: Primero. La licencia de este Gobierno para recibir prendas, y la cual no esté cumplida y pertenezca al dueño de la negociacion; clasificar si el capital que tiene invertido en este giro es el que previene la licencia; si da boleto por cada prenda, y si éstos se hallan como está prevenido por la ley. Segundo. Que el libro en que se pongan las partidas, estén asentadas con la claridad debida que previenen las leyes. Tercera. Que cada prenda tenga su número progresivo que concuerde con la partida del libro respectivo, y el vale ó membrete, el cual estará sellado y se cuidará que pertenezca al bienio corriente. Tendrán cuidado de que no haya armas ni ropa de municion, objetos de librea, guarniciones de coches, instrumentos de artes ú oficios, chapas de puertas, y todos los demas objetos que marcan los decretos de 1790 y los relativos á esta materia.

3º Concluida la visita, se formará una acta en papel

del sello 5.º, que firmará el visitador y los otros dos socios de que habla el art. 2.º, en la que conste el estado en que se halla la negociacion, si está ó no arreglada á las disposiciones vigentes sobre la materia, para que en vista de ella, el C. Gobernador imponga ó no la multa correspondiente á los infractores, dando la tercera parte de la referida multa al visitador respectivo

4.º Será obligacion de los visitadores, indagar las casas, en que se reciben prendas sin los requisitos de ley y todo fraude que se cometa, dando parte al Gobierno para que resuelva lo conveniente.

5.º Los honorarios que cobrarán los visitadores, se rán los siguientes: las de primera, que son las de capital de 1,602 hasta 8,000 pesos, cobrarán 10 pesos: las de capital de 500 á 1,600 pesos, 5 pesos: las de 100 á 498, veinte reales; y las de 24 á 99, diez reales; por lo cual darán al dueño de la negociacion el recibo correspondiente.

6.º Cuidarán de que en las casas donde haya armas que no sean de municion, tengan la manifestacion que previene la ley de 25 de Diciembre próximo pasado.

México, &c.—*A. Parrodi.*

---

**Febrero 21.**

GOBIERNO DEL DISTRITO FEDERAL.

BANDO.

En el de este dia se publicó el decreto comunicado por la Secretaría de Relaciones y Gobernacion en 19 del actual. Ereccion del Estado de Campeche.

Página 24.

GOBIERNO, DEL DISTRITO FEDERAL.

AVISO.

*Acerca del jurado de calificaçion de que trata el art. 29 de la ley de 15 de Julio de 848, orgánica de la Guardia Nacional.*

El C. Gobernador ha dispuesto que desde el lúnes 24 del corriente quede instalado en el edificio del Seminario el Jurado de calificacion de que habla el art. 29 de la ley de 15 de Julio de 1848.[1]

Lo que se hace saber para conocimiento de los ciudadanos que no estuvieren conformes con las cuotas que se les hubieren señalado.

México, &c.—*Francisco J. Villalobos.*

---

**Febrero 23.**

CIRCULAR POR LA SECRETARIA DE RELACIONES
Y GOBERNACION.

*Estipulaciones entre los comisarios de las potencias aliadas y el Gobierno mexicano.*

Tengo el honor de acompañar á V. copia de las bases firmadas por el C. Manuel Doblado, ministro de Relaciones, y por los señores comisarios de las potencias aliadas, las cuales han sido aprobadas en esta fecha por el C. Presidente de la República.

Los comisarios de dichas potencias con vista de las circunstancias del pais, y de las esplicaciones dadas por el Gobierno acerca de sus elementos, de su fuerza y de la estabilidad que le asegura la consumacion de la reforma, hecha en todas las naciones á costa de sacrificios mas sangrientos y duraderos que los que ha costado á

_____

[1] Coleccion de leyes y decretos de ese año, edicion del Constitucional página 250.

la República; pero sólida base en todas ellas de estabilidad, paz y prosperidad, han comprendido que los súbditos de sus gobiernos no necesitan el apoyo de la fuerza para gozar las garantías que les aseguran los tratados, y manteniéndose estraños á la política interior de la nacion, se reducirán á tratar sobre las reclamaciones pendientes y diferencias habidas entre aquellas potencias y la República.

Como el Gobierno constitucional está dispuesto á satisfacer esas reclamaciones en cuanto la justicia lo exige y se promete que dichas potencias pondrán el mismo límite á sus pretensiones, espera que todas las cuestiones esteriores de la República, tendrán un arreglo pronto y satisfactorio. Entonces podrá consagrarse esclusivamente á estinguir los pocos elementos de discordia y de desórden que ha dejado en pos de sí la reciente gloriosa guerra de reforma, y afianzando mas y mas las garantías y el bienestar de nacionales y estrangeros, espera que comience para la República la era de prosperidad que en todas partes ha seguido á la reforma.

El C. Presidente, cuya fe en el porvenir de la patria no ha vacilado jamas, confia en que V. y todos los habitantes de ese Estado lo secundarán vigilando porque los estrangeros gocen completa seguridad en sus personas é intereses, y porque el espíritu público se sostenga como hasta aquí, firme y resuelto, para el càso, que no espera, de que fuera imposible un arreglo pacífico de las cuestiones que van á ventilarse.

Protesto á V. mi aprecio y consideracion.

Dios y Libertad. México, &c.—*Teran.*—C. Gobernador del Estado de..

*Preliminares en que han convenido el Sr. Conde de Reus y el Sr. Ministro de Relaciones esteriores de la República mexicana.*

1º Supuesto que el Gobierno Constitucional que actualmente rige en la República mexicana, ha manifestado á los comisarios de las potencias aliadas, que no necesita del auxilio que tan benévolamente han ofrecido al pueblo mexicano, pues tiene en sí mismo los elementos de fuerza y de opinion para conservarse contra cualquiera revuelta intestina, los aliados entran desde luego en el terreno de los tratados para formalizar todas las reclamaciones que tienen que hacer en nombre de sus respectivas naciones.

2° Al efecto, y protestando como protestan los representantes de las potencias aliadas, que nada intentan contra la independencia, soberanía é integridad del territorio de la República, se abrirán las negociaciones en Orizava, á cuya ciudad concurrirán los senores comisarios y dos de los senores ministros del Gobierno de la República, salvo el caso, en que, de comun acuerdo, se convenga en nombrar representantes delegados por ambas partes.

3° Durante las negociaciones, las fuerzas de las potencias aliadas ocuparán las tres poblaciones de Córdova, Orizava y Tehuacan, con sus radios naturales.

4° Para que ni remotamente pueda creerse que los aliados han firmado estos preliminares para procurarse el paso de las posiciones fortificadas que guarnece el ejército mexicano, se estipula que en el evento desgraciado, de que se rompieren las negociaciones, las fuerzas de los aliados desocuparán las poblaciones antedichas, y volverán á colocarse en la línea, que está adelante de dichas fortificaciones, en rumbo á Veracruz, designándose como puntos estremos principales el de Paso Ancho, en el camino de Córdova; y Paso de Ovejas, en el de Jalapa.

5° Si llegare el caso desgraciado de romperse las negociaciones, y retirarse las tropas aliadas á la línea indicada en el artículo precedente, los hospitales que tuvieren los aliados quedarán bajo la salvaguardia de la nacion mexicana.

6° El dia en que las tropas aliadas emprendan su

marcha para ocupar los puntos senalados en el art. 2.º, se enarbolará el pabellon mexicano en la ciudad de Veracruz y en el castillo de San Juan de Ulúa.

La Soledad, diez y nueve de Febrero de mil ochocientos sesenta y dos.—*El conde de Reus.*—*Manuel Doblado.*—Approved *C. Lennox Wyke.*—Approved *Hugh Dunlop.*—Aprouvé les preliminaires ci-dessus, *A. de Saligny.*—Aprouvé les preliminaires ci-dessus, *E. Jurien.*—Apruebo estos preliminares en uso de las amplias facultades de que me hallo investido. México, Febrero veintitres de mil ochocientos sesenta y dos.—*Benito Juarez*, Presidente de la República.—Como encargado del Ministerio de Relaciones esteriores y Gobernacion, *Jesus Teran.*

---

### Febrero 24.

#### PROVIDENCIA POR LA SECRETARIA DE RELACIONES.

---

*Contribucion federal. Debe cobrarse á los que satisfacen la de exentos de la Guardia Nacional.*

Dada cuenta al C. Presidente del oficio de V., fecha 20 del que cursa, en que manifiesta duda sobre si los causantes de la contribucion de exentos del servicio en la Guardia Nacional, deben satisfacer el recargo de la contribucion federal, por creerse comprendidos en la circular núm. 23 del Ministerio de Hacienda, se ha servido resolver: que no cabe escepcion en el pago de cuotas fijadas á los exentos de la Guardia Nacional, debiendo en consecuencia pagar la contribucion federal, que motiva esta consulta.

Reproduzco á V. con este motivo, las seguridades de mi aprecio.

Libertad y Reforma.—México, &c.—*Juan de D. Arias.*—C. Gobernador del Distrito.

## Febrero 24.

### GOBIERNO DEL DISTRITO FEDERAL.

#### BANDO.

En el de este dia se publicó el decreto comunicado en 12 del corriente [1] por la Secretaría de Guerra. Inválidos y retirados en clase de tropa á dispersos. Haberes de unos y otros.

———

## Febrero 25.

### DECRETO POR LA SECRETARIA DE RELACIONES.

———

*Se declara el Estado de México en el de sitio.*

El C. Presidente constitucional de la República se ha servido dirigirme el decreto que sigue:

"*Benito Juarez, Presidente constitucional de los Estados-Unidos Mexicanos, á sus habitantes, sabed:*

Que en atencion á las graves circunstancias actuales, en uso de las amplias facultades de que me hallo investido, he tenido á bien decretar lo siguiente:

Artículo único. Se declara el Estado de México en estado de sitio; en consecuencia, el gefe nombrado por el Supremo Gobierno reasumirá desde luego los mandos político y militar de dicho Estado.

Por tanto, mando se imprima, publique y observe. Palacio nacional de México, á veinticinco de Febrero

1 Página 15.

de mil ochocientos sesenta y dos.—*Benito Juarez.*—
Al C. Juan de D. Arias, oficial mayor encargado del
Ministerio de Relaciones y Gobernacion."

Y lo comunico á V. para su inteligencia y fines consiguientes.

Libertad y Reforma. México, &c.—*Juan de D. Arias.*
Se publicó en bando de 21 de Marzo de este ano.

---

### Febrero 25.

#### GOBIERNO DEL DISTRITO FEDERAL.

##### BANDO.

En el de este dia se publicó el decreto comunicado
por la Secretaría de Relaciones y Gobernacion en 21.[1]
Se suspenden los efectos del art. 1° de la ley de 6 de
Enero próximo pasado relativa al ayuntamiento de esta
capital.

---

### Febrero 25.

#### GOBIERNO DEL DISTRITO FEDERAL.

##### BANDO.

En el de este dia se publicó el decreto comunicado
por la Secretaría de Relaciones en 14 del presente.[2] Se
declara el Estado de Jalisco en el de sitio.

---

### Febrero 25.

#### GOBIERNO DEL DISTRITO FEDERAL.

##### BANDO.

En el de este dia se publicó el decreto comunicado
por la Secretaría de Relaciones en 14 del presente.[3] Se
declara el Estado de Querétaro en el de sitio

---

1 Página 28.—2 Página 20.—3 Página 21.

# ÍNDICE CRONOLÓGICO

DE LAS DISPOSICIONES

## CONTENIDAS EN ESTE CUADERNO.

# INDICE ALFABÉTICO

POR MATERIAS

DE LAS DISPOSICIONES CONTENIDAS EN ESTE
CUADERNO.

Páginas.

## A.

## B.

## C.

## E.

## G.

## P.

## R.

## S.

# INDICE CRONOLÓGICO

POR SECRETARIAS

DE LAS DISPOSICIONES CONTENIDAS EN ESTE CUADERNO

## SECRETARIA DE JUSTICIA, FOMENTO
### E INSTRUCCION PUBLICA.

## SECRETARIA DE HACIENDA.

## ADMINISTRACION PRINCIPAL DE RENTAS
### DEL DISTRITO.

## ADMINISTRACION DE LA RENTA DE LA LOTERIA.

## SECRETARIA DE GUERRA.

# RECOPILACION

### DE

# LEYES, DECRETOS BANDOS,

## REGLAMENTOS, CIRCULARES Y PROVIDENCIAS

#### DE LOS

### SUPREMOS PODERES

Y OTRAS AUTORIDADES DE LA REPUBLICA MEXICANA,

INCLUYENDO LAS DE LAS
DIRECCIONES DE CONTRIBUCIONES DIRECTAS Y PAPEL SELLADO.

Obra útil á toda clase de personas
y necesaria á muchos individuos, como funcionarios públicos, curiales y
empleados en las oficinas

FORMADA

DE ORDEN DEL SUPREMO GOBIERNO

POR EL

*Licenciado Basilio José Arrillaga*

MARZO DE 1862.

**MEXICO**
IMPRENTA DE VICENTE G. TORRES
Calle de San Juan de Letran núm. 3.

1862.

PROVIDENCIA

# POR LA SECRETARIA DE JUSTICIA.

——

*Los secretarios de los juzgados menores bastan para integrar los actos de dichos juzgados.*

Seccion 1ª—En vista de la comunicacion de V., fecha 1º del actual, en que consulta por sí y á nombre de los demas ciudadanos jueces sus companeros, si los secretarios de los juzgados menores como los de primera instancia bastan para integrar los actos de dichos juzgados, el C. Presidente de la República ha tenido á bien acordar se conteste á V., como lo verifico, que bastan los espresados secretarios de los juzgados menores para integrar los actos de ellos, sin necesidad de que los jueces actúen con testigos de asistencia.

Lo que comunico á V. como resultado de su oficio relativo, y á fin de que dé conocimiento de esta suprema resolucion á los demas ciudadanos jueces de su clase.

Dios, Libertad y Reforma. México, &c.—*Teran.*— C. Juez 4º menor de esta capital.

## Marzo 5.

### GOBIERNO DEL DISTRITO FEDERAL.

#### BANDO.

*Reglamento á la ley de 6 de Mayo último. Division política del Distrito federal.*

ANASTASIO PARRODI, General de Division y Gobernador del Distrito federal, á los habitantes del mismo, sabed:

Que en uso de las facultades que me concede el artículo 4 ? del decreto de 6 de Mayo de 1861,[1] he tenido á bien ordenar lo siguiente:

Art. 1 ? Se asignan á cada una de las secciones en que por la citada ley se dividió el territorio del Distrito federal, las municipalidades siguientes:

1 ? Municipalidad de MEXICO.

2 ? *Partido de Guadalupe Hidalgo.*

Municipalidades. { Guadalupe Hidalgo cabecera de su partido
Atzcapotzalco.

3 ? *Partido de Xochimilco.*

Municipalidades. { Xochimilco, cabecera de su partido.
Tulyahualco.
Tlahuac.
San Pedro Actopan.
Milpa–Alta.
Hastahuacan.

1 Recopilacion de ese mes, pág. 70.

4°         *Partido de Tlalpam.*

Municipalidades. { San Angel, cabecera de su partido.<br>
Tlalpam.<br>
Coyoacan.<br>
Ixtapalapam.<br>
Ixtacalco.

5°         *Partido de Tacubaya.*

Municipalidades. { Tacubaya, cabecera de su partido.<br>
Tacuba.<br>
Santa Fé.<br>
Mixcoac.

Art. 2° Cada una de estas municipalidades comprende los pueblos, barrios, haciendas y ranchos que les han pertenecido hasta la fecha del presente reglamento.

Y para su cumplimiento, imprímase, publíquese y circúlese.

México, &c.—*A. Parrodi.—Francisco J. Villalobos,* secretario.

———

### Marzo 5.

GOBIERNO DEL DISTRITO FEDERAL.

BANDO.

*Vivacs. Su establecimiento.*

ANASTASIO PARRODI, General de Division y Gobernador del Distrito federal, á los habitantes del mismo, sabed: que

Para proveer á la mayor seguridad de la ciudad, he decretado lo siguiente:

Art. 1° Desde el dia de la publicacion de este decreto se establecerá en la parte mas céntrica de cada cuartel menor, un vivac de veinticinco hombres, que estará bajo las órdenes del inspector respectivo.

Art. 2 ? Todos los habitantes de la ciudad, con escepcion de los que espresa el art. 4 ?, están obligados á prestar el servicio de vivac. Este durará de seis de la tarde á seis de la manana, y los inspectores cuidarán de que sus agentes lo distribuyan por turno equitativo entre los individuos aptos que residan en cada cuartel, de manera que la omision ó resistencia de algunos, ó el favor que indebidamente se les dispense, no sean motivo para que se moleste repetidamente á otros. La infraccion de esta prevencion es causa bastante para destituir al funcionario que la cometa.

Art. 3 ? Cada vivac hará servicio de rondas, guardia, &c., segun lo determine el inspector del cuartel, en atencion á las circunstancias, y dará pronto y eficaz auxilio al resguardo nocturno.

Art. 4 ? Están exentos del servicio:

Los funcionarios de primer órden de los poderes legislativo, ejecutivo y judicial.

Los individuos del Ayuntamiento.

Los empleados de las cárceles y establecimientos de beneficencia cuando pernocten en ellos.

Los que sirvan en la policía.

Los militares y guardias nacionales en servicio activo y los retirados.

Los menores de diez y ocho anos, los mayores de sesenta, los enfermos habituales y los que lo estén por accidente.

Art. 5 ? Las citas para el servicio se harán con un dia de anticipacion. Si alguno de los citados se rehusare á prestarlo sin justo motivo, á juicio del inspector respectivo, será remitido por éste al Gobierno, antes de las siete de la noche, para que se proceda á lo que haya lugar.

Art 6 ? Los que sin causa justificada dejen de concurrir al vivac, siendo para ello citados, sufrirán una multa de uno á diez pesos, ó prision de tres á ocho dias, á juicio del Gobierno

Art. 7 ? El Gobierno proporcionará á los inspectores las armas y utensilio que necesiten para el servicio.

Y para que llegue á noticia de todos, mando se imprima, publique y circule.

México, &c.—*A. Parrodi.*—*Francisco J. Villalobos,* secretario.

## Marzo 5.

### CIRCULAR POR LA SECRETARIA DE GUERRA.

*Marcha de tropa de un punto á otro. Prevenciones al gefe de toda seccion ó partida que la conduzca.*

Los generales en gefe de division ó de brigada y los comandantes de toda seccion ó partida de tropa que tengan que marchar de órden superior á los diversos puntos de la República, se sujetarán á las siguientes

### INSTRUCCIONES.

Ordenarán sus marchas del mejor modo posible, haciéndo que las tropas caminen lo mas cómodamente que se pueda, y evitando que se maltrate y fatigue el soldado en largas jornadas con peligro de su salud y acaso de su vida, especialmente cuando no lo exija el servicio nacional.

Al efecto harán sus itinerarios en cada una de sus marchas, y los remitirán á este Ministerio antes de emprenderlas; ó si esto no conviniere por circunstancias estraordinarias, cuando las hayan rendido.

Cuidarán de que las tropas de su mando observen el

mejor órden y disciplina, haciendo que se respeten las
clases; que se cumplan con toda eficacia y oportunidad
las disposiciones militares, y que los inferiores guarden
la mayor subordinacion con sus superiores.

Tendrán sobre todo la mayor vigilancia en que las
tropas perciban exactamente el socorro que les da la
Nacion, á fin de que el soldado no tenga que quejarse
de la falta de auxilios para su sostén; lo cual es tan per-
judicial al Gobierno como á los gefes militares que tienen á su mando alguna fuerza, porque se ha esperi-
mentado que las tropas casi siempre se disgustan, des-
moralizan y pierden la fidelidad á sus banderas, cuando
no se les da con exactitud su prest.

Procurarán que se tenga un especial cuidado en que
los caballos de las tropas estén bien atendidos y se conserven en buen estado, á fin de que el soldado se encuentre siempre útil y bien montado para la campana.

En los asuntos de inspeccion observarán la mayor re
gularidad, sin escederse de las facultades que les comete la circular de 31 de Julio de 1861,[1] dando conoci
miento á este Ministerio de todo aquello que le corresponda.

En obsequio de la anterior prevencion, los comandantes en gefe seran muy exactos en enviar á este Ministerio sus estados de fuerza, y vigilarán que los cuerpos remitan con la debida oportunidad sus documentos
mensuales; porque á mas de la utilidad que resulta al
Gobierno de saber las fuerzas con que cuenta, su estado y demas circunstancias, la eficacia en el cumplimiento de sus deberes, siempre hace honor al que manda.

Lo de mayor importancia para la Nacion toda y especialmente para la clase militar en quien tiene depositada
su confianza, es que los gefes de toda fuerza armada hagan entender á los pueblos que el soldado republicano no
es su opresor sino su mejor amigo, y que en todo tiempo

---

1 Recopilacion de ese mes, pág. 140.

está dispuesto á emplear sus armas en defensa de las vidas y propiedades de los ciudadanos; pero esto es preciso acreditarlo con hechos para atraerse las simpatías de las demas clases de la sociedad y restablecer la confianza pública.

Consecuentes con la disposicion que precede, los espresados gefes considerarán á los habitantes de los pueblos, evitando que sus subordinados les hagan sufrir ninguna clase de estorsiones en sus personas, familias é intereses.

No permitirán bajo pretesto alguno que los ciudadanos sean cogidos de leva, porque esto disgusta á los pueblos en gran manera; hace que la clase militar en general se atraiga la odiosidad; y ademas está espresamente prohibido por las leyes fundamentales de la Nacion,

Cuando se necesiten bagajes, los pedirán con la debida anticipacion á las autoridades de los pueblos ó á las de las estancias mas inmediatas al lugar en donde estén acampadas ó alojadas las tropas; y si la necesidad de dichos bagajes fuere mas apremiante en el camino por tener que conducir municiones, montar la tropa cansada, &c., los pedirán á los dueños de las haciendas ó ranchos, haciendo que solo se ocupen los que sean muy precisos: y si fuere posible, no se desviarán de su ruta, yendo únicamente hasta el punto mas inmediato á que tengan que llegar, de donde serán relevados.

En caso de que sean necesarias algunas raciones y pasturas, se entenderán con la autoridad para que las facilite, dejando el correspondiente recibo de su importe, con espresion de los cuerpos á que deban cargarse, para cuyo fin pondrán su V.° B.° Esto deberá entenderse siempre que no lleven los fondos necesarios, pues si los tuvieren se pagará todo por sus justos precios, sin dar lugar á quejas ni reclamaciones. Toda infraccion de estas disposiciones será de la responsabilidad de los generales ó comandantes en gefe.

Repetirán sus órdenes y vigilarán de cuautos modos sea posible que los oficiales no causen daño á las familias donde sean alojados; sino que por el contrario procuren dejar bien sentada su reputacion por medio de una conducta honrada y decorosa.

Cuidarán con toda eficacia de que los mesones ú otros locales que ocupen los cuerpos en las poblaciones, no sean maltratados, evitando á la vez la pérdida de llaves y cerraduras, de la madera que generalmente queman los soldados para calentarse, y otros perjuicios que al gunas veces sufren los duenos de los mencionados locales, por la tolerancia de los gefes.

Finalmente, sacarán de las autoridades la respectiva contenta de la conducta que hayan observado así los gefes como todos sus subordinados en su tránsito ó permanencia en cada punto, porque tales documentos acreditarán en todo tiempo la moralidad, disciplina y buen órden de las fuerzas del Supremo Gobierno, y las tropas con su loable comportamiento recobrarán los honrosos títulos que deben caracterizar á la noble institucion militar.

Libertad y Reforma. México, &c.—*Hinojosa.*

Se publicó por bando de 21 del presente.

---

### Marzo 6.

CIRCULAR POR LA SECRETARIA DE GUERRA.

---

*Documentos que han de remitírscle á sus tiempos constantemente.*

A pesar de que se ha prevenido con repeticion que se remitan á este Ministerio de mi cargo las hojas de servicios de los gefes y oficiales del ejército, los libros de antigüedad de los cuerpos, y una relacion circunstanciada de los gefes y oficiales que se hallen en cuartel, retirados ó en alguna otra comision de su carrera en lo civil ó de hacienda, no se han recibido mas que muy pocas, que por su inexactitud no llenan el objeto que el Supremo Magistrado de la República se propuso al pedirlos.

Este Ministerio tiene, en todas ocasiones, necesidad de los documentos á que me refiero, y por esto es que el Presidente quiere que llamando V. á su vista las circulares de 15 de Mayo y 1? de Junio de 1860,[1] 24 y 25 de Mayo de 1861,[2] se esfuerce en dar exactamente cumplimiento á lo que en ellas se previene, así como á las demas que tambien ordenan la remision de documentos.

El Presidente cree innecesario recordar el deber en que están los servidores de la Nacion de cumplir con las órdenes del Gobierno; pero por mi parte espero del celo que tiene V. acreditado por el órden, que cumplirá con los deseos del mismo Presidente, mandando con oportunidad las noticias y documentos citados.

Libertad y Reforma. México, &c.—*Hinojosa.*

---

## Marzo 10.

### DECRETO POR LA SECRETARIA DE RELACIONES.

---

*Se declara el Estado de Tlaxcala en el de sitio.*

El C. Presidente interino constitucional de la República se ha servido dirigirme el decreto que sigue:

"*Benito Juarez, Presidente constitucional de los Estados-Unidos Mexicanos, á sus habitantes, sabed:*

Que teniendo en consideracion las circunstancias particulares en que se encuentra el Estado de Tlaxcala, y

1 Recopilacion de fin de Diciembre de 860, pág. 237, y véanse las páginas 2:5, 242 y 264.
2 Recopilacion de ese mes, pág. 114. y véase la de la pág. 113.

haciendo uso de las omnímodas facultades de que me hallo investido, he tenido á bien decretar lo siguiente:

Artículo único. Se declara el Estado de Tlaxcala en estado de sitio; en consecuencia, reasumirá inmediatamente los mandos político y militar de dicho Estado, el ciudadano general José María G. Mendoza, nombrado al efecto por el Supremo Gobierno.

Por tanto, mando se imprima, publique y observe. Palacio Nacional de México, á diez de Marzo de mil ochocientos sesenta y dos.—*Benito Juarez.*—Al C. Manuel Doblado, Ministro de Relaciones y Gobernacion."

Y lo comunico á V. para su conocimiento y demas fines.

Libertad y Reforma. México, &c.—*Doblado.*

Se publicó en bando de 2ᵢ.

## Marzo 11.

### DECRETO POR LA SECRETARIA DE RELACIONES.

*Se deroga el espedido por la legislatura de Michoacan de Ocampo en 24 de Febrero próximo pasado sobre conductas de platas para el estrangero*

El C. Presidente constitucional de la República se ha servido dirigirme el decreto que sigue:

"*Benito Juarez, Presidente constitucional de los Estados-Unidos Mexicanos, á sus habitantes, sabed:*

Que en uso de las facultades de que estoy investido, y considerando que es inconstitucional el decreto espedido en 24 de Febrero próximo pasado por el gobierno de Michoacan, respecto á conductas de caudales para el estrangero, he tenido á bien decretar:

Artículo único. Se deroga el decreto espedido por el gobierno del Estado de Michoacan de Ocampo en 24 de Febrero próximo pasado, restringiendo á tres en el ano las conductas de platas para el estrangero, y senalando los dias en que éstas deben salir.

Por tanto, mando se imprima, publique y observe. Palacio Nacional de México, á once de Marzo de mil ochocientos sesenta y dos.—*Benito Juarez.*—Al C. Manuel Doblado, Ministro de Relaciones y Gobernacion."

Y lo comunico á V. para los fines consiguientes.

Libertad y Reforma. México, &c.—*Doblado.*

*El decreto derogado es como sigue:*

MINISTERIO DE RELACIONES ESTERIORES Y GOBERNACION.

Departamento do Gobernacion.

*El Gobernador constitucional del Estado de Michoacan de Ocampo, á todos sus habitantes, sabed:*

Que en uso de las facultades de que me hallo investido, y considerando:

Primero. Que la circulacion de numerario ha escaseado mucho en todos los pueblos del Estado, haciendo temer una crísis financiera de graves consecuencias para el comercio:

Segundo: Que la principal causa de tal escasez estriba ostensiblemente en las frecuentes conductas de platas para el estrangero, que por lo mismo no dan tiempo ni para reponer la estraccion ni para que los comerciantes pongan un buen arreglo en sus negocios:

Tercero. Que en obvio de estos males es ya preciso tomar una medida que concilie los intereses generales del Estado con la libertad de los particulares para disponer de sus fondos; he tenido á bieu decretar lo siguiente:

Art. 1 ? Desde la publicacion de este decreto no podrán salir ya mas conductas de platas para el estrangero que tres en el año: la primera, del primero al quince de Enero: la segunda, del primero al quince de Mayo; y la tercera, del primero al quince de Setiembre.

Art. 2 ? El Gobierno señalará en cuál de los dias intermedios del primero al quince que se citan en el artículo anterior deberán salir las conductas.

Y para que llegue á noticia de todos, mando se imprima, publique, circule y se le dé el debido cumplimiento. Palacio del Gobierno de Michoacan de Ocampo. Morelia, Febrero 24 de 1862.—*Epitacio Huerta.*—*Francisco Figueroa*, secretario.

Es copia. México Marzo 11 de 1862.

---

### Marzo 11.

#### GOBIERNO DEL DISTRITO FEDERAL.

##### BANDO.

*Presupuesto de sueldos de las tres prefecturas de él.*

ANASTASIO PARRODI, General de Division y Gobernador del Distrito Federal, á sus habitantes, sabed:

Que en uso de la facultad que me concede el art. 5? del decreto de 6 de Mayo de 1861,[1] he tenido á bien decretar el siguiente

## Presupuesto de las Prefecturas del Distrito Federal.

Artículo único. En cada uno de los partidos en que se divide el Distrito Federal por la ley de 6 de Mayo

[1] Recopilacion de ese mes, pág. 70.

de 1861, se establece una prefectura con la planta de los empleados siguientes:

### PREFECTURA DE TLALPAM.

| | | |
|---|---:|---:|
| 1 Prefecto............... | $ 1,800 | |
| 1 Secretario,........... | 800 | |
| 1 Escribiente........... | 360 | |
| Gastos de oficio...... | 150 | $ 3,110 |

### PREFECTURAS DE XOCHIMILCO
### Y TACUBAYA.

| | | |
|---|---:|---:|
| 1 Prefecto............. | $ 1,200 | |
| 1 Secretario........... | 720 | |
| Gastos de oficio...... | 120 | $ 2,040 |

### PREFECTURA DE GUADALUPE.

| | | |
|---|---:|---:|
| 1 Prefecto............. | $ 1,200 | |
| 1 Secretario..... ...... | 600 | |
| Gastos de oficio...... | 120 | $ 1,920 |

Y para que llegue á noticia de todos, mando se imprima, publique y circule á quienes corresponda.

México, &c.—*A. Parrodi.*—*Francisco J. Villalobos,* secretario.

*Jueces ordinarios: se abstengan de conocer de lo que toque á la Hacienda pública acerca de las informaciones llamadas* ad perpetuam.

Deseando el C. Presidente corregir el abuso que se ha introducido en los juzgados del fuero comun, de recibir á cualquier solicitante y sin citacion de la parte interesada informaciones que bajo el pretesto de ser *ad perpetuam rei memoriam,* solo sirven para ocurrir con ellas á las Legaciones, Ministerios, Junta de Hacienda y otras oficinas públicas, para hacer constar lo que no es cierto, dando por probado lo que no lo está y atribuyendo un aire de legalidad á lo que ninguna tiene; ha dispuesto se prevenga á todos los jueces ordinarios se abstengan de conocer de nada que toque en lo mas mínimo á la Hacienda pública, pues esto es de la jurisdiccion privativa de los jueces de la Federacion, quienes para recibir las informaciones llamadas *ad perpetuam* deberán sujetarse á las leyes y circulares de la materia.

Y lo comunico á V. para su mas exacto cumplimiento. Dios, Libertad y Reforma, México, &c.—*Teran.*

Se publicó en bando de 21.

## Marzo 18.

En este dia se repitió por la Secretaría de Guerra la circular de 21 de Julio de 860, que se encuentra en la pág. 243 del cuaderno de esta Recopilacion de fin de Diciembre de 1860. Modificacion de la de 4 de Abril de ese año (que se halla en la pág. 236 del mismo cuaderno),

la cual impuso pena á los gefes y oficiales que sin previa
órden del Gobierno se presentaren en el lugar de la residencia de los supremos poderes de la Nacion. No se
estampa, porque pueden verse una y otra en las referidas páginas.

Se publicó en bando de 10 de Abril.

### Marzo 19.

CIRCULAR POR LA SECRETARIA DE GUERRA.

*Noticias y documentos referentes á la campana.*
*Su pronta remision.*

El Gobierno nacional carece de muchos de los datos
oficiales referentes á la campana por cuyo medio fueron
restablecidas en Diciembre de 1860 las instituciones legales que en el mismo mes de 1857 pretendió aniquilar
una faccion perversa. Durante ese dilatado período de
lucha, desorganizado el sistema de comunicacion é in-
terceptadas sus vías por el enemigo, dificultóse muchas
veces y fué imposible algu as, hacer llegar hasta el Gobierno general los partes respectivos de las operaciones
militares. Hé aquí por qué no le ha sido dable reunir
los inapreciables dato de que llevo hecha mencion, y
los cuales no quiere dispensarse de adquirir en razon
de que constituyen un monumento de gloria para la República y para aquellos sus dignos hijos que cooperaron
en la contienda al triunfo del órden legal; así como son
de sumo interes para la historia militar de esos tres anos.
Consideraciones tales han sugerido al C. Presidente
constitucional el pensamiento de exigir á los ciudadanos
que mandaron fuerza armada en el mismo período, de-
fendiendo la Constitucion, un diario de sus operaciones
de guerra é itinerarios de sus marchas, y los partes de
las funciones de armas que dirigieron en gefe, agregán-

3

doles, siempre que sea posible, el cróquis del terreno
que fué teatro de ellas, el estado de la fuerza que con-
currió, relacion de los cuerpos que la formaban, y en fin,
todas las noticias conducentes á amplificar tales documentos, cuya importancia comprende V. sin duda perfectamente; y en consecuencia, como uno de los gefes
á quienes he aludido, se apresurará á remitir los que le
corresponden en cumplimiento de esta órden, que al
efecto tengo el honor de comunicar á V.

Libertad y Ref<rma. México, &c.—*Hinojosa.*

---

**Marzo 20.**

CIRCULAR POR LA SECRETARIA DE HACIENDA.

---

*Aclaracion de la de 28 de Diciembre último, núm. 23,*
*relativa á que no se cobre la contribucion federal á los*
*que satisfacen pagarés.*

Habiéndose ofrecido algunas dudas respecto de la
inteligencia que debe darse á la circular núm. 23 espedida por esta Secretaría con fecha 28 de Diciembre último,[1] el C. Presidente se ha servido acordar se manifieste por via de aclaracion, que el pago de la contribucion federal de que en ella se esceptúa a los que satis-
cen pagarés de la nacionalizacion de bienes llamados
del clero, se entienda para solo no satisfacerla en los
enteros que con ese motivo hagan; pues por lo demas
sí debe cobrárseles la citada contribucion.

Lo digo á V. para su inteligencia y efectos correspondientes.

Libertad y Reforma. México, &c.—*Doblado.*

---

1 Recopilacion de ese mes pág. 65.

## Marzo 21.

### GOBIERNO DEL DISTRITO FEDERAL.

#### BANDO.

En el de este dia se publicó el decreto espedido en 25 de Febrero último [1] por la Secretaría de Relaciones y Gobernacion. Se declara el Estado de México en el de sitio.

---

## Marzo 21.

### GOBIERNO DEL DISTRITO FEDERAL.

#### BANDO.

En el de este dia se publicó la circular espedida por la Secretaría de Guerra en 5 del corriente. [2] Marcha de tropa de un punto á otro. Prevenciones al gefe de toda seccion ó partida que la conduzca.

---

## Marzo 21.

### GOBIERNO DEL DISTRITO FEDERAL.

#### BANDO.

En el de este dia se publicó el decreto espedido por la Secretaría de Relaciones esteriores y Gobernacion en 10 del presente. [3] Se declara el Estado de Tlaxcala en el de sitio y providencias consiguientes.

1  Recopi'acion de ese mes. pág. 35.
2  Página 7.
3  Página 11.

## Marzo 21.

GOBIF&#127;RNO DEL DISTRITO FEDERAL.

BANDO.

En el de este dia se publicó la circular espedida en 13 del presente [1] por la Secretaría de Justicia, sobre que los jueces ordinarios se abstengan de conocer de lo que toque á la hacienda pública. Prevenciones acerca de las informaciones llamadas *ad perpetuam*.

————

## Marzo 25.

GOBIERNO DEL DISTRITO FEDERAL.

BANDO.

*Partidos del mismo Distrito. Medidas para regularizar su administracion local.*

ANASTASIO PARRODI. general de division y Gobernador del Distrito federal, á los habitantes del mismo, sabed:

Que para regularizar la administracion local de los partidos en que está dividido el Distrito federal por el supremo decreto de 11 de Mayo de 1861, [2] he decretado lo siguiente:

Art. 1 ? Para ser prefecto se necesita estar en ejercicio de los derechos de ciudadanía y tener veinticinco anos cumplidos

Art. 2 ? Los prefectos harán ante el Gobierno la

1  Página 16.
2  La ley no es de 11 sino de 6, publicada en bando de 11. **Recopilacion** de ese mes pág. 70.

protesta legal de cumplir estrictamente los deberes de su encargo.

Art. 3 ? Cada prefecto tendrá para la autorizacion de sus actos y el despacho de los negocios un secretario y los empleados que designe la planta respectiva. Estos y aquel serán nombrados por el prefecto con aprobacion del Gobierno, y harán ante el primero la protesta á que se refiere el art. 2 °

Art. 4 ? Los prefectos tienen el carácter de agentes del Gobierno, presidentes natos de los ayuntamientos de su partido y gefes de policía en la comprension de éste. Desempeñarán, por lo mismo, las atribuciones espresan en los artículos siguientes.

Art. 5 ? Son deberes de los prefectos:

I. Publicar sin demora y circular á las municipalidades las leyes, reglamentos y demas disposiciones que con este objeto les comunique el gobernador, y cuidar de que los ayuntamientos cumplan con la misma obligacion respecto de los jueces de paz.

II. Acatar y hacer cumplir las leyes, las órdenes del Gobierno general, las del gobernador del Distrito y las disposiciones judiciales.

III. Cuidar del órden y tranquilidad pública en la demarcacion de su mando, disponiendo para ello de la fuerza armada que estuviere á su disposicion, ó requiriendo al gefe de ella en caso de que no esté sujeta á la autoridad política.

IV. Hacer sin demora las investigaciones y producir los informes que les pida el Gobierno.

V. Dar cuenta de las providencias importantes ó tras cendentales que dictaren, para que el Gobierno resuelva lo que estime conveniente.

VI. Dar curso á las solicitudes que por su conducto eleven los particulares al Gobierno, produciendo el informe correspondiente.

VII. Nombrar á los jueces de paz, determinar sobre sus renuncias y cuidar de que cumplan con sus deberes.

4

VIII. Dictar ó proponer al Gobierno las providencias conducentes al sosten y perfeccionamiento del registro civil y de la guardia nacional.

IX. Resolver las dudas que ocurran sobre elecciones de ayuntamientos y admitir ó no las renuncias de los individuos que los componen.

X. Conceder ó negar á los menores licencia para casarse en caso de disenso de los padres ó tutores; bajo el concepto de que los interesados pueden ocurrir directamente al Gobernador, ó pedirle la revocacion de la providencia dictada por el prefecto.

XI Escitar á los jueces á la pronta administracion de justicia, sin invadir sus facultades, y dar parte al Gobierno de las faltas que en ella adviertan.

XII. Formar la estadística del partido.

XIII. Tener cuidado de que se haga el reclutamiento para el ejército conforme á las leyes vigentes, y dictar las medidas de su resorte para evitar que se atropellen las garantías individuales. Igual vigilancia deben desplegar respecto de los alojamientos, bagajes y demas prestaciones que hubiere necesidad de hacer á la fuerza armada.

XIV. Proponer al Gobierno cuantas medidas estimaren oportunas para el fomento de la agricultura y de todos los ramos de industria, instruccion y beneficencia públicas, así como las mejoras cuya posibilidad haya hecho descubrir la observacion ó la esperiencia.

XV. Procurar que los ayuntamientos cumplan estrictamente con sus deberes.

XVI. Cuidar que las municipalidades tengan los arbitrios necesarios para cubrir sus gastos indispensables, proponiendo al Gobierno nuevos impuestos en caso de no ser bastantes los existentes.

XVII. Vigilar la buena administracion de los bienes municipales, y examinar y calificar las cuentas y los presupuestos.

XVIII. Procurar con especial esmero que haya escuelas en todos los pueblos, cementerio civil en cada una de las municipalidades y cárcel en la cabecera del partido.

XIX. Visitar las municipalidades dos veces en el ano, por lo menos, sin imponerles por ello gravámen ninguno: cerciorarse de que cumplen ó no con sus deberes los funcionarios públicos: registrar los archivos de las oficinas del órden administrativo, para saber si se encuentran en regla: dictar las providencias que sean de su resorte para corregir las faltas que noten: y formar un espediente de la visita, que remitirán al Gobierno para que en vista de él disponga lo que crea conveniente.

XX. Perseguir la vagancia y procurar con la mayor eficacia la aprehension y aseguramiento de los delincuentes.

XXI. Hacer nuevas publicaciones de los reglamentos de policía, para recordar su observancia á-las personas á quienes corresponde cumplirlos.

XXII. Cuidar de la higiene pública y en particular de la de los cementerios: procurar la conservacion y propagacion del pus vacuno, é impedir la existencia de establecimientos insalubres ó peligrosos dentro de las poblaciones.

XXIII. Procurar que los individuos sospechosos que habiten en terrenos solitarios y distantes sin objeto ni utilidad conocida, se trasladen á las poblaciones inmediatas

Art. 6.º Son facultades de los prefectos:

I. Imponer gubernativamente hasta cincuenta pesos de multa ó diez dias de suspension á los funcionarios inferiores del órden administrativo que falten á sus deberes.

II. Presidir el ayuntamiento del lugar de su residencia sin voto en las deliberaciones, á no ser en caso de empate.

III. Citar á los ayuntamientos á sesion estraordina-
ria, y pedirles los informes que crean necesarios.

IV. Conocer en los delitos de policía correccional,
asociándose con el juez letrado y con el presidente del
ayuntamiento. Podrá señalarse por pena, que se impondrá á mayoría de votos, hasta cincuenta pesos de
multa ó quince dias de prision.

V. Espedir órden escrita, cuando lo exija la tranquilidad pública, para catear determinadas casas y para arrestar á cualquiera persona, sujetándose á lo dispuesto
en los artículos 16 y 19 de la Constitucion.

Art. 7.º Los prefectos residirán ordinariamente en
la cabecera del partido, si no es que por circunstancias
particulares disponga otra cosa el Gobierno

Art. 8.º Las faltas de los prefectos serán suplidas
por el presidente del ayuntamiento del lugar de su residencia.

Art. 9.º Los prefectos serán el conducto ordinario
de comunicacion de las órdenes del Gobierno, las que
participarán á los ayuntamientos para que éstos las tras-
mitan á los jueces de paz, observándose la misma tra-
mitacion en órden inverso para la correspondencia que
dirijan los funcionarios inferiores á los superiores, a
no ser en caso de queja, en el cual podrá salvarse el
conducto de la autoridad contra quien aquella se dirija.

Art. 10. Todas las providencias de los prefectos son
revocables por el Gobierno del Distrito.

Y para que llegue á noticia de todos, mando se imprima, publique y circule.

México, &c.—*A. Parrodi.—Francisco J. Villalobos,*
secretario.

## Marzo 25.

DECRETO POR LA SECRETARÍA DE JUSTICIA.

*Es nulo el espedido por la legislatura de Sinaloa, que se acompana, relativo á terrenos baldíos.*

Con esta fecha se ha servido dirigirme el C. Presidente constitucional de la República el decreto que sigue:

*"El C. Benito Juarez, Presidente constitucional de los Estados-Unidos Mexicanos, á sus habitantes, sabed:*

Que considerando que solo el Congreso general puede dictar leyes sobre colonizacion y enagenacion de los terrenos baldíos, segun está dispuesto en los párrafos 21 y 24 del art. 72 de la Constitucion federal,[1] y teniendo presentes los graves perjuicios causados á la República en épocas anteriores por las inconsideradas concesiones que de dichos terrenos hicieron las autoridades de algunos Estados, he venido en decretar, en uso de las amplias facultades de que me hallo investido, lo siguiente:

Es nulo el decreto núm 30 espedido por la legislatura del Estado de Sinaloa con fecha 15 de Enero último, declarando propiedad del mismo Estado los terrenos baldíos que en él existen. En consecuencia, son nulas las ventas y concesiones que se hayan hecho en dicho Estado, á no ser que obtengan la ratificacion del Supremo Gobierno.

Por tanto, mando se imprima, publique, circule y se le dé el debido cumplimiento. Palacio del Gobierno fe-

---

1 Recopilacion de fin de Diciembre de 860, pág. 25.

deral en México, á 25 de Marzo de 1862. — *Benito Juarez.*—Al C. Ramon I. Alcaraz, oficial mayor encargado del despacho del Ministerio de Justicia, Fomento é Instruccion Pública."

Y lo comunico á V. para su inteligencia y fines consiguientes.

Dios y Libertad. México, &c.—*Ramón I. Alcaraz.*

.Se publicó en bando de 1? de Abril.

Núm. 30.—El pueblo del Estado de Sinaloa, representado por su Congreso, decreta:

Art. 1? Los terrenos y aguas baldías de Sinaloa son propiedad del Estado, y se dedican por mitad á proteger la inmigracion nacional y estrangera, v á formar uno de los ramos del erario público.

Art. 2? Todo inmigrado que por sí ó formando compañía vengan con capital á avecindarse en Sinaloa, obtendrán gratis la area de terreno necesario para la colonia que establezcan, con solo el gravámen de pagar el costo del deslinde.

Art. 3? Los inmigrados estrangeros gozarán de escepcion de todo derecho ó gabela y del servicio de las armas por el término de cinco anos. Los inmigrados estrangeros disfrutarán ademas el de establecer su gobierno y legislacion municipal, siempre que no se oponga á las leyes generales y del Estado.

Art. 4? El Gobierno dictará las órdenes mas adecuadas y perentorias para que los inmigrantes no sean molestados, haciéndoles sufrir los embarazos y molestias que causan la estricta y minuciosa aplicacion de las leyes fiscales, y para que desde su ingreso al Estado hasta el lugar donde fijen su residencia, y en su residencia misma, sean auxiliados y protegidos por las autoridades locales, siempre que para ello sean requeridas.

Art. 5? El habitante del Estado que primero cultive y coseche en su territorio cien pacas de algodon de doce arrobas cada paca, cien de café ó azúcar, recibirá un premio de tres mil pesos. sacados de toda preferencia de las arcas del Estado.

El Gobierno reglamentará el mas eficaz cumplimiento de esta ley, y dispondrá que el deslinde de los terrenos baldíos comience por los comprendidos en el distrito de Mazatlan.

Comuníquese al ejecutivo para su promulgacion y cumplimiento. Salon de sesiones del Congreso del Estado. Mazatlan, Enero 15 de 1862.—*Francisco Cortés,* diputado presidente.—*Francisco J. Aragon,* diputado pro-secretario.—*José Valdes,* diputado secretario.

Por tanto, mando se imprima, publique y circule para su exacta observancia. Puerto de Mazatlan, Enero 16 de 1862.—*Plácido Vega.*—*Francisco Terrel,* oficial mayor.

---

## Marzo 28.

### DECRETO POR LA SECRETARIA DE HACIENDA.

---

*Reclamaciones sobre bienes llamados del clero. Cómo debe entenderse el plazo que para ellas se fijó.*

Hoy digo al C. Manuel Posada lo que sigue:

"El C. Presidente de la República ha tenido á bien declarar, que el plazo de ocho dias que por el decreto de 4 de Marzo del año próximo pasado [1] se concedió para ocurrir á los tribunales á toda persona que tenga derechos de propidad que deducir sobre los bienes llamados del clero, debe entenderse solo con respecto á las demandas y gestiones dirigidas contra el fisco considerado como subrogatario del clero por la nacionalizacion de

---

1 Recopilacion de ese mes, pág. 21.

dichos bienes, y no respecto de los demas negocios que
por razon de los mismos bienes sigan los particulares."

Y lo trascribo á V. para su inteligencia y efectos consiguientes.

Dios, Libertad y Reforma. México, &c.—*Doblado.*

---

### Marzo 28.

CIRCULAR POR LA SECRETARIA DE GUERRA.

---

*Ordenes de los jueces y demas autoridades del ramo ju-*
*dicial. Obsequien los gefes del ejército las relativas á*
*los subordinados de éstos.*

Con disgusto ha sabido el C. Presidente constitucional que algunos de los gefes del ejército nacional no
obsequian las órdenes de los jueces y demas autoridades del ramo judicial, cuando citan á los oficiales ó individuos de tropa de las fuerzas que están bajo su mando para que concurran á declarar en las causas de que
aquellos conocen.

Como esta falta redunda en perjuicio de la recta y
pronta administracion de justicia, el mismo C. Presidente dispone que todos los gefes y oficiales que manden fuerzas, al recibir la escitativa de los jueces para
que comparezca á declarar ante ellos algun oficial ó individuo subordinado á él, lo haga cumplir inmediatamente, previniendo lo conveniente para que se presente
en el lugar y á la hora que se le señale; en la inteligencia de que será de la responsabilidad de los gefes la falta
de cumplimiento de esta clase de órdenes.

Lo que comunico á V. para su mas exacto cumplimiento.

Libertad y Reforma. México, &c.—*Hinojosa.*

Se publicó en bando de 14 de Abril.

**Marzo 29.**

DECRETO POR LA SECRETARIA DE JUSTICIA.

*Habilitacion de edad al C. Roberto Mondragon.*

El C. Presidente de la República se ha servido dirigirme el decreto que copio.

*"El C. Benito Juarez, Presidente constitucional de los Estados–Unidos Mexicanos, á sus habitantes, sabed:*

Que en uso de las facultades de que me hallo investido, he tenido á bien decretar lo siguiente:

Artículo único. Se habilita al C. Roberto Mondragon de la edad que le falta para comparecer en juicio y administrar sus bienes por sí y sin necesidad de curador, con calidad de que no ha de gozar del beneficio de restitucion *in integrum.*

Por tanto, mando se imprima, publique, circule y observe. Dado en el Palacio nacional del Gobierno federal de la República en México, á 29 de Marzo de 1862.— *Benito Juarez.*—C. Ministro de Justicia, Fomento é Instruccion Pública "

Y lo trascribo á V. para los fines consiguientes.

Dios, Libertad y Reforma. México, &c.—*Teran.*

Se publicó en bando de 16 de Abril.

**Marzo 29.**

DECRETO POR LA SECRETARIA DE HACIENDA.

*Junta superior del ramo. Prevenciones relativas á sus facultades, á su reglamento y á otros asuntos de su inspeccion.*

Con fecha 28 del actual se ha servido el C. Presidente de la República dirigirme el decreto que sigue:

5

"*El C. Benito Juarez, Presidente constitucional de los Estados-Unidos Mexicanos, á, todos sus, habitantes, sabed:*

Que en uso de las facultades amplias de que me hallo investido, decreto:

Art. 1.° La Junta Superior de Hacienda ejercerá desde la publicacion de este decreto, todas las facultades que le concedió la ley de 17 de Julio del año próximo pasado[1] y leyes anteriores de crédito público.

Art. 2.° Se conceden seis meses perentorios para la presentacion de todas las reclamaciones contra el erario sobre créditos de la revolucion y la demas deuda que no esté reconocida.

Art. 3.° Queda vigente el reglamento interior primitivo de la Junta,[2] á escepcion de los sueldos que señalaba y que serán los que disfrutan actualmente, gozando el secretario dos mil y quinientos pesos anuales por el trabajo que hoy se aumenta.

Art. 4.° Las denuncias que se hagan en lo sucesivo, se harán directamente á la Junta Superior ó por conducto de las Gefaturas de Hacienda, recibiéndose dos quintos en bonos y tres en dinero efectivo con arreglo á las leyes.

Art. 5.° En el acto de hacerse la denuncia se verificará el pago, enagenándose al interesado los derechos que tenga la Hacienda pública y con los privilegios que le conceden las leyes. En el caso de que resulte no tener ningunos, se devolverá al denunciante el precio en la especie que se hubiere recibido, sin lugar de indemnizacion de ninguna clase.

Art. 6.° El que siendo acreedor personalmente al erario denunciare un capital perteneciente á los bienes del clero, ú otro crédito de los denunciables segun las

1 Recopilacion de ese mes, pág. 28.
2 Es de 17 de Agosto de 861, pág. 68.

leyes, se le aplicará un quinto íntegro de los tres que debiera dar en efectivo.

Dado en México, á veintiocho de Marzo de mil ochocientos sesenta y dos —*Benito Juarez.*—Al C. Manuel Doblado, encargado de la Secretaría de Estado y del Despacho de Hacienda y Crédito Público."

Y lo comunico á V. para su inteligencia y efectos correspondientes.

Libertad y Reforma   México, &c.—*Doblado.*

Se publicó en bando de 31.

---

**Marzo 29.**

CIRCULAR NUM. 44 POR LA SECRETARIA DE HACIENDA.

---

*Gefes superiores del ramo: se entiendan con la junta superior de él en lo relativo á desamortizacion.*

Por decreto de 28 del actual ha sido declarado que la Junta superior de Hacienda vuelva á ejercer todas las facultades que le concedió la ley de 17 de Julio del ano próximo pasado [1] y leyes anteriores de crédito público.

Lo que comunico á V. para su conocimiento, y á fin de que esa gefatura se entienda directamente con la citada Junta en todo lo relativo al ramo de desamortizacion.

Libertad y Reforma. México, &c.—*Doblado.*

---

1 Recopilacion de ese mes, pág. 28.

DECRETO POR LA SECRETARIA DE HACIENDA.

———

*Penitenciaría de la capital del Estado de Durango. Sobre continuacion de esta obra.*

El C. Presidente de la República se ha servido dirigirme el decreto que sigue:

"*Benito Juarez, Presidente constitucional de la República Mexicana, á sus habitantes, sabed:*

Que en uso de las facultades concedidas al Ejecutivo por el Congreso de la Union, en la ley de 11 de Diciembre último,[1] he venido en decretar lo siguiente.

Artículo 1.° Se destina para la continuacion de la obra de la penitenciaría de la capital 'del Estado de Durango, cien pesos mensuales, de los fondos de la agencia de fomento y renta de papel sellado.

Art. 2.° El presente decreto comenzará á surtir sus efectos, cuando á juicio del Supremo Gobierno, hayan cesado las circunstancias de guerra en que se encuentra hoy la nacion.

Por tanto, mando se imprima, publique, circule y se le dé el debido cumplimiento. Dado en el Palacio nacional de México, á veintinueve de Marzo de mil ochocientos sesenta y dos.—*Benito Juarez.*—Al C. Manuel Doblado, encargado del Ministerio de Hacienda y Crédito público."

Y lo comunico á V. para su conocimiento.

Dios y Libertad. México, &c —*Doblado.*

———

1 Recopilacion de ese mes, pág. 13.

## Marzo 30.

### DECRETO POR LA SECRETARIA DE JUSTICIA.

*Habilitacion de edad al C. Francisco de P. Rubio.*

El C. Presidente de la República se ha servido dirigirme el decreto que sigué:

"*El C. Benito Juarez, Presidente constitucional de los Estados-Unidos Mexicanos, á sus habitantes, sabed:*

Que en uso de las amplias facultades de que me hallo investido, he tenido á bien decretar lo siguiente:

Artículo único. Se concede al C. Francisco de P. Rubio habilitacion de edad para que pueda administrar bienes y comparecer en juicio, por sí y en representacion de otras personas, sin necesidad de curador, considerándosele como mayor de veinticinco años, y quedando privado del beneficio de restitucion *in integrum.*

Por tanto, mando se imprima, publique, circule y observe. Dado en el Palacio nacional del Gobierno federal de la República en México, á 29 de Marzo de 1862. —*Benito Juarez.*—C. Ministro de Justicia, Fomento é Instruccion pública."

› Y lo traslado á V. para los efectos correspondientes.

Dios, Libertad y Reforma. México, &c.—*Ramon I. Alcaraz.*

Se publicó en bando de 6 de Abril.

## Marzo 31.

DECRETO POR LA SECRETARIA DE RELACIONES
Y GOBERNACION.

*Fondo municipal de esta capital. Su dotacion.*

El C. Presidente constitucional de la República se ha servido dirigirme el decreto que sigue:

"*Benito Juarez, Presidente constitucional de los Estados-Unidos Mexicanos, á sus habitantes, sabed:*

Que teniendo en consideracion que la ley vigente sobre dotacion del fondo municipal de esta capital, es la de 3 de Octubre de 1853,[1] cuyas disposiciones se refieren en parte á la de 6 de Octubre de 1848:[2] que estas leyes han sufrido, entre otras alteraciones, la muy importante de la abolicion del impuesto del tres al millar[3] que pertenecia al Ayuntamiento de México en los ocho cuarteles mayores de la ciudad: considerando no solo la necesidad de reemplazar esta pérdida, sino la de reorganizar y aumentar en lo posible los recursos con que debe atenderse á los ramos municipales, con especialidad á la limpia de las calles, á la reparacion de sus empedrados y á la mejora del alumbrado, se reforma la espresada dotacion del fondo; y éste consistirá, ademas de los propios, en los arbitrios que establece esta ley, en la cual quedan refundidas las anteriores.

---

1  Primera parte del Semanario Judicial, tom. V., pág. 104.
2  Coleccion de decretos de ese año, edicion del Constitucional, pág. 123.
3  Sobre el tres al millar. Véanse entre otras las leyes de 11 de Marzo de 1841, Coleccion de decretos de ese año, edicion del Constitucional pág. 12; la de Enero 13 de 842 y el Reglamento de 21 del mismo, pág. 286 y 305, Coleccion de decretos de interes comun de ese año. tom. I.

# PROPIOS

## MERCADOS.

Art. 1 ? El derecho de establecer mercados, de cualquiera clase, es propio y esclusivo del Ayuntamiento.

Art. 2 ? Se pagará medio real diario por cada puesto de frutas, de verduras y demas efectos cuyo espendio se hace en los mercados, ya esté situado en las puertas de las casas ó tiendas de cualquiera punto de la ciudad, ó ya en sus plazas y otros lugares donde pueda permitirse su situacion.

Art. 3 ? Se consideran como anexos al mismo ramo de mercados los objetos siguientes, *que quedan libres del derecho de patente:* las alacenas de cualesquiera efectos, situadas en los portales de Agustinos, Mercaderes y de las Flores, y en el Puente de Palacio, cada una de las cuales pagará seis reales al mes, lo mismo que los puestos grandes de los zaguanes que se hallen en dichos lugares. Los puestos fijos que no sean alacenas y que tengan la misma situacion, satisfarán cuatro reales mensuales cada uno. Las alacenas y puestos fijos de los demas portales, pagarán respectivamente la mitad de las cuotas espresadas. El pago de las que designa este artículo, se hará por meses adelantados y desde 1 ? del próximo Mayo. [1]

Art. 4 ? Quedan esceptuados del pago de puestos eventuales, los de tortillas que no estén en las plazas de los mercados ó en sus inmediaciones.

Art. 5 ? El Ayuntamiento, con informe del administrador del fiel contraste y de una comision de individuos inteligentes, propondrá á la aprobacion del gobierno del Distrito la reforma del reglamento de este ramo, pu-

1 Véase el decreto de 1? de Mayo, publicado en bando el 7 del mismo, que dice así: Los plazos fijados para hacer los pagos á que se refiere el decreto de 31 de Marzo último, que establece la dotacion de los fondos municipales de la capital, comenzarán el dia 1? del próximo Junio.

diendo alterar, segun se crea conveniente, los derechos
que debe pagar el comercio.

## LICENCIAS DE OBRA.

Art. 6.º Por las licencias para obras esteriores se
pagarán, en la oficina recaudadora municipal, dos reales
diarios por el tiempo que el interesado calcule de dura-
cion á la obra; si escediere de aquel, se revalidará la
licencia con igual condicion de pago, tantas veces cuantas sean necesarias hasta la conclusion. Para conceder
dichas licencias, es requisito indispensable que se haga
cargo de la ejecucion de la obra, un arquitecto ó maes-
tro de obras titulado. Espedirá estas licencias la comision de obras públicas, previo informe del ingeniero de
ciudad, quien por este trabajo solo podrá cobrar un peso.

Art. 7.º Por regla general, ni para establecer una
canería, ni para la construccion ó reposicion de los al-
bañales, ni para ninguna otra obra particular que haya
de hacerse en la superficie de las calles, en sus empedrados y atarjeas, podrán los interesados valerse de sus
operarios, sino que se ejecutarán por los dependientes
del cuerpo municipal, segun el ramo á que corresponda
la obra. La corporacion acordará, dentro de un mes pre
ciso, las providencias convenientes para la aplicacion y
cumplimiento de este artículo, á fin de evitar demoras
perjudiciales á los interesados; y dentro del mismo término formará la tarifa á que ha de sujetarse el pago de
dichas obras, por las cuales solo se cobrará el costo.

## AGUAS.

Art. 8.º Todos los propietarios de fincas en que
ahora, ó en lo sucesivo, no tengan merced de agua á
título de propiedad ó arrendamiento, y que estén situa-

das en las calles por donde hay ó hubiere en lo de adelante cañerías principales, pagarán á la ciudad tres pesos mensuales desde 1? del próximo Mayo, los que estén
en el caso de este artículo; y los demas, desde que se
establezca en cada calle la respectiva canería, aun cuan
do no quieran hacer uso del agua. El cumplimiento de
este artículo podrá suspenderse en determinadas líneas
ó calles, si á juicio del Ayuntamiento fuere necesario
hacerlo así, para que en alguna otra parte de la ciudad
no carezca de agua el vecindario.

Art. 9 ? Los propietarios que se hallen en el caso
del precedente artículo, harán el gasto de la cañería interior, y en la esterior solo de un tramo que no esceda
de veinte varas; pero el de ésta se les reintegrará abo-
nándoseles la mitad de la pension hasta cubrirlo. El
fondo municipal hará el gasto de la toma y los de sim-
ples composturas de las mismas canerias, como tambien
el de la reposicion del empedrado.

Art. 10. Por regla general, cuando las canerías particulares queden por cualquiera causa fuera de servicio,
su reposicion se hará por cuenta de los que disfruten
el agua, sea cual fuere el título con que la disfruten. La
comision del ramo calificará cuáles sean las cañerías que
se hallen en este caso.

Art. 11. La medida de cada toma se hará de manera
que en la fuente se reciban dos y media pajas; si alguno
quisiere mayor cantidad y pudiere concedérsele sin inconveniente, pagará á razon de setenta y cinco centavos
mensuales por cada paja que se aumentare.

Art. 12. Los que hasta ahora han disfrutado mercedes á título de arrendamiento, seguirán pagando las
pensiones estipuladas en sus contratos.

Art. 13. Los inquilinos ó propietarios de casas por
las cuales no se debe pagar la pension forzosa, impuesta en el art. 8 ?, podrán pedir en arrendamiento el agua,
conforme á las reglas establecidas antes de esta ley.

Art. 14. Se esceptúan de la obligacion de tomar merced de agua y de pagar la pension impuesta por esta ley, las fincas en que haya pozos artesianos, aquellas cuya suma de productos por la renta fuere menor de cien pesos anuales, las que carezcan de patio ó de local para establecer la fuente, y las que no puedan tenerla surtida de agua, por hallarse en calles cuya elevacion no lo permita.

Art. 15. Los arrendatarios de mercedes de agua podrán acogerse á lo dispuesto en esta ley, y al consiguiente beneficio de la rebaja que ella proporciona, cuando pasare la canería principal por el frente de las casas en que disfrutan la merced, haciendo por su cuenta los gastos que importa la variacion de la canería particular y de su toma.

Art. 16 La pension que los propietarios han de pagar con arreglo al art. 8 °, se la reembolsarán sus inquilinos en los términos siguientes: si fuere uno solo el inquilino y disfrutare toda el agua, él solo hará la indemnizacion, y si fueren varios, la harán en proporcion á la renta que cada uno pagare.

Art. 17. La pension se pagará por tercios de año adelantados desde 1° del próximo Mayo.

Art. 18. El Ministerio respectivo, á propuesta del Ayuntamiento, dictará las providencias necesarias para que la distribucion del agua se haga con la debida economía; para que se reforme el sistema de las tomas, de manera que cada merced se estime por la cantidad que cada fuente particular reciba en un tiempo determinado, y hará las reformas convenientes en la Ordenanza del ramo de aguas, dictando las disposiciones penales para evitar ó corregir los abusos que se cometan.

Art. 19. Supuesto que las mercedes de agua que ha habido en los conventos suprimidos, fueron concedidas gratuitamente en favor de las comunidades de ambos sexos que han dejado de habitarlos; los poseedores de estos edificios ó de sus fracciones, no tienen derecho á disfrutar el agua; en consecuencia, ocurrirán al Ayuntamiento á pedir la concesion de las mercedes que necesiten, y que conforme á esta ley y á las ordenanzas sean de otorgarse, y harán el pago desde la fecha en que hayan tomado ó tomaren posesion de dichas fincas.

## ARBITRIOS

*Derechos municipales sobre los frutos y efectos que se introduzcan á la capital.*

Art. 20. Todos los frutos y efectos nacionales y estrangeros que se introduzcan á la plaza de México para el consumo, pagarán en la Aduana por derecho municipal, desde el quinto dia siguiente á la publicacion de esta ley, las cuotas que designa la tarifa que al fin de ella queda agregada.

Art. 21. La Aduana de esta capital hará el cobro de estos derechos, en los mismos términos que ha verificado el de los impuestos anteriormente.

Art. 22. La Aduana se abonará el cuatro por ciento sobre el importe total de los mismos derechos, y pagará por cuenta de este premio el sueldo de dos mil pesos anuales al empleado de que habla el artículo siguiente.

Art. 23. Se establece un empleado en la Aduana de esta capital para que, por parte del Ayuntamiento, auxilie en dicha oficina las labores, cuide de que se hagan sin demora las operaciones, y de la exactitud de las cuentas y documentos relativos á la recaudacion de los derechos municipales, y promueva las medidas conducentes á estos fines. El Supremo Gobierno hará por esta vez el nombramiento de este empleado: en lo sucesivo lo hará el Ayuntamiento con aprobacion suprema.

*Derechos sobre diversos giros y establecimientos no com-*
*prendidos en el de patente impuesto por el art.* 91 *de*
*la ley de 4 de Febrero de* 1861. [1]

## ESPENDIO AL MENUDEO DE LICORES.

Art. 24. Las vinaterías, tiendas y tendajones donde
se espenden al menudeo licores de cualquiera clase, y
aun cuando tengan otros giros ó ramos como principales ó secundarios; en lugar de la contribucion municipal
anterior á esta ley, y de la que actualmente pagan bajo
el nombre de *franquicia,* en virtud del bando de 30 de
Mayo de 1856, [2] que queda abrogado, pagarán al fondo
municipal desde 1 ? del próximo Mayo, y por himes-
tres adelantados, las siguientes cuotas mensuales: cada
una de dichas casas que tenga una sola puerta, dos pesos: las que tengan mas de una, tres pesos por cada
puerta de las que tuvieren. Subsiste respecto de estas
casas, el permiso de espender hasta las nueve de la noche, en circunstancias comunes.

Art. 25. Por los aparadores de las vinaterías, se pagará la misma cuota que por las puertas.

Art. 26. Las cantinas, dulcerías y cualesquiera otras
casas que espendan licores al menudeo, no comprendidas en el art. 24, continuarán pagando en los términos
por él designados la cuota de tres pesos mensuales.

Art. 27. Se entiende por espendio al menudeo de licores, todo el que se haga en las casas en que se vendan en vasos, copas ó cualquiera otra vasija abierta, ó
en una ó mas botellas cerradas, aun cuando en las mismas casas se espendan por cajas ó barriles.

1  Recopilacion de ese mes, pág. 36.
2  Archivo Mexicano, tomo II, pág. 154.

## CAFÉS.

Art. 28. Los cafés, tengan ó no tengan fonda bajo el mismo mostrador, se dividen segun la importancia de su situacion y espendio en cuatro clases, por las que se determinan las siguientes cuotas mensuales, en que queda incluida la pension por el espendio de licores, y que pagarán cada uno por bimestres adelantados desde 1º del próximo Mayo.

| Clases. | Cuotas mensuales. |
|---|---|
| Primera. | $ 10 |
| Segunda | 8 |
| Tercera | 6 |
| Cuarta | 4 |

## FONDAS.

Art. 29. Las fondas, aun cuando espendan licores para el gasto peculiar del establecimiento, pagarán las cuotas mensuales por bimestres adelantados, desde 1º del próximo Mayo, segun las siguientes:

| Clases. | Cuotas mensuales. |
|---|---|
| Primera | $ 8 |
| Segunda | 6 |
| Tercera. | 4 |
| Cuarta | 2 |

Art. 30. La clasificacion de los cafés y fondas, se hará por una junta compuesta del gefe de la recaudacion municipal y de dos individuos del giro nombrados por él mismo. Las calificaciones se verificarán en el mes de Noviembre, cada año, para que rijan en todo el siguiente: las del actual se harán en el próximo Abril. Una vez hechas y notificadas á los causantes, podrán

éstos presentar sus reclamaciones con justificacion, dentro de diez dias, contados desde aquel en que reciban la boleta, ante la junta municipal de hacienda, la cual, prévio informe de la oficina, decidirá sin ulterior recurso. Ninguna reclamacion se admitirá pasado este plazo.

Art. 31. Los causantes están obligados á ministrar á la oficina los datos conducentes al acierto de la calificacion. Si no lo verifican, pagarán la cuota mayor como si hubieran sido calificados de primera clase. A los calificadores que rehusen esta comision, se impondrá por el presidente del Ayuntamiento una multa de dos á cincuenta pesos.

Art. 32. Los figones, calificados de tales por la junta, quedan libres de esta contribucion.

## PULQUES.

Art. 33. Cada una de las casillas de espendio de pulque fino ó tlachique, situadas dentro del cuadro designado en el bando de 29 de Abril de 1856,[1] y en las dos aceras de las calles que lo limiten, pagará dos pesos mensuales, y un peso tambien mensual cada una de las que estuvieren fuera de esta demarcacion. Este impuesto regirá desde 1.º del próximo Mayo, y se pagará por trimestres adelantados.

## FABRICAS DE CERVEZA.

Art. 34. Las fábricas de cerveza necesitan licencia del presidente del Ayuntamiento, y se refrendarán en el mes de Enero de cada ano, bajo la multa de cuarenta pesos, que se aplicará por cada mes que pase sin obtenerla.

Art. 35. Ninguno puede fabricar cerveza sino en casa autorizada con arreglo al anterior artículo: el contraven-

1 Archivo Mexicano, tomo II, pág. 57.

tor perderá la cerveza fabricada: en caso de reinciden-
cia, incurrirá ademas en una multa igual al valor del
efecto.

Art 36. Cada fábrica de cerveza pagará por meses
adelantados desde 1 ? del próximo Mayo, la cuota mensual respectiva, segun las clases siguientes:

| Clases. | Cuotas mensuales. |
|---|---|
| Primera............. | .....$ 30 |
| Segunda................... | 25 |
| Tercera..... .............. | 12 |

Art. 37. Pertenecen á la primera clase las fábricas
que tengan una ó mas calderas, cuya capacidad, juntas
ó separadas, sea de cuarenta y cinco barriles por lo menos: á la segunda clase, las que con las mismas circunstancias, tengan capacidad para contener desde once
hasta cuarenta y cuatro barriles; y á la tercera, las fábricas cuyas calderas puedan contener hasta diez barriles.

Art. 38. El gefe de la recaudacion nombrará peritos
que califiquen la capacidad de las calderas, abonándo-
seles el honorario que corresponda.

## PANADERIAS.

Art. 39. Cada una de las panaderías en que haya
amasijo, pagará seis pesos mensuales, por tercios adelantados, desde 1 ? del próximo Mayo.

## CASAS DE EMPEÑO.

Art. 40. Toda casa de empeno necesita para establecerse y continuar en giro, la licencia del Gobernador
del Distrito, que se refrendará cada año. El que no
ocurriere á sacarla ó refrendarla en todo el mes de

Enero de cada año y en todo Mayo del presente, incurrirá en la multa de diez á cincuenta pesos.

Art. 41. Cada casa de empeno pagará á los fondos municipales, la cuota mensual que le corresponda segun la siguiente clasificacion:

| Clases. | | | | Cuotas mensuales. |
|---|---|---|---|---|
| 1ª Las que giren de 2,001 hasta 3,000 ps. | | | | $ 10 |
| 2ª — | de | 1,001 — | 2,000 ,, | 8 |
| 3ª — | de | 501 — | 1,000 ,, | 5 |
| 4ª — | de | 101 — | 500 ,, | 3 |
| 5ª Que no pase de 100 pesos | | | | 2 |

Art. 42. Los duenos de tiendas ó cualquiera otra casa de comercio en que se preste sobre prendas, ocurrirán por la licencia respectiva y pagarán la cuota que les corresponda, sin perjuicio de las contribuciones que causen por los otros giros de las mismas casas.

Art 43. El Gobierno del Distrito al espedir cada permiso, fijará en él la clase á que pertenece el giro que lo solicite, para que conforme á ella se verifique el pago en la oficina municipal. Toca al mismo Gobierno la vigilancia de las casas de empeno y el cumplimiento de las disposiciones y leyes relativas.

Art. 44 Esta contribucion se pagará por trimestres adelantados, comenzando en 1.º de Mayo próximo, en el que se cobrarán los dos meses del segundo trimestre corriente; en el resto del ano actual las licencias que estuvieren espedidas, servirán de base para fijar la cuota que corresponda, mientras no se pidan otras nuevas por diversa cantidad.

Art. 45. Los libros de las casas de empeno, ademas de ser sellados como todos los de comercio, tendrán rubricadas sus fojas por el gefe de la oficina municipal.

## ESPENDIOS DE TABACO.

Art. 46. Los espendios de tabaco pagarán una cuota mensual, por trimestres adelantados y desde 1 ? del próximo Mayo, segun la siguiente escala:

| Clases. | Cuotas mensuales por cada uno. |
|---|---|
| Primera. | $ 3 00 |
| Segunda | 2 00 |
| Tercera. | 1 00 |
| Cuarta. | 0 50 |

Art. 47. Las calificaciones se harán por una junta y bajo las mismas reglas que quedan determinadas en el art. 30, respecto de los cafés y fondas.

Art. 48. Los espendios de labrados de tabaco que se hacen en casas de comercio, donde no sea éste el giro principal, no quedan sujetos á esta contribucion; á no ser que por la importancia del espendio, crea justo la junta calificadora aplicarles alguna de las cuotas designadas.

Art. 49. Con arreglo al art. 74 de la ley de 4 de Febrero de 1861,[1] los giros y establecimientos á que se refieren los artículos 24 y siguientes hasta el 48 de esta ley, quedan libres del derecho de patente del erario nacional.

### CANALES.

Art. 50. Los propietarios de fincas situadas en la comprension de los ocho cuarteles mayores de la ciudad, pagarán la pension de tres reales mensuales por cada una de las canales esteriores de derrame que haya en ellas. Esta pension será satisfecha por tercios de

---

1 Recopilacion de ese mes, pág. 31.

ano adelantados, comenzando desde 1 º de Mayo del presente.

Art. 51. Continúan exentas de esta contribucion las canales de los edificios siguientes: los destinados al servicio de los Supremos Poderes, los del Ayuntamiento, el del Monte de Piedad, los del Hospicio de pobres, la casa de Niños expósitos, la de las Hermanas de la Caridad y las fincas dedicadas al servicio inmediato de los establecimientos de beneficencia pública.

## CARRUAJES DE PARTICULARES.

Art. 52. La pension de cinco pesos impuesta por leyes anteriores á los carruajes particulares, se reduce á tres pesos mensuales por cada uno, sin distincion, y por solo los que estén en uso. La pagarán los respectivos dueños por tercios de año adelantados, desde 1 º del próximo Mayo.

Art. 53. Se esceptúan del pago de esta pension los carruajes que sean del uso del Gefe Supremo de la Nacion, de los Ministros de Estado, los de las Parroquias, los de los Representantes de las naciones estrangeras é individuos de las Legaciones, los del Gobernador del Distrito y del Comandante general.

## CARRUAJES DE ALQUILER.

Art. 54. Cada uno de los carruajes de alquiler pagará las siguientes cuotas mensuales.

Cuotas.

| | |
|---|---|
| *Carruajes de plaza estacionados en los sitios públicos de la ciudad para su servicio interior*. | $ 12 |
| Idem pertenecientes á los hoteles, carrocerías ú otros establecimientos particulares, si se sitúan en las calles.................................. | 11 |
| Idem si se sitúan en el interior de dichos edificios. | 10 |

*Carruajes para viajes á los alrededores de la ciudad y estacionados en los sitios públicos, pagarán:*

Cada uno de los que tengan hasta seis asientos... $ 10
Idem idem de mas de seis asientos hasta doce... 12
Idem idem de mas de doce.................. 15

*Carruajes destinados como los anteriores, y estacionados en los establecimientos particulares, pagarán:*

Cada uno de los que tengan hasta seis asientos.. 8
Idem idem de mas de seis asientos hasta doce.. 10
Idem idem de mas de doce.................. 12
El establecimiento de Diligencias generales 25

Art 55. El convenio hecho sobre el pago de este impuesto entre la municipalidad de México y la de Tacubaya, subsistirá mientras la primera no tenga razones para rescindirlo, que serán calificadas por el Supremo Gobierno.

Art. 56 Las ocultaciones que se hagan en fraude de este impuesto, se castigarán con multas desde cinco hasta cien pesos, á juicio del capitular presidente ó del regidor de la comision de coches.

Art. 57. Los duenos de carrocerías, bajo la multa de tres á cincuenta pesos, darán parte por escrito á la oficina de hacienda municipal, de todos los carruajes que vendieren y de los que reciban para componerse, espresando en ambos casos el nombre y habitacion del comprador ó dueño, la fecha de la venta, la en que se reciban para componerse y la en que se entreguen.

Art. 58. Las licencias que necesitan todos los coches de alquiler para poder fletarse en los sitios públicos, ó en los establecimientos particulares, continuarán espidiéndose por el regidor comisionado del ramo, para hacer efectivo el cumplimiento de las reglas de policía respectivas; asimismo continuará haciéndose en la recaudacion municipal el pago de la pension por meses adelantados

## VACAS DE ORDEÑA.

Art. 59. La pension que mensualmente deben pagar las vacas de ordena pertenece al fondo municipal, y será la de doce y medio centavos por cabeza.

Art. 60. Las licencias se espedirán al principio del ano por los regidores de los cuarteles; se refrendarán cada mes; y no se darán á los interesados sin acreditar previamente haber hecho el pago del impuesto en la recaudacion municipal.

Art. 61. Si alguno tuviere vacas de ordena sin la licencia correspondiente, pagará una multa igual al cuádruplo de la pension debida, y las vacas serán retiradas mientras no satisfaga esta multa y la pension.

Art. 62. La junta de hacienda puede tomar todas las medidas que estime necesarias para sistemar el cobro, arreglarlo con exactitud y evitar fraudes.

## DIVERSIONES PUBLICAS.

Art. 63. Las diversiones públicas no pueden establecerse ni verificarse sin la licencia del Ayuntamiento: el capitular presidente podrá espedirlas, á no ser en los casos en que considere necesario el acuerdo de la corporacion y haya oportunidad de recabarlo. La falta de la licencia hará incurrir al infractor en una multa de cinco á cien pesos, á juicio del mismo presidente.

Art. 64. Este dará parte por escrito al gobernador del Distrito, de todas las licencias que se espidan, para los fines que convengan á la policía de seguridad.

Art. 65. Las diversiones públicas pagarán al fondo municipal la pension que designa esta ley, quedando exentas de las impuestas por leves anteriores.

Art. 66. Los teatros que dieren funciones ordinarias
ó estraordinarias, bien por el ano cómico ó por otra épo-
ca menor ó indeterminada, pagarán por cada período
de abono, cualquiera que sea el número de sus funciones, una cuota igual al precio que en el mismo período
tenga un palco de los de primera clase.

Art. 67. Los que dieren solo funciones estraordinarias en algunos dias, pagarán por cada una, lo que corresponda á la tercera parte del precio designado á un
palco de los mejores

Art. 68. Por todo baile que se dé en los teatros, se
pagará una suma igual á la en que se arrienden cuatro
palcos de los de mayor precio. Por los bailes públicos
de paga que se den en cualquiera otra parte, se satisfará el importe de ocho entradas ó boletos.

Art. 69. Por cada corrida de toros se pagarán cien
pesos: se entiende por corrida la lid que pase de cuatro toros; y si fuere de este ó menos número, se pagará
la contribucion al respecto de diez pesos por cada toro,
sea ó no de muerte.

Art. 70. Todas las demas diversiones públicas, de
cualquiera clase, ejecutadas en los teatros, circos ó plazas; pagarán por cada funcion la suma igual á la tercera parte del precio de un palco ó lumbrera, de los que
lo tengan mayor: respecto de las ejecutadas en locales
que no tengan palcos ó lumbreras, la pension será igual
al precio de tres asientos, de los mejores, por cada funcion. Si los precios no se regulan por asientos, sino por
entradas, se pagará el importe de cuatro de éstas.

Art. 71. Las diversiones que se ejecuten en los paseos ó parajes públicos, ocupados á virtud de contrato
en que se haya estipulado el pago de alguna renta á favor del fondo municipal, quedan esceptuadas de esta
contribucion.

Art. 72. Es obligacion de todo empresario ó contratis-
ta, remitir á la oficina municipal recaudadora un ejemplar de cada uno de los prospectos, programas y avisos

que publicaren  La falta de cumplimiento de este artículo, causará una multa igual al triplo de la cantidad debida pagar, y si esta no pudiere saberse desde luego, la multa será de dos á cien pesos á juicio del presidente del Ayuntamiento.

## JUEGOS PERMITIDOS.

Art. 73. Cada uno de los tiraderos al blanco, y cada juego de pelota, pagará dos pesos mensales. Por cada mesa de los de bolos ó bochas, dos pesos tambien al mes.

Art. 74. Los billares pagarán por cada mesa una cuota mensual segun su respectiva clase, que es determinada por la localidad. Los de primera clase pagarán por mesa cinco pesos, y son de esta clase los situados en las siguientes calles por ambas aceras, y en cualquiera otro punto comprendido dentro de la demarcacion que espresan: Tacuba, Santa Clara, Vergara, 1 $^{a}$ de San Francisco, Cerca de id , Zuleta, Cadena, Capuchinas, 1 $^{a}$ de la Monterilla, Portal de Mercaderes y Empedradillo. Los de la segunda pagarán por mesa cuatro pesos, y son de esta clase los comprendidos fuera del cuadro anterior, y dentro de la demarcacion que espresan las siguientes calles, ó en ellas mismas por sus dos aceras: Hospital Real hasta la esquina de las Vizcaynas; desde este punto hasta la calle de San José de Gracia y esquina de Olmedo: desde aquí hasta los Bajos de Balvanera y 2 $^{a}$ de la Merced, Puente de Jesus María, Colegio de Santos, Puente del Correo Mayor, Arzobispado, Seminario hasta la quinta del Relox, Santa Catarina Mártir, Puente de Santo Domingo, Sepulcros de id., Cerca de id., 1 $^{a}$ y 2 $^{a}$ de San Lorenzo, Concepcion, Rejas de id., Puente de la Mariscala y Puente de San Francisco. Los de tercera clase pagarán tres pesos por mesa, y son los situados en cualquiera otro punto fuera de las espresadas demarcaciones.

Art. 75. Todos los billares, los juegos de bolos, de bochas y de pelota, y los tiraderos al blanco, para continuar y establecerse en lo sucesivo, necesitan obtener la patente del Ayuntamiento.

Art. 76. Queda sin efecto cualquiera exencion concedida en favor de determinados teatros ó diversiones.

Art. 77. Una mitad del producto de las pensiones sobre diversiones públicas y juegos espresados en esta ley, será para el fondo municipal: la otra mitad se dividirá por partes iguales entre el Hospicio de Pobres y el Hospital de mugeres dementes.

## DISPOSICIONES GENERALES.

Art. 78. Los causantes de todas las rentas y arbitrios municipales, están libres de pagar sobre el importe de ellos, la contribucion federal impuesta por decreto de 16 de Diciembre de 1861. [1]

Art. 79. El Ayuntamiento usará del papel comun con solo el sello de la corporacion, ó de su oficina de hacienda, en todos los libros y documentos que no sean escrituras ó instrumentos públicos, del mismo modo que se observa en las oficinas del Gobierno general.

Art. 80. Quedan exentas de toda contribucion en favor del erario nacional, las fincas del Ayuntamiento, sus capitales impuestos á censo y todos los demas valores del fondo.

Art. 81. Las multas que por infracciones de esta ley y de las que prescriben las reglas de policía se impongan por las autoridades respectivas, pertenecen al fondo de la ciudad. Respecto de las que fueren impuestas por el presidente del Ayuntamiento ó por los regidores de los cuarteles, podrán los interesados presentar á la junta de hacienda la reclamacion á que creyeren tener derecho; pero despues de hecho el pago.

---

1 Recopilacion de ese mes pág. 25.

Art. 82. El fondo municipal ministrará, por mesadas cumplidas, las siguientes sumas anuales; á la direccion de los fondos de beneficencia, para contribuir al sostenimiento de los hospitales, veinticuatro mil pesos; á la Compañía Lancasteriana cuatro mil; y mil al consejo de salubridad.

Art. 83. El mismo fondo ministrará al gobierno del Distrito para los sueldos del gobernador, de su secretaría y otros gastos, la cantidad de veintidos mil pesos cada ano, sin que de ella pueda escederse

Art. 84. Se deroga el decreto de 13 de Febrero de 1854, en la parte que impuso una contribucion por los letreros.[1] Por los diversos objetos y establecimientos que menciona continuará en la obligacion de obtener del Gobierno las correspondientes licencias; pero las diversiones públicas se sujetarán únicamente á lo prevenido en esta ley. Los otros derechos impuestos por el citado decreto, seguirán pagándose para el gobierno del Distrito, como una contribucion causada en razon de los permisos y no del sello, supuesta la disposicion vigente del art. 44 de la ley de 14 de Febrero de 1856 relativa al papel sellado[2] El gobierno del Distrito hará los gastos necesarios para las licencias y para el cobro de esta pension.

Art. 85. El ejercicio de la facultad económico-coactiva que las leyes preexistentes concedieron para el cobro de las rentas de propios y arbitrios del Ayuntamiento, corresponde al gefe encargado de la recaudacion municipal.

Art. 86. El pago de los impuestos municipales se hará dentro de los primeros diez dias de los plazos fijados por esta ley. Si se hiciere despues de vencidos dichos diez dias, pero dentro del resto del mes, se exigirá el recargo de un seis y cuarto por ciento Concluido, este

:       )

1  Primera parte del Semanario Judicial, tom. VI, pág. 95.
2  Archivo Mexicano, tom. I, pág. 720.

término el recargo será del diez y ocho y tres cuartos por ciento, aplicándose el seis y cuarto á los fondos y el doce y medio restante á la recaudacion para gastos de cobranza.

Art. 87. Por regla general todos los causantes de contribuciones y rentas de los ramos municipales, tienen obligacion de ocurrir á pagarlas á la oficina recaudado-ra del Ayuntamiento, incurriendo, si no lo verifican, en los recargos que espresa el artículo anterior. En caso de hacerse efectivo el embargo, se aumentarán hasta el veinticinco por ciento, destinándose siempre el seis y cuarto para los fondos, y no pudiendo exigirse otro gravámen, aun cuando se llegue al remate.

Art. 88. Luego que cese algun giro ó establecimiento, ó por cualquiera otro motivo legal deba suspenderse el cobro de algun impuesto; el causante dará aviso á la oficina recaudadora, acreditándolo dentro de tercero dia con certificacion del inspector, visada por alguno de los regidores. La oficina procederá á devolver ó cobrar la cantidad que resulte de diferencia en contra ó en favor de los fondos; pero si el aviso justificado se demorare mas tiempo por el causante, el cobro se hará considerando debida la pension hasta el dia en que se cumplan estos requisitos. Estas reglas son generales para todos los ramos ú objetos que puedan tener aumento ó diminucion

Art. 89. Todas las casas de espendio al menudeo de licores, las casillas de pulque fino y tlachique y los cafés y fondas, necesitan para continuar en giro y abrirse en lo sucesivo, la patente del Ayuntamiento que se refrendará en el mes de Enero de cada año. Las patentes serán estendidas y registradas por el gefe de la recaudacion y autorizadas por el presidente del Ayuntamiento: de ellas tomará razon la oficina de contabilidad.

Art. 90. Para obtener estas patentes se hará por los interesados un ocurso en papel simple, ante la oficina recaudadora, espresando el giro y la situacion, ademas

8

el número de puertas, si fuere vinatería ó tienda: llevarán estos ocursos el visto bueno de la autoridad local
mas inmediata, para acreditar ser cierto su contenido.

Art. 91. Si las patentes se estraviaren, deberán oeur-
rir los interesados á sacar un duplicado; cuando se cer
rare la casa á que cada una de ellas se refiera, los causantes devolverán la patente á la oficina al darle el aviso prevenido en el art. 88 de esta ley.

Art. 92. Todo el que adquiera por traspaso algun giro ó establecimiento de los que están sujetos á la contribucion municipal, dará aviso á la oficina recaudadora,
asegurándose antes de estar satisfecha la contribucion,
pues él queda responsable de lo que el mismo giro ó establecimiento estuviere adeudando.

Art. 93. La oficina recaudadora tiene el derecho de
exigir á los causantes los datos de que necesite, y éstos
la obligacion de ministrarlos con verdad y sin demora.
Si faltaren á este deber, serán multados por el presidente del Ayuntamiento en la cantidad de uno á cincuenta pesos.

Art. 94. Toda resistencia, por la fuerza, al pago de
las contribuciones municipales, y todo insulto de palabra ó hecho á los empleados encargados del cobro, se
castigará gubernativamente con la pena de ocho dias
hasta dos meses de prision á juicio del presidente del
Ayuntamiento, sin perjuicio de las demas á que hubiere lugar, y que se aplicarán por el juez competente en
caso de cometerse un delito comun. El infractor será
reducido á prision por cualquiera autoridad que al efecto fuere requerida.

Art. 95. Las autoridades están en la obligacion de
dar gratis y sin demora, los documentos que les pidan
los causantes y necesiten para hacer constar alguna circunstancia relativa á las contribuciones; y estos documentos se estenderán en papel simple. Asimismo están
obligadas á prestar á la oficina municipal recaudadora

los auxilios que requiera para el desempeno de sus facultades y deberes.

Art. 96. En todo caso en que por notoriedad, ó por otros medios suficientes, pueda comprobar el dueno de uu giro ó establecimiento que sus recursos son tan escasos que no puede pagar la cuota designada por la ley, el gefe de la oficina recaudadora la rebajará prudentemente con aprobacion de la junta de hacienda: las rebajas podrán hacerse hasta la mitad de la cantidad que debia corresponder: podrá concederse exencion absoluta con los requisitos espresados, á los que justifiquen imposibilidad de pagar y estén situados en los puntos de la ciudad adonde no alcanza el alumbrado. Las rebajas y exenciones de que habla este artículo durarán un ano, y para refrendarse por el siguiente, es necesaria nueva justificacion de las circunstancias que las motivaron.

Art. 97. El gefe de la recaudacion podrá, cuando lo estime justo, dispensar los recargos de las contribuciones municipales, con aprobacion de la junta de hacienda.

Art. 98. Todos los inspectores de los cuarteles obedecerán las órdenes que les diere el presidente del Ayuntamiento, relativas á cualquier objeto en que esté interesado el fondo municipal, bajo la multa de uno á veinticinco pesos, ó de suspension hasta por tres meses, que podrá imponerles.

Art. 99. Las prevenciones de esta ley serán observadas en los treinta y dos cuarteles menores que hoy tiene la ciudad de México, y en los demas que tenga en lo sucesivo.

## TARIFA

De los derechos municipales que sobre los frutos y efectos nacionales y estrangeros que se introduzcan á la capital, deben pagarse en la Aduana de ella, conforme al artículo 20 de esta ley.

### EFECTOS NACIONALES.

| | Número, peso ó medida. | DERECHOS Ps. | Cs. |
|---|---|---|---|

**A.**

| | | | |
|---|---|---|---|
| Aceituna | carga. | 0 | 9⅜ |
| Aceites de ajonjolí | | | |
|  ,, de almendra | | | |
|  ,, de coco | | | |
|  ,, de higuerilla | | | |
|  ,, de nabo | arroba. | 0 | 3⅛ |
|  ,, rosado | | | |
|  ,, de linaza | | | |
|  ,, de abeto | | | |
|  ,, de olivo | | | |
| Achiote de doce arrobas la | carga. | 0 | 12½ |
| Achiotillo | ,, | 0 | 12½ |
| Agua de azahar | arroba. | 0 | 3⅛ |
| Aguarrás | ,, | 0 | 3⅛ |
| Aguardiente de caña hasta de 9 jarras el | barril. | 1 | 50 |
|  ,,  ,, imitacion del estrangero | ,, | 1 | 50 |
|  ,,  ,, manzana | ,, | 1 | 12½ |
|  ,,  ,, peron y de pulque | ,, | 0 | 75 |
| Ajonjolí | arroba. | 0 | 1½ |
| Alegría | ,, | 0 | 3⅛ |
| Alesnas | bulto. | 0 | 6¼ |
| Alfombras | cada pieza. | 0 | 75 |
| Algodon en greña ó hilado | arroba. | 0 | 1½ |
| Almagre de doce arrobas la | carga. | 0 | 18¾ |
| Almidon | ,, | 0 | 12½ |
| Alpiste | arroba. | 0 | 3⅛ |
| Alquitran de doce arrobas la | carga. | 0 | 12½ |
| Alumbre de todas clases | ,, | 0 | 12½ |
| Arvejon de dos fanegas la | ,, | 0 | 18¾ |

| | Número, peso ó medida. | DERECHOS Ps. | Cs. |
|---|---|---|---|
| Anís limpio ó sucio | arroba. | 0 | $1\frac{1}{2}$ |
| Anisado | barril. | 1 | $12\frac{1}{2}$ |
| Añil flor, corriente y tintarron | arroba. | 0 | $1\frac{1}{2}$ |
| Aparejos de cuero de todas clases | docena. | 0 | $12\frac{1}{2}$ |
| — de jarcia | carga. | 0 | $9\frac{3}{8}$ |
| Arenilla del desagüe ó marmajita para alfareros, plateros y para vidrios | ,, | 0 | $9\frac{3}{8}$ |
| Armas de agua | cada par. | | $3\frac{1}{8}$ |
| Arroz de todas clases | arroba. | | $1\frac{1}{2}$ |
| Arpilleras y atarrias de lechuguilla de todas clases | carga. | 0 | $9\frac{3}{8}$ |
| Atarrias de cuero y de timbre de marca ó de media marca | docena. | | $12\frac{1}{2}$ |
| Aventadores | carga. | | $9\frac{3}{8}$ |
| Aves de todas clases | ,, | 0 | $9\frac{3}{8}$ |
| Azafrancillo | arroba. | | $3\frac{1}{8}$ |
| Azogue nacional | bulto. | | $6\frac{1}{4}$ |
| Azúcar | arroba. | | $3\frac{1}{8}$ |
| Azúfre sublimado, purificado, corriente, sucio y en piedra | ,, | 0 | $3\frac{1}{8}$ |

## B.

| | | | |
|---|---|---|---|
| Badanas crudas, curtidas, blancas y de colores | docena. | | $6\frac{1}{4}$ |
| Bagre | arroba. | | $8\frac{1}{8}$ |
| Barniz | ,, | | $3\frac{1}{8}$ |
| Barriles vacíos de todas clases | cada par. | | $3\frac{1}{8}$ |
| Bateas pintadas de todos tamaños | carga. | | $9\frac{3}{8}$ |
| Bateas de madera blanca de todos tamaños. | ,, | | $9\frac{3}{8}$ |
| Batidillo | arroba. | 0 | $3\frac{1}{8}$ |
| Becerros de uno y dos años | cada uno. | 0 | $12\frac{1}{2}$ |
| Bobo fresco | arroba. | | $3\frac{1}{8}$ |
| Botas de campana, buenas, medianas y corrientes | el par. | 0 | $3\frac{1}{8}$ |
| Botellas de jarabes | docena. | 0 | $12\frac{1}{2}$ |
| Botijas de idem | el par. | 0 | $6\frac{1}{4}$ |
| ,, vacías | docena. | 0 | $6\frac{1}{4}$ |
| Brasil (palo) de doce arrobas la | carga. | 0 | $12\frac{1}{2}$ |

| | Número, peso ó medida. | DERECHOS Ps. | Cs. |
|---|---|---|---|
| Brea | carga. | 0 | $9\frac{3}{8}$ |
| Bronce laminado ó en piezas | arroba. | 0 | $1\frac{1}{2}$ |
| Buche y cola de pescado | ,, | 0 | $1\frac{1}{2}$ |
| Bueyes | cada uno. | 0 | $18\frac{3}{4}$ |
| Burros que se introduzcan para su venta | ,, | 0 | $6\frac{1}{4}$ |

## C.

| | | | |
|---|---|---|---|
| Caballos que se introduzcan para su venta. | cada uno. | 0 | $12\frac{1}{2}$ |
| Cabestros de cerda | docena. | 0 | $1\frac{1}{2}$ |
| Cabras con cria ó sin ella | cada una. | 0 | $12\frac{1}{2}$ |
| Cabritos en pié ó en canal | el par. | 0 | $3\frac{1}{8}$ |
| Cacao de todas clases, de seis arrobas el | bulto. | 0 | $6\frac{1}{4}$ |
| Cacahuate | carga. | 0 | $12\frac{1}{2}$ |
| Café | arroba. | 0 | $3\frac{1}{8}$ |
| Cal de 12 arrobas la | carga. | 0 | $6\frac{1}{4}$ |
| Calabaza tachada | cada una. | 0 | $1\frac{1}{2}$ |
| Calabaza de Castilla | carga. | 0 | $9\frac{3}{8}$ |
| Calabazate | arroba. | 0 | $3\frac{1}{8}$ |
| Camaron | ,, | 0 | $1\frac{1}{2}$ |
| Camote tachado | ,, | 0 | $3\frac{1}{8}$ |
| Camote pasado ó asoleado | ,, | 0 | $1\frac{1}{2}$ |
| Canastos y canastillos de todos tamaños | carga. | 0 | $9\frac{3}{8}$ |
| Canoas para cerdos | el par. | 0 | $3\frac{1}{8}$ |
| Cañafistula | arroba. | 0 | $1\frac{1}{2}$ |
| Caña dulce | carga. | 0 | $9\frac{3}{8}$ |
| Caparrosa espejuelo y corriente | arroba. | 0 | $1\frac{1}{2}$ |
| Carbon de madera de todas clases, carga en burro | cada una. | 0 | $1\frac{1}{2}$ |
| Carbon de madera de todas clases, carga en mula | | 0 | $3\frac{1}{8}$ |
| Si la introduccion se verificare en carro ó canoa, se hará la graduacion correspondiente de las cargas de mula que puedan contener, y así se verificará el cobro. | | | |
| Carbon de piedra de 12 arrobas la | carga. | 0 | $12\frac{1}{2}$ |
| Carey | arroba. | 0 | $6\frac{1}{4}$ |
| Carneros tres añejos y primales | cada uno. | 0 | $9\frac{3}{8}$ |

| | Número, peso ó medida. | DERECHOS Ps. | Cs. |
|---|---|---|---|
| Carne de chito, salada de cerdo y no mencionadas | arroba. | 0 | 1½ |
| Cascalote | ,, | 0 | 1½ |
| Cáscara de encino, de palo picante y de timbre | .. | 0 | 1½ |
| Cebada corriente y germinada de dos fanegas la | carga. | 0 | 18¾ |
| Cecina | arroba. | 0 | 1½ |
| Cedazos y telas de florear de todos tamaños y calidades | carga. | 0 | 9⅜ |
| Cendrada y demas ligas que resultan de las fundiciones de metales, de 12 arrobas la | carga. | 0 | 12½ |
| Cera de colmena | arroba. | 0 | 1½ |
| ,, de Campeche, buena y corriente | ,, | 0 | 1½ |
| Cerdos de cebo entero | cada uno. | 0 | 50 |
| ,, de medio cebo | ,, | 0 | 25 |
| ,, de sabana | ,, | 0 | 15 |
| Cerote | arroba. | 0 | 1½ |
| Cerveza, barril, y si viniere en botellas, cada 96 harán un | barril. | 0 | 12½ |
| Charare (pescaditos) | carga. | 0 | 9⅜ |
| Chia | ,, | 0 | 12½ |
| Chile colorado, suré y pasilla | arroba. | 0 | 1½ |
| Chile verde | carga. | 0 | 9⅜ |
| Chilpotle | arroba. | 0 | 1½ |
| Chiltipiquin | ,, | 0 | 1½ |
| Chitle blanco, prieto ó chapopote | ,, | 0 | 1½ |
| Chivos | cada uno. | 0 | 6¼ |
| Chocolate | arroba. | 0 | 1½ |
| Chorizones | ,, | 0 | 3⅛ |
| Cinchas de todas clases y calidades, de lechuguilla | carga | 0 | 9⅜ |
| Cigarreras de badana, de 12 docenas la | gruesa. | 0 | 6¼ |
| Ciruela pasada | arroba. | 0 | 3⅛ |
| Cobre en bruto, labrado, nuevo y viejo | | 0 | 1½ |
| Coco (fruta) | carga. | 0 | 9⅜ |
| Cocos apaches blancos y para sudaderos | ,, | 0 | 9⅜ |
| Cola | arroba. | 0 | 1½ |
| Comino limpio ó sucio | | 0 | 1½ |

|  | Número, peso ó medida. | DERECHOS Ps. | Cs. |
|---|---|---|---|
| Conservas en vasija grande ó chica...... | cada una. | | 1½ |
| Copal y copalillo................... | arroba. | | 1½ |
| Copalchi......................... | ,, | 0 | 1½ |
| Corambres........................ | el par. | | 1½ |
| Corderitos de leche................ | ,, | | 1½ |
| Cordobanes...................... | ,, | | 1½ |
| Costales de Tlayacapan é Ixmiquilpan de todos tamaños y calidades............ | carga. | | 9⅜ |
| Coyundas...................... | docena. | | 6¼ |
| Cuartas de peal................... | ,, | | 1½ |
| Cuerno.......................... | arroba. | | 1½ |
| Cueros de res ó ternera, secos ó frescos.. | cada uno. | | 1½ |
| Cueros de cíbolo.................. | ,, | 0 | 3⅛ |
| Cueros de chivo ó cabra sin curtir....... | docena. | . | 1½ |
| Cueros de venado................. | cada uno. | | 1½ |
| Culantro......................... | arroba. | | 1½ |
| Cuñetes en lata y otras vasijas de cualquiera clase..................... | .. | 0 | 6¼ |
| Curbina (véase pescado). | | | |

## D.

|  |  |  |  |
|---|---|---|---|
| Dátil cubierto pasado ó azucarado...... | arroba. | 0 | 1½ |
| Dulces secos no espresados.. .......... | ,, | 0 | 1½ |

## E.

|  |  |  |  |
|---|---|---|---|
| Escaleras de madera ordinaria........... | carga. | 0 | 9⅜ |
| Escobas de palma ó popote............. | ,, | 0 | 9⅜ |
| Escobetas de todas clases............. | ,, | 0 | 9⅜ |
| Esencias de anís..... ⎫ ,, de ajenjo... ⎪ ,, de naranja... ⎬ ............ ,, de toronjil... ⎭ | arroba. | 0 | 12½ |
| Espaldillas de puerco saladas ó curadas.. | ,, | 0 | 3⅛ |
| Estaño de 12 arrobas la................ | carga. | 0 | 12½ |
| Estracto de palo de Campeche.......... | arroba. | 0 | 3⅛ |

DERECHOS

Número, peso ó
medida. Ps. Cs.

Estribos de guayacan........ ⎫
  ,,   de madera ordinaria. ⎬ ...... docena de pares. 0  6¼
  ,,   de raiz ó aro....... ⎭

## F.

| | | | |
|---|---|---|---|
| Fideo................................ | arroba. | 0 | 3⅛ |
| Flor de naranjo seca ó fresca. ⎫ ......... | ,, | 0 | 3⅛ |
| Flor de tilia.............. ⎭ | | | |
| Frijol.............................. | carga. | 0 | 12½ |
| Frutas................... cada dos huacales. | | 0 | 9⅜ |

De las diversas clases que comprende la
fruta, solo queda exenta del derecho
municipal la manzana agridulce y la de
cambray, así como aquellas fracciones
pequeñas que se introducen, cuyo valor
no llegue á dos pesos.

| | | | |
|---|---|---|---|
| Frutilla para rosarios.................. | arroba. | 0 | 3⅛ |
| Fustes de la griega ó corrientes......... | docena. | 0 | 12½ |

## G.

| | | | |
|---|---|---|---|
| Gamuzas de venado, grandes ó chicas.... | docena. | 0 | 6¼ |
| Garabatos de mezquite ó tejocote........ | carga. | 0 | 9⅜ |
| Garbanzo ó garbanza................... | ,, | 0 | 12½ |
| Gengibre........................... | arroba. | 0 | 1½ |
| Gitomate (verdura)............... cada dos huacales. | | 0 | 9⅜ |
| Goma buena llamada arábiga ........ ⎫ | | | |
|   ,,   ,,  de mezquite........... | | | |
|   ,,   ,,  de cascalole........... ⎬ arroba. | 0 | 1½ |
|   ,,   ,,  de tecomaca.......... | | | |
|   ,,   ,,  otras no espresadas....... ⎭ | | | |
| Grana............................ | ,, | 0 | 12½ |
| Granillo de trigo de todas clases........ | ,, | 0 | 3⅛ |
| Greta............................ | ,, | 0 | 1½ |
| Guayabate........................ | ,, | 0 | 3⅛ |

|  | Número, peso ó medida. | DERECHOS Ps. | Cs. |
|---|---|---|---|

## H.

| | | | |
|---|---|---|---|
| Haba de todas clases................ | carga. | 0 | 12½ |
| Harina de trigo en greña ó comun de 14 arrobas la...................... | ,, | 0 | 50 |
| Harina de trigo flor, de 16 arrobas...... | ,, | 0 | 80 |
| ,,   de cebada de 12 arrobas  ...⎫ | | | |
| ,,   de linaza idem...............⎬ | | 0 | 1½ |
| ,,   de sagú idem...............⎪ | | | |
| ,,   de maiz idem...............⎭ | | | |
| Higo pasado...................... | arroba. | 0 | 3⅛ |
| Hierro esplotado de las minas de la República, y toda pieza de este metal construida en sus fábricas, cada 8 arrobas por | bulto. | 0 | 6¼ |
| Hormas para zapatos............... | carga. | 0 | 9⅜ |
| Huevos..................cada dos huacales. | | 0 | 9⅜ |
| Hueva.......................... | arroba. | 0 | 3⅛ |
| Hule en pasta ó liquido............. | ,, | 0 | 1½ |

## J.

| | | | |
|---|---|---|---|
| Jabon corriente.................. | arroba. | | 1½ |
| Idem idem de olor................ | ,, | | 3⅛ |
| Jalde .......................... | ,, | 0 | 3⅛ |
| Jamon........................ | ,, | 0 | 3⅛ |
| Jáquimas de todas clases, de 12 decenas la | gruesa. | | 6¼ |
| Jícaras blancas ó pintadas........... | carga. | | 9⅜ |

## L.

| | | | |
|---|---|---|---|
| Lana en greña ó hilada............. | arroba. | 0 | 1½ |
| Ladrillo de todas clases y tamaños, carga en burro...................... | cada una. | 0 | 1½ |
| Id. en mula...................... | ,, | 0 | 3⅛ |
| Si la introduccion se hiciere en carro, se hará la graduacion correspondiente de las cargas de mula que pueda contener, y así se verificará el cobro. | | | |
| Lardo ó pudricion de tocino.......... | arroba. | 0 | 1½ |

| | Número, peso ó medida. | DERECHOS Ps. | Cs. |
|---|---|---|---|
| Lazos ó reatas de todos tamaños y calidades | carga. | | 9⅜ |
| Leche de cabra ó de vaca | cada jarra. | | 3⅛ |
| Lechoncitos (cerdos) | el par. | | 1½ |
| Lengua salada de res | arroba. | 0 | 3⅛ |
| Lenteja | carga. | | 12½ |
| Leña en mula | cada una. | | 3⅛ |
| Idem en burro | cada uno. | | 1½ |
| Si la introduccion se verificare en carro ó canoa, se hará la graduacion correspondiente de las cargas de mula que puedan contener, y así se verificará el cobro. | | | |
| Licores de todas clases en aguardiente | barril. | 1 | 12½ |
| Linaza | arroba, | 0 | 1½ |
| Liquidámbar | ,, | 0 | 1½ |
| Lisa (pescado) | ,, | 0 | 1½ |
| Longaniza | ,, | 0 | 1½ |
| Loza fina | carga. | 0 | 18¾ |
| Loza de Tonalá, de Puebla y de otras fábricas | | 0 | 12½ |
| Idem de Cuautitlán y demas, corriente | ,, | 0 | 6¼ |

## M.

| | | | |
|---|---|---|---|
| Magistral de 12 arrobas la | carga. | 0 | 12½ |
| Maiz de dos fanegas la | ,, | 0 | 6¼ |
| Manganesa en piedra ó molida | ,, | 0 | 12½ |
| Mantas de lechuguilla de todas clases | ,, | 0 | 9⅜ |
| Manteca de cerdo ó vaca | arroba. | 0 | 1½ |
| Idem de cacao | ,, | 0 | 3⅛ |
| Mantequilla | | 0 | 3⅛ |
| Melado | | 0 | 1½ |
| Mescal, el 3 por 100 sobre su aforo | | | |
| Miel prieta | ,, | 0 | 1½ |
| Mirra | ,, | 0 | 3⅛ |
| Mistelas de todas clases en aguardiente | barril. | 1 | 12½ |
| Mostaza | arroba. | 0 | 1½ |
| Mulas cerreras, arrendadas ó de carga que se introduzcan para su venta | cada una. | 0 | 12½ |

| | Número, peso ó medida. | DERECHOS Ps. | Cs. |
|---|---|---|---|
| Muebles de madera ordinaria de todas clases, incluyéndose cucharas, molinillos, &c.................................. | carga. | 0 | 9⅜ |
| Muitle............................. | ,, | 0 | 9⅜ |

### MADERAS.

| | | | |
|---|---|---|---|
| Toda clase de maderas finas, cuya nomenclatura consta en los efectos que causan alcabala por.................. cada ocho arrobas. | | 0 | 6¼ |
| Las maderas de cedro, fresno y ayacabuitz por......................cada 12 arrobas. | | 0 | 6¼ |

### MADERAS EN BRUTO Y PIEZAS DE ESTA MATERIA PROCEDENTES DE RIOFRIO U ORIENTE.

| | | | |
|---|---|---|---|
| Las canoas de trasporte, por cada cuatro varas de longitud.................... | | 0 | 6¼ |
| Las demas maderas en piezas grandes, como palos ó trozos para construir canoas, planchas. cuadrados, rodetes, tablones, vigas, antepechos, lumbrales, &c., que se conducen en balsas, cada tapestle se considerará como 4 bultos y.. | cada bulto. | 0 | 6¼ |
| Las maderas de jalocote y oyamel en piezas pequeñas, como viguetas, morillos, latas, tablas de techar, tablas de tripa, tablas judías, hojas aserradas de ocote y tejamanil, si se conduce en burro...... | cada uno. | 0 | 1½ |
| En mula.............................. | cada una. | 0 | 3⅛ |
| Las maderas de encino para construccion de carruajes y carros, si su conduccion se hiciere en burro................. | cada uno. | 0 | 6¼ |
| En mula............................. | cada una. | 0 | 12½ |
| Si la introduccion se verificare en carro ó en canoa, se hará la graduacion correspondiente de las cargas de mula que puedan contener, y así se verificará el cobro. | | | |

DERECHOS
Número, peso ó —
medida. Ps. Cs.

## N.

| | | | |
|---|---|---|---|
| Naipes, cada paquete de | doce barajas. | 0 | $3\frac{1}{8}$ |
| Nieve, de 12 arrobas la | carga. | 0 | $12\frac{1}{2}$ |
| Novillos | cada uno. | 0 | $18\frac{3}{4}$ |
| Nueces del país | carga. | 0 | $9\frac{3}{8}$ |

## O.

| | | | |
|---|---|---|---|
| Ocre | arroba. | | $1\frac{1}{2}$ |
| Ocrillo | ,, | | $1\frac{1}{2}$ |
| Orégano fino ó cimarron | ,, | 0 | $1\frac{1}{2}$ |
| Otates, carga en burro | cada uno. | | $1\frac{1}{2}$ |
| ,, ,, en mula | cada una. | | $3\frac{1}{8}$ |
| Ovejas viejas para matanza | ,, | | $6\frac{1}{4}$ |

## P.

| | | | |
|---|---|---|---|
| Palo de tinte ó Campeche | arroba. | 0 | $1\frac{1}{2}$ |
| Palma | carga. | 0 | $9\frac{3}{8}$ |
| Panocha ó piloncillo | arroba. | 0 | $1\frac{1}{2}$ |
| Papa | carga. | 0 | $12\frac{1}{4}$ |
| Papel y carton de todas clases y toda manufactura de esta materia | cada bulto. | | $6\frac{1}{4}$ |
| Pasta de libros y toda clase de impresos | ,, | | $6\frac{1}{4}$ |
| Pastas de harina | arroba. | 0 | $3\frac{3}{8}$ |
| Peales comunes hasta de 25 varas | cada uno. | | $1\frac{1}{2}$ |
| ,, de Orizava, hasta de 20 varas | ,, | | $3\frac{1}{8}$ |
| Pepita de calabaza, melon, limpia ó peluda. | carga. | | $9\frac{3}{8}$ |
| Pepitoria de nuez, pepita, piñon ó cacahuate | ,, | 0 | $9\frac{3}{8}$ |
| Pescado blanco y salpreso de todos tamaños | arroba. | 0 | $1\frac{1}{4}$ |
| Pescado seco de todas clases | ,, | 0 | $1\frac{1}{4}$ |
| Pescado fresco de mar y otros mariscos. | ,, | 0 | $37\frac{1}{2}$ |
| Peines de palo y de cuerno | gruesa. | 0 | $1\frac{1}{2}$ |

| | Número, peso ó medida. | DERECHOS Ps. | Cs. |
|---|---|---|---|
| Peinetas de cuerno | docena. | 0 | 3⅛ |
| ,, de carey | ,, | 0 | 6¼ |
| Peinetitas de cuerno | docª de pares. | 0 | 3⅛ |
| • ,, de carey | ,, | 0 | 6¼ |
| Petates de palma para embases y otros usos | carga. | 0 | 9⅜ |
| ,, de tule de Xochimilco carga en burro | cada uno. | 0 | 1½ |
| en mula | cada una. | 0 | 3⅛ |
| Piedras para metates | cada 4. | 0 | 3⅛ |
| Piedras de chispa | arroba. | 0 | 1½ |
| Pieles de becerrillo maqueadas | cada una. | 0 | 3⅛ |
| ,, de chivo curtidas | docena. | 0 | 6¼ |
| ,, de cordero curtidas | ,, | 0 | 6¼ |
| ,, de nutria, curtidas ó sin curtir | cada una. | 0 | 6¼ |
| , de oso | ,, | 0 | 3⅛ |
| ,, de tigre | ,, | 0 | 3⅛ |
| ,, de venado sin curtir | docena. | 0 | 6¼ |
| ,, de otros animales grandes curtidas | cada una. | 0 | 1½ |
| ,, de otros animales chicos curtidas | docena. | 0 | 6¼ |
| Pimienta gorda ó de Tabasco | arroba. | 0 | 1½ |
| Piñon | carga. | 0 | 9⅜ |
| Piña (fruta) | ,, | 0 | 9⅜ |
| Pita floja | ,, | 0 | 9⅜ |
| Plata pasta | cada barra. | 0 | 25 |
| Plátano pasado ó asoleado | arroba | 0 | 1½ |
| Plomo | carga. | 0 | 12½ |
| Polvillo de Oajaca | ,, | 0 | 12½ |
| Pulque fino en burro | ,, | 0 | 9⅜ |
| ,, ,, en mula | cada una. | 0 | 12½ |
| Tlachique | cada dos cueros. | 0 | 1½ |

## PIEDRAS.

| | | | |
|---|---|---|---|
| La de mampostear y otra cualquiera que no tenga corte, carga en burro | cada uno. | 0 | 1½ |
| en mula | cada una. | 0 | 3⅛ |
| Tepetate | docena. | 0 | 1½ |

| | Número, peso ó medida. | DERECHOS Ps. | Cs. |
|---|---|---|---|
| Piedra de chiluca ó cantería, cualquiera que sea su corte y dimensiones, que se introduce en carro | cada uno. | 0 | 12½ |
| en canoa | cada una. | 0 | 18¾ |

## Q.

| | | | |
|---|---|---|---|
| Quesito fresco | carga. | 0 | 9⅜ |
| Queso de adobera ó de cincho | arroba. | 0 | 1½ |
| ,, de tuna | carga. | 0 | 9⅜ |

## R.

| | | | |
|---|---|---|---|
| Raiz de Jalapa | carga. | 0 | 12½ |
| Reatas de lechuguilla | ,, | 0 | 9⅜ |
| Rhom de Campeche | barril. | 1 | 12½ |
| Robalo (véase pescado.) | | | |
| Romero seco, carga en burro | cada uno. | 0 | 3⅛ |
| ,, ,, ,, en mula | cada una. | 0 | 6¼ |

## S.

| | | | |
|---|---|---|---|
| Sacas mazorqueras | carga. | 0 | 9⅜ |
| Sacatlascale | ,, | 0 | 9⅜ |
| Sal-tierra | ,, | 0 | 9⅜ |
| Sal de Araron<br>,, de Colima<br>,, de la Costa<br>,, de la mar<br>,, de las salinas de San Luis. | arroba. | 0 | 1½ |
| Sal catártica beneficiada ó sin beneficiar, de 12 arrobas la | carga. | 0 | 12½ |
| Salatron, de 12 arrobas la | ,, | 0 | 12½ |
| Salitre, ,, ,, la | ,, | 0 | 12½ |

|  | Número, peso ó medida. | DERECHOS Ps. | Cs. |
|---|---|---|---|
| Sebo de todas clases................ | arroba. | 0 | 1½ |
| Seda en greña ó torcida.............. | ,, | 0 | 6¼ |
| Semilla de alfalfa.................... | carga. | 0 | 12½ |
| ,, de nabo ó mostaza cimarrona.... | ,, | 0 | 12½ |
| ,, de cebolla. .................... | ,, | 0 | 12½ |
| Sidra. .............................. | barril. | 0 | 25 |
| Sillas de montar, comunes............ | cada una. | 0 | 3⅛ |
| Sobrenjalmas de marca ó media marca... | carga. | 0 | 9⅜ |
| Sombreros de palma.. ............... | ,, | 0 | 9⅜ |
| ,, de lana.................... | docena. | 0 | 6¼ |
| Sombra parda....................... | arroba. | 0 | 1½ |
| Suelas.............................. | cada una. | 0 | 6¼ |
| Sulfato de fierro..................... | carga. | 0 | 12½ |

## T.

| | | | |
|---|---|---|---|
| Tabaco, de 6 arrobas el............... | bulto. | 0 | 6¼ |
| Tacamachin (véase pescado.) | | | |
| Talegas de malva ó ixtle.............. | carga. | 0 | 9⅜ |
| Tamarindo.......................... | ,, | 0 | 12½ |
| Té................................ | ,, | 0 | 9⅜ |
| Tecomates blancos ó pintados.......... | ,, | 0 | 9⅜ |
| Tejidos de algodon y lana, ó de mezcla de estas materias, hasta de 6 arrobas el... | bulto. | 0 | 6¼ |
| Tejidos de seda pura ó mezclada de otras materias, hasta de 6 arrobas el....... | ,, | 0 | 18¾ |
| Tequesquite de todas clases............ | carga. | 0 | 9⅜ |
| Teja de canal y plana elaboradas en México, carga en burro................. | cada una. | 0 | 1½ |
| en mula. .................. | ,, | 0 | 3⅛ |
| Terneras y becerros de un año arriba.... | cada uno. | 0 | 12½ |
| Tescalama. ......................... | arroba. | 0 | 3⅛ |
| Tierra roja......................... | carga. | 0 | 9⅜ |
| Timbres............................ | cada uno. | 0 | 1½ |
| Tompeates de todos tamaños........... | carga. | 0 | 6¼ |
| Toros, bueyes y novillos.............. | cada uno. | 0 | 18¾ |
| Tomate............................ | carga. | 0 | 9⅜ |
| Trementina ........................ | arroba. | 0 | 1½ |

| | Número, peso ó medida. | DERECHOS Ps. | Cs. |
|---|---|---|---|
| Trigo en grano | carga. | 0 | 12½ |
| Trigo de centeno | ,, | 0 | 6¼ |
| Truchas (pescado) | arroba. | 0 | 6¼ |

## U.

| | | | |
|---|---|---|---|
| Uvate | arroba. | 0 | 6¼ |
| Uva fresca | carga. | 0 | 9⅜ |

## V.

| | | | |
|---|---|---|---|
| Vacas con cria ó sin ella | cada una. | | 18¾ |
| Vainilla buena | arroba. | | 6¼ |
| Idem cimarrona ó zacate | ,, | | 1½ |
| Valeriana seca ó fresca | carga. | 0 | 9⅜ |
| Vaquetas | cada una. | | 3⅛ |
| Venados grandes ó chicos | cada uno. | | 6¼ |
| Vinagre de todas clases | barril. | | 6¼ |
| Vino y aguardiente de parras y de las otras viñas del país. Idem de tuna. Idem de peron y otras frutas | | 0 | 50 |
| Verdura de toda clase, carga en burro | cada uno. | 0 | 1½ |
| Idem en mula | cada una. | 0 | 3⅛ |
| La que se conduce en canoa se graduará proporcionalmente la carga de mula que pueda contener, y se exigirá el derecho de 3⅛ centavos que paga la carga de mula. | | | |
| Vidrio de fábrica nacional, toda clase de | bulto. | 0 | 6¼ |

## Y.

| | | | |
|---|---|---|---|
| Yerba de Puebla | carga. | 0 | 12½ |
| Yesca buena en lonja ó pedacería | libra. | 0 | 1½ |
| Yeso calcinado ó en piedra | carga. | 0 | 12½ |

|  | Número, peso ó medida. | Ps. | Cs. |
|---|---|---|---|

## Z.

| | | | |
|---|---|---|---|
| Zaleas curtidas...................... | docena. | 0 | 6$\frac{1}{4}$ |
| Idem sin curtir ó morriñas............. | carga. | 0 | 9$\frac{3}{8}$ |
| Zarzaparrilla....................... | arroba. | 0 | 1$\frac{1}{2}$ |
| Zapatos de timbre, gamuza ó vaqueta....doc$^{a}$ de pares. | | 0 | 3$\frac{1}{8}$ |
| Zumo de peron y otros frutos.......... | barril. | 0 | 6$\frac{1}{4}$ |

## EFECTOS ESTRANGEROS.

| | | | |
|---|---|---|---|
| Aguardiente de todas clases en barriles... | cada uno. | 3 | 00 |
| ,,            ,,            en botellas .. | cada caja. | 0 | 37$\frac{1}{2}$ |
| Cerveza y sidra en barriles............. | cada uno. | 3 | 12$\frac{1}{2}$ |
| ,,       ,,    en botellas ............ | cada caja. | 0 | 39 |
| Licores de todas clases................ | ,, | 0 | 37$\frac{1}{2}$ |
| Vino de todas clases en barriles......... | cada uno. | 3 | 00 |
| ,,           ,,           en botellas ........ | cada caja. | 0 | 37$\frac{1}{2}$ |
| Vinagre en barriles................... | cada uno. | 1 | 56$\frac{1}{4}$ |
| ,,    en botellas.................... | cada caja. | 0 | 18$\frac{3}{4}$ |

Cada bulto de abarrotes de efectos estrangeros de los mencionados en esta tarifa, pagará ademas veinticinco centavos: la misma cnota pagará cada uno de los bultos de á ocho arrobas de los otros efectos estrangeros conocidos con el nombre de, abarrotes: todos los demas efectos estrangeros pagarán cincuenta centavos por bulto. La maquinaria pagará por cada bulto de á ocho arrobas, doce y medio centavos.

Todos y cualesquiera privilegios ó exenciones espedidos bajo cualquier forma, para libertar del pago de derechos á diversos productos ó efectos, no alcanzan al del derecho municipal establecido en esta tarifa, que se satisfará, sin embargo de esas concesiones.

Los efectos de las clases espresadas en esta tarifa que, como los ladrillos, naipes y otros, se fabrican tambien dentro de la capital, quedan sujetos al pago de los derechos municipales, que se arreglará por igualas en la aduana, de la misma manera que para la exaccion de los derechos de alcabala.

Los efectos cuyo valor no esceda de dos pesos, que se introduzcan en hombros de hombre y pertenezcan al mismo conductor, quedan libres del derecho municipal.

Por tanto, mando se imprima, publique y observe. Palacio nacional de México, á treinta y uno de Marzo de mil ochocientos sesenta y dos.—*Benito Juarez.*—Al C. Manuel Doblado, Ministro de Relaciones y Gobernacion."

Y lo comunico á V. para su conocimiento y demas fines.

Dios y Libertad. México, &c —*Doblado.*

Se publicó en bando de 7 de Mayo de este ano.

---

### Marzo 31.

#### GOBIERNO DEL DISTRITO FEDERAL.

#### BANDO.

En el de este dia se publicó el decreto comunicado por la Secretaría de Hacienda en 29 de éste.[1] Junta Superior del ramo. Prevenciones relativas á sus facultades, á su reglamento y á otros asuntos de su inspeccion.

---

### Marzo 31.

#### AVISO DE LA RECAUDACION PRINCIPAL DE LA CONTRIBUCION DE EXENTOS DEL SERVICIO DE LA GUARDIA NACIONAL.

*Dónde deben ser enteradas las cuotas respectivas.*

Por disposicion del C. gobernador, se hace saber á los causantes por cuotas de escepcion de la Guardia

1 Página 29.

Nacional, que desde el dia 1 ? del próximo mes de Abrll, quedarán establecidas siete recaudaciones subalternas en los cuarteles mayores números del 1 al 7, donde ocurrirán á verificar sus pagos los respectivos vecinos: en la inteligencia de que el causante que no lo hiciere dentro de los primeros quince dias de cada mes, sufrirá el recargo de 25 por 100 en clase de multa, segun está prevenido por la superioridad.

Asimismo se hace saber que el comprobante que deben recoger de estas recaudaciones, estará firmado por el encargado de cada una de ellas y por el C. gefe del cuerpo á que esté consignado el cuartel mayor, autorizado con la rúbrica del que suscribe y con la mitad del sello de la oficina de su cargo, por quedar el otro medio unido al tacon respectivo.

Los lugares en que dichas oficinas se establecerán, son los siguientes:

Cuartel mayor núm. 1, en el cuartel del ex-convento del Cármen.

„ „ „ 2, en el id. del id. de la Encarnanacion.

„ „ „ 3, en el id. del ex colegio de San Pablo.

„ „ „ 4, en el id. del Arzobispado.

„. „ „ 5, en el id de la Aduana.

„ „ „ 6, en el núm. 12 de la calle de San Andrés, junto á la Minería.

„ „ „ 7, en el cuartel del ex-convento de Betlemitas, permaneciendo la del cuartel mayor núm. 8 en esta principal.

México, &c.—*F. Vera.*

## Marzo 31.

CIRCULAR NUM. 42 DE LA DIRECCION GENERAL DE LA
RENTA DEL PAPEL SELLADO.

*Recuerda á los administradores de ella sus obligaciones.*

Ha notado esta Direccion general que esa administracion principal no remite para su sello, papel con las
contraseñas de particulares, cuyo uso les concede el
art. 37 de la ley de 14 de Febrero de 56;[1] y como tal
omision la induce á creer que no se hace el uso debido
del papel sellado, en las libranzas, facturas, cuentas y
recibos, supuesto que los particulares no aprovechan
esta franquicia, recomienda á V. la vigilancia en este
punto, así como en el ramo de sellos de libros y en el
cumplimiento de la ley de 7 de Agosto de 60,[2] por con-
sistir en ello el mayor producto de esta renta. Para conseguirlo observará V. estrictamente el deber que impone á los administradores principales de la misma renta,
el art. 60 de la citada ley de 14 de Febrero de 56.[3]

Esta oficina espera de su eficacia el cumplimiento á
lo que se previene en la presente circular, y que al ser
en su poder acuse el recibo correspondiente.

Dios, Libertad y Reforma. México, &c.—*J. Enciso.*

1 Archivo Mexicano, tomo I, pág. 717.
2 Recopilacion de fin de Diciembre de 860, pág. 247.
3 Archivo Mexicano, tomo I, pág. 726.

# INDICE CRONOLÓGICO

DE LAS DISPOSICIONES

CONTENIDAS EN ESTE CUADERNO.

# ÍNDICE ALFABÉTICO

POR MATERIAS

DE LAS DISPOSICIONES CONTENIDAS EN ESTE
CUADERNO.

## C.

**O.**

**P.**

**R.**

**S.**

**T.**

# INDICE CRONOLÓGICO

## RECAUDACION PRINCIPAL

DE LA CONTRIBUCION DE EXENTOS DEL SERVICIO DE LA GUARDIA NACIONAL.

## SECRETARIA DE JUSTICIA, FOMENTO
E INSTRUCCION PUBLICA.

## SECRETARIA DE HACIENDA.

### DIRECCION GENERAL

## DE LA RENTA DEL PAPEL SELLADO.

## SECRETARIA DE GUERRA.

# ALCANCE

# AL CUADERNO DE ESTA RECOPILACION

# DE MAYO DE 1861.[1]

---

## MAYO 14 DE 1861.

REGLAMENTO para el giro y administracion de la Lotería Nacional, formado en cumplimiento del art. 6° de la ley de 1° de Mayo de 1861.[2]

### PLAN DE SORTEOS.

Art. 1° El gran sorteo que se verificará el 16 de Setiembre de cada ano, con el fondo de ciento cincuenta mil pesos, y número de billetes del uno al quince mil inclusive, con precio de diez pesos cada billete entero, se dividirá en vigésimos de á cuatro reales, con deduc-

---

1 No habiendo tenido en esa fecha noticia de este Reglamento, se inserta como suplemento al cuaderno de ese mes.

2 Se publicó en esta Recopilacion en 2 de ese mes en que la comunicó el Ministerio, pág. 10.

cion de un veinticinco por ciento para el fondo, y distribucion del setenta y cinco por ciento en premios del modo siguiente:

| | | | |
|---|---|---|---|
| 1 | premio de ................. | 60,000 | pesos. |
| 1 | idem de................. | 12,000 | ,, |
| 1 | idem de................. | 8,000 | ,, |
| 1 | idem de................. | 5,000 | ,, |
| 2 | idem de á 2,000 pesos..... | 4,000 | ,, |
| 5 | idem de á 1,000.......... | 5,000 | ,, |
| 8 | idem de á 500........ | 4,000 | ,, |
| 14 | idem de á 200.......... ... | 2,800 | ,, |
| 117 | idem de á 100........... | 11,700 | ,, |

Son 150 premios que importan....... 112,500 pesos.

### SORTEOS MAYORES.

Art. 2.º De estos deben celebrarse once, uno en cada mes del ano, menos el mes de Setiembre, con el fondo de sesenta mil pesos y número de billetes del uno al doce mil, al precio de cinco pesos cada billete entero, divididos en vigésimos de á dos reales; descontándose el veinticinco por ciento para el fondo, y el setenta y cinco restante se distribuirá al público en los siguientes premios:

| | | | |
|---|---|---|---|
| 1 | premio de ................. | 25,000 | pesos. |
| 1 | idem de................. | 4,000 | ,, |
| 2 | idem de á 1,000.......... | 2,000 | ,, |
| 4 | idem de á 500........... | 2,000 | ,, |
| 8 | idem de á 200 .......... | 1,600 | ,, |
| 104 | idem de á 100........... | 10,400 | ,, |

Son 120 premios que importan....... 45,000 pesos.

SORTEOS MENORES.

Art. 3.° De éstos se celebrarán doce, uno en cada
mes del año, con el fondo de trece mil pesos y número
de billetes del uno al trece mil inclusive, con precio de
un peso cada entero, divididos en octavos de á un real.
Se descontará el veinticinco por ciento para el fondo, y
el setenta y cinco por ciento restante se distribuirá al
público en los siguientes premios:

| | | | |
|---|---|---|---|
| 1 | premio de.................. | 3,000 | pesos. |
| 1 | idem de................... | 1,000 | „ |
| 1 | idem de................... | 500 | „ |
| 4 | idem de á 250............. | 1,000 | „ |
| 10 | idem de á 100............. | 1,000 | „ |
| 25 | idem de á 50.............. | 1,250 | „ |
| 80 | idem de á 25.............. | 2,000 | „ |

Son 122 premios que importan........ 9,750 pesos.

Art. 4.° Los sorteos mayores, incluso el grande del
16 de Setiembre, llevarán una numeracion correlativa,
y los doce menores otra serie de numeracion separada.
Art. 5.° Todos los sorteos se celebrarán en viernes,
siempre que algun inconveniente no obligue á la Administracion para fijarlo en sábado ó jueves. El sorteo
grande se hará en el dia que toque el 16 de Setiembre.
Art. 6.° En el mes de Agosto de cada ano se hará
un recuento general de las bolas de los números y premios del gran sorteo; y la introduccion á los respectivos globos se hará en acto público á presencia de las
mismas personas que tienen obligacion de asistir á la
celebracion de los sorteos; y en el mes de Octubre se
hará otro bajo las mismas formalidades para la estrac-

cion de los tres mil números de aumento y premios respectivos.

Art. 7.º En el mes de Enero de cada ano y antes
de celebrarse el sorteo respectivo del propio mes, se
ejecutará el recuento general de bolas de los números
y premios de los once sorteos mayores y de los doce
sorteos menores, bajo las mismas formalidades y requisitos que quedan determinados para las bolas de números y premios del gran sorteo.

Art. 8.º La Administracion general, cuando por bien
del servicio lo estimare útil, podrá variar la distribucion
de premios, sin dejar nunca de repartir al público el setenta y cinco por ciento que del fondo tiene señalado,
dando cuenta previamente á la Junta inspectora, y ésta
al Gobierno para su aprobacion, avisándolo con oportunidad al público.

Art. 9.º Previamente á la celebracion de los sorteos,
es obligacion de la Administracion anunciar al público
en avisos impresos, los premios de cada sorteo y el dia
señalado para su celebracion.

Art. 10. El administrador, cuando lo crea conveniente, consultará al Gobierno el aumento del fondo de los
sorteos menores hasta veintiseis mil pesos, y el precio
de los trece mil billetes á dos pesos cada uno; para que
éste, si lo tuviere á bien, lo acuerde, en uso de la facultad del art. 2.º de la ley de 1.º de Mayo, sin dejar
de distribuir siempre en premios para el público el setenta y cinco por ciento del fondo, y dando aviso oportuno á la Junta inspectora.

Art. 11. En el mes de Noviembre de cada ano formará la Administracion un aviso general en que consten los dias destinados á la celebracion de todos los
sorteos del ano, el cual se publicará impreso, y se cir-
culará así á las colecturías foráneas y subcolecturías de
la capital, para conocimiento del público.

## DE LA CELEBRACION DE LOS SORTEOS.

**Art. 12.** Cada uno de los sorteos mayores y menores tendrá dos globos, uno de números y otro de premios, con sus llaves correspondientes que han de guardarse en una arquita de tres llaves de diversas guardas, á cargo una, del director de fondos de la Instruccion pública, otra del capitular del Exmo. Ayuntamiento, y otra al del administrador de la renta.

**Art. 13.** En el salon que esté destinado para la celebracion de los sorteos, habrá tres mesas, colocadas una en la cabecera ó centro de él y debajo de dosel para las armas nacionales, y dos en los lados con los recados necesarios para escribir: en la del centro se colocarán cinco sillas, una para el director de los fondos de Instruccion pública, otra para el capitular del Exmo. Ayuntamiento, otra para el administrador de la renta, otra para el contador y otra para el tesorero de ella: en las de los lados se colocarán los oficiales de contaduría y tesorería, quienes llevarán el asiento de las estracciones de los números y premios, el de tesorería en cédulas de diez en diez para la operacion instantánea de la imprenta, y el de contaduria para la subdivision de millares correspondientes. El señor director de Instruccion pública que presidirá el acto, llevará por medio de una campanilla la etiqueta del sorteo, pudiendo demorar el boleo ó movimiento giratorio de los globos hasta cinco minutos. Los sorteos se verificarán á las doce del dia; y antes de proceder á la celebracion, deberá haberse presentado á la Administracion el paquete cerrado de los billetes sobrantes como invendidos, con las notas de su numeracion firmadas por el tesorero, y visto bueno del contador. Como estas dos notas, se habrán remitido otras dos á las nueve de la mañana del mismo dia al

director de los fondos de Instruccion pública, quien devolverá la misma manana una con nota al calce de
quedar en su poder el otro ejemplar, á fin de que pueda
estar presente á la hora de la celebracion de los sorteos. Para comenzar el acto confrontará el contador
con uno de los jóvenes auxiliares las bolas de números
y premios que salieron en el sorteo anterior con una de
las listas impresas y firmadas de los mismos, y encon-
trándolas conformes se introducirán en los correspondientes globos. Entonces se procederá á la celebracion
del sorteo bajo el siguiente método.

Art. 14. Delante de la mesa principal se colocarán
los globos del sorteo, los que serán movidos, el de los
premios, por un jóven auxiliar, y el de los números por
dos mozos. Cada diez bolas deberán moverse los globos por espacio de uno ó dos minutos; á un tiempo sacarán dos jóvenes auxiliares, de los globos de números
y premios las respectivas bolas, y las presentarán á la
mesa principal, dándolas luego á otros dos jóvenes que
las anunciarán en voz alta por tres veces, repitiendo
primero el número y despues el premio; hecho lo cual
entregarán las bolas al colocador de ellas, quien estará
sentado junto á una mesa chica ante el público, é irá
poniendo las bolas en la tabla de estraccion que se pondrá al público concluido el acto.

Art. 15. Concluido el sorteo se cerrarán los globos,
guardándose sus llaves en la arquita de su depósito, y
las de ésta serán recogidas por los funcionarios que espresa el art. 12. Acto continuo, el oficial de contaduría
confrontará la estraccion que ha llevado con la tabla de
bolas que contienen los números y premios para cerciorarse de su exactitud, y estándolo, se tirarán por la imprenta quince listas por el mismo órden en que salieron
los números y premios, para que los senores de la mesa los confronten con la misma tabla de bolas; y resul-
tando de conformidad, firmen las necesarias para la debida constancia.

**Art. 16.** El contador tendrá prevenido un esqueleto de acta manuscrito en que conste los funcionarios que asistan al sorteo, con espresion de sus nombres, el número del sorteo, dia de su celebracion, y lo demas que debe quedar consignado, cuya acta será autorizada por las personas que formen la mesa.

## DE LOS GASTOS DE GIRO Y ADMINISTRACION.

**Art. 17.** Son gastos de giro los siguientes: el importe de la contrata de la imprenta, el costo de papel para impresiones, los jornales y marca de billetes, el premio de cambio de letras, el costo de porte de la correspondencia, el honorario de venta de colectores foráneos, de los de la capital, los estraordinarios que originan los recuentos de bolas, las erogaciones que demanden los contratos supremos, conforme se hallen estipulados para aseguramiento al público del fondo y la conservacion de éste.

**Art. 18.** Son gastos de administracion los siguientes: los sueldos fijos de la oficina de administracion, los gastos menores de alumbrado de la casa, custodia, etc., y los de escritorio, los de los libros de la administracion, los de las colecturías foráneas, y la gratificacion de doscientos pesos anuales que se da al capitular que asista al acto de los sorteos.

**Art. 19.** El honorario de los colectores foráneos será el de seis y cuarto por ciento, sobre la venta total que respectivamente hagan del gran sorteo y de los once mayores; y el nueve y tres octavos por ciento sobre la venta de los doce sorteos menores. En México, se abonará á los sub-colectores y billeteros el seis y cuarto por ciento sobre la venta total que hagan del gran sorteo y de los once mayores; y respecto de los sorteos menores,

el siete y cuarto por ciento á los sub-colectores, y el seis
y cuarto por ciento á los billeteros

Art. 20· La compra de papel para la impresion de
billetes la hará la administracion hasta la cantidad de
quinientos pesos; pero si escediere de esta suma se hará por remate púb ico, conforme á las leyes vigentes.

## PREVENCIONES GENERALES.

Art. 21. La inspeccion de la junta de los fondos de
Instruccion pública, es para cerciorarse de la buena
marcha de la renta y de la exacta inversion de los productos líquidos de la Lotería Nacional, segun la ley de
1º de Mayo presente: en la parte administrativa y económica, toca al administrador y contador proponer y
promover cuanto crean conducente al progreso del giro
y administracion de la Lotería.

Art. 22. Al colector tesorero de la renta, se le abonarán para indemnizacion de moneda falta y falsa la
cantidad de doscientos pesos al ano.

Art. 23. Los gastos menores que sean necesarios en
las oficinas, no pasarán de cincuenta pesos al mes. Para
los gastos de útiles, obras, &c., formará presupuesto la
administracion, acompanando el de los peritos, para
pedir al ministerio respectivo la aprobacion previa del
gasto, sin cuyo requisito no puede hacerse.

Art. 24. Todo billete premiado cuyo dueno no se
presente á la colecturía principal de México á cobrarlo
dentro del término de dos anos contados desde el dia
del sorteo á que pertenezca, ya se hubiere vendido en
alguna colecturía foránea, ó en la principal de la renta,
caducará á beneficio del fondo, sin que cumplido este
plazo quede accion ni derecho alguno al que se diga
dueño del billete para reclamar el premio.

Art. 25. Los empleados todos de la renta, colectores foráneos y sub-colectores, ya de la capital, ya de las foráneas, no podrán vender billetes alterando su precio, bajo la pena, si lo hicieren, de perder el empleo. No pedirán ni recibirán gratificacion ó regalía alguna, con cualquier nombre, de las personas que ocurran á cobrar billetes felices.

Art. 26. Si el colector tesorero antes de comenzar la celebracion del sorteo en la capital, ó los colectores foráneos antes de recibir las respectivas notas de los premios que han de satisfacer, tuvieren alguna reclamacion por billetes perdidos, robados ó por cualquiera otra causa, tomarán nota circunstanciada de la reclamacion, espresando el nombre, apellido, vecindad y demas circunstancias del individuo que se diga dueno de él; y en caso de salir premiado, darán cuenta al juez respectivo para que averigüe la legitimidad del billete premiado, y á la administracion de la renta para su debido conocimiento; pagando el premio segun ordenare el juez, pues á satisfaccion de éste deberán caucionar las resultas los reclamantes: en los puntos donde haya telégrafo ó ferrocarril, las reclamaciones se admitirán solamente hasta las doce del dia en que se celebre el sorteo.

Art. 27. Para el caso de que por autoridad compe tente se permitiese la celebracion de las rifas pequenas en los Estados, pagarán éstas á la renta de Lotería los derechos nacionales establecidos. Los billetes de las rifas menores de México, mientras existan, se imprimi rán en la misma imprenta que hace los de la nacional, para mayor seguridad del público: los sellos de estos billetes se guardarán en la oficina del sello de la administracion general, y allí serán marcados.

Art. 28. Las licencias para celebrar rifas particulares de algunos objetos ó alhajas, las concederá el gobierno del Distrito si lo estimare conveniente, previo informe de la administracion general de la renta de la Lotería, con intervencion de ésta en cuanto al valúo por peritos

de la cosa que se intente rifar, dando fiador bastante
para el cumplimiento del compromiso que se contraiga
con el público, y pagando ademas del costo del valúo,
el derecho del diez por ciento á la renta sobre el monto
de la rifa. Si la opinion de la administracion fuere contraria, y á pesar de ella el gobierno del Distrito insis-
tiere en dar la licencia, el administrador ocurrirá al gobierno supremo para que resuelva. El acto de la celebracion de la rifa será presenciado y visado por el
inspector de policía del cuartel respectivo.

Art. 29. Todo lo que en materia administrativa y
económica pudiese ocurrir en el ramo de Lotería, y que
no esté determinado espresamente en este Reglamento,
puede resolverlo la administracion de acuerdo con la
contaduría, y aprobacion de la direccion de Instruccion
pública.

— Art. 30. Los gefes superiores de Hacienda y todos
los demas empleados de la federacion, tienen el deber
de auxiliar en cuanto esté de su parte á los colectores
y empleados de la Lotería, impartiéndoles toda la proteccion y amparo debidos.

Art. 31. Asimismo los jueces de Distrito, y donde no
hubiere éstos, los jueces locales, auxiliarán tambien para
la averiguacion judicial, cuando ocurran pérdidas de
billetes, sobre quién sea el verdadero dueno de ellos;
los fraudes y falsificaciones que se intenten, castigando
á los delincuentes conforme á las leyes: de todo darán
aviso á la administracion general

Art 32. Dichos jueces, en el caso de que ocurra
muerte, notoria falencia ó fuga de algun colector, por
malversacion ú otra causa, podrán proveer muy provisionalmente la vacante en persona de su entera con.
fianza, para que haga en la colecturía un inventario formal de los billetes, caudales y bienes del colector, dando
inmediato aviso á la administracion general de la renta,
para que tome las providencias que sean conducentes;
pero si el colector falleciere dejando casas y albaceas,

solo harán un reconocimiento en la colecturía, de lo que darán aviso á la propia administracion general; cuidando de que si el fiador del colector insolvente, fugitivo ó muerto, quisiere hacerse cargo de la colecturía, ó ser depositario de ella, así se verifique, prefiriéndosele absolutamente á cualquiera otra persona.

Art. 33. El fondo en general de la Lotería Nacional, no podrá ocuparse por ninguna autoridad, persona ni corporacion, ni por ningun motivo distraerse del objeto para que ha sido creado por el decreto de 1 $\underline{o}$ del corriente. En consecuencia, es de la estrecha responsabilidad del administrador de la renta el cumplimiento de estas prevenciones, y el de representar contra las disposiciones que acaso pudieren dictarse para ocupar el fondo de que se trata, aunque sea en la parte mas pequena.

Art. 34. Siendo de suma conveniencia al ramo de Loteria el procurar en él, no solo la conservacion del fondo, sino su aumento; y estando prevenido en el decreto de 1 $\underline{o}$ del actual, la inversion que ha de darse á la utilidad líquida del veinticinco por ciento, deben la administracion general y contaduría, tener mucho cuidado en que compensado el valor de los billetes invendidos que jueguen por cuenta del fondo, y haciendo la misma compensacion con los premios que tocaren por suerte á la renta, se aplique el sobrante, si lo hubiere, en su totalidad, á los objetos á que está destinado por la ley y por los contratos que el gobierno celebró para el establecimiento de la renta, ó celebrare para su fomento.

## DEL ADMINISTRADOR.

Art. 35. El administrador es el gefe principal de la renta, al cual están sujetos en todo lo directivo y económico, así los demas empleados de la administracion co-

mo los colectores foráneos; sus atribuciones son: llevar
la correspondencia de la renta, librar todos los gastos
con la intervencion de la contaduría, girar contra las
colecturías foráneas las libranzas para recoger los caudales que en ellas resultaren sobrantes, con la misma
intervencion; disponer en la indicada forma todos los
pagos que del producto líquido se hagan conforme á las
prevenciones respectivas; mandar hacer el pago de billetes felices, tanto en la colecturía principal como en
las foráneas; celebrar las contratas conforme á las leyes;
hacer la compra del papel para el servicio del ramo, y
en general todos los gastos de giro, administracion, los
menores y de escritorio, conforme con el presente Re
glamento y disposiciones supremas.

Art. 36. Nombrará á los colectores foráneos, jóvenes
auxiliares, mozos y marcadores de billetes, con aprobacion del gobierno.

Art. 37. Proponer al ministerio en las vacantes que
ocurran de la administracion, de acuerdo con el contador, ó el colector tesorero en su caso, la provision de
los empleados de ella, promoviendo los ascensos por el
órden de escala, y presentando terna para las vacantes;
prefiriendo en todo caso la aptitud á la antigüedad.

Art. 38. Exigirá del tesorero y colectores foráneos la
caucion correspondiente á su manejo: el monto de las
fianzas del tesorero en México, será de diez mil pesos;
el de los colectores foráneos se arreglará prudencial·
mente en proporcion á su manejo y á la distancia en
que se halle situada la colecturía, atendida la mayor ó
menor facilidad de recoger los caudales.

Art. 39. Exigirá, cuando lo crea necesario, la certificacion de supervivencia é idoneidad de los fiadores.
Asimismo, y bajo su mas estrecha responsabilidad, exigirá tambien la oportuna remision de cuentas de los que
deban rendirlas

Art. 40. Consultará la suspension ó destitucion de
los empleados que no son de su nombramiento y que

con causa justificada deba hacerse, sin perjuicio de promover ante quien corresponda la formacion de causa, si hubiere lugar á ella.

Art. 41. Exigirá la puntual asistencia de los empleados, y en general el cumplimiento de todos sus deberes, siendo la asistencia diaria de nueve de la manana á cuatro de la tarde, sin perjuicio de las estraordinarias que sean necesarias para el mejor servicio.

Art. 42. El administrador podrá conceder licencia á los empleados hasta por quince dias, con causa justificada; pero si pasare este término, la solicitarán aquellos por su conducto al ministerio respectivo.

Art. 43. Podrá mandar descontar á los empleados el sueldo correspondiente á los dias que faltaren sin causa ó aviso.

Art. 44. No podrá remover á los empleados que son de su nombramiento, sino por causa justificada; siendo bastante respecto de los colectores foráncos la falta de oportuno pago de premios, ó de libranzas, el atraso en la remision de cuentas ó ineptitud de la persona; y de los otros, insubordinacion ú otra causa, dando aviso al gobierno.

Art. 45. Cuidará de la oportuna formacion de cortes de caja. y cuentas que debe producir el colector tesorero. Es de su obligacion autorizar y examinar las especies y numerario que aparezcan en la tesorería el dia último de cada mes, ó aquel otro en que juzgue conveniente hacerse.

Art. 46. Podrá nombrar un vigilante y un auxiliar para que ayuden á las labores de las oficinas, con treinta pesos mensuales cada uno.

Art. 47. Siendo un deber de los gefes y aun de los empleados en la administracion general, vigilar de los caudales, globos, sellos, y oficinas de la renta que por falta de inmediato cuidado pudieran sufrir robo, falsificacion ú otro perjuicio, vivirán precisamente en la misma casa de la Lotería el administrador y el tesorero; y si fuere posible, tambien el contador, segun disponen antiguas prevenciones y se ha practicado hasta ahora.

Art. 48. Cuando el administrador lo crea conveniente por el recargo de trabajo, hará que los jóvenes auxiliares concurran á auxiliar las labores de la oficina.

## DEL CONTADOR.

Art. 49. El contador de la renta es el segundo gefe de ella, y será persona versada en el manejo de las oficinas de la Lotería y en contabilidad, para llevar con claridad y exactitud las cuentas de ella.

Art. 50. Es obligacion peculiar del contador la formacion de la cuenta general de la renta legalmente comprobada, resumiendo en ella la de la tesorería del ramo y las de las colecturías foráneas, para que visada por el administrador se entregue por él á quien corresponda

Art. 51 Ejecutará la glosa de las cuentas de las colecturías foráneas y de la mensual de la tesorería, haciendo las observaciones que demanden su exactitud y ordenacion; y no pasará en ellas otras datas que las que hayan emanado, así de las disposiciones vigentes, como de las órdenes procedentes de la administracion general, intervenidas por su contaduria.

Art. 52. La contabilidad de la renta será por partida doble, como está prevenido.

Art. 53. El contador hará la liquidacion de todas las cuentas concernientes á la renta, las nóminas de los sueldos y cualquiera otro documento que importe pago. Por su carácter fiscal en el ramo, es de su obligacion intervenir todos los libramientos y demas constancias que afecten el movimiento de los caudales de la renta.

Art. 54. Estenderá todos los formularios para las cuentas é índices, y certificará todas las copias de los índices de billetes devueltos y de las demas constancias que en copia deban acompanarse á la cuenta general.

Art. 55. Inutilizará por sí mismo todos los billetes á que haya tocado premio de los sobrantes que hayan jugado por cuenta del fondo, de modo que sin poder hacerse uso de ellos, queden perceptibles para las operaciones de la cuenta.

Art. 56. La contaduría llevará un libro de remisiones á las colecturías foráneas y á la principal de la renta, otro de premios para cada uno de los sorteos mayores y menores, otro de fianzas, y otro histórico de las operaciones de la renta, y los demas que son necesarios.

Art. 57. Los libros principales serán autorizados por el director de los fondos de Instruccion pública, y los demas firmados en la primera y última foja por el admi nistrador general, y las intermedias por el contador.

Art. 58. La contaduría remitirá anualmente y con la debida anticipacion los libros correspondientes á las colecturías foráneas, para que en ellos lleven las cuentas los colectores, tanto de billetes como de caudales, en la forma que el contador les sisteme.

Art. 59. El contador intervendrá las remisiones que se hagan de billetes á las colecturías y asistirá cuando se abra la correspondencia de dentro y fuera de la capital, teniendo tambien conocimiento de la que se dirija.

Art. 60. La contaduría hará el recibo de las entregas que haga la imprenta por sorteos numerados, dando á la misma el recibo correspondiente de los billetes, cuando esté verificada la revision. Hará entonces la distribucion de billetes por colecturías para que la oficina de la marca ponga éstas y los sellos particulares que toquen á cada una de aquellas.

Art. 61. Concluidos ya los sorteos de revision, marca y sellos, la misma contaduría hará la remision de los billetes respectivos á las colecturías foráneas y á la general para su espendio, en paquetes cerrados y sellados,

y con su índice correspondiente de la numeracion
de ellos.

Art. 62. El contador tiene obligacion de promover,
de palabra ó por escrito, todo lo que sea conveniente
para el adelanto de la renta, y para su mejor giro y administracion.

Art. 63. El contador sustituirá en las faltas y ausencias temporales al administrador; pero cuando la sustitucion pasare de dos meses, disfrutará el sueldo de
aquel  Se entiende lo mismo respecto de los oficiales
de la contaduría por el órden progresivo de la numeracion.

Art. 64. El contador espedirá annalmente, en cuanto
estén rendidas las cuentas generales de los colectores,
el finiquito del ano anterior, que será visado por el administrador, cuyo documento tienen estos gefes la mas
estricta obligacion de espeditar, como que ellos son la
garantía mas espresa, así del manejo que han tenido los
colectores foráneos, como de haberse practicado con la
oportunidad debida la revision y glosa de las cuentas.

Art. 65. La contaduría tiene obligacion de acusar
recibo á los colectores foráneos y al tesorero, de todas
las cuentas que éstos remitan, con especificacion de los
documentos comprobantes que las justifiquen, entretanto se ejecuta la revision, cuyo recibo tienen derecho de
reclamar, si sucediere el caso de no recibir dicha constancia.

Art. 66. El contador formará y presentará la cuenta
annal de la renta en 1.º de Abril de cada año, bajo su
mas estrecha responsabilidad, y de la del administrador
y tesorero en el caso de que de ellos venga la demora:
esta cuenta estará visada por el administrador.

Art. 67. Los empleados de la contaduría tienen por
gefe inmediato al contador: este les designará las labores que deban desempeñar.

## DEL TESORERO COLECTOR.

Art. 68. Este gefe será de conocida honradez y exactitud para el manejo de los caudales que tiene á su cargo. Al efecto caucionará su responsabilidad en cantidad de diez mil pesos, con fiadores á satisfaccion del juez de distrito y con obligacion de presentar al administrador el testimonio de la respectiva escritura.

Art. 69. Es de su esclusivo cargo la récepcion, conservacion y custodia de todos los caudales que pertenecientes á la renta entren en su poder.

Art. 70. Llevará tres libros principales: uno que se denominará de *billetes*, otro de *caja* y otro de *cuentas particulares ó corrientes*. En el primero asentará la entrada y salida de los billetes valorizándolos, en el segundo, que es el de caja, todo movimiento de caudales, y en el tercero las cuentas de todos los que las necesiten con relacion á la tesorería. Ademas los auxiliares que sean oportunos para la claridad y exactitud de la cuenta

Art. 71 Hará todos los pagos de premios de los billetes felices conforme á la nota que al efecto le pasará la administracion general en cada sorteo que se verifique, previa la confrontacion con la lista y sus demas constancias, y con todo el exámen y minuciosidad debidos, puesto que las equivocaciones ú omisiones en que incurriere, serán de su responsabilidad y pago.

Art. 72. Ejecutará todos los pagos que la administracion le libre con la intervencion de la contaduría, sin cuyo requisito no se le pasarán en data. Asimismo hará los cobros que la misma administracion determine bajo los mismos requisitos, por lo que toca á los caudales procedentes de las colecturías foráneas.

Art. 73. Tendrá en la tesorería dos cajas cuando menos, una en el tesoro de la oficina que tendrá tres llaves de guardas diferentes, y otra con solo una llave; en la primera, se guardarán los caudales que no sean necesarios tener á la mano para el pago de premios, y en la segunda, el numerario preciso para el indicado fin. Las llaves de la caja principal las conservarán, una el administrador, otra el contador y otra el tesorero, cuyos tres gefes concurrirán siempre que sea necesario hacer introduccion ó estraccion de caudales de esta caja.

Art. 74. Luego que le envíe la administracion los billetes de cada sorteo para el espendio que deba hacer en la capital, los recibirá por sí ó por alguno de sus empleados, dando aviso á la propia administracion de estar conformes con la nota de envío, ó de haber encontrado algun error ó equivocacion para que se corrija; y satisfecho despues de la exactitud pueda hacer la entrega respectiva á los sub-colectores conforme á sus fianzas.

Art. 75. Llevará á éstos un libro auxiliar de cuenta corriente de billetes y caudales, exigiéndoles siempre que el último entero lo hagan precisamente el dia en que se verifique el sorteo, sin poderles entregar en ningun caso mayor valor en billetes que el monto de la fianza que le tengan otorgada, y no les hará otro abono de honorario por la venta de billetes, que el que está prevénido para ella en el art. 19 de este Reglamento.

Art. 76. Exigirá á los sub colectores la fianza que sea conveniente al mas perfecto aseguramiento de los caudales que éstos manejen, siendo de su resorte suspenderles la entrega en caso de falta de entero, y promover desde luego todo lo conducente al mas pronto reintegro de lo que á la renta toque, por ser de su responsabilidad, dando aviso á la administracion.

Art. 77. Formará y presentará el dia primero de cada mes los cortes de caja de primera y segunda operaion, que firmará con los otros dos gefes de la renta, para que sean vistos y autorizados por el director de los fondos de Instruccion pública ó el que lo representare, pasándose un tanto al gobierno.

Art. 78. La víspera de cada sorteo estará abierta en la tarde la tesorería para estar recibiendo los enteros de la venta; y en la noche de ese dia formará un paquete con los billetes que hubiere sobrantes y que jugarán por cuenta del fondo, cuyo paquete se cerrará con lacre y sello, y de la numeracion de los billetes que contenga formará el oficial primero de la tesorería cuatro notas que firmara y visará el tesorero. Dos de estas notas pasará á la administracion para los fines que espresa el art. 13 de este Reglamento, y las otras dos, con el paquete cerrado, lo pondrá precisamente á las nueve de la manana del dia del sorteo en poder del administrador general para su revision, sin cuyo requisito no se procederá nunca á la celebracion del sorteo.

Art. 79. Los empleados de la tesorería están inmediatamente sujetos al tesorero, quien les designará á su arbitrio las labores que hayan de desempenar, pudiendo aplicarles por sí los artículos 41 y 43 de este Reglamento.

Art. 80. El tesorero será sustituido en sus ausencias accidentales por el oficial primero; pero si pasare de un mes, tiene obligacion este oficial de caucionar su manejo con una fianza en cantidad que no baje de seis mil pesos, y durante esta sustitucion tiene derecho para el abono de sueldo igual al del tesorero. Si el oficial primero no caucionare su manejo pasados quince dias del en que deba hacerlo, el administrador nombrará persona que muy provisionalmente, y previa caucion, sirva el empleo de tesorero; gozando de su dotacion, y dando cuenta al ministerio respectivo.

Art. 81. En la tesorería se apartarán á los partícula res que los soliciten los billetes que con número fijo intenten jugar; advirtiéndoles, que si no ocurrieren la víspera del sorteo hasta las cinco de la tarde, se venderán á quien los solicite.

DEL IMPRESOR.

Art. 82. El impresor de la renta hará las impresiones con total arreglo á la contrata que al efecto tenga celebrada con la administracion en la respectiva asta pública.

Art. 83. Reimprimirá solo por órden del administrador general, intervenida por el contador, los billetes que hayan padecido tal vez estravío, ó los que estuvieren defectuosos á juicio de la administracion.

Art. 84. Imprimirá los billetes de cada sorteo, conforme al acuerdo que haya tenido del administrador general para planta y subdivision de los billetes.

Art. 85. Imprimirá ademas de los billetes: listas, avisos, recibos, repartos, y formularios de cuentas; por punto general todos los demas documentos que se necesiten para el giro de la renta.

Art. 86. Las entregas de billetes por sorteos, las hará con tres meses de anticipacion al dia en que deban celebrarse, á la contaduría, á fin de que haya el tiempo suficiente para su escrupulosa revision, marca, remision oportuna y todo lo demas conducente á que sean espendidos en el tiempo y con la debida anticipacion. El recibo de estas entregas lo otorgará la contaduría, á los ocho dias cuando mas de haberse verificado ésta.

Art. 87. El dia de cada sorteo tendrá en la misma casa donde se celebre, los útiles precisos para tirar las listas de los números y premios conforme vayan saliendo, y acto continuo entregará quince listas, para que firmadas se ponga una al público, y de las otras se haga el uso que está designado.

## DE LOS COLECTORES FORANEOS.

**Art. 88.** Los colectores foráneos de la renta de Lotería, como dependientes de ella, serán de notoria honradez, á fin de que desempenen con toda fidelidad su destino en el manejo de los intereses que se les confien, y vecinos en los lugares donde hayan de ser colectores; de todo lo cual se informará el administrador general, á quien toca su nombramiento conforme al art. 36 del Reglamento.

**Art. 89** Asegurarán su manejo en la cantidad que les señale el administrador general con relacion á la venta, y segun la regla que establece el art. 38 de este Reglamento, y á satisfaccion de los jueces de distrito, donde los hubiere, ó del juez respectivo de la vecindad de los colectores: dichos jueces, despues de recibir la informacion correspondiente de testigos sobre la idoneidad de fiador propuesto, dispondrán el otorgamiento de la escritura correspondiente, de la cual remitirán testimonio los colectores á la Administracion general.

**Art. 90.** En dichas escrituras de fianza, ademas de las cláusulas legales propias del caso, han de constar espresas las dos siguientes: 1ª Que los fiadores se obligan no solo por los colectores, sino tambien por los sustitutos ó encargados que ellos nombren para el desempeno en sus faltas ó ausencias de las colecturías, y por los sub-colectores que aquellos pongan ó establezcan en el mismo lugar ú otro cualquiera: 2ª Que será suficiente documento la certificacion del contador de la renta, visada por el administrador general, para que se haga efectiva ejecutivamente cualquiera diferencia contra el colector por su manejo, ó contra su fiador.

**Art 91.** Podrán los colectores establecer las sub-colecturías que estimen necesarias en los lugares que sean convenientes, bajo su responsabilidad, y de su cuenta y riesgo.

Art. 92. Las cuentas de billetes y caudales las llevarán en los libros que para ese efecto recibirán oportunamente de la administracion, y bajo el método del formulario que ésta les envie, así como las cuentas mensuales y anuales, índices de billetes devueltos y todo lo demas concerniente, con total sujecion á las instrucciones y órdenes de la administracion de la renta, pues es la única que se las puede librar.

Art. 93. El honorario de venta será, mientras no se disponga otra cosa, el de seis y cuarto por ciento sobre la venta total del gran sorteo y los once mayores, y el nueve y tres octavos por ciento sobre la venta de los doce sorteos menores, sin poderse abonar ninguna otra indemnizacion ó gasto bajo motivo alguno, ni de casa, gasto de escritorio, ni otro semejante, pues todos son de su cuenta, á escepcion de los portes de la correspondencia oficial que remitan y pagarán en la estafeta respectiva datándose su importe.

Art. 94. Recibirán los colectores en paquete cerrado los billetes que para su espendio les remita la administracion general, acompañados de un índice de la numeracion de ellos constante al márgen del oficio de envío de la administracion. Acto continuo del recibo lo revisarán, sin esperar hasta los dias de la venta, á fin de que si no estuvieren conformes en su numeracion, ó tuvieren cualquier otro error ó equivocacion, den el aviso oportuno á dicha oficina para su enmienda ó reemplazo; pero si no hubiere para esto el tiempo prudente, reservarán el billete ó billetes defectuosos sin espenderlos y para incluirlos entre los sobrantes por invendidos, ó remitirlo solo como sobrante, anotándose en el índice respectivo la causa habida para ello.

Art. 95 Si algun paquete de billetes padeciere estravío, ya al remitirlos la administracion general para su espendio á los colectores, ó cuando estos los envien á

sus sub-colectores, lo avisarán inmediatamente y sin
pérdida de correo á la administracion general, para que
ella disponga la reimpresion con marcas duplicadas, y
avise al público que los billetes perdidos no tienen ningun valor ni hacen fé, y por consiguiente no pueden ser
vendidos. Si la administracion general juzgare no haber tiempo bastante para la reimpresion, repondrá á la
colecturía con otros billetes de diferente numeracion,
para que los espenda en vez de los estraviados, que jugarán por cuenta del fondo como invendidos, lo cual se
pondrá siempre y con la anticipacion debida en conocimiento del público

Art. 96. Los colectores presentarán la víspera del dia
en que se verifiquen los sorteos, al gefe superior de Hacienda del lugar, y donde no lo hubiere á la autoridad
local, tres índices en que conste la numeracion de los
billetes sobrantes, para que los vise: estós billetes sobrantes se cerrarán en un paquete que se rotulará á la
administracion general de la' Lotería, dentro del cual
vendrá uno de los ejemplares de dicho índice, remitiendo otro por el inmediato correo siguiente, á fin de que
si se estravía el primero haga fé el segundo; y el tercer
ejemplar lo enviarán con la cuenta á que pertenezca.

Art. 97. El espresado paquete lo entregará el colector el propio dia víspera del sorteo á la estafeta del lugar, exigiendo del administrador certifique al reverso
del pliego, y á su vista, el dia y hora de la entrega; en
concepto de que bajo ningun pretesto podrá volverlo á
pedir, ni el administrador del correo entregarlo, sino
que cuidará de su inmediata remision bajo su responsabilidad.

Art. 98 Los colectores no pueden hacer pago ni ex-
hibir dinero, sino á virtud del libramiento del administrador, intervenido por su contaduría, y ninguna otra
oficina ni autoridad exigírselo. Es por tanto obligacion
del colector, conservar, custodiar, defender y salvar los
caudales de la renta.

Art. 99. Los accionistas que despues de dos meses
contados desde el dia de la celebracion del sorteo, no
hayan ocurrido á cobrar su premio, ya no lo harán en
las colecturías foráneas, sino que están en la obligacion
de presentarlos en la tesorería general de la renta para
su pago.

Art. 100. Cuando ocurriere en las colecturías foráneas que hubiesen vendido el premio ó premios mayores de los sorteos, y que no tengan caudales bastantes
para satisfacer completamente aquel premio en el acto
de presentársele el accionista á su cobro, reservará el
importe de los premios chicos entregando el sobrante, y
librando la cantidad que le falte contra la administracion general de la renta, y á la vista, recogiendo en
cambio de la libranza el billete que se paga, y exigiendo del tenedor un recibo al reverso del propio billete,
que esprese la cantidad y términos en que le ha sido
satisfecho, haciéndose la colecturía en su cuenta el cargo de la cantidad que libre, puesto que se ha de datar
todo el valor del billete,

Art. 101. Como que los once sorteos mayores y el
grande de diez y seis de Setiembre llevan una numeracion correlativa, separada de otra igual que tienen los
doce menores, las cuentas de ambos sorteos se llevarán
con entera separacion, sin poder datar en las cuentas
de los unos, premios, gastos, honorarios, ni libranzas de
los otros. Las cuentas se cerrarán por sorteos, com-
prendiendo cada una de fecha á fecha de cada sorteo;
todas se remitirán cortadas en el dia de la celebracion
de los sorteos, y con toda puntualidad, sin que nunca
puedan comprenderse en una, dos ó mas sorteos.

Art. 102. Por el correo inmediato á la celebracion de
cada sorteo, remitirán precisamente los colectores la
cuenta particular de él, con distincion de billetes y caudales segun el formulario, justificadas con los comprobantes de data, que son billetes felices, libranzas pagadas, y giradas por la administracion, y certificados del

correo por pagos de portes, pues solo la data de honorarios no tendrá justificante. Ademas remitirá el índice respectivo de billetes devueltos, otro de los documentos que acompañe, y otro de los premios pagados, con espresion del número del billete, sorteo á que corresponda, y el importe del mismo premio.

Art. 103. A todos los accionistas de billetes premiados se les exigirá, al reverso del propio billete, el recibo por letra en la cantidad de su respectivo premio y especie en que se le satisface; exigiendo lo mismo por la colecturía principal.

Art. 104. El pago que los colectores hagan de algun billete falso, enmendado ó contrahecho, será á su cargo, reservándose su accion contra el falsificador.

Art. 105. Despues de celebrados los últimos sorteos mayores y menores del ano, se formará por los colectores, respecto de ambos y con la debida separacion, una cuenta general ó sea resúmen general de todas las partidas que contengan las particulares del ano, sin comprobantes, porque ellos se han acompanado ya originales á las cuentas de los meses. La remision de estas cuentas generales no podrá pasar del dia quince de Enero del ano siguiente, bajo el apercibimiento de incurrir en las penas que para los morosos en la rendicion de cuentas impone el artículo 44 de este Reglamento.

Art. 106. Todos los pliegos que remitan los colectores á la administracion, que contengan cuentas con comprobantes originales cuyos documentos no puedan reponerse, los certificarán para la mayor seguridad, pagando como el de los pliegos ordinarios su importe en la estafeta, de la que recogerán recibo de todas las cantidades que satisfagan, para justificar con ellos las partidas de data en sus cuentas, pues en cuanto á los pliegos que contengan billetes sobrantes, bastará la certificacion que pondrá al reverso el administrador de la estafeta.

Administracion general de la Lotería Nacional. México, Mayo 7 de 1861.—*Leandro Cuevas.*—Un sello que dice:—MINISTERIO DE JUSTICIA E INSTRUCCION PUBLICA.—México, Mayo 13 de 1861.—Aprobado.—*Ramon I. Alcaraz.*

---

## Ministerio de Justicia é Instruccion Pública.

### SECCION 2ª

El Presidente de la República se ha servido aprobar el Reglamento que ha formado esa oficina para el arreglo y administracion de la Lotería Nacional, habiendo dispuesto que empiece él á regir en la misma, tan luego como se ponga en giro la renta de que se trata.

Lo comunico á V. para su satisfaccion y demas fines.

Dios, Libertad y Reforma. México, Mayo 14 de 1861.—*Ramon I. Alcaraz.*—Sr. administrador de la Lotería Nacional.

# APÉNDICE

# REGLAMENTO DE LA LOTERIA NACIONAL

## DE LA REPUBLICA MEXICANA.

——

República Mexicana.—Administracion general de la Lotería nacional. —Circular.—Para la cuenta de ingresos y egresos de billetes y caudales de los sorteos nacionales mayores y menores que se celebren durante el presente ano, acompano á V. dos libros con doce fojas útiles, autorizados por esta Administracion general.

En los términos correspondientes llevará V. en los espresados libros las cuentas indicadas de los sorteos mayores y menores, con absoluta separacion una de la otra, con la claridad, buen órden y arreglo que deben observarse, haciendo uso de la mitad de cada uno de ellos, ó de una parte proporcionada, para la cuenta de billetes, formando V. los asientos oportunos de todos los que reciba, de los que venda y de los que devuelva á esta Administracion general cuando queden algunos sin espenderse; destinando la otra parte para la cuenta de caudales, haciendo los asientos de las partidas que reciba y entregue de la pertenencia de los insinuados sorteos mayores y menores; advirtiéndole, que tanto en la parte de la cuenta de billetes, como en la de los caudales, deben constar asentadas las cuentas sucesivamente, pues no deberá haber blancos ni huecos en ellos.

Como es indispensable que á su debido tiempo se encuentren reunidos en la contaduría de la renta los libros de cuentas, é igualmente las cuentas generales de fin de año, que son el resúmen de las mensuales de las colecturías, para las operaciones que con estas constancias deben practicarse, espero que al concluírse el presente año, que fenece en 31 de Diciembre próximo venidero, remita V. á la Administracion general de mi cargo, las cuentas generales de los sorteos mayores y menores, y los libros de esa colecturía; acompañando á V. con esta circular los esqueletos impresos necesarios en el número que se ha juzgado conveniente enviar á V. para las cuentas de los sorteos mayores y menores correspondientes al actual año, que debe V. llenar, y contendrán las referidas cuentas; así como los esqueletos de las facturas de billetes devueltos por invendidos, y los de premios pagados, que V. tambien ha de llenar en sus respectivos casos.

Del recibo de esta comunicacion, de los libros y demas documentos adjuntos, me dará V. aviso á precisa vuelta de correo.

Dios, Libertad y Reforma. México, Octubre 15 de 1861.—*Leandro Cuevas.*—Se comunicó á todos los colectores foráneos de la renta.

---

República Mexicana.—Administracion general de la Lotería nacional.—Circular.—La administracion general de mi cargo, para el mejor arreglo de la correspondencia que reciba de las colecturías foráneas de la renta, y perfecta formacion de los espedientes que en la misma deben obrar, ha dispuesto que aquellas observen las siguientes reglas:

1 ? No siendo conveniente mezclar en un mismo oficio diversos asuntos, se servirán los colectores foráneos tratar cada uno por especial oficio.

2 ? De cada remision de billetes, de listas, órdenes ó circulares, y de cualesquiera otro documento que esta administracion les envíe ó comunique, contestarán especialmente y por separado el recibo; encargándose mucho á los referidos colectores foráneos, que al hablar de los sorteos de la lotería nacional, distingan en sus comunicaciones, cuentas ó documentos, con toda claridad, si es sorteo mayor ó sorteo menor del que traten, espresando el número que á cada uno corresponda, segun el que tuviere senalado en el calendario, listas y avisos respectivos.

3 ? Cuando los propios colectores foráneos tengan algun negocio grave concerniente á la renta, y juzguen preciso consultarlo á esta Administracion general, lo verificarán precisamente por medio de un oficio, para trasladarlo en caso necesario al Supremo Gobierno, ó á quien corresponda, ó bien para que de esa manera oficial obre en el respectivo espediente.

4 ? Todas las comunicaciones que los colectores foráneos dirijan á esta Administracion general, esceptuando las cuentas ó documentos para cuya formacion se les remite esqueletos impresos por ella, las estenderán en papel comun de cartas.

5 ? Lo espuesto no prohibe, el que si para mayor aclaracion ó especificacion de un hecho, ó por ser el asunto de poca gravedad, quisieren los colectores foráneos dirigirse en lo amistoso y particular al que suscribe, por medio de cartas confidenciales, puedon verificarlo así, pues en ello tendrá mucha satisfaccion.

Del recibo de la presente circular, me dará V. aviso.

Dios, Libertad y Reforma. México, Octubre 31 de 1861.—*Leandro Cuevas.*—Se comunicó á todos los colectores foráneos de la renta.

República Mexicana—Administracion general de la Lotería nacional.—Circular.—Deseando esta Administracion general de mi cargo evitar toda duda, dificultad, cuestion ó cualesquier motivo de engano al público, ó intento de fraude á la renta, pues en el caso de robo de billetes en el camino al devolver V. los que resulten sobrantes por invendidos de los sorteos mayores y menores, pudiera alguna persona comprar uno ó mas billetes de los robados y sufrir este perjuicio, que le traería tambien las molestias de las contestaciones á que esto daria lugar, y tal vez algun descrédito ó vacilacion sobre la buena fe de la renta; dispone esta Administracion general, que los billetes sobrantes de ambos sorteos que devuelva V. por invendidos y que juegan por cuenta del fondo, vengan inutilizados por V. de un modo muy sencillo y violento, como lo es atravesar con una pluma gorda dos rayas de tinta, tiradas de arriba para abajo de cada cinco vigésimos, de los sorteos mayores, y de la misma manera en cada cuatro octavos de los sorteos menores, sin que dichas rayas tapen el número principal de los billetes; lo cual sin gran trabajo puede ejecutarse por la facilidad y prontitud de la operacion.

Estando inutilizadas así las caras de los billetes, como se dice en idioma vulgar, ó por su anverso, es muy dificil un engano al público, lo que debe evitarse por todos los empleados de la renta en cuanto les fuere posible: esperando la oficina de mi cargo que esta prevencion la pondrá V. en práctica desde la primera remision que le hiciere de billetes devueltos por no haberse vendido; advirtiendo á V. por último, que lo dispuesto en la presente circular, no destruye ni altera las disposiciones que ordenan se pongan los billetes sobrantes en las respectivas administraciones de correos, la víspera del dia de la celebracion de cada sorteo en esta capital.

Del recibo de esta comunicacion me dará V. aviso sin ninguna demora.

Dios, Libertad y Reforma. México. Noviembre 16 de 1861.—*Leandro Cuevas.*—Se comunicó á todos los colectores foráneos de la renta.

——————

República Mexicana.—Administracion general de la Lotería nacional.—Circular.—Para prevenir el caso en que sufran estravío en el camino al remitirse á esta Administracion general, pliegos con cuentas que contengan justificantes cuya reposicion es imposible, como lo son principalmente los billetes de los sorteos nacionales premiados y pagados en las colecturías donde han sido espendidos, y mediante á que en estos últimos correos han sufrido estravío algunos pliegos que contenían tan importantes documentos, la Administracion de mi cargo dispone que los ciudadanos colectores foráneos de la renta, á mas de remitir certificados los pliegos en que envien dichas cuentas, segun está prevenido, formen por triplicado la factura de los billetes premiados y pagados que manden, espresando en las mismas el número de cada billete y el premio que haya obtenido y pagádose; y si lo hubieren satisfecho en fracciones y no remitieren juntas el total de ellas, por no habérseles presentado todas para su cobro, asentarán en las indicadas facturas el número ordinal de las pagadas, para que así conste cuáles sean estas, y cuáles sean las que se hallen pendientes de cobrarse.

Las mencionadas facturas triplicadas y perfectamente iguales, deberán presentarlas dichos colectores foráneos con los billetes premiados y pagados que se refieran en las mismas, al ciudadano gefe superior de Hacienda del lugar de su residencia, y en donde no lo hubiere, á la autoridad local respectiva del mismo, á fin de que estos funcionarios se sirvan autorizarlas con su visto bueno, conforme lo hacen con las facturas de los billetes sobrantes que se devuelven á esta Administracion por invendidos; á lo que estoy cierto se prestarán los propios funcionarios, pues no puedo dudar de sus sentimientos en favor de esta renta y de los establecímientos de beneficencia pública que sostiene.

De esta manera, si se perdieren los billetes premiados y pagados que con la factura principal han de acompanar los colectores á la cuenta en que se los daten, queda la factura duplicada para que obre sus efectos cuando se les pidiere, y la que en su caso justificará plenamente qué premios habian pagado; reservando la triplicada en su poder para que les sirva de resguardo y con los demas objetos que fueren necesarios; con cuya medida se cubre la responsabilidad de los referidos colectores foráneos y la de esta renta, conciliándose el que nunca falte la debida justificacion de las cuentas, porque sin ella no puede pasarse ninguna partida en data.

Me avisará V. á precisa vuelta de correo el recibo de la presente circular, practicando lo que ordena desde la primera cuenta que remita V. á esta oficina.

Dios, Libertad y Reforma  México, Junio 7 de 1862. —*Leandro Cuevas.*—Se comunicó á todos los colectores foráneos de la renta.

## Lotería Nacional de la República Mexicana.

*Colecturía en*............ *Año de* 186 . *Colector C*............

### FACTURA

*de los premios pagados de los sorteos       números       de la Lotería nacional, que se espresan, datados en la cuenta del sorteo núm.      á que se acompaña la presente factura.*

| Billetes. | Números. | Premios, ps. | TOTALES. |
|---|---|---|---|
| | | | |
| | | TOTAL | |

*Colecturía de la Lotería nacional en*........ *de*........ *de* 186

V.º B.º

## Lotería Nacional de la República Mexicana.

———◦◦———

*Colecturía en*............ *Año de* 186 *Colector C*...........

### FACTURA

*de los billetes sobrantes del sorteo nacional* número *que por invendidos en esta Colecturía se devuelven á la Administracion generalde la renta, para que jueguen por cuenta del fondo.*

| Billetes. | Núms. | Núms. | Valores. | Billetes. | Núms. | Núms. | Valores. |
|---|---|---|---|---|---|---|---|
| | | | | | | | |
| | | | | | | | |
| | | | | | | | |
| | | | | | | | |
| | | | | | | | |
| | | | | | | | |
| | | | | | | | |

*Son billetes que á* pesos cada uno importan........$

*Colecturía de la Lotería nacional en*........ *de*........,. *de* 186

Vº Bº

## Lotería Nacional de la República Mexicana.

*Colecturía en* ............ *Año de 186 . Colector C* ............

### Sorteo          número

CUENTA pormenorizada que el colector que suscribe presenta á la Administracion general de la renta, de los billetes y caudales que han sido á su cargo desde el dia    del mes de anterior, al    del presente en que se celebró el espresado sorteo, con distincion de especies, en la forma siguiente

### Cargo de billetes.

*Por        billetes del Sorteo            que recibí de la Admi-
nistracion general en          del mes de* . .

TOTAL CARGO....

### Data de billetes.

*Por            billetes vendidos en esta Colecturía
del sorteo            núm.* . . .
*Por        billetes del mismo sorteo, que por inven-
didos devolví á la Admon. gral. en        de este mes.*

IGUAL....

### Cargo de caudales.

*Por        ps.        cs. que por la cuenta anterior del Sor-
teo        núm.        resultaron de existencia en esta Colecturía.* . . .
*Por        ps.        cs., importe de        billetes vendidos
en esta colecturía del Sorteo        núm.        á        ps.
cada uno.* . . . . . .

TOTAL CARGO....

### Data de caudales

*Por        ps.        cs. que á razon del
por ciento importó mi honorario sobre        ps.
            cs. valor de billetes que vendí del mismo
sorteo        núm.* . . .
*Por        ps.        cs. pagados de premios de los
sorteos        segun la factura núm.        que
acompaño.* . . . . .
*Por        ps.        cs. pagados á la Administra-
cion de Correos, documento núm.* . . .
*Por        ps.        cs., importe de la libranza
núm.        que la Administracion general giró
contra esta Colecturía, en        de        y á
favor de            documento núm.*
*Por        ps.        cs. entregados á la casa de
        por órden de la Administracion gene-
ral documento núm.* . . .

EXISTENCIA....

*Colecturía nacional en*

## NOTA.

La cuenta general que deben producir los colectores foráneos, debe ser igual al anterior formulario, con la diferencia de resumir en cada una de las partidas de ella, las doce de todo el año á que pertenezca; siendo de los sorteos menores; pues en la de los mayores apàrecerán en el cargo y data de billetes una partida mas en que conste la relativa á los grandes sorteos de **16 de Setiembre.**

# RECOPILACION

DE

# LEYES, DECRETOS BANDOS,

## REGLAMENTOS, CIRCULARES Y PROVIDENCIAS

DE LOS

### SUPREMOS PODERES

Y OTRAS AUTORIDADES DE LA REPUBLICA MEXICANA,

INCLUYENDO LAS DE LAS
DIRECCIONES DE CONTRIBUCIONES DIRECTAS Y PAPEL SELLADO.

Obra útil á toda clase de personas
y necesaria á muchos individuos, como funcionarios públicos, curiales y
empleados en las oficinas

FORMADA

DE ORDEN DEL SUPREMO GOBIERNO

POR EL

Licenciado Basilio José Arrillaga

ABRIL DE 1862.

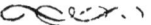

MEXICO
IMPRENTA DE VICENTE G. TORRES,
Calle de San Juan de Letran núm. 3.

1863

DECRETO

# POR LA SECRETARIA DE RELACIONES Y GOBERNACION.

———

*Reclamaciones contra las providencias*
*de los Ayuntamientos.*

El C. Presidente de la República se ha servido dirigirme el decreto que sigue:

"*Benito Juarez, Presidente constitucional de los Estados-Unidos Mexicanos, á sus habitantes, sabed:*

Que en uso de las omnímodas facultades de que me hallo investido, he tenido á bien decretar lo siguiente:

Artículo único. Se declara vigente la suprema órden de 20 de Julio de 1850,[1] espedida por el Ministerio de Relaciones, y por la cual se reglamentó el modo y términos en que debian hacerse las reclamaciones contra las providencias de los Ayuntamientos.

Por tanto, mando se imprima, publique y observe. Palacio nacional de México, á 1° de Abril de 1862.—*Benito Juarez.*—Al C. Manuel Doblado, Ministro de Relaciones y Gobernacion."

Y lo comunico á V. para los fines consiguientes.

Libertad y Reforma. México, &c.—*Doblado.*

1  Primera parte del Semanario Judicial, tomo I, pág. 116.

## Abril 1ª

### GOBIERNO DEL DISTRITO FEDERAL.

#### BANDO.

En el de este dia se publicó el decreto espedido por la Secretaría de Justicia en 25 de Marzo anterior,[1] declarando nulo el decreto espedido por la legislatura de Sinaloa, relativo á terrenos baldíos.

---

## Abril 1º

### CIRCULAR POR LA SECRETARIA DE GUERRA.

---

*Requisitos indispensables para ministrar sueldos á la clase militar*

La circular de este Ministerio, fecha 24 de Julio del ano próximo pasado,[2] dispuso que los gefes y oficiales del ejército nacional acudiesen en el término de tres meses á esta misma Secretaría, por los conductos que demarca la propia circular y con los comprobantes de los empleos que obtuvieran, para espedir las patentes respectivas á los que manifestaran carecer de ellas. Tambien dispuso la citada circular que las oficinas de Hacienda no abqnasen sueldo alguno á los referidos gefes y oficiales que al fenecer el plazo enunciado no exhibiesen los despachos que acreditaran sus verdaderos empleos. El plazo de que se trata está vencido, y en tal virtud el C. Presidente constitucional se ha servido prevenir, se recuerde á las mencionadas oficinas de Hacienda, el deber que tienen de dar el mas exacto cum-

1 Recopilacion de ese mes, pág. 25.
2 Recopilacion de ese mes, pág. 51.

plimiento á la circular espresada; comminando desde luego á las que no la observaren en una grave responsabilidad que se hará efectiva, y declarando que en lo sucesivo, al ministrar sueldos á la clase militar, es condicion precisa la previa presentacion de los despachos respectivos, ya requisitados, y que hayan sido espedidos por un Gobierno legítimo.

Comunícolo á V. para su conocimiento y demas fines.

Libertad y Reforma. México, &c.—*Hinojosa*.

Se publicó en bando de 10.

### Abril 1º

#### CIRCULAR POR LA SECRETARIA DE GUERRA.

*Se recuerda la prohibicion de los azotes, palos y demas penas infamantes.*

Deseoso el C. Presidente constitucional de que en manera alguna dejen de tener su mas puntual cumplimiento las leyes que nos rigen, me manda recordar á V. por medio de la presente, el art. 22 de la Constitucion de 1857,[1] que prohibe los azotes, los palos y demas penas infamantes.

El C. Presidente previene, pues, que no se falte en lo mas mínimo al citado precepto constitucional; en la inteligencia de que cualquiera infraccion que se note en alguno de los cuerpos del ejército nacional será de la inmediata responsabilidad del gefe que la autorice ó tolere, y castigado como corresponde.

Libertad y Reforma. México, &c.—*Hinojosa*.

Se publicó en bando de 10.

--------

1  Recopilacion de fin de Diciembre de 860, pág. 12.

**Abril 6.**

GOBIERNO DEL DISTRITO FEDERAL.

BANDO.

En el de este dia se publicó el decreto comunicado por la Secretaría de Justicia en 30 de Marzo anterior.[1] Habilitacion de edad al C. Francisco de Paula Rubio.

**Abril 9.**

DECRETO POR LA SECRETARIA DE JUSTICIA.

*Causas militares. Quiénes han de conocer en segunda instancia. Sobre fiscal militar y acerca de su nombramiento.*

El C. Presidente de la República se ha servido dirigirme el decreto que sigue:

"*El C. Benito Juarez, Presidente constitucional de los Estados-Unidos Mexicanos, á sus habitantes, sabed:*

Que en uso de las amplias facultades de que me hallo investido, he tenido á bien decretar lo siguiente:

Art. 1.º En las causas militares conocerán en segunda instancia en el Distrito federal la Suprema Corte de Justicia, y en los Estados los tribunales superiores en sus respectivas demarcaciones, guardando el procedimiento que establecen sus leyes particulares de administracion de justicia, y dando vista á un fiscal militar si el delito fuese puramente oficial ó misto

Art. 2.º La Suprema Corte de Justicia y los tribu-

1  Recopilacion de ese mes, pág. 33.

nales de los Estados nombrarán el fiscal militar para cada caso que ocurra.

Por tanto, mando se imprima, publique, circule y se le dé el debido cumplimiento. Palacio del Gobierno federal en México, á 9 de Abril de 1862.—*Benito Juarez.*—Al C. Lic. Jesus Teran, Ministro de Justicia, Fomento é Instruccion pública."

Y lo comunico á V. para su inteligencia y fines consiguientes.

Dios, Libertad y Reforma. México, &c.—*Teran.*

Se publicó en bando del dia 16.

### Abril 9.

#### DECRETO POR LA SECRETARIA DE HACIENDA.

*Capitales denunciados. Requisitos para su exaccion y otras prevenciones.*

El C. Presidente se ha servido dirigirme el decreto que sigue:

"*El C. Benito Juarez, Presidente constitucional de los Estados-Unidos Mexicanos, á sus habitantes, sabed:*

Que en uso de las amplias facultades de que me hallo investido, he tenido á bien decretar lo siguiente:

Art. 1º Para procederse á la exaccion de cualquier capital que se haya denunciado por haber pertenecido á alguna comunidad religiosa ú otra obra pía, se requerirá que se presente testimonio formal de la escritura de imposicion, y antes de todo procedimiento se dará vista de él á la persona de quien se exija el pago.

Art. 2º En estos casos serán admisibles las escepciones legales que tienen lugar en la vía ejecutiva, y

siempre que por la data de la escritura se conozca que
ha trascurrido el tiempo necesario para la prescripcion
de las acciones real ó mista, conforme al derecho comun, no podrá procederse ejecutivamente, y solo tendrá
lugar la vía ordinaria, ya sea que la accion se ejerza por
la autoridad pública ó por algun denunciante, á quien
haya traspasado sus derechos.

Art. 3.° Este decreto se observará aun en los casos
que haya pendientes en la actualidad en el Distrito, Estados y Territorios de la federacion.

Por tanto, mando se imprima, publique, circule y se
le dé el debido cumplimiento. Dado en el Palacio nacional del Gobierno, á 9 de Abril de 1862.—*Benito
Juarez.*—Al C. Manuel Doblado, encargado de la Secretaría de Estado y del despacho de Hacienda y Crédito Público."

Y lo comunico á V. para su cumplimiento.

Libertad y Reforma. México, &c.—*Doblado.*

Se publicó en bando del dia 21.

### Abril 9.

DECRETO POR LA SECRETARIA DE HACIENDA.

*Los capitales dejados en testamento para objetos piado-
sos son denunciables.*

El C. Presidente se ha servido dirigirme el decreto
que sigue:

"*El C. Benito Juarez, Presidente constitucional de los
Estados-Unidos Mexicanos, á sus habitantes, sabed:*

Que usando de las amplias facultades de que me hallo investido, he tenido á bien decretar lo siguiente:

Art. 1° La resolucion que contiene la circular de 14 de Setiembre de 1856,[1] respecto de los bienes raices dejados en testamento para objetos piadosos, comprende tambien los capitales á censo ó cualesquiera otros que en muchos testamentos se dejan para los mismos objetos, aun cuando no se hayan fundado.

Art. 2° -Estos capitales, como verdaderamente de la nacion, son denunciables siempre que sean desconocidos de las oficinas de hacienda, y aun cuando el testador haya prevenido que se estienda la escritura de imposicion correspondiente.

Por tanto, mando se imprima, publique, circule y se le dé el debido cumplimiento. Palacio del Gobierno nacional en México, á 9 de Abril de 1862.—*Benito Juarez.*—Al C. Manuel Doblado, encargado del despacho de Hacienda y Crédito público."

Y lo comunico á V. para su cumplimiento.

Libertad y Reforma. México &c —*Doblado.*

Se publicó en bando de 21 del presente.

*Circular citada por el decreto anterior.*

Núm. 28. Se declara que los bienes raices dejados en testamento para objetos piadosos deben quedar sujetos á la desamortizacion; y tiene una nota que dice: "Esta declaracion parece contraria al espíritu de la ley de 25 de Junio, pues las testamentarías no son corporaciones civiles ni eclesiásticas."

"En contestacion al oficio de V. de 22 del actual, en que manifiesta haberse presentado á ese juzgado varios inquilinos, pidiendo la adjudicacion de unas casas que han resultado en posesion del santuario de los An-

1 No es de 14 sino de 24: no se encuentra en el Archivo Mexicano ni en la Memoria del Sr. Lerdo Se insertó en la pág. 143, tom. I, de la Coleccion de leyes, decretos, circulares y providencias relativas á la desamortizacion eclesiástica, á la nacionalizacion de los bienes de corporaciones, y á la reforma de la legislacion civil que tenia relacion con el culto y con la iglesia.

geles, sin que hasta ahora se haya formalizado la fundacion, á pesar de que el testador lo determinó así hace muchos anos, y por cuyo motivo ese juzgado, no obstante que la ley no determina el caso, pero atendiendo á su espíritu, ha mandado hacer ya algunas adjudicaciones relativas á dichos bienes; el Exmo. Sr. Presidente ha tenido á bien aprobar lo adjudicado por V. en el particular, declarando ademas por punto general, que los bienes raices dejados en testamento para objetos piadosos, aun cuando no estuviere formalizada la fundacion, queden comprendidos en la ley de 25 de Junio último,[1] remitiéndose noticia de ellos al gobierno del Distrito"

Dios y Libertad. México, Setiembre 24 de 1856.— *Lerdo de Tejada.*—Sr. D. Mariano Navarro, juez 2 ? de lo civil.

### Abril 10.

#### GOBIERNO DEL DISTRITO FEDERAL.

##### BANDO.

En el de esta fecha se publicó el decreto espedido por la Secretaría de Guerra en 18 de Marzo anterior,[2] que impone penas á los gefes y oficiales que sin previa órden del Gobierno se presenten en el lugar de la residencia de los supremos poderes.

### Abril 10,

#### GOBIERNO DEL DISTRITO FEDERAL.

##### BANDO.

En el de este dia se publicó el decreto espedido por la Secretaría de Guerra en 1 ? del actual,[3] que previe-

---

1 Recopilacion de fin de Diciembre de 860, pág. 59.
2 Recopilacion de ese mes, pág. 16.
3 Página 3.

ne los requisitos indispensables para ministrar sueldos á la clase militar.

———

### Abril 10.

#### GOBIERNO DEL DISTRITO FEDERAL.

##### BANDO.

En el de este dia se publicó el decreto espedido por la Secretaría de Guerra en 1 ? del actual,[1] que prohibe los azotes, palos y demas penas infamantes.

———

### Abril 12.

#### DECRETO POR LA SECRETARIA DE RELACIONES Y GOBERNACION.

*Declaraciones que comenzarán á tener efecto el dia en que las tropas francesas rompan las hostilidades.*

El C. Presidente de la República se ha servido dirigirme el decreto que sigue:

"*Benito Juarez, Presidente constitucional de los Estados-Unidos Mexicanos, á sus habitantes, sabed:*

Que en uso de las facultades de que me hallo investido, he tenido á bien decretar lo siguiente:

Art. 1 ? Desde el dia en que las tropas francesas rompan las hostilidades, quedan declaradas en estado de sitio todas las poblaciones que aquellos ocuparen, y los mexicanos que quedaren en ellas durante la ocupacion serán castigados como traidores y sus bienes confisca-

1 Página 5.

dos á favor del tesoro público, salvo que haya motivo legalmente comprobado.

Art. 2 ° Ningun mexicano desde la edad de veinte anos hasta la de sesenta podrá escusarse de tomar las armas, sea cual fuere su clase, estado y condicion, so pena de ser tratado como traidor.

Art. 3 ° Se autoriza á los Gobernadores de los Estados para que espidan patentes para el levantamiento de guerrillas, discrecionalmente y segun las circunstancias; pero las guerrillas que se encontraren en lugares distantes diez leguas del punto donde haya enemigos, serán castigadas como cuadrilla de ladrones.

Art. 4 ° Se autoriza igualmente á los Gobernadores de los Estados para que dispongan, siempre que el caso lo exija, de todas las rentas públicas, y para que se proporcionen los recursos que necesiten de la manera menos onerosa posible. [1]

Art. 5 ° Los franceses pacíficos residentes en el país quedan bajo la salvaguardia de las leyes y autoridades mexicanas.

Art. 6 ° Sufrirán la última pena como traidores todos los que proporcionen víveres, noticias, armas, ó que de cualquiera otro modo auxilien al enemigo estrangero.

Por tanto, mando se imprima, publique, circule y observe. Palacio nacional de México, á doce de Abril de mil ochocientos sesenta y dos.—*Benito Juarez.*—Al C. Manuel Doblado, Ministro de Relaciones Esteriores y Gobernacion."

Y lo comunico á V. para su inteligencia y fines consiguientes.

Libertad y Reforma. México, &c.—*Doblado.*

Se publicó en bando de 16 del presente.

_____

1 Modificado por circular núm. 46 de 24 del presente, espedida por el Ministerio de Hacienda.

· **Abril 12.**

CIRCULAR POR LA SECRETARIA DE RELACIONES
Y GOBERNACION,

*Con que se acompanó á los Gobernadores de los Estados
el decreto de esta fecha.*

Cuando los dos ciudadanos Ministros comisionados
por el Supremo Gobierno iban á salir para Orizava con
objeto de abrir las negociaciones iniciadas en los preliminares de la Soledad, se han recibido en el Ministerio
de mi cargo dos comunicaciones oficiales procedentes
de los senores comisarios de las potencias aliadas. Una
en que informan que en lo sucesivo cada comisario obrará independientemente de los otros, por no estar de
acuerdo entre sí acerca del modo de llevar á efecto el
tratado de Lóndres, y otra en la cual los senores Jurien
y Saligny, representantes del Emperador, anuncian que
las tropas francesas volverán á Paso Ancho para recobrar su libertad de accion; es decir, para comenzar las
hostilidades contra las tropas de la República.

Por exigirlo así la importancia de esos documentos,
se remiten á V. ejemplares impresos de dichas comunicaciones y de la respuesta que á ellas ha dado el Gobierno general.

Está, pues, descorrido el velo que encubría la política francesa, y México sabe ya á qué atenerse respecto
de los que venian ofreciéndole intervencion amistosa y
pacífica, con la mira solapada de arrebatarle su independencia y su libertad.

Los senores comisarios de la Gran Bretaña y de la
Espana, fieles á los pactos contraídos en la Soledad, se
separan, obrando con una cordura y una justificacion,
que acreditan bien que su intencion no ha sido otra que
la que han manifestado desde su llegada; esto es, con-

**3**

tribuir á la pacificacion de México, y asegurar para lo futuro el cumplimiento de sus respectivos tratados.

El Gobierno Constitucional, comprende á fondo toda la grandeza y la dignidad de esta conducta, y corresponderá á ella, distinguiendo á esas dos naciones amigas con testimonios de gratitud y de benevolencia que estrecharán de un modo duradero, los antiguos vínculos que con ellas le han unido.

Los comisarios franceses, careciendo hasta de pretesto para faltar á lo que prometieron en la Soledad, se apoderan de un renegado mexicano, y degradan su bandera cubriendo con ella al traidor, que vuelve á su país, trayéndole en cambio de los beneficios de que le ha colmado, la guerra estrangera, nuevo combustible para atizar la guerra civil que estaba al estinguirse.

Es una fortuna para México haber traido la cuestion á este terreno y encontrarse frente á frente de una situacion tan grandiosa. El pueblo mexicano conquistó su independencia sin auxilio estrangero, y ha dejado una historia de su insurreccion que parece una epopeya, por los rasgos sublimes de patriotismo de que está sembrada.

El pueblo mexicano conquistó la reforma con una heroicidad y una moderacion el dia del triunfo, que han merecido la admiracion de los contemporáneos imparciales, y sin otra ayuda que su fé en las ideas del siglo, abatió el coloso clerical respetando la religion. Marcó el hasta aquí á los abusos y enalteció el dogma, emancipándolo de la liga de oro que le unia con el poder civil.

El pueblo mexicano que en pocos años ha consumado dos obras tan grandes, no puede ser esclavizado por ninguna nacion del mundo; y puede luchar y luchará en esta vez como en otras, para probar que tiene vida para ser independiente, que tiene inteligencia para ser progresista, que tiene valor para defender el suelo en que le colocó la Providencia.

La Francia es la nacion que menos motivos de queja tiene respecto de México Su deuda por insignificante no merece ese nombre. Sus nacionales, simpáticos por organizacion con los mexicanos, son ya nuestros hermanos, y la revolucion reformista los identificó con nosotros asimilando sus sufrimientos y sus intereses con los nuestros. Francés, liberal é ilustrado, son sinónimos, s n los títulos de fraternidad para con los mexicanos liberales.

¡Cómo, pues, ha podido cambiar la bandera francesa, sus timbres de libertad y de gloria, por los de retroceso, traicion y deslealtad!

El Gobierno Mexicano, se siente fuerte porque se siente justo: se ha conducido en el curso de las negociaciones, con la mesura y circunspeccion que ha visto todo el mundo; y aunque ocupado su primer puerto, no ha roto las hostilidades, manteniéndose en la actitud firme, del que está dispuesto á hacer justicia, pero firmemente decidido á no dejarse arrancar su independencia y su soberanía.

Bajo esta inteligencia se han dictado ya las órdenes correspondientes al C. general en gefe del ejército de Oriente, para que vigile las operaciones del ejército francés y obre con arreglo al plan que de antemano se le tiene aprobado, para rechazar la agresion; pero el C. Presidente me manda encarezca á V. la apremiante necesidad de que V. haga venir á la mayor brevedad posible, el contingente senalado á ese Estado, y ponga sobre las armas á la guardia nacional. Cuando se trata de guerra estrangera, todos los mexicanos sin escepcion son soldados, y la caja del ejército es la propiedad de todos y cada uno de los hijos de la República.

El Supremo Gobierno recomienda á V. bajo su mas estrecha responsabilidad, el cumplimiento del decreto que hoy se ha espedido, siendo tanto menos disculpable cualquiera omision de parte de esa autoridad, cuanto que como V. verá, se conceden á V. amplias facultades para obrar sin dilacion.

Se recomienda á V. finalmente, la publicacion y circulacion de todos los documentos oficiales, que atestiguan el uso que el ejecutivo ha hecho de las facultades que le concedió el legislativo, para que la Nacion entera se satisfaga de que el gabinete, reservado cuando ha convenido al buen éxito de las negociaciones, no ha hecho nada que deba ocultarse á los ojos de sus comitentes, pues tiene el orgullo de haber salvado la Independencia, la Libertad y el buen nombre de la República.

Libertad y Reforma. México, &c,—*Doblado.*

---

### Abril 12.

### MANIFIESTO DEL CIUDADANO PRESIDENTE.

---

*El C. Benito Juarez, Presidente constitucional de la República, á la Nacion.*

Conciudadanos: En los momentos en que el Gobierno de la República, fiel á las obligaciones que habia contraido, preparaba la salida de sus comisarios á la ciudad de Orizava, para abrir con los representantes de las potencias aliadas las negociaciones convenidas en los preliminares de la Soledad, un incidente tan imprevisto como inusitado ha venido á alejar la probabilidad del arreglo satisfactorio de las cuestiones pendientes, que con afan procuraba el Gobierno, esperando que triunfaran la razon, la verdad y la justicia, dispuesto á acceder á toda demanda fundada en derecho.

Por los documentos que he mandado publicar, vereis que los plenipotenciarios de la Gran Bretaña, de la Francia y de la España, han declarado que no habiendo.podido ponerse de acuerdo sobre la interpretacion que habian de dar á la convencion de Lóndres, de 31 de Octubre, la dan por rota, para obrar separada é independientemente.

Vereis tambien que los plenipotenciarios del emperador de los franceses, faltando de una manera inaudita al pacto solemne en que reconocieron la legitimidad del Gobierno constitucional y se obligaron á tratar solo con él, pretenden que se dé oido á un hijo espúreo de México, sujeto al juicio de los tribunales por sus delitos contra la patria, ponen en duda los hechos que pocos dias há reconocieron solemnemente, y rompen no solo la convencion de Lóndres, sino tambien los preliminares de la Soledad, faltando á sus compromisos con México y tambien á los que los ligaban con la Inglaterra y con la España.

El Gobierno de México, que tiene la conciencia de su legitimidad; que se deriva de la libre y espontánea eleccion del pueblo; que sostiene las instituciones que la República se dió y defendió con constancia; que se encuentra investido de omnímodas facultades por la representacion nacional, y que reputa como el primero de sus deberes el mantenimiento de la independencia y de la soberanía de la Nacion, sentiria ajada la dignidad de la República, si se rebajara hasta el grado de descender á discutir puntos que entrañan la misma soberanía y la misma independencia á costa de tan heróicos esfuerzos conquistadas.

El Gobierno de la República, dispuesto siempre y dispuesto todavía, solemnemente lo declaro, á agotar todos los medios conciliatorios y honrosos de un avenimiento, en vista de la declaracion de los plenipotenciarios franceses, no puede ni debe hacer otra cosa que rechazar la fuerza con la fuerza, y defender á la Nacion de la agresion injusta con que se le amenaza. La responsabilidad de todos los desastres que sobrevengan, recaerá solo sobre los que, sin motivo ni pretesto, han violado la fé de las convenciones internacionales.

El Gobierno de la República, recordando cuál es el siglo en que vivimos, cuáles los principios sostenidos por los pueblos civilizados, cuál el respeto que se profesa á las nacionalidades, se complace en esperar que si queda un sentimiento de justicia en los consejos del emperador de los franceses, este soberano, que ha procedido mal informado sobre la situacion de México, re·probará que se abandone la vía de las negociaciones en que habian entrado sus plenipotenciarios, y la agresion que ellos intentan contra un pueblo tan libre, tan sobe·rano, tan independiente, como los mas poderosos de la tierra. Una vez rotas las hostilidades, todos los estran·geros pacíficos residentes en el país, quedarán bajo el amparo y proteccion de las leyes, y el Gobierno escita á los mexicanos á que dispensen á todos ellos, y aun á los mismos franceses, la hospitalidad y consideraciones que siempre encontraron en México, seguros de que la autoridad obrará con energía contra los que á esas cousideraciones correspondan con deslealtad, ayudando al invasor. En la guerra se observarán las reglas del derecho de gentes por el ejército y por las autoridades de la República.

En cuanto á la Gran Bretana y á la España, colocadas hoy en una situacion que sus gobiernos no pudieron prever, México está dispuesto á cumplir sus compromisos, tan luego como las circunstancias lo permitan; es decir, á arreglar por medio de negociaciones las reclamaciones pendientes, á satisfacer las fundadas en justicia y á dar garantías suficientes para el porvenir.

Pero entretanto, el Gobierno de la República cumplirá el deber de defender la independencia, de rechazar la agresion estrangera, y acepta la lucha á que es provocado, contando con el esfuerzo unánime de los mexicanos, y con que tarde ó temprano triunfa la causa del buen derecho y de la Justicia.

Mexicanos: El Supremo Magistrado de la Nacion, libremente elegido por vuestros sufragios, os invita á secundar sus esfuezos en la defensa de la independencia; cuenta para ello con todos vuestros recursos, con toda vuestra sangre, y está seguro de que siguiendo los consejos del patriotismo, podremos consolidar la obra de nuestros padres.

Espero que preferireis todo género de infortunios y desastres, al vilipendio y al oprobio de perder la independencia, ó de consentir que estranos vengan á arrebataros vuestras instituciones y á intervenir en vuestro régimen interior.

Tengamos fé en la justicia de nuestra causa; tengamos fé en nuestros propios esfuerzos, y unidos salvaremos la independencia de México, haciendo triunfar no solo á nuestra patria, sino los principios de respeto y de inviolabilidad de la soberanía de las naciones.

México, Abril 12 de 1862.—BENITO JUAREZ.

———

Orizava, Abril 9 de 1862.—Los plenipotenciarios de S. M. la reina de la Gran Bretaña, de S. M. el emperador de los franceses, y de S. M. la reina de Espana, tienen el honor de comunicar á S. E. el Sr Ministro de Relaciones esteriores de la República Mexicana, que no habiendo podido ponerse de acuerdo acerca de la interpretacion que debe darse, en las circunstacias actuales, á la convencion de 31 de Octubre de 1861, han resuelto adoptar en lo de adelante una accion completamente separada é independiente

Por consiguiente, el comandante de las fuerzas espanolas va á tomar inmediatamente las medidas necesarias para reembarcar sus tropas.

El ejército francés se concentrará en Paso Ancho, tan luego como las tropas espanolas hayan pasado de esta posicion; es decir, probablemente hácia el 20 de Abril, comenzando en el acto sus operaciones.

Los infrascritos se apresuran á aprovechar esta ocasion, para ofrecer á S. E. el Sr. Ministro de Relaciones esreriores, las seguridades de su alta consideracion.— (Firmado.)—*C. Lenox Wyke.*—*Hugh Dunlop.*—*A. de Saligny.*—*E. Jurien.*—*El conde de Reus.*—A S. E. el Sr. Doblado, Ministro de Relaciones esteriores. &c., &c.

————

Los infrascritos plenipotenciarios de S. M. el Emperador de los franceses, tienen el honor de hacer saber á S. E. el Sr. Ministro de Relaciones esteriores de la República Mexicana, en respuesta á su nota de 3 del corriente Abril, en que reclama el alejamiento del Sr. general Almonte, que les es imposible acceder á esta demanda.

En el momento en que el general salió de Francia, el gobierno de S. M. el Emperador no ponia en duda que las hostilidades se hubiesen roto desde hacia mucho tiempo entre nuestros ejércitos y los ejércitos mexicanos. El Sr. general Almonte se ofreció entonces para ir á llevar á sus compatriotas palabras de conciliacion, y para hacerles comprender el objeto enteramente benévolo que se habia propuesto la intervencion europea. Estas propuestas fueron acogidas por el gobierno de S. M., y el general no solo fué autorizado, sino invitado á venir á México para desempenar esta mision de paz, á la que lo habian preparado bien sus honrosos antecedentes, su estremada moderacion y la estimacion de que no ha dejado de gozar, tanto en México como en las diversas cortes estrangeras en que ha representado á su país.

Llegado á Veracruz, se encontró el general en presencia de una situacion que nadie habia podido prever en Europa. Se habia celebrado un armisticio y se habian entablado negociaciones. El papel del general no era por eso ni menos importante, ni menos fácil de definir. Era evidente que despues de las largas guerras civiles que han despedazado este país, y cuando en varios puntos del territorio la resistencia armada agredia todavía las fuerzas del poder, la voz de un hombre estraño á las pasiones de los partidos, é investido de la confianza de uno de los gobiernos aliados, tenia derecho de pedir ser oida. Sin querer comprender el Supremo Gobierno de la República todas las ventajas que hubiera podido sacar en esta ocasion de una conducta mas prudente y moderada, creyó no tener nada mejor que hacer para consolidar su situacion, que renovar los edictos de proscripcion que tan tristemente recuerdan los dias mas aciagos de las revoluciones europeas. Esta deplorable resolucion se notificó á los comisarios de las tres altas potencias. Los plenipotenciarios de S. M. el emperador de los franceses se abstuvieron de responder á ella, y el senor general Almonte, cuya vida estaba amenazada hasta en Veracruz, siguió á Córdoba á uno de los batallones franceses que se dirigia á los acantonamientos de Tehuacan. El Gobierno supremo de la República protesta hoy contra este paso, y ha debido prever la respuesta de los plenipotenciarios del emperador. El pabellon francés ha abrigado ya á muchos proscritos. No hay ejemplo de que una vez concedida su proteccion, haya sido retirada á los hombres que la habian obtenido.

Los infrascritos han tenido el sentimiento de tener que registrar, desde el dia, en que se concluyó la convencion de la Soledad, nuevas vejaciones cometidas contra sus nacionales. Hasta bajo sus ojos se han adoptado medidas violentas con la mira de sofocar la espresion de los votos del país, y de la verdadera opinion pública. Se esperaba así lograr alucinar á la Europa, y hacerle aceptar el triunfo de una minoría opresiva, co-

4

mo el único elemento de órden y de reorganizacion **que** pudiérase todavía encontrar en México.

Los infrascritos están convencidos de que si perseveraran en la vía á que los ha conducido el deseo de evitar la efusion de sangre, se espondrian á desconocer las intenciones de su gobierno, y á volverse involuntariamente cómplices de esa compresion moral, bajo la que gime en el dia la gran mayoría del pueblo mexicano.

En consecuencia, tienen el honor de comunicar á S. E. el Sr. Ministro de Relaciones esteriores, que las tropas francesas, dejando sus hospitales bajo la guarda de la nacion mexicana, se replegarán mas allá de las posiciones fortificadas del Chiquihuite, para recobrar ahí toda su libertad de accion, tan luego como las últimas tropas españolas hayan evacuado los acantonamientos que ocupan hoy en virtud de la convencion de la Soledad.

Los infrascritos tienen el honor de renovar á S. E. el Sr. Ministro de Relaciones esteriores, la seguridad de su alta consideracion.

Orizava, 9 de Abril de 1862.—(Firmado.)—*A. de Saligny.—E. Jurien.*

———

*A los Sres. comisarios de S. M. el emperador de los franceses.*

Palacio nacional. México, Abril 11 de 1862.—El infrascrito, Ministro de Relaciones esteriores y Gobernacion de la República Mexicana, tiene el honor de contestar á los senores comisarios de S. M. el Emperador de Francia, el oficio que le han dirigido informándole que las tropas francesas se replegarán á Paso Ancho para recobrar su libertad de accion, tan luego como las españolas hayan evacuado sus actuales acantonamientos; fundando este procedimiento en su resolucion de proteger al traidor D. Juan N. Almonte.

La violacion de los preliminares de lo Soledad, consumada por los senores comisarios franceses á la sombra de un pretesto casi pueril, es injustificable examinada á la luz del derecho internacional

Ni el Gobierno constitucional, ni la Nacion Mexicana, han tenido noticia oficial ó estraoficial, de la mision que los senores comisarios atribuyen en su nota citada al traidor Almonte, y el primer aviso que de ello se tiene es la aseveracion de los senores comisarios.

Lo que se sabia hace algun tiempo por la voz pública, era que el traidor Almonte, engañando con sus falsos informes á S. M. el Emperador de los franceses, trabajaba asíduamente por atraer sobre su patria una invasion armada estrangera que sirviese de apoyo al bando reaccionario vencido en este país, más que por las armas, por la fuerza irresistible de la voluntad general.

Estas voces se convirtieron en hechos plenamente justificados despues de la llegada del traidor á Veracruz, porquè entonces adquiriò la autoridad nacional datos fehacientes de que aquel se ocupaba en conspirar contra el órden legal, generalmente reconocido en la República, y en estimular con todo género de intrigas y de promesas, á las bandas de foragidos que merodean en algunos puntos montañosos.

Usando de su derecho de soberano y aplicando leyes vigentes espedidas con anterioridad, el Gobierno mexicano declaró traidor y puso fuera de la ley á D. Juan N. Almonte, sin que jamas pudiera ocurrirle que este acto de administracion interior, esclusivamente suya, fuese arrebatado como un motivo de rompimiento por los mismos comisarios que el 19 de Febrero al firmar los preliminares de la Soledad, se comprometieron solemnemente ante el mundo civilizado, á respetar la soberanía del Gobierno mexicano y á no ingerirse en ningun acto de su administracion interior.

La confesion que los senores representantes de la

Francia hicieron en los preliminares reconociendo la legitimidad del Gobierno constitucional, y su general aceptacion en la República, es abiertamente contradictoria á las especies que ahora vierten en su nota del dia 9, atribuyendo la subsistencia de esta administracion al triunfo de una minoría opresiva. Esa contradiccion notoria, hace dudar de la sinceridad de la primera confesion de los senores comisarios, y revela bien el orígen poco digno de la segunda.

El infrascrito tiene el sentimiento de rechazar como inexactas las proposiciones de los senores comisarios, en que aseguran haberse cometido nuevas vejaciones contra sus nacionales, despues de los preliminares de la Soledad. Ningun hecho notable de esa clase han participado las autoridades subalternas; si ha ocurrido alguno, habrá sido de tan poca importancia, que no se ha creido conveniente denunciarlo á la autoridad suprema.

Los senores comisarios franceses han tenido libertad y oportunidad para haber reclamado cualquiera falta, y su silencio hace presumir que nada ha habido que preste materia á una reclamacion.

El Gobierno mexicano ha estado, y está todavía, dispuesto á agotar los medios conciliatorios para llegar á un acomodamiento pacífico, cuya base sea los preliminares de la Soledad. Ha cumplido por su parte, y cumplirá en lo sucesivo, con las obligaciones que se impuso en aquellos preliminares, porque comprende cuánto lastima una deslealtad al honor de la nacion. No agredirá el primero, porque sigue fielmente el principio de respetar las nacionalidades, mientras no recurren á otros medios que los de las convenciones. Pero el Gobierno constitucional, depositario de la soberanía y guardian de la independencia de la República, repelerá la fuerza con la fuerza, y sostendrá la guerra hasta sucumbir, porque tiene conciencia de la justicia de su causa, y porque cuenta con que en esa contienda lo ayudarán poderosamente el valor y el amor á la patria, característicos en el pueblo mexicano.

El infrascrito presenta á los senores comisarios del Emperador de los franceses, las seguridades de su atenta consideracion.—*Manuel Doblado.*

———

*A los Sres. comisarios de la Gran Bretana, la Francia y la Espana.*

Palacio nacional.—México, Abril 11 de 1862.—El infrascrito, ministro de Relaciones esteriores y Gobernacion de la República Mexicana, tiene la honra de contestar á los Sres. comisarios de S M. la reina de la Gran Bretana, S. M el emperador de los franceses, y S. M la reina de España, la nota oficial que con fecha 9 del corriente le han dirigido desde Orizava, participándole la ruptura del tratado de Lóndres de 31 de Octubre de 1861, y haciéndole saber que en lo sucesivo cada una de las potencias antes coligadas obrará separada é independientemente de las otras.

Siente profundamente el Gobierno mexicano que un suceso tan inesperado, impi la que los Sres comisarios cumplan las estipulaciones tan solemnemente pactadas en los preliminares de la Soledad, ya porque esa falta afecta directamente el crédito de las altas partes contratantes, ya porque el gobierno se lisongeaba con la probable esperanza de que las negociaciones que iban á abrirse en Orizava conciliarian todos los intereses, y producirian el bien inestimable de la paz, objeto capital de los trabajos del gabinete constitucional.

Sin embargo, como México sabe apreciar en todo su valor la conducta noble, leal y circunspecta d los Sres. comisarios de la Inglaterra y de la España, y como su deseo es apurar los medios conciliatorios, y arreglar definitivamente sus relaciones esteriores con las potencias amigas, está dispuesto á entrar en tratados con los Sres. representantes de la Gran Bretaña y de la España, no obstante lo ocurrido el dia 9, pues ahora como antes, tiene la mejor voluntad para satisfacer cumplidamente todas las reclamaciones justas de aquellas naciones, darles garantías eficaces para lo futuro, y reanudar las relaciones de amistad y comercio que con ellas ha llevado, sobre bases firmes, francas y duraderas.

En cuanto á la injustificable conducta de los Sres. comisarios del emperador de los franceses, el Gobierno mexicano se limita á repetir en esta vez lo que ya en otra ocasion ha protestado México hará justicia á todos y satisfará á todas las peticiones justas y fundadas en el derecho de gentes; pero defenderá hasta el último estremo su independencia y soberanía, y sin aceptar jamas el papel de agresor que nunca ha tenido, repelerá la fuerza con la fuerza, y defender a hasta derramar la última gota de sangre mexicana, las dos grandes conquistas que el país ha hecho en el presente siglo; la Independencia y la Reforma.

El infrascrito aprovecha esta ocasion para ofrecer á los señores comisarios las muestras de su alta consideracion.— *Manuel Dublado.*

Son copias. México, &c —*Juan de D. Arias.*

**Abril 13.**

DECRETO POR LA SECRETARIA DE HACIENDA.

*Junta superior de Hacienda, se suprime. Sus atribucio-*
*nes vuelven á dicha Secretaría y á la Tesorería ge-*
*neral. Se establece la seccion especial de desamortiza-*
*cion y nacionalizacion.*

El C. Presidente se ha servido dirigirme el decreto
que sigue:

'*El C. Benito Juarez, Presidente constitucional de los*
*Estados-Unidos Mexicanos, á sus habitantes, sabed:*

Que usando de las amplias fecultades de que me hallo investido, he tenido á bien decretar lo siguiente:

Art. 1.° Se suprime la Junta superior de Hacienda
creada por la ley de 17 de Julio del año próximo pasa
do [1] para liquidar y pagar la deuda pública é intervenir
en los negocios administrativos de la desamortizacion
de bienes de corporaciones civiles y eclesiásticas y nacionalizacion de los de las segundas.

Art. 2.° Las atribuciones concedidas á esa Junta
volverán á desempenarse directa é indirectamente por
el Ministerio de Hacienda y por la Tesorería general
en sus respectivos casos y segun lo dispuesto en las leyes vigentes.

Art. 3.° Se establece una seccion especial en el Ministerio de Hacienda, que se llamará de *desamortizacion*
*y nacionalizacion*, y que estará encargada esclusivamente del despacho de todos los negocios relativos á la
pronta y exacta ejecucion de las leyes de 25 de Junio [2]
y 30 de Julio de 1856, [3] de 13 de Julio de 1859 [4] y de

1 Recopilacion de ese mes, pág. 28.
2 Recopilacion de fin de Diciembre de 860, pág. 59.
3 Archivo Mexicano, tom. II, pág. 254.
4 Recopilacion de fin de Diciembre de 860, pág. 48.

5 de Febrero de 1861, [1] con las circulares concordantes.

Art. 4 ⁰  La planta de esa nueva seccion será la siguiente:

| | |
|---|---:|
| Un gefe de seccion con | $ 3,000 |
| Un idem segundo | „ 2,000 |
| Dos oficiales á $ 1,200 | „ 2,400 |
| Dos escribientes á $ 600 | „ 1,200 |
| Suma total | „ 8,600 |

Por tanto, mando se imprima, publique, circule y se le dé el debido cumplimiento. Palacio del Gobierno nacional en México, á 13 de Abril de 1862.—*Benito Juarez.*—Al C. Manuel Doblado, encargado del despacho de Hacienda."

Y lo trascribo á V. para su conocimiento y demas fines.

Dios, Libertad y Reforma. México, &c.—*Doblado.*

Se publicó en bando del dia 14.

---

### Abril 14.

#### GOBIERNO DEL DISTRITO FEDERAL.

#### BANDO.

*Establecimiento de dos compañías de voluntarios bomberos.*

Anastasio Parrodi, general de division y Gobernador del Distrito federal, á sus habitantes, sabed:

Que en uso de las facultades que la ley me concede, y considerando:

Que en los casos de incendio solo acuden á prestar

---

1 Recopilacion dé ese mes, pág. 53.

sus auxilios los agentes de policía que están próximos al lugar del peligro, y un número mas ó menos reducido de ciudadanos que por oficiosidad ó compelidos y estropeados por la fuerza armada van á ocuparse de trabajos que, sobre ser peligrosos y acaso desconocidos para los que los desempeñan, solo producen algunas veces resultados incompletos y tardíos por la falta de pericia y direccion:

Considerando que muchas personas han ofrecido voluntariamente al Gobierno dedicarse, sin estipendio alguno, al servicio de zapa y de bombas para apagar los incendios que puedan acaecer en esta capital, he tenido á bien disponer que se observe el siguiente

REGLAMENTO.

Art. 1 ° Se establecen dos compañías de "Voluntarios Bomberos." Cada compañía se compondrá de setenta hombres al mando de un capitan, y ambas estarán bajo las ordenes de un comandante

Art. 2 ° Cada compañía tendrá siete subalternos. Cada uno de ellos se encargará de una escuadra compuesta de diez hombres, y cuidará de tenerlos siempre alistados para reunirlos cuando fuere necesario.

Art. 3 ° Luego que el Gobierno haga el nombramiento de comandante y capitanes, procederán éstos al alistamiento, procurando que los alistados tengan las cualidades de robustez y buena conducta que indispensablemente se requieren para pertenecer á la institucion.

Art. 4 ° Formadas las compañías, se pasarán las listas al Gobierno solicitando su aprobacion.

Art. 5 ° El Gobierno destinará un local para que verifique el cuerpo sus reuniones, y para que en él se guarden las bombas y utensilios de cada compañía. Los capitanes procurarán que unas y otros se hallen bien co-

locados, y dispuestos de manera que pueda hacerse uso
de ellos en cualquiera caso

Art. 6 ? En el local enunciado estará continuamente
de guardia una escuadra que se relevará diariamente á
las seis de la tarde. Los capitanes llevarán un registro
de las guardias, y determinarán quiénes deben cubrir-
las, observando en esta clase de servicios el turno mas
riguroso, y cuidando de formar una noticia de los individuos que se distingan por su puntualidad. El que por
motivo justo no pueda concurrir alguna vez á la guardia
pondrá á otro en su lugar, con tal de que sea de la misma compañía.

Art. 7 ? Cada compania tendrá una bomba, diez bar-
retas, seis escaleras, diez hachas, cuarenta cubetas de
lona, diez ganchos con cordeles, veinticuatro palas de
fierro, una manga de salvamento, y un carro de mano.

Art. 8 ? Los capitanes recibirán por inventario los
objetos que detalla el artículo anterior, y cuidarán de
conservarlos en el mejor estado posible.

Art. 9 ? Los bomberos se reunirán un dia en cada
semana para ejercitarse en el manejo de las bombas é
iustrumentos de zapa, sujetándose por ahora á las lec-
ciones que dieren los capitanes, mientras se publica la
táctica respectiva.

Art. 10. Cuando acaeciere un incendio, se tocará á
fuego en la iglesia matriz y en la mas próxima al lugar
del peligro. Los capitanes y el gefe ocurrirán sin demora, é improvisarán, con vista del edificio incendiado, un
plan de apagamiento que se practicará estrictamente
bajo la direccion del gefe del cuerpo. Este mandará aviso al oficial de la guardia, manifestandole cuál es el lugar del incendio y cuáles los instrumentos que de preferencia se necesitan para dar principio á las operaciones.

Art. 11. Los subalternos y los bomberos se dirigirán al cuartel, y el oficial de guardia irá formando una
lista de los que se presenten, siguiendo en ella el órden
en que lo hagan; les dará noticia del lugar del incendio,

y les entregará inmediatamente los instrumentos que pida el gefe, anotando en la lista lo que cada uno recibe. Los bomberos que estén de guardia permanecerán en el cuartel, á no ser que haya absoluta necesidad de emplearlos en el apagamiento. Los que no estén de servicio ocurrirán sin pérdida de momento al lugar del incendio, despues de proveerse de sus utensilios.

Art. 12 El gefe y los capitanes tendrán una bocina de la que harán uso para dar sus órdenes; y á fin de que éstas sean comprendidas y puntualmente ejecutadas, nadie, escepto ellos, podrá alzar la voz pidiendo que se practique cualquiera maniobra.

Art. 13. Las autoridades que tengan obligacion de concurrir al lugar del fuego se ocuparán preferentemente de la conservacion del órden y de la seguridad de las familias que hayan de ser auxiliadas. Auxiliarán igualmente los trabajos de los bomberos sin alterar las disposiciones del gefe.

Art. 14 Los resguardos diurno y nocturno y los empleados de la brería y fontanería mayores de la ciudad tienen igualmente obligacion de concurrir al lugar del fuego, para que la autoridad los emplee como sea conveniente.

Art. 15. El gefe hará cesar el toque de fuego cuando lo crea conveniente. Mientras duren las operaciones de apagamiento, ningun bombero podrá retirarse, si no es por causa grave y con licencia del gefe ó de alguno de los capitanes.

Art. 16. Estinguido el fuego, serán trasladadas las bombas é instrumentos al cuartel, y se le entregarán al oficial de guardia. Cada bombero es responsable de los utensilios que reciba

Art. 17. En caso de ocurrir dos ó mas incendios á la vez, se dividirán las compañías de la manera que determine el comandante.

Art. 18. El servicio de bomberos es gratuito. Los despachos serán espedidos por el Gobierno del Distrito.

Art. 19. Los bomberos disfrutarán las siguientes prerogativas:

I. Exencion de servicio en el ejército y en la guardia ı acional.

II. Derecho á que se les cure de cuenta del erario municipal, cuando contrajeren alguna enfermedad por causa de los trabajos que desempeñen en cumplimiento de sus obligaciones.

III. Derecho á una pension vitalicia si quedaren inutilizados.

IV. En caso de muerte por causa del servicio la pension se concederá á la familia del difunto, y los gastos de curacion y defuncion de éste serán sufragados por el erario municipal.

V. Al que se distinga por algun servicio importante se le concederá un premio por el Gobierno á propuesta del gefe del cuerpo. Para el cumplimiento de esta prevencion, el gefe llevará un registro en que anote los servicios y faltas de los bomberos, y para el objeto, los oficiales tendrán cuidado de remitirle oportunamente las notas y listas de que hablan los artículos 6 y 11.

Art. 20· Los bomberos que falten á sus obligaciones, incurrirán en las penas que señalan las fracciones siguientes:

I. Los que no lleguen con oportunidad al lugar del incendio justificarán su demora, y si no lo hicieren, por primera vez se les castigará con una multa de dos á diez pesos: por la segunda con el duplo, y en la tercera se les destinará á servir en el ejército.

II. Los que faltaren á la confianza que en ellos se deposita, cometiendo algun delito, serán consignados al juez competente

III. Los que fueren negligentes y remisos en el desempeño de su encargo serán despedidos del cuerpo.

IV. La insubordinacion en el servicio ordinario será castigada con arresto de uno á ocho dias. Al que incurra en ella en el acto de apagar un incendio, se le aplicará, ademas de la pena enunciada, la que deba sufrir conforme á las leyes por el perjuicio á que la falta diere lugar, consignándosele oportunamente al juez en turno.

Art. 21. Los gastos, premios y auxilios de que habla este reglamento serán satisfechos por el Gobierno del Distrito, quien senalará en cada caso el fondo de que hayan de hacerse dichas erogaciones.

Art. 22. Las faltas accidentales del gefe serán suplidas por el capitan mas antiguo: las de éste por el otro capitan, á quien sustituirán por su órden los subalternos de ambas compañías.

Art. 23. Subsisten todas las providencias dictadas con anterioridad respecto de incendios en lo que no se opongan á este reglamento.

Y para que llegue á noticia de todos, mando se imprima, publique y circule

México, &c.—*A. Parrodi* —*Francisco J. Villalobos*, secretario.

---

### Abril 14,

GOBIERNO DEL DISTRITO FEDERAL.

BANDO.

En el de esta fecha se publicó el decreto dado por la Secretaría de Hacienda en 13 de éste. [1] Junta Superior de Hacienda: se suprime.

---

### Abril 14.

GOBIERNO DEL DISTRITO FEDERAL.

BANDO.

· En el de esta fecha se publicó la circular espedida por la Secretaría de Guerra en en 28 de Marzo an-

1 Página 27

terior,[1] acerca del cumplimiento de las órdenes de jueces y demas autoridades del ramo judicial.

---

### Abril 14.

#### GOBIERNO DEL DISTRITO FEDERAL.

##### BANDO.

En el de este dia se publicó el decreto espedido hoy mismo por la Secretaría de Hacienda.[2] Anticipacion del tercio de los impuestos ordinarios de contribuciones.

---

### Abril 14.

##### DECRETO POR LA SECRETARIA DE JUSTICIA.

---

*Decretos espedidos por la legislatura de Chihuahua sobre terrenos baldíos, que se declaran nulos.*

Con esta fecha se ha servido dirigirme el C. Presidente constitucional de la República el decreto que sigue:

"*El C. Benito Juarez, Presidente constitucional de los Estados-Unidos Mexicanos, á sus habitantes, sabed:*

Que en uso de las amplias facultades concedidas al ejecutivo por el Congreso de la Union en la ley de 11 de Diciembre último,[3] he venido en decretar lo siguiente:

Art. 1.º Son nulos por ser contrarios á lo dispuesto en la fraccion 24 del art. 72 de la Constitucion federal,[4] los decretos que sobre terrenos baldíos ha espedi-

---

1　Recopilacion de ese mes, pág. 28.
2　Página 35.
3　Recopilacion de ese mes, pág. 13, y el art. 124 de la Constitucion en la Recopilacion de Diciembre de 860, pág. 35.
4　Recopilacion de fin de Diciembre de 860, pág. 25.

do la legislatura del Estado de Chihuahua en 31 de Octubre de 1857, 5 de Octubre de 1858, 18 de Enero y 31 de Octubre de 1861; así como tambien la parte del art. 36 del decreto de 18 de Enero del presente ano, que aplicó á las rentas del Estado el precio de los terrenos mencionados. [1]

Art. 2.° Son nulas, por consecuencia, las enagenaciones que de esa clase de terrenos se hayan hecho en dicho Estado en virtud de los decretos referidos, á no ser que obtengan la revalidacion del Gobierno general.

Por tanto, mando se imprima, publique, circule y se le dé el debido cumplimiento. Palacio del Gobierno federal en México, á 14 de Abril de 1862.—*Benito Juarez.*—Al C. Jesus Teran. Ministro de Justicia, Fomento é Instruccion pública."

Y lo comunico á V. para su inteligencia y fines consiguientes.

Dios y Libertad. México, &c.—*Teran.*

Se publicó en bando de 23 del presente.

---

**Abril 14.**

DECRETO POR LA SECRETARIA DE HACIENDA.

---

*Anticipacion del tercio de los impuestos ordinarios de contribuciones que debia exhibirse en Mayo próximo.*

El C. Presidente de la República se ha servido dirigirme el decreto que sigue:

"*Benito Juarez, Presidente constitucional de los Estados-Unidos Mexicanos, á sus habitantes, sabed:*

Que en atencion á las graves circunstancias actuales,

1 No se agregan por no haberse recibido en la Secretaría de Justicia.

**y** en uso de las amplias facultades de que me hallo investido, he tenido á bien decretar lo siguiente:

Art. 1 ? Dentro de tercero dia se enterará en las respectivas recaudaciones de contribuciones el tercio de los impuestos ordinarios que debia exhibirse en Mayo próximo.

Art. 2 ? Para mayor comodidad de los contribuyentes pagarán por esta vez en dinero la contribucion fede ral que debian entregar en papel sellado.

Art. 3 ? De los productos del tercio que se manda anticipar por este decreto, no se admitirá compensacion de ningun género, ni se hará pago alguno por privilegiado que sea, suspendiéndose para este caso los decretos ó disposiciones que hayan acordado unas ú otros.

Art. 4 ? Los contribuyentes que no hagan sus pagos en el plazo que fija el art. 1 ?, incurrirán por ese solo hecho en el recargo de un 50 por 100 que por ningun motivo podrá dispensarse.

Art. 5 ? Hasta Setiembre próximo comenzará á surtir sus efectos el abono del tanto por ciento que á favor de la Direccion de contribuciones acordó la ley de presupuestos.[1]

Por tanto, mando se imprima, publique y observe. Palacio nacional de México, á 14 de Abril de 1862.— *Benito Juarez.*—Al C. Manuel Doblado, Ministro de Relaciones y Gobernacion, y encargado del despacho de la Secretaría de Hacienda y Crédito Público."

Y lo comunico á V. para su conocimiento y fines consiguientes.

Libertad y Reforma. México, &c —*Doblado.*

Se publicó en bando en la misma fecha.

---

1 Es de 16 de Agosto de 861 (Recopilacion de ese mes, pág. 17), pero no es referente á la Direccion sino á la Recaudacion. Véase allí mismo en la pág. 32.

## Abril 14.

### DECRETO POR LA SECRETARIA DE HACIENDA.

*Alcabalas. Se restablecen en los Estados de la República donde no las haya.*

El C. Presidente de la República se ha servido dirigirme el decreto que sigue:

"*Benito Juarez, Presidente constitucional de los Estados-Unidos Mexicanos, á sus habitantes, sabed:*

Que en atencion al desnivel que se nota en el comercio, y deseando evitar los perjuicios que esto ocasiona al mismo, y en consideracion al estado que guarda la República con motivo de la guerra estrangera; haciendo uso de las facultades concedidas al Ejecutivo por el Congreso de la Union en 11 de Diciembre último, [1] he venido en decretar lo siguiente:

Artículo único. Se restablecen por ahora las alcabalas en los Estados de la República donde no las haya actualmente.

Por tanto, mando se imprima, publique, circule y se le dé el debido cumplimiento. Palacio del Gobierno federal en México, á catorce de Abril de mil ochocientos sesenta y dos. — *Benito Juarez.*—Al C. Manuel Doblado, Ministro de Relaciones y Gobernacion, y encargado de la Secretaría de Hacienda y Crédito Público.

Y lo comunico á V. para su inteligencia y cumplimiento.

Libertad y Reforma. México, &c.—Por ocupacion del senor ministro, *José H. Nuñez.*

Se publicó en bando de 21 del presente.

---

1 Recopilacion de fin de Diciembre de 861, pág. 18.

### Abril 16.

#### GOBIERNO DEL DISTRITO FEDERAL.

##### BANDO.

En el de esta fecha se publicó el decreto comunicado por la Secretaría de Justicia en 29 de Marzo último.[1] Habilitacion de edad al C. Roberto Mondragon.

---

### Abril 16.

#### GOBIERNO DEL DISTRITO FEDERAL.

##### BANDO.

En el de este dia se publicó el decreto espedido por la Secretaría de Relaciones en 12 de éste.[2] Declaraciones que comenzarán á tener efecto el dia en que las tropas francesas rompan las hostilidades.

---

### Abril 16.

#### GOBIERNO DEL DISTRITO FEDERAL.

##### BANDO.

En el de este dia se publicó el decreto espedido por la Secretaría de Justicia en 9 del presente.[3] Causas militares. Quiénes han de conocer en segunda instancia. Sobre fiscal militar y acerca de su nombramiento.

---

1 Recopilacion de ese mes, pág. 29.
2 Página 11.
3 Página 6.

## Abril 21.

GOBIERNO DEL DISTRITO FEDERAL.

BANDO.

En el de esta fecha se publicó el decreto espedido por la Secretaría de Hacienda en 9 de éste.[1] Capitales denunciados. Requisitos para su exaccion y otras prevenciones.

---

## Abril 21.

GOBIERNO DEL DISTRITO FEDERAL.

BANDO.

En el mismo dia se publicó el decreto espedido por la Secretaría de Hacienda en 9 del presente.[2] Los capitales dejados en testamento para objetos piadosos son denunciables

---

## Abril 21.

GOBIERNO DEL DISTRITO FEDERAL.

BANDO.

En el de esta fecha se publicó el decreto espedido por la Secretaría de Hacienda en 14 de éste.[3] Alcabalas. Se restablecen en los Estados de la República donde no las haya.

1  Página 7.
2  Página 8.
3  Página 87.

CIRCULAR POR LA SECRETARIA DE GUERRA.

## Providencias relativas á la correspondencia con el Supremo Gobierno.

Constantemente ha tratado el Supremo Gobierno de prevenir de una manera circunstanciada y terminante cómo deben ser redactadas las comunicaciones oficiales para que sean claras, espresas y concisas, calidades indispensables para el buen despacho de los negocios y para la regular formacion de los espedientes. Toda comunicacion oficial debe tener el estilo adecuado á su asunto, siempre lacónico, sencillo y claro; pero con mucha mayor razon las que corresponden al ramo de guerra, en el cual la mas leve falta, la confusion y la difusion innecesaria, pueden ocasionar males inmensos, de dificil y hasta de imposible remedio.

Persuadido de esto el C. Presidente, y como las prevenciones á que he aludido, aunque todas vigentes, se encuentran diseminadas en antiguas diversas órdenes y circulares de que tal vez no haya hoy un general conocimiento, me manda reasumir en esta, para su mas puntual y exacta observancia, las reglas y la forma generales que es conveniente y necesario tengan las comunicaciones de que se trata.

Por punto absoluto, jamas se mezclarán en una sola comunicacion dos ó mas asuntos aun cuando parezcan conexos, cuando sobre cada uno de ellos deban recaer una ó mas resoluciones.

En todo informe se hará una resena corta pero exacta del negocio, esponiendo la opinion que se forme de él sin ambigüedad, con citacion de las leyes, reglamentos ú órdenes, en que se apoye; y en falta de ellas, por no haberlas propias del caso, se espresarán las razones de que la opinion se derive.

No contendrá ninguna órden militar esplicaciones ni considerandos acerca de su motivo ó de su conveniencia, particularmente las que se dirijan por superior á inferior; y el objeto á que conduzcan se espresará con toda claridad, aun cuando se incurra en redundancia.

No se harán inserciones de otras comunicaciones, sino cuando sea preciso conocer el tenor literal de la que se inserta para la mejor inteligencia del negocio ó la mas acertada ejecucion de la órden que contenga; bastando con estractar la comunicacion, sin omitir nunca, sin embargo, y por punto general, estas circunstancias: quién dice y á quién lo dice, con los nombres y empleos de las personas; de qué lugar y en qué fecha. Cuando fuere necesario no escusar la insercion, por ningun motivo se omitirán estas últimas importantes circunstancias.

Toda comunicacion tendrá al márgen el estracto de su asunto, que no podrá omitirse con la salvedad de la súplica de que se lea íntegra; y, cuidándose en ellas de que no haya palabras ni frases ociosas, no se usará tampoco de las que al principio ó al fin espresan cumplimientos ó manifestaciones de consideracion, agenas del estilo militar, del oficial y administrativo, y solamente propias de la correspondencia diplomática.

Libertad y Reforma México, &c.—*Hinojosa*.

---

### Abril 22.

DECRETO POR LA SECRETARIA DE RELACIONES
Y GOBERNACION.

*Sobre suspension de garantías y acerca de facultades estraordinarias.*

El C. Presidente constitucional de la República se ha servido dirigirme el decreto que sigue:

"*Benito Juarez, Presidente constitucional de los Estados-Unidos Mexicanos, á sus habitantes, sabed:*

Que en uso de las amplias facultades de que me hallo investido, y con el fin de determinar la ley á que debe sujetarse la imprenta, he tenido á bien decretar lo
siguiente:

Artículo único. Se declara vigente el decreto dado
por el Congreso de la Union en 7 de Junio del ano an
terior [1] sobre suspension de garantías, en todo lo que no
se oponga al de facultades estraordinarias, espedido por
el mismo congreso en 11 de Diciembre del año próximo pasado [2]

Por tanto, mando se imprima, publique y observe.
Palacio nacional de México, á 22 de Abril de 1862.—
*Benito Juarez.*—Al C. Jesus Teran, encargado del Mi
nisterio de Relaciones y Gobernacion."

Y lo comunico á V. para su conocimiento y demas
fines.

Libertad y Reforma. México, &c.—*Teran.*

---

### Abril 23.

#### GOBIERNO DEL DISTRITO FEDERAL.

##### BANDO.

En el de esta fecha se publicó el decreto espedido
por la Secretaría de Justicia en 14 de éste,[3] declarando
nulos los decretos espedidos por la legislatura de Chihuahua sobre terrenos baldíos.

1 Recopilacion de ese mes pág. 16.
2 Recopilacion de ese mes. pág. 13.
3 Página 34.

### Abril 24.

CIRCULAR NUM. 46 POR LA SECRETARIA DE HACIENDA.

*Productos de la Renta del papel sellado. No se ocupen.*

Como los productos del papel sellado son de los pocos recursos con que cuenta el Supremo Gobierno para atender á los gastos precisos é indispensables que tiene que erogar en las graves circunstancias en que se encuentra el país, el C. Presidente se ha servido acordar me dirija á V., como tengo la honra de hacerlo, para que no obstante la autorizacion que concede á los ciudadanos Gobernadores de los Estados el art. 4 ? del decreto de 12 del presente mes, espedido por el Ministerio de Relaciones, [1] para que dispongan de las rentas públicas, no se ocupen por motivo alguno los espresados productos del papel sellado, puesto que la falta de esos auxilios pondrían al Gobierno en la imposibilidad de atender á las urgencias del momento.

Lo digo á V. para su cumplimiento, en concepto de que el C. Presidente se promete del celo y patriotismo de V. que esta disposicion será acatada como corresponde.

Libertad y Reforma. México, &c.—*Nunez.*

### Abril 26.

CIRCULAR NUM. 43 DE LA DIRECCION GENERAL DE LA
RENTA DEL PAPEL SELLADO.

*Acompanando la anterior, espedida por la Secretaría de Hacienda.*

Acompaño á V. un ejemplar de la suprema circular espedida por el Ministerio de Hacienda y Crédito Pú-

---

1 Página 12.

blico con fecha 24 del actual y bajo el núm. 46, recomendándole su mas exacto cumplimiento, y que sus productos los siga entregando segun se le tiene prevenido
con anterioridad.

Dios, Libertad y Reforma. México, &c.—*J. Enciso.*

### Abril 29.

DECRETO POR LA SECRETARIA DE HACIENDA.

*Subsidio estraordinario de guerra. Se establece el uno*
*por ciento sobre el valor de todo edificio.*

El C. Presidente de la República se ha servido dirigirme el decreto que sigue·

*Benito Juarez, Presidente constitucional de los Esta-*
*dos-Unidos Mexicanos, á sus habitantes, sabed:*

Que en uso de las facultades de que me hallo investido, he tenido á bien decreiar lo siguiente:

Art. 1 ? Se establece un subsidio estraordinario de
guerra, de uno por ciento sobre el valor de todo edificio.[1]

Art. 2 ? Dicho subsidio será pagado por todo el que
ocupe un edificio de cualquier clase y condicion que sea,
con escepcion únicamente de los estrangeros: el pago
se hará por tercios adelantados, en los meses próximos
de Mayo, Junio y Julio.

Art. 3 ? Cuando los edificios estén ocupados por varias personas, el subsidio se pagará por todos, en partes
proporcionales á la renta que cada uno pague.

Art. 4 ? Por los hoteles, mesones y casas de posada,
pagarán los duenos, declarándose desde luego subidos

1 Se reformó y derogó este decreto por el de 14 de Junio de este año.

los alquileres de dichos edificios en un cinco por ciento de lo que estuviere estipulado.

Art. 5 ? Por los edificios ó viviendas desocupadas, nada se pagará, siempre que el dueno dé aviso del dia en que fuere desocupada y del en que volviere á ser habitada.

Art. 6 ? Por los edificios ubicados en los predios rústicos, pagarán los dueños de éstos con cargo á los que los ocupen.

Art. 7 ? El valor de los edificios que no conste en los padrones de contribuciones, se averiguará por los medios que establece el decreto de 30 de Junio de 1836.

Por tanto, mando se imprima, publique, circule y observe. Palacio nacional de México, á veintinueve de Abril de mil ochocientos sesenta y dos.—*Benito Juarez.* —Al C. José H. Nunez, oficial mayor encargado del despacho de la Secretaría de Hacienda y Crédito Público."

Y lo comunico á V. para su inteligencia y fines consiguientes.

Libertad y Reforma. México, &c.—*José H. Nuñez.*

Se publicó por bando el dia 30.

---

### Abril 29.

#### DECRETO POR LA SECRETARIA DE HACIENDA.

---

*Derechos y contribuciones que por ahora han de cobrarse dobles, con escepcion de la federal.*

El C. Presidente de la República se ha servido dirigirme el decreto que sigue:

7

*"Benito Juarez, Presidente constitucional de los Esta-
dos-Unidos Mexicanos, á sus habitantes, sabed:*

Que para suplir en las rentas públicas el deficiente
causado por la ocupacion del puerto de Veracruz, y en
uso de las facultades que me concede la ley de 11 de Diciembre último, [1] he tenido á bien decretar lo siguiente:

Art. 1º Desde el dia 1º de Mayo próximo hasta
que el Gobierno recobre la aduana marítima de Veracruz, se cobrarán dobles los derechos que se recaudan
en la Administracion principal de rentas del Distrito y
en sus oficinas subalternas con los nombres de ramos
propios y agenos, bajo el concepto de que el producto
de la duplicacion de unos y otros ha de ser esclusivamente para el Supremo Gobierno.

Art. 2º Se duplican igualmente, y por el propio
tiempo, las contribuciones predial, de patente y de pro-
fesiones y ejercicios lucrativos, [2] que se cobran en la Direccion de contribuciones directas y sus oficinas subalternas.

Art. 3º Por el aumento que se hace en este decreto
á los impuestos y contribuciones mencionadas, no se
pagará la contribucion federal decretada en 26 de Di
ciembre último.

Por tanto, mando se imprima, publique, circule y observe. Palacio nacional de México, á 29 de Abril de
1862.—*Benito Juarez.*—Al C. José H. Nunez, oficial
mayor encargado del despacho de la Secretaría de Hacienda y Crédito Público."

Y lo comunico á V. para su inteligencia y fines consiguientes.

Libertad y Reforma. México, &c.—*José H. Nuñez.*

Se publicó en bando del dia 30.

---

1  Recopilacion de ese mes, pág. 13.
2  Recopilacion de Febrero de 861, pág. 19.

**Abril 29.**

CIRCULAR POR LA SECRETARIA DE HACIENDA.

———

*Prevenciones relativas á capitales reconocidos en fincas concursadas y pendientes de graduacion.*

Con esta fecha digo al C. gefe superior de Hacienda del Estado de Puebla lo siguiente:

"El C. Bruno Ondovilla por el C. Ciriaco Marron y hermanos, ha ocurrido al Supremo Gobierno manifestando: que sus representados compraron en almoneda pública la hacienda de Atencingo, ubicada en el distrito de Matamoros, cuyo precio pertenece al fondo del concurso de D. Rafael Adorno, del que se han pagado ya varias cantidades, y que en el pasivo del referido concurso han sido reconocidos varios capitales de obras pías que fueron redimidos por Marron conforme á las leyes de la materia: que aunque la sentencia de graduacion no se ha dictado, los capitales de obras pías ocuparán los primeros lugares, porque en general son las imposiciones mas antiguas, y que en el presente ca so esta colocacion les ha dado el síndico en el proyecto de graduacion, en cuya virtud los abonos que deban ha cer los Sres. Marron son aplicables al pago de los referidos capitales: que por lo mismo pedia al Supremo Gobierno se sirviera mandar que los Sres Marron sus representados, retengan en su poder la cantidad que importan los capitales redimidos, hasta que se haga la graduacion del concurso de Adorno, en lo que ningun perjuicio resulta, supuesto que por el precio está hipotecada la finca, y supuesto tambien que con él se han de pagar los capitales que pertenezcan á obras pías. Y habiendo acordado de conformidad el C. Presidente, lo comunico á V. para los efectos consiguientes."

Y habiendo dispuesto el C. Presidente que la resolucion que contiene la preinserta suprema órden sirva de regla general, lo comunico á V. pará su conocimiento.

Libertad y Reforma. México, &c.—*José H. Nunez.*

---

### Abril 30.

##### COMUNICACION POR LA S. CRETARIA DE RELACIONES Y GOBERNACION.

*Pasaportes. Se autoriza al Gobierno del Distrito para espedirlos.*

El C. Presidente de la República ha tenido á bien autorizar á ese Gobierno para que espida pasaportes á los ciudadanos que salgan fuera de la capital, segun V. consulta en su nota relativa, fecha 26 del actual, á que contesto.

Libertad y Reforma. México, &c.—*Doblado.*

Se publicó en bando de 1 ? de Mayo.

---

### Abril 30.

##### GOBIERNO DEL DISTRITO FEDERAL.

##### BANDO.

En el de este dia se publicó el decreto comunicado ayer[1] por la Secretaría de Hacienda, sobre el subsidio estraordinario de guerra.

1 Página 44.

## Abril 30.

### GOBIERNO DEL DISTRITO FEDERAL.

#### BANDO.

En esta fecha se publicó el decreto espedido ayer[1] por la Secretaría de Hacienda, sobre derechos y contribuciones que por ahóra han de cobrarse dobles, con escepcion de la federal.

---

### Abril 30.

#### DECRETO POR LA SECRETARIA DE JUSTICIA.

---

*Dispensa en favor del C. Tomás Lopez.*

El Presidente de la República se ha servido dirigirme el decreto que copio:

*"El C. Benito Juarez, Presidente constitucional de los Estados-Unidos Mexicanos, á sus habitantes, sabed:*

Que el Congreso de la Union ha tenido á bien decretar lo siguiente:

Artículo único. Se dispensa al C. Tomás Lopez el tiempo que le falta para concluir el curso de práctica forense á fin de que pueda examinarse desde luego de todas las materias correspondientes á dicho curso.

Dado en el salon de sesiones del Congreso de la Union en México, á veintinueve de Abril de mil ocho-

1 Página 45.

cientos sesenta y dos.—*S. Lerdo de Tejada*, diputado presidente. — *M. Rojo*, diputado secretario. — *M. M. Ovando*, diputado secretario.

Por tanto, mando se imprima, publique, circule y observe. Palacio Nacional del Gobierno Federal de la República en México, á 30 de Abril de 1862 —*Benito Juarez*.—Al C. Jesus Teran, Ministro de Justicia, Fomento é Instruccion pública.

Y lo trascribo á V. para el cumplimiento de los fines que indica.

Dios, Libertad y Reforma.—México, &c.—*Teran*.

Se publicó por bando en Mayo 6.

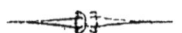

# ÍNDICE CRONOLÓGICO

DE LAS DISPOSICIONES

## CONTENIDAS EN ESTE CUADERNO.

# INDICE ALFABÉTICO

## J.

## L.

## M.

## O.

## P.

## R.

# INDICE CRONOLÓGICO

POR SECRETARIAS

DE LAS DISPOSICIONES CONTENIDAS EN ESTE CUADERNO.

## SECRETARIA DE JUSTICIA, FOMENTO

### E INSTRUCCION PUBLICA.

## SECRETARIA DE HACIENDA.

# RECOPILACION

DE

# LEYES, DECRETOS BANDOS,

### REGLAMENTOS, CIRCULARES Y PROVIDENCIAS

DE LOS

### SUPREMOS PODERES

Y OTRAS AUTORIDADES DE LA REPUBLICA MEXICANA,

INCLUYENDO LAS DE LAS

DIRECCIONES DE CONTRIBUCIONES DIRECTAS Y PAPEL SELLADO.

Obra útil á toda clase de personas
y necesaria á muchos individuos, como funcionarios públicos, curiales y
empleados en las oficinas

FORMADA

DE ORDEN DEL SUPREMO GOBIERNO

POR EL

Licenciado Basilio José Arrillaga

MAYO DE 1862.

## MEXICO
IMPRENTA DE VICENTE G. TORRES,
Calle de San Juan de Letran núm. 3.

1863

DECRETO

# POR LA SECRETARIA DE RELACIONES

*Pagos á fondos municipales. Comenzarán en 1º de Junio de 1862.*

El C. Presidente de la República se ha servido dirigirme el decreto que sigue:

"*El C. Benito Juarez, Presidente constitucional de los Estados-Unidos Mexicanos, á sus habitantes, sabed:*

Que en uso de las facultades de que me hallo investido, he tenido á bien decretar lo siguiente:

Artículo único. Los plazos fijados para hacer los pagos á que se refiere el decreto de treinta y uno de Marzo último[1] que establece la dotacion de los fondos municipales de la capital, comenzarán el dia primero del próximo Junio.

Por tanto, mando se imprima, publique, circule y se le dé el debido cumplimiento. Palacio del Gobierno na-

---

1 Recopilacion de ese mes, pág. 34.

cional en México, á primero de Mayo de mil ochocientos sesenta y dos.—*Benito Juarez.*—Al C. Manuel Doblado, Ministro de Relaciones y Gobernacion."

Y lo comunico á V. para su inteligencia y fines consiguientes.

Libertad y Reforma. México, &c.—*Doblado.*

Se publicó en bando de 7 del presente.

----

## Mayo 1º

### GOBIERNO DEL DISTRITO FEDERAL.

#### BANDO.

En el de este dia se publicó la comunicacion del Ministerio de Relaciones, espedida en 30 de Abril anterior. [1] Pasaportes. Se autoriza al Gobierno del Distrito para espedirlos.

----

## Mayo 1º

### GOBIERNO DEL DISTRITO FEDERAL.

#### BANDO.

En este dia se publicó el decreto por la Secretaría de Guerra, espedido hoy mismo, que declara el Distrito federal en estado de sitio.

----

1 Recopilacion de eso mes pág. 48.

## Mayo 1?

DECRETO POR LA SECRETARÍA DE GUERRA.

---

*Declarando el Distrito federal en estado de sitio.*

El C. Presidente se ha servido dirigirme el decreto que sigue:

"*El C. Benito Juarez, Presidente constitucional de los Estados-Unidos Mexicanos, á sus habitantes, sabed:*

Que en uso de las omnímodas facultades de que me hallo investido, he tenido á bien decretar lo siguiente:

Art 1? Se declara la capital en estado de sitio[1]

Art. 2? El Ayuntamiento y las demas autoridades de policía urbana de la capital y de los pueblos comprendidos en un radio de dos leguas, seguirán en el desempeño de sus cargos, sujetos directamente al general en gefe del ejército.

Art. 3? Todas las fuerzas de policía quedan tambien á las órdenes del mismo general en gefe.

Art. 4? Las autoridades judiciales seguirán administrando justicia hasta que determine lo contrario 'la autoridad militar.

Art 5? El general en gefe puede disponer de las personas y bienes de los ciudadanos mexicanos residentes en la capital y radio demarcado en el art. 2?, en los casos en que así lo juzgue conveniente para la defensa contra el enemigo estrangero.

Por tanto, mando se imprima, publique, circule y se le dé el debido cumplimiento. Palacio del Gobierno nacional en México, á 30 de Abril de 1862.—*Benito Jua-*

---

1 Véanse los decretos de 3 y 20 del presente en sus fechas, y el de 19 que derogó este del dia 1° y el del dia 3.

*rez.*—Al C. general Pedro Hinojosa, Ministro de Guerra y Marina."

Y lo trascribo á V. para su inteligencia y fines consiguientes.

Libertad y Reforma. México, &c.—*Hinojosa.*

En la misma fecha se publicó por bando.

----

### Mayo 1º

#### DECRETO POR LA SECRETARIA DE GUERRA.

----

*Estado de sitio. Se declaran en él todas las poblaciones del Distrito.*

El C. Presidente de la República se ha servido dirigirme el decreto que sigue:

"*El C. Benito Juarez, Presidente constitucional de los Estados-Unidos Mexicanos, á sus habitantes, sabed:*

Que en uso de las omnímodas facultades de que me hallo investido, he tenido á bien decretar lo siguiente:

Artícu'o único. Todas las poblaciones pertenecientes al Distrito federal, quedan comprendidas en los artículos 2º y 5º del supremo decreto de 1º del que rige, en que se declara en estado de sitio esta capital y los pueblos que le son anexos en un radio de dos leguas.

Por tanto, mando se imprima, publique, circule y se le dé el debido cumplimiento. Palacio del Gobierno nacional en México, á 30 de Abril de 1862.—*Benito Juarez.*—Al C. general Miguel Blanco, Ministro de Guerra y Marina."

Y lo trascribo á V. para su inteligencia y fines consiguientes.

Libertad y Reforma. México, &c.—*Blanco.*

Se repitió en 3 de Mayo y se publicó en bando de 4 del mismo.

## Mayo 2.

### DECRETO POR LA SECRETARIA DE RELACIONES.

—

*Junta de cárceles y penitenciarías: casas de correccion
y sus fondos*

El C. Presidente de la República se ha servido dirigirme el decreto que sigue:

*"Benito Juarez, Presidente constitucional de los Estados-Unidos Mexicanos, á sus habitantes, sabed:*

Que en uso de las omnímodas facultades de que me
hallo investido, he tenido á bien decretar lo siguiente:

Artículo único. Se deroga el decreto de 7 de Octubre de 1858,[1] en la parte que creó la junta directiva de
cárceles y penitenciarías, quedando las casas de correccion bajo la inmediata inspeccion de la Direccion general de beneficencia, así como los fondos todos destinados á dichos establecimientos.

Por tanto, mando se imprima, publique y se le dé
el debido cumplimiento. Palacio del Gobierno nacional
en México, á dos de Mayo de mil ochocientos sesenta
y dos.—*Benito Juarez.*—Al C. Manuel Doblado, Ministro de Relaciones y Gobernacion."

Y lo comunico á V. para su conocimiento y fines
consiguientes.

Libertad y Reforma. México, &c.—*Doblado.*

Se publicó en bando del dia 7.

1 No se ha encontrado.

## Mayo 2.

———

*Bienes nacionales que fueron del clero, cese la enagena-
cion de ellos por ser garantía del préstamo que espresa.*

"Habiendo el Supremo Gobierno celebrado una convencion con S. E. el Sr. Thomas Corwin, enviado estraordinario y ministro plenipotenciario de los Estados-
Unidos de América, en virtud de la cual y como garantía de un préstamo, se asignan los bienes nacionales
que fueron del clero y que aun no han sido redimidos,
adjudicados ni cedidos; el C. Presidente dispone, que
en el acto de recibirse esta comunicacion cese desde
luego toda venta ó enagenacion bajo cualquier título,
ya sea por compra, donacion ó renuncia, quedando los
negocios que en estos respectos haya pendientes, suspensos en el estado que guarden, siendo de la respon
sabilidad de las autoridades á quienes toca el cumplímiento de esta superior disposicion, cualesquiera operaciones que tiendan á continuarla.

Al poner en conocimiento de V. el presente acuerdo
para los fines que se espresan, le reitero las seguridades de mi atenta consideracion

Dios y Libertad. México, &c.—*Doblado.*

Se circuló por la Secretaría de Hacienda en el mismo dia 2 y se publicó en bando del 5.

———

1  Aclarada en circular de 23 del presente.

## Mayo 2.

### PROVIDENCIA POR LA SECRETARIA DE JUSTICIA.

—

*Segunda y tercera instancia en los negocios de Hacien-*
*da federal. Modo de procederse. Aclaracion á ley de*
*24 de Enero último.*[1]

Dada cuenta al C. Presidente de la República con
la comunicacion de V., fecha 20 de Febrero último, en
que manifiesta la duda ocurrida á ese tribunal respecto
de la inteligencia que debe darse al decreto de 24 de
Enero del presente año, sobre el modo de proceder en
tercera instancia en los negocios de hacienda federal, y
solicita se resuelva lo conveniente sobre este punto: el
mismo supremo magistrado me ordena decir á V. en
contestacion, que el espíritu del citado decreto de 24 de
Enero, es que los juicios de Hacienda federal se sujeten
en todo á lo que las leyes especiales de cada Estado
dispongan con respecto de los juicios de Hacienda particular en cada uno de ellos: que por consiguiente, conocerán en tercera instancia los tribunales de los Estados, en la forma que dispongan sus leyes: que si en algunos Estados no hubiere tercera instancia para los negocios particulares, tampoco la tendrán los generales; y
que en cuanto á la duda que espone V. en su citada nota, sobre cuál de las salas de ese tribunal deberá conocer en segunda instancia, deberá hacerlo aquella á
quien corresponda, segun la naturaleza del juicio, puesto que segun indica la ley del Estado, previene que de
los juicios ordinarios conozca una sala, y de los ejecu-
tivos sumarios otra.

1 Recopilacion de ese mes, pág. 39.

Lo que comunico á V. como resultado de su oficio relativo.

Dios, Libertad y Reforma. México, &c.—*Teran.*— C. presidente del tribunal superior de Justicia del *E*stado de Durango.

———

## Mayo 3.

### DECRETO POR LA SECRETARIA DE RELACIONES Y GOBERNACION.

*Garantías, continúan suspensas: prevenciones relativas al Éjecutivo.*

El C. Presidente de la República se ha servido dirigirme el decreto que sigue:

"*Benito Juarez, Presidente constitucional de los Estados-Unidos Mexicanos, á todos sus habitantes, sabed:*

Que el Congreso de la Union ha tenido á bien decretar lo siguiente:

Art. 1.º Continúan suspensas las garantías que lo estaban por la ley de 11 de Diciembre de 1861. [1]

Art. 2.º Se autoriza de nuevo al Ejecutivo en los términos que espresa la citada ley, con las limitaciones que la misma demarca, y ademas, la de no intervenir en negocios del órden judicial que sigan ó deban seguirse entre particulares.

Art. 3.º La suspension de garantías y la autorizacion al Éjecutivo de que habla esta ley, durarán hasta que se reuna el Congreso el 16 de Setiembre próximo; y si para entonces no fuere posible su reunion por causa de la guerra estrangera ó por no haber habido elecciones, durarán hasta que se verifique la primera reunion del Congreso Nacional inmediato.

———

[1] Véase en su fecha, y la de 7 de Junio de 861. Recopilacion do ese mes, pág. 16.

Art. 4.º En el caso de que las próximas elecciones de diputados no puedan verificarse en algunos de los Distritos en los dias marcados por la ley, el Gobierno cuidará de designar otros dias en que tengan lugar, á efecto de que se logre la reunion del Congreso con la oportunidad posible [1]

Art. 5.º El ejecutivo dará cuenta del uso que hiciere de las facultades que le concede esta ley, en los primeros quince dias de reunido el Congreso Nacional.

Dado en el salon de sesiones del Congreso de la Union, en México, á tres de Mayo de 1862.—*José Linares*, diputado presidente.—*Remigio Ibañez*, diputado secretario.—*M. M. Ovando*, diputado secretario.

Por tanto, mando se imprima, circule y se le dé el debido cumplimiento. Palacio Nacional, México, Mayo 3 de 1862—*Benito Juarez.*—Al C. Manuel Doblado, Ministro de Relaciones Esteriores y Gobernacion."

Y lo comunico á V. para su conocimiento y fines convenientes.

Dios y Libertad. México, &c.—*Doblado.*

Se publicó en bandó de 10 del presente.

———

0        0     **Mayo 4.** 0

G BIERN   DEL DISTRIT   FEDERAL.

BANDO.

En el de esta fecha se publicó el decreto espedido en el dia 1.º por la Secretaria de Guerra,[2] dejando comprendidas todas las poblaciones del Distrito en el estado de sitio.

0

1 Véase el acuerdo del Congreso de la Union comunicado por esta Secretaría en 21 del presente y la ley de ctubre 27 de este año.
2 Página 6.

o     o     **Mayo 5.**

G BIERN DEL DISTRITO FEDERAL.

BANDO.

*Providencias consiguientes á su estado de sitio.*

ANASTASIO PARRODI, general de division y en gefe del ejército del Distrito, á los habitantes de éste, sabed:

Que en virtud de las amplias facultades de que me hallo investido, he decretado lo siguiente:

Art. 1 ? Desde el dia de la fecha, y mientras perma. nezca el Distrito en estado de sitio, se prohibe toda clase de diversiones públicas en la municipalidad de México.

Art. 2 ? Se prohibe igualmente la reunion de mas de tres personas en los lugares públicos despues de las once de la noche.

Art. 3 ? Los dueños ó encargados de establecimientos públicos los cerrarán á la hora mencionada en el artículo anterior.

Art 4 ? A los infractores se les castigará con multa de cinco á cien pesos, ó con prision de tres dias á un mes.

Y para que llegue á noticia de todos, mando se imprima, publique y circule á quienes corresponda

México, &c.—*A. Parrodi.*—*Francisco J. Villalobos,* secretario.

---

**Mayo 5.**

GOBIERNO DEL DISTRITO FEDERAL.

BANDO.

En el de esta fecha se publicó el decreto espedido por la Secretaría de Relaciones en 2 del presente,[1] sobre que cese la enagenacion de los bienes llamados del clero.

1 Página 8.

## Mayo 5.

DECRETO POR LA SECRETARIA DE HACIENDA.

### *Exencion de doble alcabala en el Distrito federal á los artículos que se espresan.*

El C. Presidente de la República se ha servido dirigirme el decreto que sigue:

"*Benito Juarez, Presidente constitucional de los Estados–Unidos Mexicanos, á sus habitantes, sabed:*

Que en uso de las facultades que me concede la ley de 11 de Diciembre último, y tomando en consideracion el fuerte gravámen que pesaria sobre la clase menesterosa si se siguieran pagando dobles las alcabalas de los artículos de primera necesidad, he tenido á bien decretar lo que sigue:

Art. 1º Quedan esceptuados del pago de derechos dobles, espresado en el art. 1º del decreto de 29 de Abril último,[1] los artículos siguientes:

Arvejon.
Arroz.
Carbon.
Carneros castrados y primales.
Cebada.
Cerdos.
Chile.
Frijol.

Garbanzo y Garbanza.
Harina.
Leña.
Manteca.
Sal.
Terneras.
Toros.
Vacas.

Art. 2º El general en gefe del ejército del Distrito cuidará de que no se aumenten en el mercado los precios de los mencionados artículos.

Por tanto, mando se imprima, publique, circule y se

---

1 Recopilacion de ese mes, pág. 46.

le dé el debido cumplimiento. Palacio del Gobierno federal en México, á cinco de Mayo de mil ochocientos sesenta y dos.—*Benito Juarez.*—Al C. Manuel Doblado, Ministro de Relaciones y Gobernacion, y encargado de la Secretaría de Hacienda y Crédito Público."

Y lo comunico á V. para su inteligencia y cumplímiento.

Dios y Libertad. México, &c.—*Doblado.*

Se publicó en bando del dia 7.

----

### Mayo 6.

#### GOBIERNO DEL DISTRITO FEDERAL.

#### BANDO.

*Moneda de plata recortada. Providencias relativas*
*á su recepcion.*

ANASTASIO PARRODI, General de Division y en gefe del ejército del Distrito, á los habitantes de éste, sabed:

Que en virtud de las amplias facultades de que me hallo investido, he decretado lo siguiente:

Art. 1 ? Todos los habitantes del Distrito están obligados á recibir la moneda recortada de plata por su valor legítimo, que se determinará conforme á la prevencion siguiente.

Art. 2 ? Ademas del décremento material que tenga la moneda, se deducirán cinco centavos en cada peso por derecho de nueva amoneda ion.

Art 3 ? La Tesorería general cambiará por moneda buena toda la recortada que con este objeto presenten los tenedores, haciendo las deducciones establecidas en los artículos precedentes.

Art. 4 ? El Fiel Contraste en esta Municipalidad, y en las foráneas los presidentes de los respectivos ayuntamientos, examinarán las balanzas de que se hace uso en los establecimientos públicos para determinar la merma de la moneda, y darán á la Secretaría de Gobierno noticia de las infracciones que descubran.

Art. 5 º  Los que contravengan á la prevencion contenida en el art. 1 º serán castigados con multa de uno á diez pesos, ó con arresto de uno á ocho dias. Los que cometan cualquiera género de fraude en la apreciacion de la moneda recortada serán condenados como reos de estafa.

Y para que llegue á noticia de todos, mando se imprima, publique y circule.

México, &c.—*Anastasio Parrodi.—Francisco J. Villalobos*, secretario.

---

## Mayo 6.

### GOBIERNO DEL DISTRITO FEDERAL.

#### BANDO.

En el de este dia se publicó el decreto espedido por la Secretaría de Justicia, fecha 30 del próximo pasado Abril,[1] en que se dispensa al C. Tomás Lopez el tiempo que le falta de práctica forense.

---

## Mayo 7.

### COMUNICACION POR LA SECRETARIA DE RELACIONES Y GOBERNACION.

*Beneficencia pública  Prevenciones relativas á los capitales y fincas del conocimiento de la Direccion del ramo.*[2]

En los momentos supremos en que la salvacion de la Patria es el primer deber del Gobierno y de los me-

1  Recopilacion de ese mes. pág. 49.
2  Véanse las providencias de 21 y 26 de Junio de este año.

xicanos todos, y en que el mantenimiento de los dignos sostenedores de la independencia que están dando su sangre y sus vidas por sostenerla debe anteponerse á cualquiera obligacion por sagrada que sea, el C Presi- dente se ha servido disponer que todos los individuos que reconocen á la Beneficencia pública capitales de ocho mil pesos para arriba, se presenten en este Ministerio á redimir las imposiciones ó las fincas adjudicadas, en el perentorio término de tres dias, contados desde hoy, con una cuarta parte de dinero efectivo, que se entregará en este perentorio plazo, y las tres restantes en bonos ó créditos contra el erario nacional dentro de dos meses, en la inteligencia de que de no verificarlo se les decla- rará sin título alguno, y el Gobierno subrogará sus de- rechos en tercera persona, dándose por nulos cuantos se puedan alegar por parte de los censatarios ó tene- dores de fincas y escrituras pertenecientes á la misma Beneficencia.

Lo que comunico á V. para que disponga su inme- diata publicacion.

Libertad y Reforma. México, &c.—*Doblado.*

Se publicó por bando en el mismo dia 7.

---

### Mayo 7.

#### GOBIERNO DEL DISTRITO FEDERAL.

#### BANDO.

En el de este dia se publicó el decreto espedido por la Secretaría de Relaciones en 2 del actual.[1] Junta de cárceles y penitenciarías. Casas de correccion y sus fondos.

1 Página 7.

## Mayo 7.

GOBIERNO DEL DISTRITO FEDERAL.

BANDO.

En el de este dia se publicó el decreto espedido por la Secretaría de Relaciones en 1.º del corriente, [1] sobre pagos á fondos municipales: comiencen en 1.º de Junio próximo venidero.

———

## Mayo 7.

GOBIERNO DEL DISTRITO FEDERAL.

BANDO.

En el de este dia se publicó la ley espedida por la Secretaría de Relaciones en 31 de Marzo, [2] que organiza la hacienda municipal de esta capital.

———

## Mayo 7.

GOBIERNO DEL DISTRITO FEDERAL.

BANDO.

En este dia se publicó la comunicacion espedida por la Secretaría de Relaciones de la misma fecha, [3] que contiene prevenciones relativas á capitales y fincas de Beneficencia pública sujetas al conocimiento de la Direccion del ramo.

1 Página 3.
2 Recopilacion de ese mes. pág. 84.
3 Página 15.

### Mayo 7.

#### GOBIERNO DEL DISTRITO FEDERAL.

##### BANDO.

En el de este dia se publicó el decreto espedido por la Secretaría de Hacienda en 5 del presente.[1] Exencion de doble alcabala en este Distrito á los artículos que espresa.

---

### Mayo 7.

##### AVISO DEL CUARTEL GENERAL DEL EJERCITO DEL DISTRITO.

*Secretaría política.*

El cuartel general ha recibido varias quejas contra algunas personas que, usurpando la comision de forragistas ó abusando tal vez de ella, compelen á los introductores de pasturas á que se las vendan de preferencia con la mira de monopolizarlas. El ciudadano general en gefe deseando poner coto á este abuso, me ha autorizado para que manifieste al público, que no se ha facultado á los forragistas ni á ningun otro individuo para que exijan la venta forzosa de las pasturas, y que los introductores de ellas pueden enagenarlas á las personas y bajo las condiciones que bien les parezcan. México, &c.—*Francisco J. Villalobos,* secretario.

---

### Mayo 7.

##### CIRCULAR NUM. 47 POR LA SECRETARIA DE HACIENDA.

---

*Reintegro por contribuciones: que no se verifique del fondo de la federal sino del de las ordinarias el que se espresa.*

El C. Presidente se ha servido disponer diga á V. que el reintegro que conforme á la ley de 1.º de Fe-

1 Página 13.

brero próximo pasado[1] debe hacerse á los causantes de
la contribucion de capitales decretada en 26 de Diciembre último, se verifique segun dispone el art. 4 ? de la
misma, esto es, con las contribuciones ordinarias que
personalmente se causen, aun cuando ellas no pertenezcan al Supremo Gobierno general; y no de los productos de la federal como se ha hecho en algunos puntos.

Y lo digo á V. para su cumplimiento.

Libertad y Reforma. México, &c.—*Doblado.*

### Mayo 7.

#### DECRETO POR LA SECRETARIA DE GUERRA.

*Declarando beneméritos de la patria al ciudadano general Zaragoza é individuos del ejército de Oriente
que sostuvieron las acciones de guerra que refiere.*

El C. Presidente se ha servido dirigirme el decreto
que sigue:

"*El C. Benito Juarez, Presidente constitucional de los
Estados-Unidos Mexicanos, á sus habitantes, sabed:*

Que el Congreso de la Union ha espedido el decreto
siguiente:

El Congreso de la Union ha tenido á bien decretar lo
que sigue:

Artículo único. El Congreso de la Union declara que
han merecido bien de la patria el C. general en gefe Ignacio Zaragoza, los CC. generales, gefes, oficiales y soldados del Ejército de Oriente, que sostuvieron el honor

---

1 Recopilacion de ese mes, pág. 3, art. 4 ?

y la independencia de la República en las jornadas del 28 de Abril en Acultzingo y 5 del corriente en las inmediaciones de la ciudad de Puebla: en consecuencia, da á tan esforzados y heróicos ciudadanos un voto de gracias.

Dado en el salon de sesiones del Congreso de la Union en México, á 7 de Mayo de 1862.—*Manuel Dublan*, diputado vicepresidente.—*M. Rojo*, diputado secretario.—*M. M. Ovando*, diputado secretario.

Por tanto, mando se imprima, publique, circule y se le dé el debido cumplimiento. Palacio del Gobierno nacional en México, á 7 de Mayo de 1862.—*Benito Juarez*.—Al C. general Miguel Blanco, Ministro de Guerra y Marina.".

Y lo trascribo á V. para su inteligencia y fines consiguientes.

Libertad y Reforma. México, &c.—*Blanco*.

Se publicó en bando el dia 8.

---

### Mayo 8.

#### GOBIERNO DEL DISTRITO FEDERAL.

#### BANDO.

En el de hoy se publicó el decreto espedido por la Secretaría de Guerra en el dia de ayer, [1] declarando beneméritos de la patria al ciudadano general Ignacio Zaragoza é individuos del ejército de Oriente que sostuvieron las acciones de guerra que refiere.

1 Página 19.

## Mayo 9.

### PROVIDENCIA POR LA SECRETARIA DE GUERRA,

Circulada por la de Hacienda en 19, por la Inspeccion general del papel sellado en 20 y por la Direccion general de la renta bajo el núm. 49 en 21.

*Ningun gefe militar tome los productos de ese ramo.*

Con fecha de ayer la inspeccion de esta renta me comunica lo que copio:

"Con fecha de ayer dice á esta inspeccion el C. Ministro de Hacienda lo que sigue:

El C. Ministro de Guerra, con fecha 9 del corriente me dice.

Ya se dan las órdenes respectivas segun lo dispuesto por el C. Presidente en el acuerdo que V. me comunica en su oficio de 7 del actual, para que ningun gefe militar tome los productos de la renta del papel sellado.

Y lo inserto á V. para su conocimiento y efectos correspondientes.

Lo que trascribo á V. para que se sirva mandarlo circular á los administradores principales de la Renta, á fin de que obre en su conocimiento lo determinado en la preinserta comunicacion."

Insértolo á V. con el objeto indicado, recomendándole acuse recibo de la presente circular.

Libertad y Reforma. México, &c.—*J. Enciso.*

————

4

**Mayo 10.**

*Suprema Corte de Justicia. Los Gobernadores de los
Estados de quienes no se han recibido las actas de
elecciones de Presidente y Magistrados, las remitan.*

En nota fecha 7 del corriente me dicen los ciudadanos secretarios del Congreso nacional lo que sigue:

"El Congreso de la Union, en sesion de hoy, ha tenido á bien acordar lo siguiente:

1º   Las actas que han pasado á la comision, no mi-
nistran el material bastante para que el Congreso, eri-
giéndose en cuerpo electoral, declare con arreglo á la
ley quiénes son los Magistrados que por el voto popular
deban integrar la Suprema Corte.

2º   El Mministerio del ramo se dirigirá de nuevo á
los Gobernadores, ordenándoles que á la mayor posible brevedad remitan á la Secretaría del Congreso las
actas de eleccion de Presidente y Magistrados de la
Corte, que no se han recibido en aquella. Al efecto, la
Secretaría determinará los Distritos cuyas actas se han
recibido.

Lo que tenemos la honra de poner en conocimento
de V. para los fines que espresa el art. 2º; en concepto de que las actas que se han recibido por la Secretaría y se hallan en poder de la comision, son las siguientes:

Del primer Distrito de México. . . . . . .     Distrito.
Del segundo idem idem . . . . . . . . . . . . .     idem.
Del tercero idem idem. . . . . . . . . . . . . .     idem.
Del cuarto idem idem. . . . . . . . . . . . . .     idem.
Del quinto idem idem. . . . . . . . . . . . . .     idem.
Del primer Distrito de. . . . . . . . . . . . .     Veracruz.

Del segundo Distrito, (Tuxpan)....... Veracruz.
Del tercer idem de................. idem.
Del de Orizava ................. idem.
Del de Chicontepec ................. idem.
Del de Huatusco. ................. idem.
Del quinto Distrito de............... idem.
Del primer idem de................. Guanajuato.
Del de Purísima del Rincon.......... idem.
Del de Dolores Hidalgo............. idem.
Del de San José Iturbide............. idem.
Del de San Miguel de Allende........ idem.
Del de Celaya..................... idem.
Del de Jerécuaro.................. idem.
Del de Villa de San Felipe.......... idem.
Del de Leon...................... idem.
Del de San Luis de la Paz.......... idem.
Del primer Distrito de............... Zacatecas.
Del de Ciudad García............... idem.
Del del Fresnillo................. idem.
Del de Sanchez Roman.............. idem.
Del de Juchipila.................. idem.
Del primer Distrito de............... Colima.
Del partido del Norte.............. idem.
Del de Tecoman. ................. idem.
Del primer Distrito de Guadalajara..... Jalisco.
Del segundo idem idem.............. idem.
Del de Tonalá ................. idem.
Del de San Gabriel................. idem.
Del de Sayula.................... idem.
Del del noveno Canton ............. idem.
Del décimonono Canton............. idem.
Del de Zapopan................... idem.
Del de Tepatitlan................. idem.
Del primer Distrito de la capital....... Puebla.
Del segundo idem idem.............. idem.
Del de Cholula. ................. idem.
Del de Acatlan. ................. idem.

Del de Tehuacan................... Puebla.
Del de Tepeji de Rodriguez.......... idem.
Del de Rioverde.................... San Luis.
Del de Armadillo.................. idem.
Del de Cerritos.................... idem.
Del de Mezquitic.................. idem.
Del de Santa María del Rio.......... idem.
Del de Valle del Maiz.............. idem.
Del de Minatitlan.................. Oajaca.
Del de Teotitlan................... idem.
Del de Tlaxiaco................... idem.
Del de Tehuantepec ............... idem.
Del de Jamiltepec ................. idem.
Del de Villa Juarez ............... idem.
Del de Villa Alta................. idem.
Del de Nochistlan................. idem.
Del de Teposcolula............... idem.
Del de Oajaca.................... idem.
Del de Huajuapam................. idem.
Del de Miahuatlan................. idem.
Del de Ocotlan.................... idem.
Del de Tlacolula.................. idem.
Del de Zimatlan.................. idem.
Del de Uruapam.................. Michoacan.
Del de Penjamillo ................ idem.
Del de Zamora ................... idem.
Del de Puruándiro................. idem.
Del de San Cristóbal.............. Chiapas.
Del de Tuztla.................... idem.
Del de Comitán .................. idem.
Del de Palenque ................. idem.
Del primer Distrito de............. Chihuahua.
Del de Linares................... Nuevo Leon.
Del de Monterey ................. idem.
Del de Cadereita Jimenez........... idem.
Del de Monclova. ................ idem.
Del de Salinas Victoria............ idem.

Del de Ocoroni..................... Sinaloa.
Del de Cuencamé................... Durango.
Del de Ures....................... Sonora.
Del de Hermosillo.................. idem.
Del de San Ignacio Magdalena........ idem.
Del de Alamos ..................... idem.
Del primer Distrito de.............. Tlaxcala.
Del de Chinameca.................. idem.
Del de Hidalgotitlan................ idem
Del de Cosoloatague................ Veracruz.
Del de Jaltipan.................... idem.
Del de Hishuatlan.................. idem.
Del de Chiapa ..................... Chiapas."

Y lo inserto á V., cumpliendo con el art. 2.°, para los fines que se espresan.

Libertad y Reforma. México, &c.—*Doblado.*

### Mayo 10.

#### GOBIERNO DEL DISTRITO FEDERAL.

##### BANDO.

En el de esta fecha se publicó el decreto espedido por la Secretaría de Relaciones el dia 3 del corriente, [1] declarando que continúan suspensas las garantías que lo estaban por la ley de 11 de Diciembre de 1861.

1 Página 10.

## Mayo 10.

DECRETO POR LA SECRETARIA DE HACIENDA.

*Facultades al contador mayor del ramo.*

Con esta fecha se ha servido dirigirme el C. Presidente de la República el decreto que sigue:

"*Benito Juarez, Presidente constitucional de los Estados-Unidos Mexicanos, á sus habitantes, sabed:*

Que en uso de las amplias facultades de que me hallo investido, he tenido á bien decretar lo siguiente:

Artículo único. El contador mayor de Hacienda tiene facultad de pedir á las secretarías del Despacho, á las oficinas, corporaciones y particulares responsables, las noticias, instrucciones ó espedientes que sean necesarios á la cuenta y razon, los que serán remitidos sin escusa ni pretesto con calidad de devolucion.

Por tanto, mando se imprima, publique, circule y se le dé el debido cumplimiento. Palacio del Gobierno federal en México, á diez de Mayo de mil ochocientos sesenta y dos.—*Benito Juarez.*—Al C. Manuel Doblado, Ministro de Relaciones y Gobernacion y encargado de la Secretaría de Hacienda y Crédito público."

Y lo comunico á V. para los fines consiguientes. Libertad y Reforma. México &c.—*Doblado.*

Se publicó en bando del dia 17.

**Mayo 10.**

DECRETO POR LA SECRETARIA DE HACIENDA.

———

*Agente especial de negocios anexo á la contaduría mayor. Sus deberes, atribuciones y honorarios.*

Con esta fecha se ha servido dirigirme el C. Presidente de la República el decreto que sigue:

*"El C. Benito Juarez, Presidente constitucional de los Estados-Unidos Mexicanos, á sus habitantes, sabed:*

Que en uso de las amplias facultades de que me hallo investido he tenido á bien decretar lo siguiente:

Art. 1º Habrá un agente especial de negocios anexo á la contaduría mayor de Hacienda para que promueva, agite, siga, espedite y abrevie todos los negocios en que se interese la Hacienda pública de la nacion.

Art. 2º Las atribuciones de este agente son:

I. Sacar bajo su conocimiento los autos, escrituras y demas documentos que conforme á las leyes deben entregarse á la contaduría mayor, entregarlos á ésta, recogerlos y devolverlos á la secretaría ó escribanía que se los haya entregado.

II Solicitar en las Secretarías de Estado, en las de los Tribunales, en las Escribanías, archivos y oficinas los documentos que le encargue por escrito el Contador Mayor para el despacho de los negocios de la espresada oficina

III Intervenir en el otorgamiento de toda escritura en que se verse interes de la Hacienda pública para el objeto de presentarla al Procurador general de la nacion, antes de que se dé testimonio alguno para calificarla, y si la hallase defectuosa poner al pié su censura: en este caso el agente llevará el borrador á la oficina que estendió la escritura para que la reforme segun el dictámen del Procurador general.

IV Cobrar como representante de la Hacienda pública, los alcances de cuentas y todo crédito en favor de la Hacienda nacional que resulte como consecuencia de las glosas.

Art. 3.° Se le abonará por razon de sus trabajos al agente especial de la Contaduría mayor los honorarios que las leyes dan á los agentes de negocios.

Por los cobros se le abonará un cuarto por ciento. Por su intervencion en el otorgamiento de las escrituras le pagará el interesado doce reales, cuando el interes no pase de cuatro mil pesos: cuando pase de esta cantidad y no llegue á diez mil, quince reales; de esta cantidad en adelante un real por millar.

Por tanto, mando se imprima, publique, circule y se le dé el debido cumplimiento. Palacio del Gobierno federal en México, á diez de Mayo de mil ochocientos sesenta y dos.—*Benito Juarez.*—Al C. Manuel Doblado, Ministro de Relaciones y Gobernacion y encargado de la Secretaría de Hacienda y Crédito público."

Y lo comunico á V. para los fines consiguientes.

Libertad y Reforma. México, &c.—*Doblado.*

Se publicó en bando de 17 del presente.

**Mayo 12.**

LEY POR LA SECRETARIA DE RELACIONES Y GOBERNACION.

—

# TRATADO
# DE AMISTAD, NAVEGACION Y COMERCIO

ENTRE

## LA REPUBLICA MEXICANA

Y EL REY

# EL REY DE LOS BELGAS.

El C. Presidente de la República se ha servido dirigirme el decreto que sigue:

*"Benito Juarez, Presidente constitucional de los Estados-Unidos Mexicanos, á todos los que las presentes vieren, sabed:*

Que habiéndose concluido y firmado en México el dia 20 de Julio del presente ano un Tratado de amistad, comercio y navegacion entre la República de México y S M. el Rey de los Belgas, por medio de plenipotenciarios, debida y respectivamente autorizados al efecto por ambas partes contratantes, cuyo Tratado es del tenor siguiente:

5

## EN EL NOMBRE DE LA SANTISIMA

Su Escelencia el Presidente de la República Mexicana de una parte, y de la otra S. M. el Rey de los belgas, deseando arreglar, estender y consolidar las relaciones de comercio entre México y la Bélgica, y estrechar por este medio las de amistad que existen entre las dos naciones; han convenido en celebrar un tratado; y á este fin han nombrado por sus plenipotenciarios, á saber:

El Presidente de la República Mexicana al Sr. D. Ezequiel Montes, Diputado al Congreso nacional:

y S. M. el Rey de los belgas al Sr. D. Augusto T'Kint, caballero de la órden de Leopoldo, y de la órden del Leon-Neerlandés, su encargado de negocios en México; quienes despues de haberse comunicado sus plenos poderes, y de haberlos hallado en debida forma, han convenido en los artículos siguientes:

ART. I.

Habrá paz perpetua y amistad constante entre la República de México y el Reino de Bélgica, y entre los ciudadanos de los dos paises sin distincion de personas ó lugares.

ART. II.

Habrá entre México y la Bélgica libertad recíproca de comercio y navegacion. Los mexicanos en Bélgica y los belgas en México, podrán entrar con toda libertad y seguridad, con sus buques y cargamentos, como los mismos nacionales, á todas las plazas, puertos y rios

E INDIVISIBLE TRINIDAD.

Sa Majesté le Roi des Belges, d'une part, et son Excellence le Président de la République du Mexique, d'autre part, voulant régler, étendre et consolider les relations de commerce entre la Belgique et le Mexique, et resserver par là les rapports d'amitié qui existent entre les deux pays, sont convenus d'entrer en négotiation pour conclure un traité propre à atteindre ce but, et on nommé à cet effet pour leurs plénipotentiaires, savoir:

Sa Majesté le Roi des Belges, le Sieur Auguste T'Kint, chevalier de l'ordre de Léopold, chevalier de l'ordre du Lion Néerlandais, son Chargé d'Affaires au Mexique,

Et Son Excellence le Président de la República du Mexique, le Sieur Licencié Exequiel Montes, député au Congrés national;

Lesquels après s'être communiqué leurs pleins pouvoirs et les avoir trouvés en bonne et due forme sont convenus des articles suivants:

ART. I.

Il y aura paix perpétuelle et amitié constante entre le Royaume de Belgique et la République du Mexique, et entre les citoyens des deux pays, sans exception de personnes ni de lieux.

ART. II.

Il y aura entre la Belgique et le Mexique liberté réciproque de commerce et de navigation. Les Belges au Mexique et les Mexicains en Belgique, pourront, en toute liberté et sécurité, entrer avec leurs navires et cargaisons, comme les nationaux eux mêmes, dans tous les

que estén ó estuvieren abiertos al comercio estrangero,
salvas las precauciones de policía empleadas con los
ciudadanos de las naciones mas favorecidas.

## ART. III.

Los ciudadanos de cada una de las dos partes contratantes podrán, como los nacionales en los territorios
respectivos, viajar ó residir, comerciar por mayor ó menor, arrendar y ocupar las casas, almacenes y tiendas
que les fueren necesarias, trasportar mercancías y dinero y recibir consignaciones; podrán tambien ser admi-
tidos como fiadores en las aduanas, cuando tuvieren
mas de un año de establecidos en el pais; y cuando los
bienes raices ó muebles que poseyeren en él presenten
una garantía suficiente. Unos y otros tendrán libertad
para comprar y vender, para establecer y fijar los precios de los efectos, mercancias y cualesquiera otros oh-
jetos importados ó nacionales, sea que los vendan en el
interior, ó que los destinen á la esportacion, observándose entre los respectivos ciudadanos la igualdad mas
perfecta.

Gozarán de la misma libertad para hacer sus negocios
por sí mismos, para presentar en las aduanas sus propias declaraciones, ó hacerse representar por quienes les
pareciere conveniente, por apoderados, factores, agentes, consignatarios ó intérpretes, ya en la compra ya en
la venta de sus bienes, efectos ó mercancías, ya en la
carga, descarga ó despacho de sus buques.

Tendrán igualmente el derecho de desempeñar las
funciones que les fueren confiadas por sus compatriotas,
estrangeros ó nacionales, como apoderados, factores,
agentes, consignatarios, ó intérpretes.

Se sujetarán en todos los actos á que se refiere este
artículo á las leyes y reglamentos del país, y no serán

lieux, ports et rivières qui sont ou seront ouverts au commerce étranger, sauf les précautions de police employées à l'égard des citoyens des nation les plus favorisées.

## ART. III.

Les citoyens de chacune des deux parties contractantes pourront, comme les nationaux, sur les territoires respectifs, voyager ou séjourner, commercer en gros ou en détail, louer et occuper les maisons, magasins et boutiques qui leur seront nécessaires, effectuer des transports de marchandises et d'argent, et recevoir des consignations, ils pourront aussi être admis comme cautions en douane, quand il y aura plus d'un an qu'ils seront établis sur les lieux, et que les biens fonciers ou mobiliers qu'ils y posséderont, présenteront une garantie suffisante.

Ils seront les uns et les autres, sur un pied de parfaite égalité, libres dans tous leurs achats comme dans toutes leurs ventes, d'établir et de fixer le prix des effets, marchandises et objets quelconques, tant importés que nationaux, qu'ils les vendent à l'intérieur ou qu'ils les destinent à l'exportation.

Ils jouiront, de la même liberté pour faire leurs affaires eux-mêmes, présenter en douane leurs propres déclarations ou se faire suppléer par qui bon leur semblera, fondés de pouvoirs, facteurs, agents, consignataires ou interprètes, soit dans l'achat ou dans la vente de leurs biens, de leurs effets ou marchandises, soit dans le chargement, le déchargement, ou l'expédition de leurs navires.

Ils auront également le droit de remplir toutes les fonctions qui leur seront confiées par leurs propres compatriotes, par des étrangers ou par des nationaux, en qualité de fondés de pouvoirs, facteurs, agents, consignataires, ou interprètes.

Ils se conformeront pour tous les actes auxquels se réfère le présent article, aux lois et réglements du pays

sometidos en ningun caso á otras cargas, restricciones
ó impuestos, que aquellos á que estuvieren sometidos
los nacionales, salvas las precauciones de policía usadas
con los ciudadanos de la nacion mas favorecida.

Queda igualmente convenido, que los emigrantes de
uno de los dos paises gozarán en el otro de las ventajas
de cualquiera clase concedidas actualmente por las leyes y decretos vigentes, ó que se concedieren en lo futuro á los inmigrantes estrangeros, sometiéndose á las
mismas condiciones.

### ART. IV.

Los ciudadanos respectivos gozarán en.los dos Estados de la mas constante y completa proteccion de sus
personas y propiedades. Tendrán en consecuencia libre
y fácil acceso á los tribunales de justicia para la prosecucion y defensa de sus derechos, en todas las instancias
y grados de jurisdiccion establecidos por las leyes. Serán libres para emplear en todos casos los abogados,
procuradores y agentes de todas clases que juzgaren
conveniente hacer obrar en su nombre. En fin, gozarán
bajo este respecto de los mismos derechos y privilegios
que fueren concedidos á los nacionales, y estarán sometidos á las mismas condiciones.

### ART. V.

Los mexicanos en Bélgica, y los belgas en México
estarán exentos de todo servicio en los ejércitos y armadas, en las guardias ó milicias nacionales, y en todos los
otros casos no podrán sujetarse en sus propiedades raices ó muebles, á otras cargas, restricciones, cuotas ó
impuestos que á aquellos á que estuvieren sujetos los
nacionales.

et ils ne seront assujettis, dans aucun cas, à d'autres
charges, restrictions, taxes ou impôts que ceux auxquels
seront soumis les nationaux, sauf les précautions de police employées à l'égard des nations les plus favorisées.

Ils est, en outre, convenu que les émigrants de l'un
des deux pays jouiront dans l'autre des avantages de
toute nature actuellement accordées par les lois et les
décrets en vigueur ou qui le seront à l'avenir aux im-
migrants étrangers, en se soumettant aux mêmes conditions.

### ART. IV.

Les citoyens respectifs jouiront, dans les deux Etats,
de la plus constante et complète protection pour leurs
personnes et leurs propriétés. Ils auront, en conséquen-
ce, un libre et facile accès auprès des tribunaux de justice pour la poursuite et la défense de leurs droits en
toute instance et dans tous les degrés de juridiction établis par les lois. Ils seront libres d'employer. dans toutes les circonstances, les avocats, les avoués ou agents
de toute classe qu'ils jugeraient à propos de faire agir
en leur nom. Enfin, ils jouiront, sous ce rapport, des
mêmes droits et privilèges que ceux qui seront accordés
aux nationaux, et ils seront soumis aux mêmes conditions.

### ART. V.

Les Belges dans le Mexique, et les Mexicains en
Belgique, seront exempts de tout service, soit dans les
armées de terre ou de mer, soit dans les gardes natio-
nales, et dans tous les autres cas, ils ne pourront pas
être assujettis pour leurs propriétés mobilières ou immo-
bilières, à d'autres charges, restrictions, taxes ou impôts
que ceux auxquels seraient soumis les nationaux eux-
mêmes.

### ART. VI.

Se garantiza á los mexicanos en Bélgica, y á los belgas en México, la libertad absoluta de conciencia y de cultos. En su ejercicio esterior, unos y otros se conformarán á las leyes del país.

### ART. VII.

Los ciudadanos de las partes contratantes tendrán derecho en los territorios respectivos de poseer bienes de todas clases y de disponer de ellos del mismo modo que los nacionales, conformándose á las leyes del país.

Los mexicanos gozarán en todo el territorio de la Bélgica del derecho de adquirir y trasmitir las sucesiones *ab intestato* ó testamentárias lo mismo que los belgas, segun las leyes del país y sin estar sujetos por su calidad de estrangeros á ningun tributo ó impuesto que no se debiere por los nacionales.

Recíprocamente, los belgas gozarán en México del derecho de adquirir y trasmitir las sucesiones *ab intestato*, ó testamentárias, lo mismo que los mexicanos, segun las leyes del país, y sin estar sujetos por su calidad de estrangeros á ningun tributo ó impuesto que no se debiere por los nacionales.

Habrá la misma reciprocidad entre los ciudadanos de los dos paises en cuanto á las donaciones entre vivos.

A la esportacion de los bienes adquiridos por cualquier título, por mexicanos en Bélgica, ó por belgas en México, no se cobrará sobre estos bienes ningun derecho de detraccion ó de emigracion, ni otro cualquiera á que los nacionales no estuvieren sujetos.

Las disposiciones precedentes son aplicables á todas las traslaciones de bienes en general, cuya esportacion no se hubiere efectuado.

## ART. VI.

La libertad la plus entière de conscience et de culte est garantie aux Belges dans le Mexique et aux Mexicains en Belgique. Les uns et les autres se conformeront, pour l'exercice extérieur de leur culte, aux lois du pays.

## ART. VII.

Les citoyens des deux parties contractantes auront le droit, sur les territoires respectifs, de posséder des biens de toute espèce et d'en disposer de la même manière que les nationaux, en se conformant aux lois du pays.

Les Belges jouiront, dans tout le territoire du Mexique, du droit de recueillir et de transmettre les successions "ab intestat" ou testamentaires à l'égal des Mexicains, selon les lois du pays et sans être assujettis, à raison de leur qualité d'étrangers, à aucun prélèvement ou impôt qui ne serait pas dû par les nationaux.

Réciproquement, les Mexicains jouiront en Belgique du droit de recueillir et de transmettre les successions "ab intestat" ou testamentaires à l'égal des Belges, selon les lois du pays, et sans être assujetis, à raison de leur qualité d'étrangers, à aucun prélèvement ou impôt qui ne serait pas dû par les nationaux.

La même réciprocité entre les citoyens des deux pays existera pour les donations entre vifs.

Lors de l'exportation des biens recueillis ou acquis à quelque titre que ce soit, par des Belges dans le Mexique, ou par des Mexicains en Belgique, il ne sera prélevé, sur ces biens, aucun droit de détraction ou d'émigration, ni aucun droit quelconque auquel les nationaux ne seraient pas assujettis.

Les dispositions qui précédent sont applicables à toutes les translations de biens en général, dont l'exportation n'a point encore été effectuée.

6

### ART. VIII.

Serán considerados como buques mexicanos en Bélgica, y como buques belgas en México, todos los buques que navegaren bajo las banderas respectivas y que llevaren las cartas de mar y documentos exigidos por las leyes de cada uno de los Estados, para la justificacion de la nacionalidad de los buques de comercio.

### ART. IX.

Los buques de cada una de las dos naciones contratantes que entraren en lastre, ó cargados en los puertos de la otra, ó que salieren de ellos, por mar, por rios ó canales, sea cual fuere el lugar de su partida, ó el de su destino, no estarán sujetos, tanto á la entrada, como á la salida y al paso, á otros derechos de toneladas, de puerto, de fanal, de piloto, de cuarentena, en fin, á derechos ó cargas de cualquiera naturaleza ó denominacion que sean, establecidos ó percibidos á nombre del Gobierno, de funcionarios públicos de municipio, ó establecimientos cualesquiera, que no estén actualmente ó estuvieren en lo sucesivo impuestos á los buques nacionales.

### ART. X.

En lo concerniente á la colocacion de los buques á la carga y descarga en los puertos, radas ensenadas y fondeaderos, y en general en cuanto á todas las formalidades y disposiciones cualesquiera á que puedan estar sujetos los buques de comercio, su tripulacion y carga, queda convenido que no se concederá á los buques nacionales ningun privilegio ó favor, que no se conceda igualmente á los del otro Estado, siendo la voluntad de

### ART, VIII.

Seront considérés comme navires belges dans le Mexique et comme navires mexicains en Belgique, tous les
navires qui navigueront sous les pavillons respectifs, et
qui seront porteurs des papiers de bord et des documents exigés par les lois de chacun des deux Etats,
pour la justification de la nationalité des bâtiments de
commerce.

### ART, IX.

Les navires de chacune des deux nations contractantes qui entreront sur lest ou chargés dans les ports de
l'autre ou qui en sortiront, soit par mer, soit par rivières
ou canaux, quelque soit le lieu de leur départ ou celui
de leur destination, ne seront assujettis tant à l'entrée
qu'à la sortie et au passage à des droits de tonnage,
de port, de fanal, de pilotage, de quarantaine, enfin à
des droits et charges de quelque nature ou dénomina-
tion que ce soit, perçus ou établis au nom du gouvernement, de fonctionnaires publics, de communes ou d'é-
tablissements quelconques, autres que ceux qui sont actuellement ou pourront par la suite être imposés aux
bâtiments nationaux.

### ART. X.

En ce qui concerne le placement des navires, leur
chargement et déchargement dans les ports, rades, ha-
vres et bassins, et généralement pour toutes les formalités et dispositions quelconques aux quelles peuvent
être soumis les navires de commerce, leur équipage et
leur chargement, il est convenu qu'il ne sera accordé
aux navires nationaux aucun privilège ni aucune faveur
qui ne le soit également à ceux de l'autre Etat, la vo-

las partes contratantes que bajo este respecto sus buques sean tratados con perfecta igualdad.

## ART. XI.

Los buques de una de las partes contratantes que en arribada forzosa entraren en los puertos de la otra, no pagarán otros derechos, ya por el buque, ya por el cargamento, que aquellos á que estuvieren sujetos los buques nacionales en semejante caso, con tal que se probare la necesidad de la arribada, que los buques no hagan ninguna operacion de comercio, y que no permanezcan en los puertos mas tiempo que el exigido por el motivo que ha determinado la arribada.

## ART. XII.

Los buques de guerra de una de las potencias contratantes, podrán entrar, permanecer y repararse en los puertos de la otra, cuyo acceso estuviere concedido á la nacion mas favorecida; estarán sujetos en dichos puertos á las mismas reglas, y gozarán de las mismas ventajas.

## ART XIII.

Los objetos de cualquiera naturaleza importados en los puertos de uno de los dos Estados bajo el pabellon del otro, cualquiera que sea su orígen, y de cualquier país que se haga la importacion, no pagarán otros ni mas altos derechos de entrada, ni estarán sujetos á otras cargas que si fuesen importados bajo pabellon nacional.

## ART. XIV.

Las disposiciones precedentes no regirán respecto á la importacion de sal y de productos de la pesca nacio-

lonté des parties contractantes étant que, sous ce rapport aussi, leurs bâtiments soient traités sur le pied
d'une parfaite égalité.

### ART. XI.

Les navires de l'une des deux parties contractantes,
entrant en relâche forcée daus les ports de l'autre, n'y
payeront, soit pour le bâtiment, soit pour le cargaison,
que les droits auxquels les navires nationaux sont assujettis en semblable cas, pourvu que la nécessité de la
relâche soit légalement constatée, que les navires ne
fassent aucune opération de commerce et qu'ils ne sé-
journent pas plus longtemps dans le port que ne l'exige
le motif qui a déterminé la relâche.

### ART. XII.

Les bâtiments de guerre de l'une des deux puissan-
ces pourront entrer, séjourner et se radouber dans ceux
des ports de l'autre puissance dont l'accès est accordé à
la nation la plus favorisée; ils y seront soumis aux mêmes règles et y jouiront des mêmes avantages.

### ART. XIII.

Les objets de toute nature importés dans les ports de
l'un des deux Etats, sous pavillon de l'autre, quelle que
soit leur origine et de quelque pays qu'ait lieu l'importation, ne payeront d'autres ni de plus forts droits d'entrée, et ne seront assujettis à d'autres charges que s'ils
étaient importés sous pavillon national.

### ART. XIV.

Il n'est dérogué à la disposition précèdente que pour
l'importation du sel ou des produits de la pêche natio-

nal; pues los dos paises se reservan la facultad de conceder privilegios especiales á la importacion de estos
artículos bajo pabellon nacional.

## ART. XV.

Los objetos de cualquiera naturaleza esportados de
uno de los Estados bajo el pabellon del otro, hácia cualquier país, no estarán sujetos á otros derechos ó formalidades que si fueren esportados bajo pabellon nacional.

## ART. XVI.

Los buques mexicanos en Bélgica, y los buques belgas en México, podrán descargar una parte de su cargamento en el puerto de primera arribada, y dirigirse en
seguida con el resto de su carga á otros puertos del
mismo Estado, que estuvieren abiertos al comercio estrangero, ya para acabar alli su descarga, ya para completar su cargamento de vuelta, no pagando en cada
puerto otros ni mayores derechos, que los que pagaren
los buques nacionales en circunstancias semejantes.

En lo concerniente al comercio de cabotaje, los buques de los dos paises serán recíprocamente tratados
bajo el mismo pié que los buques de la nacion mas favorecida.

## ART. XVII

Durante el tiempo fijado por las leyes respectivas de
los dos países para el depósito de las mercancías, no se
cobrarán otros derechos, que los de guarda y almace-
naje, sobre los objetos importados de uno de los dos
países al otro, mientras se realiza su tránsito, reembar-
que ó consumo.

nale; les deux pays se réservant la faculté d'accorder
des privilèges spéciaux aux importations de ces articles
sous pavillon national.

## ART. XV.

Les objets de toute nature exportés de l'un des deux
Etats, sous pavillon de l'autre, vers quelque pays que ce
soit, ne seront pas soumis à d'autres droits ou d'autres
formalités, que s'ils étaient exportés sous pavillon national.

## ART. XVI.

Les bâtiments belges dans le Mexique et les bâtiments
mexicains en Belgique, pourront décharger une partie
de leur cargaison dans le port de prime abord, et se ren-
dre ensuite avec le reste de leur cargaison dans d'autres
ports du même Etat, qui seront ouverts au commerce
extérieur, soit pour y achever de débarquer leur chargement, soit pour y compléter leur chargement de retour,
en ne payant, dans chaque port, d'autres ni de plus forts
droits, que ceux qui payent les bâtiments nationaux dans
des circonstances semblables.

En ce qui concerne l'exercice du cabotage, les navires des deux pays seront traités, de part et d'autre, sur
le même pied que les navires des nations les plus favorisées.

## ART. XVII.

Pendant le temps fixé par les lois des deux pays res-
pectivement, pour l'entreposage des marchandises, il ne
sera perçu aucuns droits autres que ceux de garde et
d'emmagasinage, sur les objets importés de l'un des
deux pays dans l'autre, en attendant leur transit, leur
réexportation ou leur mise en consommation.

Estos objetos en ningun caso pagarán mayores derechos o estarán sujetos á otras formalidades, que si fuesen importados bajo pabellon nacional ó procediesen del país mas favorecido.

## ART. XVIII.

Los objetos de cualquiera naturaleza, procedentes de México ó enviados á México, gozarán en su pasaje por el territorio belga, en tránsito directo ó por reesportacion, del tratamiento aplicable en las mismas circunstancias á los objetos que vengan de él, ó que se destinen al país mas favorecido.

Recíprocamente los objetos de cualquiera naturaleza procedentes de Bélgica, ó enviados á este país, gozarán en su pasaje por el territorio mexicano, del tratamiento aplicable en las mismas circunstancias, á los objetos que vengan de él, ó que se destinen al país mas favorecido.

Queda especialmente convenido que en el caso de establecerse cualquiera via de comunicacion entre los dos Oceanos al través del territorio mexicano, los belgas, sus buques, sus mercancías, sus correspondencias, y sus propiedades de toda especie, no estarán sujetos á otros derechos, peajes, cargas ó formalidades que aquellos á que estuvieren sujetos en las mismas circunstancias los ciudadanos, los buques, las mercancías, las correspondencias y las propiedades de cualquiera otro país sea el que fuere.

## ART. XIX.

Ni una ni otra de las partes contratantes impondrá á las mercancías agrícolas, industriales ó procedentes de los depósitos de la otra parte, otros ni mayores derechos de importacion ó de reesportacion, que aquellos que se impusieren á las mismas mercancías procedentes de cualquier Estado estrangero.

Ces objets, en aucun cas, ne payeront de plus forts droits et ne serout assujettis à d'autres formalités, que s'ils avaient été importés sous pavillon national ou provenaient du pays le plus favorisé.

### ART. XVIII.

Les objéts de toute nature, provenant de Belgique ou expédiés vers la Belgique, jouiront, à leur passage par le territoire du Mexique, en transit direct ou par réexportation, du traitement applicable dans les mêmes circonstances aux objets venant ou en destination du pays le plus favorisé.

Reciproquement, les objets de toute nature, provenant du Mexique, ou expédiés vers ce pays, jouiront, à leur passage par le territoire belge, du traitement applicable dans les mêmes circonstances aux objets venant ou en destination du pays le plus favorisé.

Il est spécialement entendu que, dans le cas où une voie de communication quelconque entre les deux Oceans viendrait à être établie à travers le territoire du Mexique, les Belges, leurs navires, leurs marchandises, leurs correspondances, et leurs propriétés de toute nature, ne pourront être assujettis à des droits, péages, charges ou formalités autres que ceux auxquels seront assujettis dans les mêmes circonstances, les citoyens, les navires, les marchandises, les correspondances et les propriétés de toute autre pays quelqu'il soit.

### ART. XIX.

Ni l'une ni l'autre des parties contractantes n'imposera sur les marchandises provenant du sol, de l'industrie ou des entrepôts de l'autre partie, d'autres ni de plus forts droits d'importation ou de réexportation que ceux qui scront imposés sur les mêmes marchandises provenant de tout autre Etat étranger.

7

No se impondrán á las mercancías esportadas de un país al otro, otros ni mayores derechos, que si ellas fueren esportadas á cualquier país estrangero.

De la misma manera en el comercio recíproco de ambas partes contratantes, no habrá ninguna prohibicion de importar ó esportar cualesquiera artículos, que no se estienda igualmente á todas las demas naciones.

## ART. XX.

Podrán establecerse Cónsules generales, Cónsules, Vice-Cónsules y agentes consulares de cada uno de los dos paises en el otro, para la proteccion del comercio; estos agentes no funcionarán, ni gozarán de los derechos, privilegios é inmunidades que les correspondan, sino despues de haber obtenido la autorizacion del gobierno territorial. Este conserva el derecho de determinar las residencias en que le conviene admitir cónsules, en la inteligencia de que bajo este respecto los dos gobiernos no se opondrán respectivamente ninguna restriccion que no sea comun en su país á todas las naciones.

## ART. XXI.

Los cónsules generales, los cónsules, vice-cónsules y agentes consulares de México en Bélgica gozarán de los mismos privilegios, inmunidades y exenciones de que gozaren los agentes de la nacion mas favorecida, de la misma calidad, y en las mismas condiciones.

Los cónsules generales, los cónsules, vice-cónsules y agentes consulares de la Bélgica, serán tratados en México de la misma manera.

## ART. XXII.

Los cónsules mexicanos podrán hacer que se arresten y se remitan sea á bordo, sea á México, los marine-

Il ne sera imposé sur les marchandises exportées d'un
pays vers l'autre, d'autres ni de plus forts droits que si
elles étaient exportées vers tout autre pays étranger.

Pareillement aucune prohibition d'importation on
d'exportation de quelque article que ce soit, n'aura lieu
dans le commerce réciproque des parties contractantes
qu'elle ne soit également étendue à toutes les nations.

## ART. XX.

Il pourra être établi des Consuls généraux, Consuls,
des Vice–Consuls et des agents consulaires de chacun
des deux pays dans l'autre pour la protection du commerce; ces agents n'entreront en fonctions et en jouis-
sance des droits, privilèges et immunités qui leur re-
viendront, qu'après en avoir obtenu l'autorisation du
gouvernement territorial. Celui-ci conservera, d'ailleurs,
le droit de déterminer les résidences où il lui convien-
dra d'admettre des Consuls, bien entendu que, sous ce
rapport, les deux gouvernements ne s'opposeront res-
pectivement aucune restriction qui ne soit commune
dans leur pays à toutes les nations.

## ART. XXI.

Les Consuls généraux, Consuls, Vice–Consuls et
agents consulaires de Belgique dans le Mexique jouiront de tous les privilèges, immunités et exemptions
dont jouissent les agents de la nation la plus favorisé de
même qualité et dans les mêmes conditions.

Il en sera de même, en Belgique, pour les Consuls
généraux, Consuls, Vice–Consuls et agents consulaires
du Mexique.

## ART. XXII.

Les Consuls de Belgique pourront faire arrêter et
renvoyer soit à bord, soit en Belgique, les marins qui

ros que hubieren desertado de los buques mexicanos en
los puertos belgas. A este efecto se dirigirán por escrito á las autoridades locales competentes, y justificarán
por la exhibicion original ó por copia debidamente cer-
tificada de los registros de los buques, ó roles de la tripulacion, ó por otros documentos oficiales, que los individuos que reclaman hacian parte de dicha tripulacion. Sobre esta demanda así probada les será concedida la estradicion de los desertores

Se les dará auxilio eficaz para la pesquisa y el arresto de dichos desertores, que serán detenidos en las casas de detencion del país, á peticion y á espensas de los
cónsules, hasta que estos agentes hallaren ocasion de
hacerlos partir.

Sin embargo, si esta ocasion no se presentare en el
término de dos meses, contados desde el dia de su arresto, los desertores serán puestos en libertad y no se
les volverá á arrestar por la misma causa.

Los marineros belgas, estarán exentos de la presente disposicion á no ser que sean mexicanos por natura-
lizacion.

Si el desertor hubiere cometido algun delito en el territorio belga, su estradicion, será diferida hasta que los
tribunales competentes pronuncien su sentencia, y hasta que ésta se haya ejecutado.

Los cónsules de Bélgica tendrán exactamente los
mismos derechos en México.

## ART. XXIII.

Todas las operaciones relativas al salvamento de los
buques mexicanos naufragados ó encallados en las costas de Bélgica, serán dirigidas por los agentes consulares de México, y recíprocamente los agentes consulares
de Bélgica dirigirán las operaciones relativas al salvamento de los buques de su nacion naufragados ó encallados en las costas de México.

auraient déserté des bâtiments belges dans les ports du
Mexique. A cet effet, ils s'adresseront par écrit aux autorités locales compétentes et justifieront, par l'exhibi-
tion, en original ou en copie dûment certifiée, des regis-
tres du bâtiment ou du rôls d'équipage, ou par d'autres
documents officiels, que les individus qu'ils réclament
faisaient partie du dit équipage. Sur cette demande
ainsi justifiée, la remise leur sera accordée.

Il leur sera donné toute aide pour la recherche et
l'arrestation des dits déserteurs, qui seront même déte-
nus dans les maisons d'arrêt du pays, à la réquisition et
aux frais des Consuls, jusqu'à ce que ces agents aient
trouvé une occasion de les faire partir

Si pourtant, cette occasion ne ce présentait pas dans
un délai de deux mois à compter du jour de l'arrestation,
les déserteurs seraient mis en liberté et ne pourraient
plus être arrêtés pour la même cause.

Il est entendu que les marins, citoyens du Mexique,
sont exceptés de la présente disposition, à moins qu'ils
ne soient naturalisés Belges.

Si le déserteur avait commis quelque délit sur le territoire du Mexique, son renvoi serait différé jusqu'à ce
que le tribunal compétent eût rendu son jugement, et
que ce jugement eût reçu son exécution.

Les Consuls du Mexique auront exactement les mêmes droits en Belgique.

### ART. XXIII.

Toutes les opérations relatives au sauvetage des navires belges naufragés ou échoués sur les côtes du Mexique seront dirigées par les agents consulaires de Belgique, et, réciproquement, les agents consulaires du
Mexique dirigeront les opérations relatives au sauvetage des navires de leur nation, naufragés ou échoués
sur les côtes de la Belgique.

Sin embargo, si las partes interesadas estuvieren pre-sentes, ó si los capitanes tuvieren poderes bastantes, se les dejará la administracion de los naufragios.

La intervencion de las autoridades locales solo ten-drá lugar para mantener el órden, garantizar los intere-sas de los que se han hecho cargo del salvamento, si son estraños á las tripulaciones naufragadas, y asegurar la ejecucion de las disposiciones que se deben observar para la entrada y la salida de las mercancías salvadas. En ausencia de los agentes consulares, y hasta su lle-gada, las autoridades locales tomarán todas las medidas necesarias á la proteccion de los individuos, y á la con-servacion de los efectos naufragados.

Las mercancías salvadas no estarán sujetas á ningun derecho de aduana, ú otro; á no ser que sean admitidas al comercio interior.

### ART. XXIV.

Los buques, mercancías ó efectos pertenecientes á los ciudadanos respectivos que hubieren sido apresados por piratas, y que fueren conducidos ó hallados en los puer-tos de una ú otra parte contratante, serán entregados á sus propietarios, pagando, si hay lugar, los gastos de represa que serán determinados por los tribunales com-petentes, cuando el derecho de propiedad se probare ante estos tribunales, y sobre la reclamacion que debe-rá hacerse en el término de un ano por los interesados, por sus apoderados ó por los agentes de los gobiernos respectivos.

### ART. XXV.

Si una de las partes contratantes estuviere en guer-ra con cualquier Estado, los ciudadanos de la otra par-te podrán continuar su comercio y su navegacion con

Toutefois, si les parties intéressées se trouvent sur les lieux ou si les capitaines sont munis de pouvoirs suffisants, l'administration des naufrages leur sera remise.

L'intervention des autorités locales aura seulement lieu pour maintenir l'ordre, garantir les intérêts des sauveteurs. s'ils sont étrangers aux équipages naufragés, et assurer l'exécution des dispositions à observer pour l'entrée et la sortie des marchandises sauvées. En l'absence et jusqu'à l'arrivée des agents consulaires, les autorités locales devront, d'ailleurs, prendre toutes les mesures necessaires pour la protection des individus et la conservation des effets naufragés

Les marchandises sauvées ne seront jamais assujetties à aucun droit de douane ou autre, à moins qu'elles ne soient admises à la consommation intérieure.

## ART. XXIV.

Les navires, marchandises ou effets appartenant aux citoyens respectifs, qui auraient été pris par des pirates et qui seraient conduits ou trouvés dans les ports de l'une ou de l'autre partie contractante, seront remis à leurs propriétaires, en payant, s'il y a lieu, les frais de reprise qui seront déterminés par les tribunaux compétents, lorsque le droit de propriété sera prouvé devant ces tribunaux et sur la réclamation qui devra en être faite, dans le délai d'un an, par les intéressés par leurs fondés de pouvoirs ou par les agents des gouvernements respectifs.

## ART. XXV.

Si l'une des parties contractantes entre en guerre avec un État quelconque, les citoyens de l'autre partie pourront continuer leur commerce et leur navigation

este mismo Estado, esceptuando las ciudades ó puertos que estuvieren sitiadas, ó bloqueadas por tierra ó mar.

El bloqueo deberá ser efectivo para ser obligatorio, es decir, mantenido por una fuerza suficiente para impedir realmente el acceso del punto bloqueado.

Teniendo en consideracion la distancia de los Estados de las partes contratantes, y la incertidumbre que de ella resulta de los diversos acontecimientos que pueden tener lugar en ambos lados, queda convenido que un buque que intentare entrar en un puerto sitiado ó bloqueado sin tener conocimiento del sitio ó del bloqueo, podrá dirigirse con su cargamento hácia cualquier otro lugar que le pareciere conveniente, á no ser que dicho buque persista en querer entrar á pesar de la intimacion legal, conocida en tiempo oportuno, del comandante de las fuerzas militares del bloqueo ó del sitio.

Si un buque perteneciente á una de las partes contratantes se encuentra, antes de comenzarse el bloqueo ó el sitio, en un puerto sitiado ó bloqueado por las fuerzas de la otra parte, este buque podrá salir libremente con su cargamento. No estará sujeto á confiscacion ni á embarazo alguno, si se encontrare en el puerto despues de la toma ó rendicion de la plaza.

La libertad de comerciar y de navegar, estipulada en el párrafo primero del presente artículo, no se estenderá á los artículos de contrabando de guerra.


## ART. XXVI.

Si una de las partes se mantiene neutral cuando la otra estuviere en guerra con una tercera potencia, las mercancías cubiertas por la bandera de la parte neutral se reputarán neutrales, aun cuando pertenezcan á los enemigos de la parte que estuviere en guerra, y las mercancías pertenecientes á la parte neutral no podrán ser

avec ce même Etat à l'exception, toutefois, des villes ou ports qui seraient assiégés ou bloqués par terre ou par mer.

Pour être obligatoire, le blocus devra être effectif, c'est à dire, maintenu par une force suffisante pour interdire réellement l'accès de l'endroit bloqué.

Prenant en considération l'éloignement des Etats des parties contractantes, et l'incertitude qui en résulte sur les divers événements qui peuvent avoir lieu des deux côtés, il est convenu qu'un bâtiment qui tentera d'entrer dans un port assiégé ou bloqué sans avoir connaissance du siège ou du blocus, pourra se diriger avec sa cargaison vers tout autre lieu qui lui paraîtra convenable; à moins que le dit bâtiment ne persiste à vouloir entrer, malgré la sommation légale, connue en temps opportun, du commandant des forces militaires du blocus ou du siège.

Si un bâtiment appartenant à l'une des parties contractantes se trouve, avant l'ouverture du blocus ou du siège, dans un port assiégé ou bloqué par les forces de l'autre partie, ce bâtiment pourra librement sortir avec sa cargaison. Il ne sera sujet à aucune confiscation, à aucune trouble quelconque, s'il était trouvé dans le port après la prise ou la reddition de la place.

Il est bien entendu que la liberté de commercer et de naviguer, stipulée au paragraphe premier du présent article, ne s'étendra pas aux articles de contrebande de guerre.

## ART. XXVI.

Si l'une des parties reste neutre quand l'autre est en guerre avec une tierce puissance, les marchandises couvertes du pavillon de la partie neutre seront réputées neutres, alors même qu'elles appartiendraient aux ennemis de la partie qui est en guerre, et les marchandises appartenant à la partie neutre ne seront pas saisissables tomadas, aun cuando se encuentren á bordo de buques enemigos de la otra parte.

Los artículos de contrabando de guerra se esceptúan del beneficio de esta doble disposicion.

## ART. XXVII.

Estando en guerra una de las partes contratantes con un país cualquiera, la otra parte no podrá en ningun caso, autorizar á sus nacionales para tomar ni recibir patentes de corso para obrar hostilmente contra la primera, ó para perturbar el comercio ó la propiedad de los ciudadanos de ésta.

## ART. XXVIII.

Las dos partes contratantes han convenido en que los agentes diplomáticos, los ciudadanos de todas clases, los buques y las mercancías de uno de los dos Estados, gozarán en el otro, de las franquicias, reducciones de derechos, privilegios, y cualesquiera inmunidades consentidas, ó que se consintieren en provecho de la nacion mas favorecida, gratuitamente si la concesion es gratuita, ó con la misma compensacion, si la concesion es condicional.

Esta cláusula general no perjudica á las disposiciones precedentes que estipulan de pleno derecho y sin condicion el tratamiento de la nacion mas favorecida.

## ART. XXIX.

El presente tratado durará diez años, que empezarán á contarse dos meses despues del cange de las ratificaciones. Si un ano antes de espirar este plazo, ninguna

alors même qu'elles seront trouvées à bord des navires
ennemis de l'autre partie.

Bien entendu que les articles de contrebande de guerre sont exceptés du bénéfice de cette double disposition.

### ART. XXVII.

L'une des parties contractantes étant en guerre avec
un pays quelconque, l'autre partie ne pourra, en aucun
cas, autoriser ses nationaux à prendre ni accepter des
lettres de marque pour agir hostilement contre la pre-
mière, ou pour inquiéter le commerce ou la propriété
des citoyens de celle-ci.

### ART. XXVIII.

Il est formellement convenu, entre les deux parties
contractantes, que les agents diplomatiques, les citoyens
de toute classe, les navires, et les marchandises de l'un
des deux Etats, jouiront, dans l'autre, des franchises,
réductions de droits, privilèges et immunités quelconques consentis ou à consentir au profit de la nation la
plus favorisée, et ce gratuitement, si la concession est
gratuite, ou avec la même compensation, si la concession est conditionnelle.

Il est, d'ailleurs, entendu que cette clause générale
ne porte pas préjudice aux dispositions précèdentes, qui
stipulent, de plein droit et sans condition, le traitement
de la nation la plus favorisée.

### ART. XXIX.

Le présent Traité sera en vigueur pendant dix ans, qui
commenceront à courir deux mois après l'échange des
ratifications. Si, un an avant l'expiration de ce terme,

de las partes contratantes anunciare por una declaracion oficial su intencion de hacer cesar los efectos de
este tratado, él será obligatorio durante un ano, y así
sucesivamente de ano en ano.

## ART. XXX.

El presente tratado será ratificado, y sus ratificaciones serán cangeadas en el término de diez y ocho me
ses, ó antes si fuere posible.

En fe de lo cual, los plenipotenciarios respectivos lo
han firmado y sellado.

Fecho en México, á veinte dias del mes de Julio del
ano de gracia, mil ochocientos sesenta y uno.


(L. S.) EZEQUIEL MONTES.

(L. S.) AUGUSTE T'KINT.

ni l'une ni l'autre des parties contractantes n'annonce, par une déclaration officieile, son intention d'en faire cesser les effets, le Traité restera encore obligatoire pendant une année, et ainsi de suite d'année eu année.

## ART. XXX.

Le présent Traité sera ratifié, et les ratifications en seront échangées dans le délai de dix-huit mois, ou plus tôt, si faire se peut.

En foi de quoi, les Plénipotentiaires respectifs l'ont signé et y ont apposé leurs cachets.

Fait à Mexique, le vingt Juillet de l'an de grâce, mil huit cent soixante et un.


(L. S.) Auguste T'Kint.

(L. S.) Ezequiel Montes.

Visto y examinado el Tratado que antecede, y mereciendo mi aprobacion, en uso de las amplias facultades de que me hallo investido, lo acepto, ratifico y confirmo, y prometo en nombre de la República Mexicana, cumplirlo y observarlo, y hacer que se cumpla y observe fielmente cuanto en él se contiene. En fé de lo cual he firmado de mi mano la presente ratificacion autorizada con el gran sello de la Nacion, y refrendada por el Ministro de Relaciones Esteriores y Gobenacion, en el Palacio Nacional de México, á los veintisiete dias del mes de Diciembre del ano del Señor de mil ochocientos sesenta y uno, y cuarenta y uno de la Independencia de la Nacion.—(Gran sello.)—*Benito Juarez.*—*Manuel Doblado,* Ministro de Relaciones Esteriores y Gobernacion.

Y habiendo sido igualmente aprobado y ratificado el preinserto Tratado por S M. el Rev de los Belgas, y cangeadas las ratificaciones por los Plenipotenciarios respectivos en Lóndres el dia 21 de Marzo del presente ano, mando se inprima, publique, circule y se le dé el debido cumplimiento. Palacio Nacional de México, á 12 de Mayo de 1862 —*Benito Juarez.*—Al C. Manuel Doblado, Ministro de Relaciones Esteriores y Gobernacion.”

Y lo comunico á V. para su conocimiento y fines consiguientes.

Dios y Libertad. México, &c.—*Doblado.*

Se publicó en bando del dia 13 de Junio.

## Mayo 12.

### DECRETO POR LA SECRETARIA DE RELACIONES Y GOBERNACION.

*Estado de Aguascalientes. Se declara en el de sitio.*

El C. Presidente de la República se ha servido dirigirme el decreto que sigue:

"*Benito Juarez, Presidente constitucional de los Estados-Unidos Mexicanos, á sus habitantes, sabed:*

Que en atencion á las circunstancias en que se encuentra la República, y haciendo uso de las omnímodas facultades de que me hallo investido, he tenido á bien decretar lo siguiente:

Artículo único. Se declara el Estado de Aguascalientes en estado de sitio. La autoridad nombrada al efecto por el Supremo Gobierno, reasumirá desde luego los mandos político y militar de dicho Estado.

Por tanto, mando se imprima, publique, circule y observe. Dado en el Palacio nacional de México, á doce de Mayo de mil ochocientos sesenta y dos.—*Benito Juarez.*—Al C. Manuel Doblado, Ministro de Relaciones Esteriores y Gobernacion."

Y lo comunico á V. para su inteligencia y fines consiguientes.

Libertad y Reforma. México, &c.—*Doblado.*

## Mayo 13.

### DECRETO POR LA SECRETARIA DE HACIENDA.

—

*Exencion de doble alcabala en el Distrito federal á varios artículos.*

El C. Presidente de la República se ha servido dirigirme el decreto que sigue:

"*Benito Juarez, Presidente constitucional de los Estados-Unidos Mexicanos, á sus habitantes, sabed:*

Que en uso de las amplias facultades de que me hallo investido, he tenido á bien decretar lo que sigue:

Artículo único. Se comprenden en el art. 1.º del decreto de 5 del actual los artículos siguientes:

| | |
|---|---|
| Paja. | Semilla de nabo. |
| Maiz. | Idem de ajonjolí. |
| Leche. | Cal. |

Por tanto, mando se imprima, publique y se le dé su debido cumplimiento. Palacio nacional en México, á 13 de Mayo de 1862 —*Benito Juarez.*—Al C. Manuel Doblado, Ministro de Relaciones y Gobernacion, y encargado de la Secretaría de Hacienda y Crédito Público."

Y lo inserto á V. para su cumplimiento.

Libertad y Reforma. México, &c.—*Doblado.*

Se publicó en bando de 15 del presente.

## Mayo 13.

CIRCULAR NUM. 48 POR LA SECRETARIA DE HACIENDA.

*Derecho de contraregistro. Se reduce á veinte por ciento.*

El C. Presidente constitucional de la República, en uso de las amplias facultades de que se halla investido, y deseando conceder al comercio todas las franquicias que sean posibles, se ha servido acordar que el derecho de contraregistro que se aumentó por la ley de Diciembre último,[1] se reduzca á 20 por 100 que antes se pagaba, conforme al art. 11 de la Ordenanza general de Aduanas marítimas,[2] pudiendo en consecuencia espedirse en los Estados las respectivas guias conforme se determina en leyes anteriores

Lo que de órden suprema comunico á V. para su cumplimiento, en concepto de que si en algun Estado. se hubiere rebajado el derecho de contraregistro, la disposicion relativa quedará nula y se sujetará el cobro de dicho derecho á las disposiciones vigentes, así como tambien á la presente.

Libertad y Reforma. México, &c.—*Doblado.*

## Mayo 13.

CIRCULAR NUM. 49 POR LA SECRETARIA DE HACIENDA.

*Gobernadores de los Estados   Quedan revocadas las disposiciones espedidas hasta la fecha, facultándolos para disponer de las rentas federales, y prevenciones consiguientes.*

Estando agobiado el Gobierno federal con la multitud de gastos consiguientes á la aglomeracion de las fuerzas que están combatiendo la invasion estrangera y la

1   Recopilacion de Diciembre, pág. 27.
2   Su fecha, Enero 31 de 856. Archivo Mexicano, tomo I, pág. 629.

reaccion en algunos Estados, y necesitando en consecuencia el mismo Gobierno no solo de sus rentas ordinarias, sino tambien de recursos estraordinarios, el C. Presidente ha tenido á bien resolver que queden revocadas todas las disposiciones que hasta la fecha se han dictado concediendo á los ciudadanos Gobernadores de los Estados facultades estraordinarias para disponer de las rentas federales.

Por lo mismo, el primer Gefe de la Nacion previene comunique á V. que desde el recibo de la presente órden queden en el uso espedito de sus atribuciones los empleados del Gobierno federal en ese Estado, sin que éstos puedan obedecer mas órdenes que las que dicte el Supremo Gobierno por conducto de esta Secretaría, en la inteligencia de que cualquiera falta á esta disposicion será caso de grave responsabilidad para la autoridad ó funcionario que la cometa, sea cual fuere su categoría.

De suprema órden tengo la honra de comunicarlo á V. para su puntual cumplimiento, renovándole las seguridades de mi distinguida consideracion.

*Se insertó en circular núm. 50, fecha 22 del presente, librada por la Direccion general de la renta del papel sellado.*

----

## Mayo 14.

### GOBIERNO DEL DISTRITO FEDERAL.

#### BANDO.

*Prevenciones dirigidas á evitar incendios maliciosos en las casas aseguradas en el país ó en el estrangero.*

ANASTASIO PARRODI, general de division y en gefe del ejército del Distrito, á los habitantes de éste, sabed:

Que en uso de las amplias facultades de que me encuentro investido, y considerando:

Que la fama pública atribuye á fraudulentas maquinaciones en contra de las casas de seguros los frecuentes incendios acaecidos en las negociaciones mercantiles de esta capital: que la autoridad está en el deber de cuidar la propiedad nacional y de proteger la estrangera, así como de procurar que la benéfica institucion de los seguros no redunde en perjuicio de las poblaciones y de los aseguradores, ni se convierta en paliativo de criminales esplotaciones; á reserva de lo que el legislador tenga á bien determinar, he decretado lo siguiente:

Art. 1 ? Los dueños ó encargados de negociaciones mercantiles establecidas en el Distrito y aseguradas en el país ó en el estrangero, presentarán, dentro del término de veinte dias contados desde la fecha, las respectivas pólizas de seguros en la Secretaría de Gobierno, para que se tome razon de ellas en un registro que se abrirá con este objeto.

Art. 2 ? Las personas de quienes habla el artículo anterior quedan igualmente obligadas á manifestar las pólizas, dentro del mismo término, al propietario de la finca en que se encuentre establecida la negociacion asegurada ó á la persona que lo represente, á fin de acordar el aseguramiento del edificio para el caso de incendio; bajo el concepto de que sean cuales fueren las condiciones del arrendamiento no pueden servir de pretesto al inquilino para eludir la obligacion que se le impone, y de la cual solo el propietario puede eximirle, otorgándole la constancia correspondiente.

Art. 3 ? La infraccion del art. 1 ?, ademas de que se la considerará como una vehemente presuncion de dolo, será castigada con una multa de quinientos pesos, que se exigirá gubernativamente, sin perjuicio de compeler al infractor á la exhibicion de la póliza. La infraccion del art. 2 ? da derecho al arrendador para pedir la desocupacion de la finca, puesto que por la prestacion de la culpa leve está el inquilino obligado á conservar la cosa arrendada con el mismo cuidado que sus propios bienes.

Art. 4.° Si prestándose el inquilino al convenio, se dificultare éste por ser exageradas é inequitativas las pretensiones del propietario, ocurrirá el primero al Gobierno para que con su mediacion se espedite el arreglo, ó bien para que determine lo que crea justo.

Art. 5.° Los duenos ó encargados de las negociaciones aseguradas que en lo sucesivo se establezcan, harán, dentro de los ocho dias siguientes al de la apertura, la manifestacion de que habla el art. 1.°, dando á la Secretaría de Gobierno cuenta del convenio celebrado con el arrendador respecto del aseguramiento de la finca.

Art. 6.° En caso de subarrendamiento, el arrendatario, en representacion y conforme á las instrucciones del locador, ejercerá respecto del subarrendatario los derechos que por este decreto se conceden al segundo. La negligencia del arrendatario da derecho al locador para exigirle el resarcimiento de daños y perjuicios.

Art. 7.° Los propietarios pueden renunciar libremente los derechos que por este decreto se les conceden.

Art. 8.° En todo caso de incendio se formará de oficio una averiguacion judicial para proceder al castigo de los que resulten culpables. La declaracion que sobre este punto se haga, en nada perjudica las acciones civiles, ni prejuzga la resolucion que respecto de ellas haya de dictarse.

Y para que llegue á noticia de todos, mando se imprima, publique y circule.

México, &c.—*A. Parrodi.*—*Francisco J. Villalobos,* secretario.

## Mayo 14.

DECRETO POR LA SECRETARIA DE JUSTICIA.

*Dispensa en favor del C. José de Jesus Romero.*

' El Presidente de la República me ha dirigido el decreto que sigue:

"*El C. Benito Juarez, Presidente constitucional de los Estados-Unidos Mexicanos, á sus habitantes, sabed:*

Que el Congreso de la Union ha decretado lo siguiente:

Artículo único. Se dispensa al C. José de Jesus Romero el tiempo de práctica que le falta para recibirse de abogado.

Dado en el salon de sesiones del Congreso de la Union en México, á 12 de Mayo de 1862.—*J. Linares,* diputado presidente.—*M. M. Ovando,* diputado secretario.—*Remigio Ibanez,* diputado secretario.

Por tanto, mando se imprima, publique y cumpla. Palacio nacional del Gobierno en México, á 14 de Mayo de 1862.—*Benito Juarez.*—Al C. Ministro de Justicia, Fomento é Instruccion pública."

Y lo trascribo á V. para su promulgacion y fines consiguientes.

Dios, Libertad y Reforma. México, &c.—*Teran.*

Se publicó en bando de 19.

## Mayo 15.

### GOBIERNO DEL DISTRITO FEDERAL.

#### BANDO.

En el de este dia se publicó el decreto espedido en 13 del corriente,[1] por la Secretaría de Hacienda. Exencion de doble alcabala en el Distrito á los artículos que espresa.

---

## Mayo 17.

### GOBIERNO DEL DISTRITO FEDERAL.

#### BANDO.

En el de este dia se publicó el decreto espedido en 10 del actual,[2] por la Secretaría de Hacienda. Facultades del contador mayor del ramo.

---

## Mayo 17.

### GOBIERNO DEL DISTRITO FEDERAL.

#### BANDO.

En el de este dia se publicó el decreto espedido por la Secretaría de Hacienda en 10 del presente.[3] Agente especial de negocios anexo á la contaduría mayor, sus deberes, atribuciones y honorarios.

1 Página 60.
2 Página 26.
3 Página 27.

**Mayo 17.**

AVISO DE LA ADMINISTRACION DE RENTAS MUNICIPALES.

*Recuerdo del art.* 8º *de la ley de* 31 *de Marzo último, respecto de propietarios, de fincas situadas en las calles donde hay ó hubiere cañerías principales.*

El art. 8 º de la ley de 31 de Marzo último [1] dice lo que sigue:

"Todos los propietarios de fincas en que ahora, ó en " lo sucesivo, no tengan merced de agua á título de pro - " piedad ó arrendamiento, y que estén situadas en las " calles por donde hay ó hubiere en lo de adelante ca- " nerias principales, pagarán á la ciudad tres pesos men- " suales desde 1 º del próximo Mayo, los que estén en " el caso de este artículo; y los demas, desde que se es- " tablezca en cada calle la respectiva cañería, aun cuan- " do no quieran hacer uso del agua. El cumplimiento " de este artículo podrá suspenderse en determinadas " líneas ó calles, si á juicio del Ayuntamiénto fuere ne- " cesario hacerlo así, para que en alguna otra parte de " la ciudad no carezca de agua el vecindario "

En cumplimiento de lo prevenido en el articulo que antecede, se hace saber á los duenos de las casas situadas en las calles que á continuacion se espresan, que desde 1 º de Junio próximo comienza á causarse la pension referida de tres pesos mensuales, cuyo pago debe hacerse en esta oficina por tercios adelantados, en Enero, Mayo y Setiembre de cada ano. El primer pago correspondiente á los meses de Junio, Julio y Agosto próxi-

1 Recopilacion de ese mes pág. 34.

mos venideros, debe hacerse en los diez primeros dias
del entrante Junio; en el concepto de que pasados los
espresados diez dias, los causantes que no hayan satisfecho su adeudo incurren en los recargos que previene
la citada ley.

## CALLES.

Rivera de San Cosme.
Garita de     idem.
Buenavista.
Calle del Puente de Alvarado.
  Id.  de la Plazuela de San Fernando.
  Id.  de San Hipólito.
  Id.  del Portillo de San Diego.
  Id.  de San Juan de Dios.
  Id.  de la Santa Veracruz.
  Id.  del Puente de la Mariscala.
  Id.  de San Andres.
  Id.  de Santa Clara.
  Id.  de Tacuba.
  Id.  de las Escalerillas.
  Id.  de Santa Teresa la Antigua.
  Id.  del Hospicio de San Nicolás.
  Id.  de la Plazuela de la Santísima.
  Id.  de las Maravillas.
  Id.  de Andalecio.
 'Id.  de la Plazuela de Mixcalco.
  Id.  de Santa Isabel.
  Id,  de la Plazuela de Guardiola
  Id.  1 ? de San Francisco.
  Id.  2 ? de     idem.
  Id.  3 ? de     idem.
  Id.  2 ? de Plateros.
  Id.  1 ? de   idem.
Portal de Mercaderes.
Callejuela.

Calle de la Mariscala.
Id. de las Rejas de la Concepcion.
Id. de la Plazuela de Villamil.
Id. del Puente del Zacate
Id. de la calzada de Santa María.
Id. de idem de los Angeles
Id. de la Plazuela de la Concepcion.
Id. 1ª de San Lorenzo.
Id. 2ª de      idem.
Id. de la Cerca de Santo Domingo.
Id. de la Perpetua.
Id. de la Cervatana.
Id. de los Arcos de Belen.
Id. 1ª del Salto del Agua.
Id. 2ª de      idem.
Id. de D. Toribio.
Id. Verde.
Id. de la Estampa de San Miguel.
Id. de la Garrapata.
Id. de la Plazuela del Tecpam de San Juan.
Id. 3ª de San Juan.
Id. de las Vizcainas.
Id. del Portal de Tejada.
Id. 2ª de Mesones.
Id. 1ª de idem.
Id. del Puente de San Dimas ó Venero.
Id. de San José de Gracia.
Id. de Puesto Nuevo.
Id. de las Gallas.
Id. de Jurado.
Id. del Puente del Blanquillo.
Id. 1ª del Rastro.
Id. de las Ratas.
Id. 2ª de las Damas.
Id. de Tiburcio.
Callejon del Bosque.
Calle 3ª de Revillagigedo.

Calle 2 ª de Revillagigedo.
Id. 1 ª de      idem.
Id. de la Providencia.
Id. de Alconedo
Id. de Nuevo México.
Id. de los Rebeldes.
Callejon de Chiquihuiteras.

México, &c.—Administrador, *Vicente Larrea.* Contador, *Francisco Nájera.*

---

## Mayo 17.

### DECRETO POR LA SECRETARIA DE JUSTICIA.

---

*Se legitima para los efectos que se espresan á la niña Clemencia Boves.*

El C. Presidente de la República se ha servido dirigirme el decreto que sigue:

"*El C. Benito Juarez, Presidente constitucional de los Estados-Unidos Mexicanos, á sus habitantes, sabed:*

Que en uso de las amplias facultades de que me hallo investido, he tenido á bien decretar lo siguiente:

Artículo único. Para los efectos que espresa la última parte del art. 31 de la ley de 10 de Agosto de 1857,[1] se legitima á la niña Clemencia Boves, hija natural de Dª Amalia Boves de Wetmore.

Por tanto, mando se imprima, publique, circule y se le dé el debido cumplimiento. Palacio del Gobierno fe-

---

1 No se encuentra en el tomo III del Archivo Mexicano, pág. 765, que era donde deberia estar, y por lo mismo la publico aquí en cumplimiento de lo que tengo ofrecido para estos casos.

deral en México, á 17 de Mayo de 1862.—*Benito Juarez.*—Al C. Lic. Jesus Teran, Ministro de Justicia, Fomento é Instruccion pública."

Y lo comunico á V. para su inteligencia y fines consiguientes.

Dios, Libertad y Reforma. México &c.—*Teran.*

Se publicó en bando de 24.

### *Ley citada en el decreto anterior.*

MINISTERIO DE JUSTICIA, NEGOCIOS ECLESIASTICOS
E INSTRUCCION PUBLICA.

El Exmo. Sr. Presidente sustituto de la República Mexicana se ha servido dirigirme el decreto que sigue:

*Ignacio Comonfort, Presidente sustituto de la República Mexicana, á los habitantes de ella, sabed: que*

Considerando que la ley sobre sucesiones por testamento y ab-intestato de 2 de Mayo del presente ano, contiene disposiciones, de las cuales se ha creido conveniente al interes público reformar unas y suprimir otras; y en uso de las facultades que me concede el art. 3.° del plan proclamado en Ayutla y reformado en Acapulco, he tenido á bien declarar que no subsiste para lo futuro la citada ley, y decretar en su lugar la siguiente:

## Ley de sucesiones por testamento y ab-intestato.

### SECCION PRIMERA.

#### PREVENCIONES GENERALES.

Art. 1.° El derecho de heredar comienza en el instante mismo en que muere la persona á quien se va á suceder

Art. 2.° Si varias personas, llamadas á la herencia

de otra sucesivamente, muriesen al mismo tiempo, ó por causa de un mismo acontecimiento, sin que pueda averiguarse quiénes de ellas murieron antes, se tendrán como muertas todas en el mismo momento; y en consecuencia, no habrá trasmision de derechos de las unas á las otras, en beneficio de los herederos de éstas. ›

Art. 3 º La prueba de que una persona ha fallecido antes que otra, deberá rendirla el que tenga interes en ello.

Art. 4 º Tendrán derecho á suceder en el órden y términos que se esplicarán en las secciones respectivas:

Los descendientes legítimos o legitimados; los hijos naturales ó espúrios, reconocidos formalmente, y sus descendientes; los ascendientes; el cónyuge que sobreviva; y los colaterales dentro del octavo grado civil.

A falta de todas estas personas, ó cuando sean declaradas inhábiles para la sucesion, pasarán los bienes al erario como vacantes.

Art. 5 º Cuando concurran dos ó mas personas de los diversos órdenes que quedan mencionados, tendrá cada una la parte que se dirá en su lugar respectivo.

Art. 6 º Los bienes de toda sucesion á que tengan derecho los ascendientes ó los colaterales del difunto, se dividirán en dos partes iguales, sin atender á la naturaleza, ni al orígen de los bienes; y se aplicarán, una á los parientes de la línea paterna, y la otra á los de la materna; pero si solo existieren parientes de una línea, éstos adquirirán todos los bienes, repartiéndoselos por cabezas, ó por estirpes, segun las reglas establecidas en las leyes vigentes.

Art. 7 º En la línea ascendente no se admite representacion: en la descendente no tendrá límite; y en la colateral se estenderá solamente á los hijos de los hermanos.

Art. 8 º El doble vínculo de parentesco, no dará derecho de preferencia; pero sí á una doble porcion de bienes, en concurrencia con parientes de una sola línea.

Estos solo heredarán la porcion que les toque en la
parte correspondiente á su línea, cuando concurran con
otros parientes del finado, bien sean carnales, ó solo por
parte del padre, ó de la madre; pero si no hubiere mas
que parientes de una sola línea, se les aplicarán todos
los bienes.

Art. 9? La porcion de cada una de las dos líneas,
no se subdividirá entre las ramas de ellas, sino que se
aplicará al heredero'ó herederos de grado mas próximo,
por cabezas, á no ser que haya lugar á la representacion, en cuyo caso se dividirá por estirpes.

Art. 10. Cuando la muger quedare embarazada y
con hijos, si la particion se hiciere antes del parto, se
reservarán dos porciones para el caso de que los pós-
tumos fueren dos Pero si solo naciere uno, se distribuirá entre éste y los otros hijos, una de las dos partes
reservadas.

Art. 11. Siempre que'en cualquiera instancia se declare la nulidad ó falsedad de *todo* un testamento, aun
cuando se interponga y sea admisible el recurso de
apelacion ó cualquier otro, el juez que pronuncie la
sentencia nombrará de oficio una persona idónea y abo-
nada que administre los bienes del finado, previa la
correspondiente fianza, que deberá darse á satisfaccion
del juez y bajo su responsabilidad. El administrador
durará en la administracion hasta que se revoque la
sentencia que declaró falso ó nulo el testamento, por
otra que cause ejecutoria; ó hasta que llegue el caso
de hacerse á los herederos ab-intestato la adjudicacion
de los bienes, de cuyo monto deducirá los honorarios
que legalmente le correspondan.

Si en cualquiera de estos dos casos no rindiere sus
cuentas *con pago* dentro de un mes improrogable, se
procederá criminalmente contra él, comenzando por
reducirlo á prision, sin perjuicio de la accion civil que
competa contra dicho administrador y su fiador.

Art. 12. En los intestados se nombrará tambien un

administrador (que no podrá serlo el defensor de los bienes) con las mismas formalidades y obligaciones que se han dicho en el artículo próximo anterior. Y tanto el administrador como el defensor, cesarán en su encargo en el momento en que se declare quiénes son los herederos ab-intestato. El denunciante, si lo hubiere no podrá ser ni defensor ni administrador.

Art. 13. No se podrá privar por testamento, de la parte que en esta ley se les asigna, á los descendientes legítimos ó legitimados por subsecuente matrimonio; á los hijos naturales, á los espúrios (siendo unos y otros reconocidos en forma, ó hallándose en alguno de los casos del art. 33) ni á sus descendientes; sino espresándose en el testamento y probándose en él, ó despues, alguna de las causas para la desheredacion, de que habla el art. 26 en las fracciones 5ª, 6ª, 9ª, 10ª, 11ª, 12ª y 13ª Pero sí podrá hacerse esto con el cónyuge que sobreviva y con los parientes colaterales; bien sea preteriéndolos simplemente, ó bien desheredándolos, aun cuando para esto último no se alegue causa alguna.

Art. 14. Lo dicho en el artículo que precede, se entenderá sin perjuicio de la facultad que tendrá todo testador para disponer del quinto en favor de estranos, cuando dejare descendientes legítimos ó legitimados por matrimonio: del tercio, cuando solo dejare ascendientes ó hijos naturales reconocidos; ó de la mitad, quedando hijos espúrios reconocidos.

Art 15. Las mejoras de tercio y quinto subsistirán con las restricciones siguientes:

1ª No podrán hacerse las dos mejoras á una misma persona; y si se hicieren, solo subsistirá la del quinto.

2ª Si hubiere hijos de diversos matrimonios, ninguna de las dos mejoras podrá recaer en los del último, si han sido hechas en testamento otorgado en vida del padrastro ó madrastra.

Art. 16. Cuando haya descendientes legítimos ó legitimados por matrimonio, no se podrá mejorar á los hijos naturales ó espúrios, ni á sus descendientes; ni á los espúrios ni á sus descendientes, cuando existan hijos legítimos ó legitimados por matrimonio, ó naturales reconocidos, ó descendientes de ellos.

Art. 17. Se prohibe á los escribanos, que en las copias que dieren de los testamentos otorgados ante ellos, dejen hojas en blanco rubricadas de su puno; y se declara que no tendrá valor alguno lo que aparezca en las dadas ya, si no es que el testador haya fallecido antes del 2 de Junio.

Art. 18. Quedan abolidas las leyes que concedian los derechos llamados cuarta Falcidia y cuarta Trebeliánica, y las que concedian á los hijos adoptivos y arrogados el derecho de heredar

Art. 19. Ni el sacerdote que confiese, ni el médico que asista al testador en su última enfermedad, podrán ser sus albaceas.

Art 20 En todo caso en que se dejen comunicados secretos, sea de palabra ó por escrito, tendrán los albaceas obligacion de darlos á conocer al juez de la testamentaría y al defensor fiscal, en el Distrito, ó á los promotores fiscales, ó los que hagan sus veces, en los Estados, con la reserva debida y antes de que se aprueben los inventarios, para que así pueda saberse si dichos comunicados son ó no contrarios á las leyes. En el primer caso impedirán dichos funcionarios su cumplimiento, y en el segundo cuidarán de que lo tengan, haciendo que esto se les acredite suficientemente. El albacea que no cumpla con estas prevenciones, pagará de su propio peculio, una multa igual al 25 por 100 del monto de los comunicados secretos.

Art. 21. El derecho de acrecer competerá solo á los herederos ó legatarios á quienes se halla dejado una herencia ó legado en comun, en la misma disposicion testamentaria, y sin designar en ella la parte de cada uno de los coherederos ó colegatarios; á menos que se trate de una cosa indivisible; pues entonces aunque no se les deje espresamente en común, así se supondrá si la herencia ó legado se les dejare en la misma disposicion testamentaria.

Art. 22. Tambien acrecerán al heredero ó legatario universal, los legados que caducaren por haber muerto los legatarios particulares antes que el testador.

Art. 23 Lo dicho en los dos artículos últimos, se entiende sin perjuicio de lo que sobre el derecho de acrecer dispongan los testadores, cuyas determinaciones se observarán religiosamente, siempre que no pugnen con alguno de los artículos de esta ley.

## SECCION SEGUNDA.

### CALIDADES NECESARIAS PARA SUCEDER.

Art. 24. Para suceder se necesita no ser inhábil en el momento que muera el testador.

Art. 25. Serán inhábiles para heredar ab-intestato:

1.º El que todavía no esté concebido en el momento en que muera la persona de cuya sucesion se trate.

2.º El que aun cuando esté concebido, fallezca antes de nacer, ó no nazca *vividero*, esto es, con capacidad de vivir.

No se reputará *vividero* al que naciere con lesion ó defecto orgánico que le impida vivir, ni al que naciere antes de 180 dias contados desde el de la concepcion, sea cual fuere el tiempo que aquel y éste vivan. Fuera de estos dos casos, bastará para que la criatura herede que viva un solo instante.

3.º El hijo nacido *vividero* antes de cumplirse 180 dias contados desde el del casamiento de su madre, será inhábil para heredar ab-intestato al marido de ésta, siempre que aquel lo hubiere desconocido en vida. Si antes del nacimiento del hijo falleciere el marido, sus

herederos tendrán derecho de oponerse á que el hijo
herede al finado, y así se declarará si probaren plenamente que nació antes de espirar los 180 dias susodichos; á menos que se acredite en contrario, que el casamiento se verificó sabiendo el marido que su esposa
estaba embarazada, y no hizo protesta alguna sobre esto
ante juez competente, ó que antes de contraer el matrimonio se halló en alguno de los casos de que habla el
período último del art. 33.

4 ? También será inhábil para heredar al marido de
su madre, el hijo nacido *vividero* en el mes undécimo
despues de muerto el primero, ó divorciado de la segunda, si los herederos de aquel se opusieren, en el primer
caso, á que el hijo sea reputado como del marido, ó éste
lo desconociere en el segundo caso.

Tanto la lesion ó el defecto orgánico mencionados,
como la precocidad del nacimiento, se probarán precisamente con declaracion jurada de dos facultativos que
reconozcan al niño, aun cuando sea despues de muerto.

La prueba de la capacidad para vivir, cuando ésta se
niegue, deberá rendirla el que pretenda la herencia.

Art. 26. Serán inhábiles para heredar por testamento, y aun para adquirir legados:

1 ? El médico que asista y el sacerdote que confiese
al testador en su última enfermedad, si no fueren personas que tengan derecho de heredarle ab intestato;
pues siéndolo, conservarán, para sucederle por testamento y adquirir legados, la misma habilidad que tuvieren antes de asistir ó confesar al testador.

2 ? Los parientes del medico y confesor susodichos,
con la escepcion indicada en la fraccion que precede.

3 ? La iglesia, convento ó monasterio del dicho confesor.

El escribano que, á *sabiendas*, otorgue un testamento en que se contravenga á las tres prevenciones que
anteceden, será privado de oficio. El juez á quien se
presentare el testamento, impondrá de oficio esa pena,

11

procediendo de plano; y si no lo hiciere así, será suspendido por seis meses. Ni sobre la privacion, ni sobre la suspension, se admitirá recurso alguno en el efecto suspensivo; pero sí en el devolutivo.

4 ? Las manos muertas, si la herencia ó legado consistiere en bienes raices.

5 ? El condenado por haber dado, mandado, ó intentado dar muerte á la persona de cuya sucesion se trate, ó á los padres, hijos, ó cónyuge de ésta.

6 ? El que haya hecho contra ella acusacion de delito que merezca pena capital, aun cuando sea fundada, si fuere su descendiente, su ascendiente ó su cónyuge; á menos que esto haya sido preciso para que el acusador salvara su vida, ó la de alguno de sus descendientes, ó ascendientes de un hermano suyo ó de su cónyuge. Pero cuando el finado no fuere descendiente, ascendiente, ni cónyuge del acusador, se necesitará que la acusacion sea declarada calumniosa.

7 ? El mayor de edad que, sabedor de que el difunto no murió naturalmente, no denuncie á la justicia el homicidio, dentro de seis meses contados desde el dia en que llegó á su noticia; á no ser que los tribunales comiencen á proceder de oficio dentro de dicho término. Pero la falta de denuncia no perjudicará al heredero, si fuere descendiente ó ascendiente del homicida, su esposo ó esposa, su hermano, tio, sobrino ó cualquier otro de los parientes colaterales, que se halle en igual ó mas cercano grado de parentesco con el homicida que con el difunto.

Como se ha dicho, hay obligacion de denunciar el homicidio, en los casos no esceptuados; pero en ninguno la habrá de denunciar al homicida.

8 ? El cónyuge supérstite, declarado adúltero en juicio en vida del otro, ó que estuviere divorciado y hubiere dado causa al divorcio, si se tratare de la sucesion del cónyuge difunto.

9 ? La muger condenada como adúltera en vida de

su marido, si se tratare de la sucesion de los hijos legítimos habidos en el matrimonio en que cometió el adulterio.

10. El padre y la madre para heredar al hijo espuesto por ellos.

11. El que hubiere cometido contra la vida ó el honor del difunto, de sus hijos, de su cónyuge ó de sus padres, un atentado por el que deba ser castigado criminalmente, si así se declara en juicio; á menos que se pruebe la existencia de algunos hechos de que *claramente* se infiera haber perdonado el difunto al culpable.

12. El que usare de violencia con el difunto para que hag ó d j de hacer testamento.

13. El padre ó la madre que no reconociere á sus hijos naturales, para heredar á éstos ó á sus descendientes.

Art. 27. Serán inhábiles para suceder por testamento y ab-intestato á sus cómplices, y aun para adquirir los legados que éstos les dejen:

1.° Los declarados incestuosos ó adúlteros.

2.° El clérigo secular ordenado *in sacris*, los religiosos profesos de ambos sexos, y la muger ó el varon con quien tuvieren ayuntamiento carnal, *si fueren declarados judicialmente reos de ese delito.*

Art. 28. Los descendientes del inhábil que pretendan suceder por testamento ó ab-intestato, por derecho propio y no en representacion, no serán escluidos por la inhabilidad de su ascendiente. Pero el padre en ningun caso tendrá el usufructo de los bienes que sus hijos reciban por herencia ó legado, para cuya adquisicion sea aquel inhábil.

## SECCION TERCERA.

### DESCENDIENTES.

Art. 29. Los hijos legítimos ó legitimados por subsecuente matrimonio y sus descendientes, aunque sean de diversos matrimonios, sucederán á sus padres y demas ascendientes en porciones iguales, por cabezas los primeros, y por estirpes los segundos, cuando éstos concurran con otros en representacion de sus padres. Esto se entiende sin perjuicio de lo que deba darse á los hijos naturales, á los espúrios, y al cónyuge supérstite, de cuyos derechos se hablará en artículos separados. Para que la legitimacion por subsecuente matrimonio surta el efecto de hacer al hijo natural completamente hábil para heredar, en concurrencia con los legítimos y los descendientes de éstos, es preciso que sea legalmente reconocido antes de que sus padres contraigan matrimonio, ó á lo mas tarde al tiempo de contraerlo.

Art. 30. La legitimacion susodicha producirá efecto en favor de los descendientes de un hijo natural, aun cuando se verifiquen despues de la muerte de éste el matrimonio y el reconocimiento de que se habla en el artículo que precede,

Art. 31. La legitimacion por decreto de autoridad competente, solo podrá hacerse á favor de los hijos naturales y no de los espúrios, v dará á los primeros el derecho de heredar en los terminos siguientes:

Si la legitimacion fuere pedida por su padre ó madre, ó por entrambos, aunque antes no se haya hecho el reconocimiento, esa peticion hará las veces de aquel y producirá los mismos efectos

Si no fuere pedida por los padres la legitimacion, el legitimado solo será preferido al fisco.

Si solo uno de los padres hiciere la peticion, solo en los bienes de él y de sus ascendientes, sucederá el legitimado.

Art. 32. Los hijos naturales y sus descendientes heredarán á sus padres y demas ascendientes, solo cuando hayan sido legalmente reconocidos.

Art. 33. Para que el reconocimiento sea valedero, ha de ser el padre mayor de diez y ocho años, y el reconocimiento hecho sin fuerza ni miedo, espreso y termi nante, por escrito, y con los mismos requisitos que se exigen para testar; sino es que lo haga el mismo padre personalmente, ó por apoderado con poder bastante, ante la autoridad encargada del registro civil. Este re-conocimiento y la confesion *judicial* del padre, serán en adelante los únicos medios de probar la paternidad, á pesar de lo prevenido en el art. 31 de la ley de 27 de Enero de este ano. [1] Queda en consecuencia prohibida toda otra averiguacion judicial acerca de ella; á no ser en el caso de que el padre haya sido raptor ó forzador de la madre, y la concepcion del hijo coincida con el rapto ó la violacion forzada; ó cuando el hijo nazca de una muger durante el tiempo en que un hombre habite con ella una misma casa, teniéndola públicamente como su concubina, ó haciéndola pasar por su esposa; pues se admitirá prueba sobre estos hechos, y probados que sean plenamente, quedará tambien probada la paternidad.

Art. 34. En estos tres casos se admitirá prueba en contrario de parte del supuesto padre y de aquellos que tengan interes en ello, incluyéndose en este núme-ro el fisco (si no hubiere otra persona con derecho á suceder). y el hijo natural. Mas si el reconocimiento se hizo en forma por el padre, no se admitirá á éste des-pues prueba en contrario; pero sí al hijo reconocido.

Art. 35. El reconocimiento hecho con las formalida-des espresadas aun cuando se verifique despues de muerto el hijo natural, dará á sus descendientes los mis-mos derechos que competerian á aquel, si se hubiera verificado antes de su fallecimiento.

Art. 36 Cuando el reconocimiento se efectúe despues que el hijo haya heredado, ó adquirido derecho á una herencia, ni el que haga el reconocimiento, ni sus as-cendientes, tendrán derecho á los bienes de dicha he-rencia como herederos del reconocido, y cuando mas

1  Archivo Mexicano, año de 1857, tomo II, pág. 699.

podrán pedir alimentos, que se les darán con arreglo á los artículos 45 y 46.

Art. 37. Pero sea que el reconocimiento se verifique en vida ó despues de la muerte del hijo natural, surtirá efecto solo en cuanto á la persona que le reconoció y de sus ascendientes.

Art. 38. A la madre podrán suceder sus hijos naturales, reconocidos por ella en los términos dichos en el art. 33, ó que prueben la maternidad. Pero para lo segundo será preciso que el que se dice hijo natural justifique su identidad con el que parió su pretendida madre, y que ésta no esté casada al tiempo de hacerse la averiguacion. La prueba de testigos solo se admitirá para acreditar dicha identidad, y únicamente cuando haya un principio de prueba que consista en un escrito emanado de la madre ó de cualquiera otra persona interesada en oponerse á la averiguacion, ó en certificado del registro civil si el asiento se hubiere hecho sin intervencion de la madre ó de su apoderado; pues si aquella ó éste intervinieron, el certificado bastará para probar la maternidad, y no se admitirá prueba en contrario.

Art 39. Los hijos naturales que tengan los requisitos susodichos, heredarán á su padre y á su madre en todos sus bienes, si no hubiere ningun otro pariente ó cónyuge supérstite que tenga derecho de heredar. Si existieren alguno ó algunos, se observarán las reglas siguientes.

Art. 40. Si el padre ó la madre dejaren hijos ú otros descendientes legítimos ó legitimados por matrimonio, se aplicará á los hijos naturales ó sus descendientes, la tercia parte de lo que les correspondería si fueran legítimos: les tocará la mitad si concurrieren con ascendientes ó con colaterales del finado, que estén dentro del segundo grado; y el todo si hubiere colaterales del tercer grado en adelante. Si concurrieren con el cónyuge supérstite, que no tenga con que vivir segun su estado, se dividirá el caudal entre éste y los hijos naturales, en los términos que se dirá en el art. 59.

Art. 41. Los hijos naturales, aun cuando estén reconocidos, no heredarán á los parientes colaterales de sus padres y demas ascendientes.

Art. 42 Los hijos espúrios no tendrán derecho alguno á los bienes de sus padres y demas ascendientes, si no han sido reconocidos, ni probaren su filiacion en los mismos términos y casos que se han dicho respecto de los hijos naturales en los artículos 33 á 38.

Art. 43. Llenando este requisito, si hubiere descencientes legítimos ó lejitimados por matrimonio, hijos naturales ó descendientes de ellos, ascendientes, cónyuge ó colaterales dentro del segundo grado civil, solo tendrán derecho á alimentos.

Art. 44. Si solo hubiere colaterales del tercero al octavo grado, se dará á los espúrios la mitad de los bienes, y el resto á los colaterales.

Art. 45. Si uno de sus padres, en vida ó en muerte, les hubiere asegurado una pension suficiente para alimentos y solo tuvieren derecho á éstos, no podrán los hijos espúrios pedir nada cuando fallezcan sus padres.

Art. 46 Los alimentos de los hijos espúrios se fijarán por el juez que conozca en el intestado, en consideracion á las circunstancias personales de aquellos, al rango y caudal del difunto, y al número y calidad de los herederos que éste deje. Pero en ningun caso podrá esceder el capital que represente la pension alimenticia, de lo que les corresponderia si fueran hijos naturales reconocidos.

Art. 47. Ni á los hijos naturales, ni á los espúrios, se les podrá dar por donacion entre vivos, ni por testamento, mas de lo que esta ley permite.

Art. 48. Se prohibe que los padres y ascendientes hagan convenio alguno con sus hijos y demas descendientes, por el cual se disminuya la porcion que, conforme á esta ley, deberán recibir éstos despues de la muerte de aquellos. En consecuencia, será nulo cualquier pácto que se celebre con ese fin, y el que saliere perjudicado podrá reclamar lo que de derecho le corresponda.

---

## SECCION CUARTA.

### ASCENDIENTES.

Art. 49. Los ascendientes no tendrán derecho alguno á heredar, si hubiere descendientes legítimos ó legitimados por subsecuente matrimonio.

Art. 50. En concurrencia con hijos naturales reconocidos, ó cónyuge supérstite, se les aplicará respectivamente la parte que les senalan los artículos 40 y 60.

Art. 51. Si concurrieren con parientes colaterales dentro del segundo grado civil los padres del difunto, heredarán éstos dos tercias partes, y aquellos la tercia restante.

Art. 52. Si con dichos colaterales concurrieren los demas ascendientes; á éstos se les dará una mitad, y á aquellos la otra.

Art. 53. No habiendo ninguna de las personas mencionadas en los tres artículos anteriores, aunque haya colaterales dentro del 3 ? al 8 ? grado, heredarán los ascendientes todos los bienes.

Art. 54. Los padres y demas ascendientes, no tendrán derecho á heredar á sus hijos naturales, ni los primeros á recibir alimentos de los espúrios, (que es lo único que pueden exigir) si no los reconocieron en la forma legal. Pero tanto los hijos naturales como los espúrios, podrán por testamento dispensar esta falta, y dejar á sus padres y demas ascendientes lo que de derecho les corresponderia, si no la hubieran cometido.

Art. 55. El ascendiente mas próximo en cada línea, escluirá á los demas de la misma.

## SECCION QUINTA.

### CÓNYUGE QUE SOBREVIVE.

Art. 56. Si no hubiere otra persona con derecho á suceder al finado mas que su cónyuge, éste heredará todos los bienes.

Art. 57. Si quedare alguna otra persona con derecho á suceder; ademas de su dote y gananciales, y de las donaciones que legalmente le hubiere hecho su cónyuge, se le dará al supérstite la parte que se dirá en los artículos siguientes.

Art. 58. Dejando el difunto hijos ó descendientes legítimos ó legitimados por matrimonio: una parte igual á la de cada uno de éstos se dará al cónyuge sobreviviente, si no tuviere bienes suficientes para vivir segun su estado, en cuyo caso se le ministrará solo lo que falte para que su caudal iguale á la legítima de uno de los hijos, quienes tendrán no solo la propiedad, sino el usufructo de ella.

Art. 59. En concurrencia con solo hijos naturales, se le aplicará una parte igual á la de éstos.

Art. 60. Habiendo padres ú otros ascendientes, tendrá igual parte que cada uno de ellos.

Art. 61. Si quedaren hermanos ó hijos de éstos, tendrán la misma porcion que uno de los hermanos.

Art. 62. El cónyuge supérstite escluirá á los parientes del cuarto grado en adelante.

Art. 63. Si el cónyuge supérstite fuere la muger, y quedare embarazada, ademas de su porcion se le ministrarán alimentos, que se imputarán en la parte que corresponderá al póstumo, si naciere con los requisitos legales; ó en caso contrario, se deducirán de la masa del caudal.

## SECCION SESTA.

### COLATERALES.

Art. 64. Los parientes colaterales, en lo sucesivo, solo tendrán derecho á suceder en todos los bienes; siempre que estén dentro del octavo grado civil, y no hubiere descendientes legítimos ó legitimados por subsecuente matrimonio, hijos naturales ó espúrios, reconocidos, ó descendientes de éstos, ascendientes, ni cónyuge supérstite.

Art. 65. Si existiere alguna ó algunas de las personas mencionadas en el artículo anterior, se dará á los colaterales la parte que les corresponda, segun lo dispuesto en la seccion respectiva á cada una de dichas personas y en los artículos 6 ? y 9 ?

Art. 66. Ni los hijos naturales, ni los espúrios, ni los descendientes de aquellos ó éstos, tienen derecho alguno á los bienes de los parientes colaterales de sus ascendientes, ni aun por via de alimentos; ni dichos colaterales lo tienen á los bienes de los hijos naturales, ni de los espúrios; pero los hermanos de éstos y los que de ellos desciendan, sí lo tendrán á todos los bienes, si aquellos no dejaren ascendientes, ó aunque los dejen, no hubieren sido reconocidos por sus padres.

Art. 67. Cuando los ascendientes vivieren y se hubiere llenado el requisito del reconocimiento; tanto los hermanos de los hijos naturales y espúrios, como los descendientes de aquellos, tendrán los mismos derechos que si se tratara de heredar á un hermano ú otro colateral legítimo, en concurrencia con los ascendientes de éste.

## SECCION SETIMA.

### FISCO.

Art. 68. El fisco del Estado de que sea vecino el difunto, si éste fuere mexicano, sucederá en los bienes á falta de descendientes legítimos ó legitimados, de hijos naturales y espúrios reconocidos y sus descendientes, de ascendientes, de cónyuge supérstite, y de colaterales dentro del octavo grado civil.

Art. 69. Los bienes, así muebles y semovientes como raices, que se hallen en la República, y pertenezcan á estrangeros que mueran intestados en ella, s n dejar dentro ni fuera persona alguna que deba heredarlos, pasarán al erario de la federacion, y no al de los Estados.

Art. 70 Para el cobro del tanto por ciento que se paga al fisco, se observará lo dispuesto en las leyes de 18 de Agosto de 1843, [1] 14 de Junio de 1854, [2] 31 de Diciembre de 1855, [3] y demas vigentes hasta hoy, con las siguientes reformas.

1 = Nada se pagará por mejoras de tercio y quinto.

2 ? Los descendientes y los ascendientes, y los hijos naturales ó espúrios, y los cónyuges, quedan esceptuados del pago.

Los colaterales pagarán las cuotas siguientes: los del segundo grado, el 2 por 100; los del tercero, el 3; los del cuarto, el 4; y así progresivamente hasta los del octavo, que pagarán el 8 por 100.

Los estranos pagarán el 10 por 100.

3 ? Estas cuotas se satisfarán por los bienes semovientes, muebles y raíces, sitos en la República, y por los derechos y acciones que tuviere el difunto al morir, aun cuando haya muerto en otro país, si estaba domiciliado en éste, ya fuese natural, ó ya estrangero. En estos casos se causará tambien la pension sobre los bienes muebles y semovientes, (y no sobre los raices) que dejare en otra nacion, así como sobre sus derechos y

1 Coleccion de decretos y órdenes de interes comun que dictó el gobierno provisional en virtud de las Bases de Tacubaya, tomo III, pág. 93.

2 No es de Junio sino de Julio de 1854: se encuentra en la pág. 94 de la Legislacion Mexicana, tomo que comprende de Junio á Diciembre de ese año.

3 Legislacion Mexicana ó sea coleccion completa de las leyes, decretos y circulares que se han espedido desde la consumacion de la independencia, tomo que comprende de Enero á Diciembre de 1855, pág 660.

acciones. Pero si no tenia el finado su domicilio en la República, ya fuese mexicano ó estrangero, solo se causará la pension sobre los bienes raices ubicados aquí.

4 ª El domicilio no se perderá, sino hasta que se adquiera en otro país, ó cuando á la autoridad política superior del Estado de la República, en que se tenia el domicilio, se le dé aviso por el mismo interesado y por escrito, de que ha resuelto fijarse en otra nacion.

5 ª Los jueces cuidarán de que se pague la manda de bibliotecas en toda testamentaría ó intestado, é impondrán una multa de diez á veinte pesos á cualquier albacea ó defensor de bienes que, al presentar los inventarios, no acompane el recibo correspondiente de la manda susodicha.

Art. 71. Todo lo concerniente á las formalidades con que se hayan de otorgar los testamentos y seguirse los juicios de inventarios, lo relativo á legados fideicomisos, particion, imputacion y colacion en la legítima, y cualquier otro punto conexo con la materia de sucesiones, que no se encuentre resuelto en esta ley, se decidirá con arreglo á las vigentes al tiempo de su promulgacion.

---

TRANSITORIO.

Art. 72· En las testamentarías y ab-intestatos de los que hayan muerto antes del 2 de Mayo, se observarán las leyes vigentes hasta esa fecha; y lo mismo se hará con respecto á las capitulaciones matrimoniales de matrimonios contraidos con anterioridad al citado dia: pero se computará, segun la computacion canónica, el cuarto grado de que las mencionadas leyes hablaron al tratar de la sucesion de parientes colaterales.

Por tanto, mando se imprima, publique, circule y se le dé el debido cumplimiento. Palacio del Gobierno nacional en México, á 10 de Agosto de 1857.—*Ignacio*

*Comonfort.*—Al C. Antonio García, Secretario de Estado y del Despacho de Justicia, Negocios eclesiásticos é Instruccion pública."

Y lo comunico á V. para su inteligencia y cumplimiento.

Dios y Libertad. México, Agosto 10 de 1857.—*García.*

### Mayo 17.

DECRETO POR LA SECRETARIA DE HACIENDA.

*Exencion de doble alcabala en el Distrito á los artículos que espresa.*

El C. Presidente se ha servido dirigirme el decreto que sigue:

"*Benito Juarez, Presidente constitucional de los Estados-Unidos Mexicanos, á sus habitantes, sabed:*

Que en uso de las amplias facultades de que me hallo investido, he tenido á bien decretar lo siguiente:

Artículo único. Se comprenden en el art. 1.º del decreto de 5 del actual[1] los artículos siguientes:

| | |
|---|---|
| Aceite de nabo. | Lenteja. |
| Id. de ajonjolí. | Loza ordinaria. |
| Azúcar. | Piloncillo. |
| Haba. | Papa. |
| Huevos. | Sebo. |

Verdura.

Por tanto, mando se imprima, publique, circule y se le dé el debido cumplimiento. Palacio del Gobierno na-

1 Página 13.

cional en México, á diez y siete de Mayo de mil ochocientos seseuta y dos.—*Benito Juarez.*—Al C. Manuel Doblado, Ministro de Relaciones y Gobernacion, encargado del despacho de la Secretaría de Hacienda y Crédito Público."

Y lo comunico á V. para su conocimiento.

Liberiad y Reforma. México, &c.—*Doblado.*

Se publicó en bando de 20 del corriente.

---

**Mayo 17.**

CIRCULAR POR LA SECRETARIA DE GUERRA.

---

*Penas á los que den noticias de la campana que debiliten el espíritu público.*

Cuando la conducta franca y leal observada por el Supremo Gobierno con respecto á los resultados de la campana, presta la suficiente garantía de que será solícito en no tener pendiente la espectativa pública, por lo que respecta á los sucesos de importancia, que bien favorables ó adversos está en su deber publicar para que se conserve vivo el entusiasmo de los buenos hijos de la patria; el ciudadano Presidente no puede pasar desapercibido, que algunos malintencionados propalen noticias falsas y alarmantes, que no solo tienden á resfriar el espíritu público, sino á sembrar la desconfianza para hacer menos eficaces las disposiciones que se dictaren.

Ahora mismo, con motivo de no haberse comunicado

por el Gobierno noticia alguna que anuncie los resultados del combate que se esperaba, por haber salido nuestras fuerzas en persecucion de las del enemigo, que desde el dia 11 emprendieron su retirada para Orizava, se da por cierta la existencia de tal combate, se designa el lugar y se dan pormenores suponiendo una completa derrota sufrida por nuestras fuerzas: y esto cuando el Supremo Gobierno tiene noticias oficiales que acreditan no haberse empeñado el mas ligero combate entre ambas fuerzas.

Notorios son los males que pueden producir aquellas especies; y por esto el C. Presidente me ordena que prevenga á V., que duplicando su vigilancia, haga por descubrir á los propaladores de las falsas noticias indicadas, á fin de que sean castigadas con arreglo á la ley de conspiradores de 25 de Enero último, aplicándoseles por la autoridad militar la pena que establece el artículo 26.[1]

Me ordena igualmente el C. Presidente diga á V., que dé publicidad á esta órden, para que todos se impongan de su contenido y recuerden que las leyes consideran como un positivo servicio prestado á los enemigos de la independencia nacional y á los traidores de la patria, esparcir noticias falsas, alarmantes, ó que debiliten el entusiasmo público, suponiendo hechos contrarios al honor de la República ó comentándolos de una manera desfavorable á los intereses de la patria; y que por lo mismo quedan sujetos á las penas que ellas designan, y sobre cuyo cumplimiento se recomienda á V. la mayor exactitud y vigilancia.

Libertad y Reforma. México, &c.—*Blanco.*

---

1 Recopilacion de Enero, pág. 49.

## Mayo 18.

### PROVIDENCIA POR LA SECRETARIA DE HACIENDA

Comunicada á la Inspeccion general de la renta del papel sellado, trasmitida por ésta á la Direccion general en 20, y circulada por ella bajo el num. 46 en el dia 21.

*Gobernadores de los Estados. Prohibicion que se les ha hecho de ocupar las rentas federales.*

Con fecha de ayer, el C. Inspector de esta renta me comunica lo siguiente:

"En suprema órden de 18 del actual me dice el C. Ministro de Hacienda lo que sigue:—En contestacion al oficio de V. de 16 del corriente en que trascribe el que le dirigió el C Director de la renta, relativo al aviso que le da el administrador principal de Aguascalientes de haber dispuesto el C. Gobernador de aquel Estado de los productos del ramo, debo decirle: que habiéndose circulado ya á todos los Gobernadores una suprema disposicion prohibiéndoles ocupar las rentas federales, esta Secretaría espera que en lo sucesivo no volverá á repetirse el hecho de que se queja esa Inspeccion en el oficio de que me ocupo.—Lo traslado á V. á fin de que se sirva circularlo á las administraciones principales de la renta para su conocimiento y efectos debidos."

Insértolo á V. con el objeto espresado, esperando acuse recibo de la presente circular.

Libertad y Reforma. México, Mayo 21 de 1862.— *J. Enciso.*

## Mayo 19.

### DECRETO POR LA SECRETARIA DE RELACIONES Y GOBERNACION.

*Estado de sitio del Distrito federal y de todas sus poblaciones. Se derogan los decretos de 1º y 3 del presente, que hicieron las declaraciones de ello.*

El C. Presidente de la República se ha servido dirigirme el decreto que sigue:

"*Benito Juarez, Presidente constitucional de los Estados-Unidos Mexicanos, á sus habitantes, sabed.*

Que en uso de las facultades de que me hallo investido, he tenido á bien decretar lo siguiente:

Artículo único. Se deroga el decreto de 1º del actual y su relativo de 3 del mismo[1] que declaró en estado de sitio el Distrito federal. Cesan en consecuencia las autoridades militares establecidas por dichos decretos, y las cosas volverán al estado que guardaban el 30 de Abril próximo pasado.

Por tanto, mando se imprima, publique, circule y observe. Palacio nacional de México, á diez y nueve de Mayo de mil ochocientos sesenta y dos.—*Benito Juarez.*—Al C. Manuel Doblado, Ministro de Relaciones y Gobernacion."

Y lo comunico á V. para su inteligencia y fines consiguientes.

Libertad y Reforma. México, &c.—*Doblado.*

[1] Páginas 5 y 6.

**Mayo 19.**

DECRETO POR LA SECRETARIA DE RELACIONES
Y GOBERNACION.

*Sueldos que deben percibir los empleados civiles y los militares, escepto los que estén en campana, en los meses de Junio á Setiembre del presente ano.*[1]

El C. Presidente de la República se ha servido dirigirme el decreto que sigue:

*"Benito Juarez, Presidente constitucional de los Estados-Unidos Mexicanos, á sus habitantes, sabed:*

Que en uso de las facultades de que me hallo investido, y en atencion á que la invasion francesa aumenta esiraordinariamente los gastos del ejército, y hace necesaria la comun cooperacion de todos los mexicanos en la parte que respectivamente les toque, he tenido á bien decretar lo siguiente:

Art. 1° Durante los meses de Junio, Julio, Agosto y Setiembre próximos venideros, todos los empleados civiles y militares de la República, solo percibirán dos terceras partes del sueldo que les corresponde, cediendo la otra tercera como auxilio al Gobierno para la guerra.

Art. 2° Se esceptúan únicamente de la disposicion anterior los militares que estén en campana, que percibirán sus sueldos y haberes íntegros, y los empleados civiles cuyo sueldo no esceda de cincuenta pesos mensuales.

Art. 3° No se hará la rebaja en su totalidad á los empleados cuyo sueldo esceda de cincuenta pesos, sino

1 Véanse los decretos de 14 y 26 de Junio siguiente.

únicamente en la parte que quepa, á fin de que en todo caso perciban cuando menos, cincuenta pesos cada mes.

Por tanto, mando se imprima, publique, circule y observe. Palacio nacional de México, á diez y nueve de Mayo de mil ochocientos sesenta y dos.—*Benito Juarez.*—Al C. Manuel Doblado, Ministro de Relaciones y Gobernacion."

Y lo comunico á V. para su inteligencia y fines consiguientes.

Libertad y Reforma. México, &c.—*Doblado.*

### Mayo 19.

#### GOBIERNO DEL DISTRITO FEDERAL.

##### BANDO.

En el de esta fecha se publicó el decreto espedido por la Secretaría de Justicia en 14 del actual.[1] Dispensa en favor del C. José de Jesus Romero.

### Mayo 20.

#### GOBIERNO DEL DISTRITO FEDERAL.

##### BANDO.

En el de esta fecha se publicó el decreto espedido en 17 del actual[2] por la Secretaría de Hacienda. Exencion de doble alcabala en el Distrito federal á los artículos que espresa.

### Mayo 20.

#### GOBIERNO DEL DISTRITO FEDERAL.

##### BANDO.

En el de este dia se publicó el decreto espedido hoy mismo por la Secretaría de Guerra. Cesa el estado de sitio en el Distrito federal.

1  Página 65.
2  Página 89.

**Mayo 20.**

DECRETO POR LA SECRETARIA DE GUERRA.

—

*Cesa el estado de sitio en el Distrito federal.*

El C. Presidente de la República se ha servido dirigirme el decreto que sigue:

"*El C. Benito Juarez, Presidente constitucional de los Estados-Unidos Mexicanos, á sus habitantes, sabed:*

Que en uso de las omnímodas facultades de que me hallo investido, he decretado lo siguiente:

Art 1º Cesa el estado de sitio en el Distrito federal.

Art. 2º Las autoridades que por los supremos decretos de 1º y 3 del actual[1] estaban suspensas en el ejercicio de sus funciones, continuarán desde luego desempeñándolas con arreglo á las leyes.

Por tanto, mando se publique y se le dé cumplimiento. Palacio del Gobierno nacional en México, á 20 de Mayo de 1862.—*Benito Juarez.*—Al C. general Miguel Blanco, Ministro de Guerra y Marina."

Y lo trascribo á V. para su inteligencia y fines consiguientes.

Libertad y Reforma. México, &c.—*Blanco.*

Se publicó en bando el mismo dia.

---

1 Páginas 5 y 6.

*Elecciones para el próximo Congreso constitucional.
Se proceda á ellas en toda la República.*

Los ciudadanos Secretarios del Congreso de la Union, en nota de 17 del actual. dicen á este Ministerio lo que sigue:

"El Congreso de la Union, en sesion de hoy, acordó lo siguiente.

1 ? Escítese al Gobierno nacional, y por su conducto á los Estados, para que dicten las providencias de su resorte, á fin de que cumpliéndose con el art 4 ? de la ley de 22 de Julio del ano próximo pasado,[1] la nacion proceda con oportunidad á las elecciones del próximo Congreso constitucional, que deben principiar en el inmediato mes de Junio, conforme al art. 52 de la ley orgánica electoral [2]

2 ? Para los distritos que puedan permanecer ocupados por los invasores, el Gobierno senalará los dias para que verifiquen dichas elecciones, con arreglo á sus facultades actuales.

Lo que ponemos en conocimiento de V. para los fines que se espresan."

Y en cumplimiento del superior acuerdo que se inserta, el C. Presidente de la República se ha servido dictar las disposiciones siguientes:

1ª Los Gobernadores de los Estados ó las autoridades militares que hagan sus veces, dictarán todas las providencias que juzguen convenientes para que las elec-

---

1 Recopilacion de ese mes, pág. 45.
2 Es de 12 de Febrero de 857. Archivo Mexicano. tomo III, pág. 179.

ciones de diputados al próximo Congreso, tengan lugar en los dias designados por la ley, con cuyo objeto mandarán reimprimir y circular la ley electoral de 12 de Febrero de 1857, así como la de 22 de Julio á que se refiere el acuerdo del Congreso.

2.ª Para el caso en que por perturbacion del órden, invasion estrangera, ó por cualquiera otro motivo, no luvieren lugar las elecciones en los distritos designados, tos Gobernadores ó los Comandantes militares en las localidades que se hallen en estado de sitio, señalarán nuevos dias en que las elecciones deban tener lugar, procurando que en ningun distrito dejen de verificarse, aunque para ello sea necesario repetir la convocatoria por diferentes ocasiones.

3.ª Los Gobernadores de los Estados llamarán la atencion de las autoridades locales sobre que, conforme á la ley, ningun colegio electoral puede proceder á instalarse sin que estén reunidos la mitad y uno mas de los miembros que deben componerlo, y les advertirán asimismo, que la eleccion debe ser indirecta en primer grado.

4.ª Ademas de las copias que conforme al art. 40 de la ley citada,[1] deben sacarse del acta de eleccion en cada distrito, se estenderá otra más que deberá remitirse á este Ministerio.

Lo que tengo la honra de poner en conocimiento de V. para su debido cumplimiento.

Libertad y Reforma. México, &c.—*Doblado.*

---

1 Archivo Mexicano, tom. III, pág. 174.

**Mayo 21.**

DECRETO POR LA SECRETARIA DE HACIENDA.

—

*Penitenciaría del Estado de Durango. Se deroga el art. 1º del decreto que destinó cien pesos mensuales para la continuación de la obra.*

El C. Presidente constitucional de la República se ha servido dirigirme el decreto que sigue:

"*Benito Juarez, Presidente constitucional de los Estados-Unidos Mexicanos, á sus habitantes, sabed:*

Que en uso de las facultades concedidas al Ejecutivo por el Congreso de la Union en la ley de 11 de Diciembre último,[1] he venido en decretar lo siguiente:

Artículo único. Se deroga el artículo primero del decreto de 29 de Marzo último[2] que destinó para la continuacion de la obra de la penitenciaría del Estado de Durango cien pesos mensuales de los fondos de la agencia de fomento y papel sellado.

Por tanto, mando se imprima, publique, circule y se le dé el debido cumplimiento. Palacio nacional de México, á veintiuno de Mayo de mil ochocientos sesenta y dos.—*Benito Juarez.*—Al C. Manuel Doblado, Ministro de Relaciones y Gobernacion, y encargado de la Secretaría de Hacienda y Crédito Público."

Y lo comunico á V. para su cumplimiento é inteligencia.

Libertad y Reforma. México, &c.—*Doblado.*

Se publicó en bando de 27.

---

1  Recopilacion de ese mes, pág. 13.
2  Recopilacion de ese mes, pág. 32.

### Mayo 21.

CIRCULAR POR LA SECRETARIA DE HACIENDA.

*Bienes nacionales que fueron del clero: aclaracion á la circular de 2 del presente sobre la materia.*

Como al dictarse la suprema disposicion que se comunicó á V. por esta Secretaría en circular de 2 del actual,[1] no se tuvo por objeto el que se suspendieran las redenciones de los bienes nacionalizados que fueron del clero, sino únicamente el que no se dispusiera de sus productos, que son verdaderamente los asignados como garantía del préstamo á que se refiere aquella circular, dispone el C. Presidente que se prevenga á V., como aclaracion á ella, que dicha suprema disposicion no obsta para que las leyes de reforma y desamortizacion tengan su mas puntual cumplimiento, y que conforme á éstas deben seguirse las operaciones de redencion pendientes y las que en lo sucesivo se presentaren, conservándose únicamente en riguroso depósito sus productos, que es la garantía ofrecida á S. E. el Sr. Corwin, enviado estraordinario y ministro plenipotenciario de los Estados-Unidos de América.

Y de órden suprema lo comunico á V. para su cumplimiento.

Libertad y Reforma. México, &c.—*Doblado.*

### Mayo 21.

DECRETO POR LA SECRETARIA DE GUERRA.

*Premios á los que defendieron la independencia de la patria contra la invasion estrangera el 28 de Abril próximo pasado y 5 del presente.*

El C. Presidente de la República me ha dirigido el decreto que sigue:

1 Página 8.

*"El C. Benito Juarez, Presidente constitucional de los Estados-Unidos Mexicanos, á sus habitantes, sabed:*

Que el Congreso de la Union ha espedido el siguiente decreto:

El Congreso de la Union decreta lo que sigue:

Art. 1 ? La Nacion reconocida concede á sus valientes hijos que defendieron la independencia de la patria contra la invasion estrangera, una medalla de honor por la jornada del 28 de Abril en las Cumbres de Aculcingo, y otra por la del 5 de Mayo delante de la ciudad de Puebla.

Art. 2 ? Ambas medallas serán ovaladas, de 22 milímetros en el eje mayor, 16 en el menor y 2 de grueso, y llevarán en el anverso esta inscripcion, rodeada de hojas de siempreviva: *La República Mexicana á sus valientes hijos.* En el reverso dirá la una: *Combatió con honor en las Cumbres de Aculcingo contra el ejército francés el* 28 *de Abril de* 1862: y la otra: *Triunfó gloriosamente del ejército francés delante de Puebla el* 5 *de Mayo de* 1862. Las inscripciones del reverso irán rodeadas de hojas de laurel.

Art. 3 ? La medalla del General en gefe será de oro con una águila mexicana sobrepuesta: la del Mayor General y gefes de brigada, de oro con un adorno sobrepuesto; las de los demas gefes hasta teniente coronel, de oro sin adorno; las de los otros gefes, de plata sobredoradas; las de los oficiales, de plata; y las de la tropa, de metal de menos valor. Los agraciados las usarán pendientes de una cinta con los colores nacionales.

Art. 4 ? El Ejecutivo mandará abrir desde luego los troqueles de estas dos medallas, y acunarlas para disttibuirlas á los agraciados, dando á cada uno un diploma que contenga esta ley y esprese su nombre y graduacion militar. Hará todos los gastos que fueren necesarios.

Art. 5? Se dispensa á todos los individuos de la clase de tropa y á los hijos de los mutilados y muertos que combatieron contra los invasores franceses, del pago de toda clase de contribuciones personales por diez anos.

Art. 6? Los hijos de aquellos á quienes se refiere el artículo anterior, serán preferidos en igualdad de circunstancias á cualesquiera otros para recibir educacion por cuenta del Gobierno en los colegios nacionales, ó para las colocaciones que puedan optar y sean de provision del Gobierno.

Dado en el salon de sesiones del Congreso de la Union en México, á diez y nueve de Mayo de mil ochocientos sesenta y dos.—*José Linares*, diputado presidente.—*R. Ibañez*, diputado secretario —*M. Rojo*, diputado secretario.

Por tanto, mando que se publique y se le dé cumplímiento. Palacio del Gobierno nacional en México, á 21 de Mayo de 1862.—*Benito Juarez.*—Al C. general Miguel Blanco, Ministro de Guerra y Marina."

Y lo comunico á V. para los fines consiguientes. Libertad y Reforma, México, &c.—*Blanco.*

Se publicó en bando de 27.

---

### Mayo 22.

#### DECRETO POR LA SECRETARIA DE JUSTICIA.

---

*Habilitacion de edad al menor Javier Echeverría.*

El C. Presidente se ha servido dirigirme el decreto que sigue:

"*El C. Benito Juarez, Presidente constitucional de los Estados-Unidos Mexicanos, á sus habitantes, sabed:*

Que el Congreso de la Union ha decretado lo siguiente:

Artículo unico. Se habilita de edad al menor Javier Echeverría para que administre sus bienes y comparezca en juicio; sin que en ningun caso goce de los beneficios que las leyes conceden á los menores.

Dado en el salon de sesiones del Congreso de la Union en México, á 21 de Mayo de 1862.—*José Linares*, diputado presidente. --*Remigio Ibanez*, diputado secretario.—*M. M. Ovando*, diputado secretario.

Por tanto, mando se imprima, publique y cumpla. Palacio nacional del Gobierno de la República en México, á 22 de Mayo de 1862.—*Benito Juarez.*—Al C. Ministro de Justicia, Fomento é Instruccion pública."

Y lo trascribo á V. para los efectos correspondientes. Dios, Libertad y Reforma. México, &c.—*Teran.*

Se publicó en bando de 29.

---

**Mayo 22.**

CIRCULAR NUM. 50 DE LA DIRECCION GENERAL DE LA RENTA DEL PAPEL SELLADO.

Inserta la núm. 49 de la Secretaría de Hacienda de 13 del presente, [1] y añade:

Lo que trascribo á V. para su inteligencia; en el concepto de que en lo sucesivo, escudado con la inserta

1 Página 61.

disposicion y las demas determinaciones supremas relativas, no consentirá V., sino por la fuerza material, en la estraccion de caudales de la administracion que es de su responsabilidad, esperando que al ser en su poder la presente órden acuse V. su recibo.

Libertad y Reforma. México, &c.—*J. Enciso.*

———

### Mayo 23.

COMUNICACION POR LA SECRETARIA DE RELACIONES

———

*Aclaracion á la circular de 2 del corriente. Sobre suspension de enagenacion de los bienes que fueron llamados del clero.*

Habiéndose suscitado algunas dudas sobre el tenor de la circular de 2 del corriente,[1] que previene queden suspensos todos los negocios que haya pendientes sobre venta ó enagenacion de los bienes nacionalizados que aun no han sido redimidos, el C. Presidente de la República ha tenido á bien hacer las aclaraciones siguientes:

1.ª Todos los negocios judiciales sobre bienes nacionalizados por las leyes de reforma seguirán su curso hasta que la sentencia que en ellos se pronuncie cause ejecutoria; en este caso se suspenderán aquellos en que se declare que un particular tiene adquiridos derechos para hacer la redencion; en los demas la sentencia será ejecutada cuando se trate de capitales, los cuales cobrados que sean, se pondrán en depósito conservándose las fincas sin venderse.

2.ª Tambien seguirán su curso los negocios que versen sobre denuncias de bienes ocultos, y se seguirán

———

1 Página 8.

admitiendo éstas y aplicándose la parte correspondiente á los denunciantes.

3 ? Solo se suspenderán en el estado que hoy tienen, los negocios en que se verse entre los particulares y el fisco, la cuestion de si debe admitirse la redencion á los primeros.

Todo lo que comunico para su inteligencia v fines consiguientes.

Libertad y Reforma. México, &c.—*Doblado.*

Se publicó en bando del dia 27.

---

**Mayo 23.**

### LEY POR LA SECRETARIA DE RELACIONES Y GOBERNACION.

---

## TRATADO DE EXTRADICION

ENTRE LOS ESTADOS-UNIDOS MEXICANOS Y LOS ESTADOS-UNIDOS DE AMERICA.

El Presidente de la República se ha servido dirigirme la ley que sigue:

"*Benito Juarez, Presidente constitucional de los Estados-Unidos Mexicanos, á todos sus habitantes, sabed:*

Que el dia once de Diciembre del año próximo pasado se concluyó y firmó en esta ciudad, por medio de los Plenipotenciarios debidamente autorizados al efecto, un Tratado de Extradicion entre los Estados-Unidos Mexicanos y los Estados-Unidos de América, en la forma y tenor siguiente:

# Tratado entre los Estados-Unidos Mexicanos y los Estados-Unidos de América, para la extradicion de criminales.

Los Estados–Unidos Mexicanos y los Estados–Unidos de América, habiendo juzgado conveniente para la mejor administracion de justicia y para evitar crímenes dentro de sus respectivos territorios y jurisdicciones, que las personas acusadas de los crímenes que se enumeran en seguida, siendo fugitivas de la justicia, sean bajo ciertas circunstancias recíprocamente entregadas, han determinado celebrar un Tratado con tal objeto, y han nombrado como sus respectivos Plenipotenciarios, á saber.

El Presidente de los Estados–Unidos Mexicanos, á Sebastian Lerdo de Tejada, ciudadano de los mismos Estados y Diputado al Congreso de la Union; y

El Presidente de los Estados–Unidos de América, á Tomas Corwin, ciudadano de los Estados–Unidos y su Enviado Estraordinario y Ministro Plenipotenciario cerca del Gobierno Mexicano

Quienes, despues de haberse comunicado recíprocamente sus respectivos plenos poderes, hallándolos en buena y debida forma, han convenido en los artículos siguientes.

## ARTICULO I.

Convienen las partes contratantes en que, haciéndose la requisicion en su nombre, por medio de sus agentes diplomáticos respectivos, entregarán á la justicia las personas acusadas de los crímenes enumerados en el artículo tercero de este Tratado, cometidos dentro de la jurisdiccion de la parte demandante, y que hayan buscado asilo ó se encuentren dentro de los territorios de la otra.

Bien entendido, que esto solo tendrá lugar, cuando

# Treaty between the United States of America and the United Mexican States, for the extradition of criminals.

The United States of America and the United Mexican States, having judged it expedient, with a view to the better administration of justice and to the prevention of crime within their respective territories and jurisdictions, that persons charged with the crimes hereinafter enumerated, and being fugitives from justice, should, under certain circunstances, be reciprocally delivered up, have resolved to conclude a Treaty for this purpose, and have named as their respective Plenipotenciaries, that is to say.

The President of the United States of America has appointed Thomas Corwin, a citizen of the United States and their Envoy Extraordinary and Minister Plenipotentiary near the Mexican Government; and

The President of the United Mexican States has appointed Sebastian Lerdo de Tejada, a citizen of the said States and a Deputy of the Congress of the Union.

Who, after having communicated to each other their respective full powers, found in good and due form, have agreed upon and concluded the following articles.

### ARTICLE I.

It is agreed that the contracting parties shall, on requisitions made in their name, through the medium of their respective diplomatic agents, deliver up to justice persons who, being accused of the crimes enumerated in article third of the present Treaty, commited within the jurisdiction of the requiring party, shall seek an asylum or shall be found within the territories of the other.

Provided, that this shall be done only when the fact

el hecho de la perpetracion del crímen se evidencíe de
tal manera, que segun las leyes del país donde se encuentren las personas fugitivas ó acusadas, serían legítimamente arrestadas y enjuiciadas si en él se hubicse
cometido el crímen.

## ARTICULO II

En el caso de crímenes cometidos en los Estados ó
Territorios fronterizos de las dos partes contratantes,
podrá hacerse la requisicion por medio de los agentes
diplomáticos respectivos, ó por medio de la principal
autoridad civil de los mismos Estados ó Territorios, ó
por medio de la principal autoridad civil ó judicial de
los distritos ó partidos de los límites de la frontera, que
para ese objeto pueda estar debidamente autorizada por
la principal autoridad civil de los mismos Estados ó
Territorios fronterizos, ó, cuando por alguna causa esté suspensa la autoridad civil del Estado ó Territorio,
por medio del gefe superior militar que mande el mismo Estado ó Territorio.

## ARTICULO III.

Serán entregadas con arreglo á lo dispuesto en este
Tratado, las personas acusadas como principales, auxiliares ó cómplices de alguno de los crímenes siguientes,
á saber: el homicidio voluntario, incluyendo el asesina-
to, el parricidio, el infanticidio y el envenenamiento: el
asalto con intencion de cometer homicidio: la mutilacion:
la piratería: el incendio: el rapto: el plagio, definiéndolo el aprehender y llevar consigo á una persona libre
por fuerza ó engaño: la falsificacion, incluyendo el hacer, ó forjar, ó introducir á sabiendas, ó poner en circulacion moneda falsa, ó billetes de banco, ú otro papel
corriente como moneda, con intencion de defraudar á
alguna persona ó personas: la introduccion ó fabrica-

of the commission of the crime shall be so established
as that the laws of the country in which the fugitive or
the person so accused shall be found would justify his
or her apprehension and commitment for trial, if the
crime had been there committed.

## ARTICLE II.

In the case of crimes committed in the frontier States or Territories of the two contracting parties, requisitions may be made through their respective diplomatic
agents, or through the chief civil authorithy of said
States or Territories, or through such chief civil or judicial authorithy of the districts or counties bordering
on the frontier, as may for this purpose be duly autori-
zed by the said chief civil authorithy of the said frontier
States or Territories, or, when from any cause the civil
authorithy of such State or Territory shall be suspended, through the chief military officer in command of
such State or Territory.

## ARTICLE III.

Persons shall be delivered up who shall be charged,
according to the provisions of this Treaty, with any of
the following crimes, whether as principals, accesories
or accomplices, to wit: murder (including assassination,
parricide, infanticide and poisoning): assault with intent
to commit murder: mutilation: piracy: arson: rape: kid-
napping, defining the same to be the taking and carrying
away of a free person by force or deception: forgery,
including the forging, or making, or knowingly passing,
or putting in circulation counterfeit coin, or bank notes,
or other paper current as money, with intent to defraud
any person or persons: the introduction or making of
instruments for the fabrication of counterfeit coin, or

cion de instrumentos para hacer moneda falsá, ó billé-
tes de banco, ú otro papel corriente como moneda: la
apropiacion ó peculado de candales públicos, ó la apropiacion hecha por alguna persona ó personas empleadas ó asalariadas, con perjuicio de sus principales: el
robo, definiéndolo el tomar de la persona de otro con
fuerza é intencion criminal, efectos ó moneda de cualquiera valor, por medio de violencia ó intimidacion: el
allanamiento, entendiéndose por esto el descerrajar ó
forzar é introducirse á la casa de otro con intencion criminal; y el crímen de abigeato ó ratería de efectos y
bienes muebles del valor de veinticinco pesos, ó mas,
cuando esté crímen se cometa dentro de los Estados ó
Territorios fronterizos de las partes contratantes.

## ARTICULO IV.

Por parte de cada país, la extradicion de los fugitivos de la justicia solo se podrá hacer por órden del Ejecutivo del mismo, escepto el caso de crímenes cometidos dentro de los límites de los Estados ó Territorios
fronterizos, en cuyo último caso, la extradicion se podrá
ordenar por la principal autoridad civil de ellos, ó por
la principal autoridad civil ó judicial de los distritos
ó partidos de los límites de la frontera, que para ese
objeto pueda estar debidamente autorizada por la prin
cipal autoridad civil de los mismos Estados ó Territorios, ó cuando por alguna causa, esté suspensa la au
toridad civil del Estado ó Territorio, se podrá ordenar
la extradicion por el gefe superior militar que mande
el mismo Estado ó Territorio.

## ARTICULO V.

Todos los gastos de la detencion y extradicion, ejé-
cutados en virtud de las disposiciones precedentes, se-

bánk notes, or other papér current as money: embezzle-
mént of public moneys, or embezzlement by any person
or persons hired or salaried, to the detriment of their
employers: robbery, defining the same to be felonius
and forcible taking from the person of another, of goods
or money to any value, by yiolence, or putting him in
fear: burglary, defining the same to be breaking and
entering in to the house of another, with intent to commit felony, and the crime of larceny of cattle, or other
goods and chattels, of the value of twenty five dollars,
or more, when the same is committed within the frontier States or Territories of the contracting parties.

## ARTICLE IV.

On the part of each country, the surrender of fugitives from justice shall be made only by the authorithy
of the Executive thereof, except in the case of crimes
commited within the limits of the frontier States or Territories, in which latter case, the surrender may be made
by the chief civil authorithy thereof, or such chief civil
or judicial authorithy of the districts or counties bordering on the frontier, as may for this purpose be duly au-
thorized by the said chief civil authority of the said frontier States or Territories, or if from any cause the civil
authority of such State or Territory shall be suspended,
then such surrender may be made by the chief military
officer in command of such State or Territory.

## ARTICLE V.

All expenses whatever of detention and delivery, ef-
fected in virtue of the preceding provisions, shall be

rán erogados y pagados por el Gobierno, ó por la autoridad del Estado ó Territorio fronterizo, en cuyo nombre haya sido hecha la requisicion.

### ARTICULO VI.

Las disposiciones del presente Tratado de ningun modo se aplicarán á los crímenes o delitos de un carácter puramente político; tampoco comprenden la devolucion de los esclavos fugitivos, ni la entrega de los criminales que hayan tenido la condicion de esclavos en el lugar en donde se cometió el delito, al tiempo de cometerlo, éstando esto espresamente prohibido por la Constitucion de México: tampoco se aplicarán de ningun modo las disposiciones del presente Tratado, á los crímenes enumerados en el artículo tercero cometidos antes de la fecha del cange de las ratificaciones del mismo.

Ninguna de las partes contratantes queda obligada por las estipulaciones de este Tratado á hacer la extradicion de sus propios ciudadanos.

### ARTICULO VII.

Este Tratado continuará en vigor hasta que sea abrogado por las partes contratantes, ó por una de ellas; pero no podrá ser abrogado sino por mútuo consentimiento, á menos que la parte que desee abrogarlo dé aviso á la otra con doce meses de anticipacion.

### ARTICULO VIII.

El presente Tratado será ratificado con arreglo á las Constituciones de los dos paises, y las ratificaciones se

borne and defrayed by the Government, or authority
of the frontier State or Territory, in whose name the
requisition shall have been made.

## ARTICLE VI.

The provisions of the present Treaty shall not be
applied in any manner to any crime or offence of a pu-
rely political character; nor shall it embrace the return
of fugitives slaves, nor the delivery of criminals who,
when the offence was committed, shall have been held
in the place where the offence was committed, in the
condition of slaves, the same being expressly forbidden
by the Constitution of Mexico; nor shall the provisions
of the present Treaty be applied in any manner, to the
crimes enumerated in the third article committed anterior
to the date of the exchange of the ratifications hereof.
Neither of the contracting parties shall be bound to
deliver up its own citizens under the stipulations of this
Treaty.

## ARTICLE VII.

This Treaty shall continue in force until it shall be
abrogated by the contracting parties, or one of them;
but it shall not be abrogated except by mutual consent,
unless the party desiring to abrogate it shall give twelve
months previous notice.

## ARTICLE VIII.

The present Treaty shall be ratified in conformity
with the Constitutions of the two countries, and the ra-

cangearán en la Ciudad de México, dentro de seis meses de esta fecha, ó antes, si fuere posible.

En testimonio de lo cual, nosotros, los Plenipotenciarios de los Estados-Unidos Mexicanos y de los Estados-Unidos de América, hemos firmado y sellado el presente.

Hecho en la ciudad de México, el dia once de Diciembre del año de nuestro Señor mil ochocientos sesenta y uno; el cuadragésimo primero de la Independencia de los Estados Unidos Mexicanos, y el octogésimo sesto de la de los Estados-Unidos de América.

SEBASTIAN LERDO DE TEJADA. (L. S.)

THOMAS CORWIN. (L. S.)

tifications shall be exchanged at the City of Mexico, within six months from the date hereof, or earlier, if possible.

In witness whereof, we, the Plenipotentiaries of the United States of America and of the United Mexican States, have signed and sealed these presents.

Done in the City of Mexico, on the eleventh day of December in the year of our Lord one thousand eight hundred and sixty one; the eighty sixth of the Independence of the United States of America, and the forty first of that of the United Mexican Srates.


THOMAS CORWIN.                    (L. S.)

SEBASTIAN LERDO DE TEJADA. (L. S.)

Que el precedente Tratado fué aprobado el dia quince del mismo Diciembre por el Congreso de los Estados-Unidos Mexicanos.

Que tambien fué aprobado el dia nueve de Abril del presente ano por el senado de los Estados-Unidos de América, y ratificado por el Presidente de los mismos Estados el dia once de dicho mes de Abril, con la única enmienda de suprimir en el artículo tercero estas palabras:—" ó la apropiacion hecha por alguna persona ó personas empleadas ó asalariadas, con perjuicio de sus principales."

Que en tal virtud, lo ratifiqué en estos términos:—"Yo, Benito Juarez, Presidente de los Estados-Unidos Mexicanos, en uso de las amplias facultades de que me hallo investido, admito la modificacion hecha en el mismo Tratado por el Senado de los Estados--Unidos de América, y con ella lo ratifico, acepto y confirmo, prometiendo observarlo fielmente, sin permitir que se contravenga á él en manera alguna.—En fé de lo cual, lo he firmado de mi mano, mandando sellarlo con el gran sello de la Nacion y refrendarlo por el Ministro de Relaciones Esteriores, en el Palacio Nacional de México, á los veinte dias del mes de Mayo del año del Senor mil ochocientos sesenta y dos, cuadragésimo segundo de la Independencia de la Nacion.—*Benito Juarez.* —*Manuel Doblado* "

Y que en el mismo dia veinte del presente Mayo fueron cangeadas las ratificaciones en esta ciudad.

Por tanto, mando se imprima, publique, circule y se le dé el debido cumplimiento. Palacio del Gobierno nacional en México, á veintitres de Mayo de mil ochocientos sesenta y dos.—*Benito Juarez.*—Al C. Manuel Doblado, secretario de Estado y del Despacho de Relaciones Esteriores."

Y lo comunico á V. para los fines consiguientes.

México, &c.—*Doblado.*

Se publicó en bando de Junio 20.

## Mayo 23.

### LEY POR LA SECRETARIA DE RELACIONES Y GOBERNACION.

———

# CONVENCION POSTAL

### ENTRE LOS

# ESTADOS-UNIDOS MEXICANOS

## Y LOS ESTADOS·UNIDOS DE AMERICA.

————oo————

El Presidente de la República se ha servido dirigirme la ley que sigue:

*"Benito Juarez, Presidente constitucional de los Estados—Unidos Mexicanos, á todos sus habitantes, sabed:*

Que el dia once de Diciembre del año próximo pasado se concluyó y firmó en esta ciudad, por medio de los Plenipotenciarios debidamente autorizados al efecto, una Convencion Postal entre los Estados—Unidos Mexicanos y los Estados—Unidos de América, en la forma y tenor siguiente:

16

# Convencion Postal entre los Estados-Unidos Mexicanos y los Estados-Unidos de América.

Los Estados-Unidos Mexicanos y los Estados-Unidos de América, deseando estrechar las relaciones amistosas que existen entre los dos países, y facilitar la trasmision pronta y regular de la correspondencia entre sus respectivos territorios, han determinado celebrar una Convencion Postal, y han nombrado como sus Plenipotenciarios, á saber.

El Presidente de los Estados-Unidos Mexicanos, á Sebastian Lerdo de Tejada, ciudadano de los mismos Estados y Diputado al Congreso de la Union; y

El Presidente de los Estados-Unidos de América, á Thomas Corwin, ciudadano de los Estados-Unidos y su Enviado Estraordinario y Ministro Plenipotenciario cerca del Gobierno Mexicano.

Quienes, despues de haberse comunicado recíprocamente sus respectivos plenos poderes, hallándolos en buena y debida forma, han convenido en los artículos siguientes.

## ARTICULO I.

Se cobrará por todas las cartas, gacetas, revistas ú otras publicaciones periódicas, folletos impresos ú otros impresos, ya sean conducidos por buques de los Estados-Unidos Mexicanos ó de los Estados-Unidos de América, entre un puerto de México y un puerto de los Estados-Unidos de América, los siguientes portes de de mar, á saber:

1.° Por todas las cartas que no escedan de media onza de peso, el porte de siete centavos; y por todas las cartas que pesen mas de media onza, el porte adi-

## Postal Convention between the United States of America and the United Mexican States.

The United States of America and the United Mexican States, being desirous of drawing more closely the friendly relations existing between the two countries, and of facilitating the prompt and regular transmission of correspondence between their respective territories, have resolved to conclude a Postal Convention, and have named as their Plenipotentiaries, that is to say.

The President of the United States of America has appointed Thomas Corwin, a citizen of the United States and their Envoy Extraordinary and Miniser Plenipotentiary near the Mexican Government; and

The President of the United Mexican States has appointed Sebastian Lerdo de Tejada, a citizen of the said States and a Depury of the Congress of the Union.

Who, after having communicated to each other their respective full powers, found in good and due form, have agreed upon the following articles.

### ARTICLE I.

There shall be charged upon all letters, newspapers, reviews or other periodical publications, printed pamphlets or other printed matter, conveyed either by United States or by Mexican vessels, between a port in the United States of America and a port in Mexico, the following sea rates of postage, that is to say.

1.ᵗ Upon all letters not exceeding half an ounce in weight, the rate of seven cents; and upon all letters weighing more that half an ounce, an additional rate of

cional de siete centavos por cada media onza adicional ó fraccion de ella.

2 ? Por cada gaceta, diaria ó no diaria, el porte de un centavo.

3 ? Por las revistas ú otras publicaciones periódicas, folletos impresos ú otros impresos, el porte de un centavo por cada onza ó fraccion de una onza de peso

Dichas gacetas, revistas ú otras publicaciones periódicas, folletos impresos ú otros impresos, deberán enviarse con fajas ó cubiertas angostas, abiertas por los lados ó estremos, para que puedan fácilmente examinarse, sujetándose á las leyes y reglamentos de cada país, respectivamente.

## ARTICULO II.

Las oficinas de correos de los Estados- Unidos Mexicanos cobrarán por todas las cartas, gacetas, folletos impresos ú otros impresos, puestos en el correo en México y enviados por mar á los Estados-Unidos de América, ya sea por buques Mexicanos ó de los Estados-Unidos, los portes de tierra que están establecidos ahora ó que puedan establecerse en lo sucesivo por las leyes de México, y el porte de mar prescrito en el artículo primero, cuyos portes de tierra y de mar se combinarán en un solo porte, que se pagara siempre adelantado.

Este pago adelantado se certificará por medio de los sellos correspondientes de las oficinas de correos de los Estados-Unidos Mexicanos, y pertenecerá esclusivamente á México.

Las oficinas de correos de los Estados -Unidos de América cobrarán por todas las cartas, gacetas, folletos impresos ú otros impresos, puestos en el correo en los Estados--Unidos y enviados por mar á México, ya sea por buques de los Estados-Unidos ó de México, los portes de tierra que están establecidos ahora ó que

seven cents for each additional half ounce or fraction thereof.

2.nd Upon every newspaper, daily or other, the rate of one cent.

3.rd Upon reviews or other periodical publications, printed pamphlets or other printed matter, the rate of one cent for every ounce or fraction of an ounce weight.

The said newspapers, reviews of other periodical publications, printed pamphlets or other printed matter, shall be sent in narrow bands or covers, open at the sides or ends, so that they may be easily examined, subject to the laws and regulations of each country respectively.

## ARTICLE II.

There shall be charged by the Post Office of the United States of America upon all letters, newspapers, printed pamphlets or other printed matter, mailed in the United States and forwarded to Mexico by sea, whether by United States or by Mexican vessels, such rates of inland postage as are now or may hereafter established by the laws of the United States. and the rate of sea postage prescribed in article first, which inland and sea postage shall be combined into one rate, and paid always in advance.

Such prepayment shall be certified by the appropriate stamps of the United States Post Office, and the postage so paid shall belong exclusively to the United States of America

There shall be charged by the Post Office of the United Mexican States upon all letters, newspapers, printed pamphlets or other printed matter, mailed in Mexico and forwarder to the United States of America by sea, whether by Mexican or by United States vessels, such rates of inland postage as are now or may hereaf-

puedan establecerse en lo sucesivo por las leyes de los
Estados -Unidos, y el porte de mar prescrito en el artículo primero, cuyos portes de tierra y de mar se combinarán en un solo porte, que se pagará siempre adelantado.

Este pago adelantado se certificará por medio de los
sellos correspondientes de las oficinas de correos de los
Estados-Unidos, y pertenecerá esclusivamente á los
Estados-Unidos de América.

## ARTICULO III.

Por todas las cartas, gacetas, folletos impresos ú
otros impresos, que se reciban en México de los Estados-Unidos de América por mar, cobrará México los
portes de tierra que están establecidos ahora ó que
puedan establecerse en lo sucesivo por las leyes de México, cuyos portes se exigirán en el lugar del destino,
y pertenecerán esclusivamente á México; y vice versa,
por todas las cartas. gacetas, folletos impresos ú otros
impresos, que se reciban en los Estados-Unidos de
América de México por mar, cobrarán los Estados Unidos los portes de tierra que están establecidos ahora ó
que puedan establecerse en lo sucesivo por las leyes de
los Estados-Unidos, cuyos portes se exigirán en el lugar del destino, y pertenecerán esclusivamente á los
Estados-Unidos de América.

## ARTICULO IV.

Por todas las cartas, gacetas, folletos impresos ú otros
impresos, puestos en el correo en los Estados-Unidos
Mexicanos, y dirigidos á algun lugar de los Estados-Unidos de América, ó vice versa, cuando no sean enviados por mar, se cobrará el porte de tierra del país de
que procedan, cuyo porte se pagará adelantado, y se

tér be established by the laws of Mexico, and the rate
of sea postage prescribed in article first, which inland
and sea postage shall be combined into one rate, and
paid always in advance.

Such prepayment shall be certified by the appropriate
stamps of the Post Office of the United Mexican States,
and the postage so paid shall belong exclusively to
Mexico.

### ARTICLE III.

Upon all letters, newspapers, printed pamphlets or
other printed matter, received in the United States of
America from Mexico by sea, there will be charged by
the United States such rates of inland postage as are
now or may hereafter be established by the laws of the
United States, wich shall be collected at the place of
destination, and shall belong exclusively to the United
States of America; and, vice versa, upon all letters,
newspapers, printed pamphlets, or other printed matter,
received in Mexico from the United States of America
by sea, there will be charged by Mexico such rates of
inland postage as are now or may hereafter be established by the laws of Mexico, which shall be collected at
the place of destination, and shall belong exclusively
to Mexico.

### ARTICLE IV.

All letters, newspapers, printed pamphlets or other
printed matter, mailed in the United States of America
and adressed to any place in the United Mexican States,
or vice versa, wen not conveyed by sea, shall be charged with the rate of inland postage of the country from
wich such mail matter is sent, which shall be prepaid,

cobrará el porte de tierra del país que los reciba, cuyo porte se pagará en el lugar de su destino.

Tales portes pertenecerán respectivamente al país que los cobre.

## ARTICULO V.

Todas las cartas, gacetas, folletos impresos ú otros impresos, puestos en el correo de uno de los dos paises para el otro, ó recibidos en un país del otro, ya sean enviados por tierra ó por mar, estarán libres de cualquiera detencion ó inspeccion, y en el primer caso, serán enviados por los medios mas violentos á su destino, y en el otro caso, entregados prontamente á las personas á quienes sean dirigidos, estando sujetos en su trasmision á las leyes y reglamentos de cada país, respectivamente.

## ARTICULO VI.

Tan pronto como los vapores ú otros paquetes correos, con bandera de cualquiera de las dos partes contratantes, hayan comenzado á correr entre sus respectivos puertos de entrada, bien sea con subvencion de México ó de los Estados Unidos, las partes contratantes recibirán en dichos puertos toda la correspondencia y la remitirán segun vaya dirigida, siempre que su destino sea para alguna oficina reguiar de correos de cualquiera de los dos países, cobrando solamente los portes establecidos por la presente Convencion.

Las balijas para México se cerrarán á intervalos regulares en las oficinas de correos de los Estados-Unidos de América, despachándolas para los puertos de México; y del mismo modo, las balijas para los Estados-Unidos se cerrarán á intervalos regulares en las oficinas de correos de México, despachándolas para los puertos de los Estados-Unidos.

and with the inland postage of the country receiwing, which shall be collected at the place of destination.

Such postage shall belong respectively to the country collecting the same.

## ARTICLE V.

All letters, newspapers, printed pamphlets or other printed matter, mailed in the one country for the other, or received in the one country from the other, whether by land or sea conveyance, shall be free from any detention or inspection whatever, and shall in the one case be forwarded by the most speeddy means to their destination, and in the other, be promptly delivered to the respective persons to whom they are adressed, being subject in their transmission to the laws and regulations of each conntrp, respectively.

## ARTICLE. VI.

So soon as steam or other mail packets, under the flag of either of the contracting parties, shall have commenced running between their respective ports of entry, whether under subvention from the United States or from Mexico, the contracting parties agree to receive at those ports all mailable matter and to forward it as directed, the destination being to some regular Post Office of either country, charging thereupon only the rates established by the present Convention.

Mails for the United States of America shall made up at regular intervals by the Mexican Post Office, and despatched to ports of the United States; and in the same manner, mails for Mexico shall be made up at regular intervals by the United States Post Office, and despatched to ports of Mexico.

## ARTICULO VII.

Los Estados-Unidos de América convienen en conceder á los Estados-Unidos Mexicanos el tránsito en balijas cerradas, libres de cualquiera porte, derechos, impuestos, detencion ó exámen, por medio de los Estados-Unidos de América, ó de alguna de sus posesiones ó territorios, de las cartas, gacetas, folletos impresos ú otros impresos, enviados de los Estados-Unidos Mexicanos, ó de alguna de sus posesiones ó territorios, para alguna otra posesion ó territorio mexicano, ó para algun país estrangero, ó de algun país estrangero, ó posesion ó territorio mexicano, para los Estados-Unidos Mexicanos, sus posesiones ó territorios.

Un empleado de correos de México podrá acompanar las balijas cerradas en su tránsito.

Los Estados-Unidos Mexicanos, por su parte, convienen en conceder á los Estados Unidos de América el tránsito en balijas cerradas, libres de cualquiera porte, derechos, impuestos, detencion ó exámen, por medio de los Estados-Unidos Mexicanos ó alguna de sus posesiones ó territorios, de las cartas, gacetas, folletos impresos ú otros impresos, enviados de los Estados Unidos de América, ó de alguna de sus posesiones ó territorios, para alguna otra posesion ó territorio de los Estados-Unidos de América, ó para algun país estrangero, ó de algun país estrangero, ó posesion ó territorio de los Estados-Unidos de América, para los Estados-Unidos de América, sus posesiones ó territorios.

Un empleado de correos de los Estados-Unidos de América podrá acompanar las balijas cerradas en su tránsito.

## ARTICULO VIII.

Los medios de hacer el tránsito de las balijas cerradas, con arreglo á las estipulaciones del artículo sétimo

## ARTICLE VII.

The United Mexican States engage to grant to the United States of America the transit in closed mails, free from any postage, duties, imposts, detention or examination whatever, through the United Mexican States, or any of their possessions or territories, of letters, newspapers, printed pamphlets or other printed matter, forwarded from the United States of America, or any of their possessions or territories, to any other possession or territory of the United States of America, or to any foreign country, or possession or territory of the United States of America, to the United States of America, their possessions or territories.

A mail agent of the United States of America shall be permitted to accompany the closed mails in their transit.

The United States of America, on their part, engage to grant to the United Mexican States the transit in closed mails, free from any postage, duties, imposts, detention or examination whatever, through the United States of America, or any of their possessions or territories, of letters, newspapers, printed pamphlets or other printed matter, forwarded from the United Mexican States, or any of their possessions or territories, to any other Mexican possession or territory, or to any foreign country, or from any foreign country, or Mexican possession or territory, to the United Mexican States, their possessions or territories.

A mail agent of Mexico shall be permitted to accompany the closed mails in their transit.

## ARTICLE VIII.

The means of making the transit of closed mails, under the stipulations of article seventh of the present

de la presente Convencion, se arreglarán entre las administraciones generales de correos de los dos paises, sujetándose á la aprobacion de cada Gobierno respectivamente.

## ARTICULO IX.

En el caso desgraciado de guerra entre las dos naciones, el servicio de las dos administraciones de correos continuará sin impedimento ni molestia, hasta seis semanas despues de que se haga por parte de uno de los dos gobiernos, y se entregue al otro, la notificacion de que se suspende el servicio, y en tal caso, se permitirá que los paquetes correos de los dos paises retornen libremente y bajo especial proteccion á sus puertos respectivos.

## ARTICULO X.

Se comunicarán los respectivos reglamentos de correos, así como las tarifas de los portes de cada una de las partes contratantes; y todos los puntos de pormenores que se originen de las estipulaciones de esta Convencion, se determinarán entre las administraciones generales de correos de las dos Repúblicas, tan pronto como fuere posible, despues del cange de las ratificaciones de la presente Convencion.

Igualmente, se conviene en que todas las medidas de los pormenores indicados en este artículo, podrán modificarse por las dos administraciones generales de correos, siempre que dichas administraciones resuelvan por mútuo consentimiento que tales modificaciones sean benéficas al servicio de correos de los dos paises; y México se propone rebajar sus tarifas actuales de portes de tierra, tan pronto como lo permitan sus medios de trasporte interior.

Convention, shall be arranged between the General
Post Office Departments of the tow countries, subject
to the approbation of each Gouvernment, respectively.

## ARTICLE IX.

In case of the misfortune of war between the two Nations, the mail service of the two Post Offices shall continue without impediment or molestation, until six weeks
after a notification shall have been made on the part
of either of the tow Governments, and delivered to the
other, that the service is to be discontinued, and in such
case, the mail packets of the two countries shall be permitted to return freely and under special protection to
their respective ports.

## ARTICLE X.

The respective Post Office regulations and rates of
postage of each of the contracting parties, shall be communicated to; and all matters of detail arising out of the
stipulations of this Convention, shall be settled between
the General Post Office Departments of the two Repu-
blics, as soon as possible, after the exchange of the ratifications of the present Convention.

It is also agreed, that the measures of detail refered
to in this article, may be modified by the two General
Post Office Departments, whenever by mutual consent
those Departments shall have decided that such modi-
fications would be beneficial to the Post Office service
of the two countries; and Mexico proposes, so soon as
her means of internal transportation will permit, to reduce her present rates of inland postage.

## ARTICULO XI.

La presente Convencion continuará en vigor hasta que sea abrogada por mútuo consentimiento de las dos partes contratantes, ó hasta que una de ellas haya dado aviso á la otra de su deseo de abrogarla, con doce meses de anticipacion.

## ARTICULO XII.

Esta Convencion será ratificada con arreglo á las Constituciones de los dos paises, y las ratificaciones se cangearán en la ciudad de México, dentro de seis meses de esta fecha, ó antes si fuere posible.

En testimonio de lo cual, nosotros, los Plenipotenciarios de los Estados-Unidos Mexicanos y de los Estados-Unidos de América, firmamos y sellamos la presente.

Hecha en la ciudad de México, el dia once de Diciembre del ano de nuestro Señor mil ochocientos sesenta y uno; el cuadragésimo primero de la Independencia de los Estados-Unidos Mexicanos, y el octogésimo sesto de la de los Estados-Unidos de América.

SEBASTIAN LERDO DE TEJADA.          (L. S.)

THOMAS CORWIN.          (L. S.)

## ARTICLE XI.

The present Convention shall continue in force until it shall be abrogated by the mutual consent of the two contracting parties, or until one of them shall have gi ven twelve months previous notice to the other, of a desire to abrogate it

## ARTICLE XII.

This Convention shall be ratified in conformity with the Constitutions of the two countries, and the ratifications shall be exchanged at the City of Mexico, within six months from the date hereof, or earlier, if possible.

In witness whereof, we, the Plenipotentiaries of the United States of America and of the United Mexican States, have signed and sealed these presents.

Done in the city of Mexico, on the eleventh day of December in the year of our Lord one thousand eight hundred and sixty one; in the eighty sixth year of the Independence of the United States of America, and in the forty first of that of the United Mexican States.

THOMAS COWIN.                    (L. S.)

SEBASTIAN LERDO DE TEJADA.     (L S.)

Que la precedente convencion fué aprobada el dia quince del mismo Diciembre por el Congreso de los Estados-Unidos Mexicanos.

Que tambien fué aprobada el dia diez de Febrero del presente ano por el Senado de los Estados-Unidos de América, y ratificada el dia diez y siete de dicho mes de Febrero por el Presidente de los mismos Estados.

Que en tal virtud, la ratifiqué en estos términos:—Yo, Benito Juarez, Presidente de los Estados Unidos Mexicanos, ratifico, acepto y confirmo la misma Convencion, prometiendo observarla fielmente, sin permitir que se contravenga á ella en manera alguna. En fe de lo cual, la he firmado de mi mano, mandando sellarla con el gran sello de la Nacion y refrendarla por el Ministro de Relaciones Esteriores, en el Palacio nacional de México, á los veinte dias del mes de Mayo del ano del Senor mil ochocientos sesenta y dos, cuadragésimo segundo de la Independencia de la Nacion.—*Benito Juarez.*—*Manuel Doblado.*

Y que el mismo dia veinte del presente Mayo fueron cangeadas las ratificaciones en esta ciudad.

Por tanto, mando se imprima, publique, circule y se le dé el debido cumplimiento. Palacio del Gobierno nacional en México, á veintitres de Mayo de mil ochocientos sesenta y dos.—*Benito Juarez.*—Al C. Manuel Doblado, Secretario de Estado y del Despacho de Relaciones Esteriores."

Y lo comunico á V. para los fines consiguientes.

México &c.—*Doblado.*

Se publicó en bando de 21 de Junio.

## Mayo 23.

### DECRETO POR LA SECRETARIA DE JUSTICIA.

*Dispensa en favor del C. Trinidad Carrion.*

El Presidente de la República me ha dirigido el siguiente decreto que copio:

"*El C. Benito Juarez, Presidente constitucional de los Estados-Unidos Mexicanos, á sus habitantes, sabed:*

Que el Congreso de la Union ha decretado lo siguiente:

Artículo único. Se dispensa al C. Trinidad Carrion el segundo ano de práctica forense, á fin de que pueda recibirse en la profesion de abogado.

Dado en el salon de sesiones del Congreso de la Union en México, á 21 de Mayo de 1862.—*José Linares,* diputado presidente.—*Remigio Ibanez,* diputado secretario.—*M. M. Ovando,* diputado secretario.

Por tanto, mando se imprima, publique y cumpla. Palacio nacional del Gobierno federal en México, á 22 de Mayo de 1862.—*Benito Juarez.*—Al C. Ministro de Justicia, Fomento é Instruccion pública."

Lo que trascribo á V. para el cumplimiento de los fines indicados.

Dios, Libertad y Reforma. México, &c.—*Teran.*

Se publicó por bando en 29.

## Mayo 23.

DECRETO POR LA SECRETARIA DE JUSTICIA.

---

*Dispensa de edad en favor del C. Jósé de la Lama.*

El C. Presidente de la República me ha dirigido el decreto que sigue:

"*El C. Benito Juarez, Presidente constitucional de los Estados-Unidos Mexicanos, á sus habitantes, sabed:*

Que el Congreso de la Union decreta lo siguiente:

Artículo único. Se dispensa al C. Jósé de la Lama la edad que le falta para cumplir veinticinco anos, sin gozar en ningun caso del beneficio de restitucion.

Dado en el salon de sesiones del Congreso de la Union en México, á 21 de Mayo de 1862 —*José Linares*, diputado presidente —*Remigio Ibañez*, diputado secretario.—*M. Rojo*, diputado secretario
Por tanto, mando se imprima, publique y cumpla. Palacio nacional del Gobierno federal en México, á 22 de Mayo de 1862.—*Benito Juarez.*—Al C. Ministro de Justicia, Fomento é Instruccion pública."
Y lo trascribo á V. para los efectos correspondientes.
Dios, Libertad y Reforma.—México, &c —*Teran.*

Se publicó en bando de 29.

## Mayo 23.

CIRCULAR NUM. 50 POR LA SECRETARIA DE HACIENDA.

———

*Contribucion federal. Casos en que no debe exigirse, ó sea aclaracion á la ley de 16 de Diciembre de 861, con relacion al comercio estrangero.*

El C. Presidente constitucional de la República se ha servido disponer, para que sirva de aclaracion á la ley de 16 de Diciembre del año próximo pasado,[1] que estableció la contribucion federal de 25 por 100 pagadera en papel sellado, en lo que tiene relacion con el comercio estrangero, que este recargo no se cobrará en el derecho municipal, el de ferrocarril que sustituyó al de amortizacion de la deuda, ni tampoco en el derecho de toneladas, pilotaje, anclaje y faro que se pagan en los puertos por los buques del comercio estrangero, sino únicamente en el de contraregistro, que por decreto de 13 del presente mes[2] queda reducido á los 20 por 100 establecidos en la Ordenanza, y tambien á los derechos de esportacion y circulacion de los caudales que se dirijan á los puertos para su embarque.

De órden suprema lo comunico á V. para su inteligencia y cumplimiento.

Libertad y Reforma. México, &c.—*Doblado.*

———

1 Recopilacion de ese mes pág. 29.
2 Página 61.

CIRCULAR NUM. 52 POR LA SECRETARIA DE HACIENDA.

*Pagarés otorgados á consecuencia de las redenciones de fincas ó capitales nacionalizados. Se presenten á la seccion respectiva dentro de un mes [1] los vencidos, para acreditar estar satisfechos.*

Siendo muy frecuentes las quejas que se dirigen al Supremo Gobierno por los tenedores de vales de desamortizacion acerca de las dificultades y negativas que se les oponen para su pago, el C. Presidente constitucional, usando de las amplias facultades con que se halla investido, se ha servido recordar, que si dentro de un mes contado desde la fecha, los que han redimido fincas ó capitales de nacionalizacion no presentaren ante la seccion respectiva de esta Secretaria ya satisfechos los pagarés vencidos que otorgaron, por el mismo hecho perderán los derechos o acciones que se les concedieron á las espresadas fincas ó capitales, quedando el mismo Supremo Gobierno en libertad para poder disponer de esos bienes.

Lo que comunico á V. de órden del C. Presidente para los fines mencionados; en el concepto de que, la presentacion de pagarés de que se trata, se verificará en ese Estado ante la Gefatura de Hacienda del mismo.

Libertad y Reforma. México, &c.—*Doblado.*

---

DECRETO POR LA SECRETARIA DE GUERRA.

### Reglamento de guerrillas.

El C. Presidente constitucional de la República se ha servido dirigirme el decreto que sigue:

---

1  Se prorogó por otro mes. Circular de 11 de Junio, núm. 56.

"*El C. Benito Juarez, Presidente constitucional de los Estados-Unidos Mexicanos, á los habitantes de la República, sabed:*"

Que en uso de las omnímodas facultades de que me hallo investido, por decreto de 11 de Diciembre del ano próximo pasado,[1] he tenido á bien decretar el siguiente

# REGLAMENTO

Para el servicio de las fuerzas ligeras que con el nombre de guerrillas se formen para auxiliar las operaciones del Ejército en la presente invasion estrangera y para la pacificacion del país.

## ORGANIZACION DE LAS GUERRILLAS.

Art. 1º Nadie podrá levantar guerrilla alguna sin la patente respectiva, que le espedirá en el Distrito el Ministerio de la Guerra y en los Estados los generales en gefe ó comandantes militares de los mismos Estados, donde l s hubiere, y donde no, sus respectivos gobernadores, debiendo unos y otros dar cuenta al Ministerio para su aprobacion; sin perjuicio de que el nombrado organice su guerrilla y pueda comenzar desde luego el servicio á que se le destine.

Art 2º Toda solicitud de patente para la formacion de guerrillas deberá presentarse acompañada de certificados, bien de gefes que hayan servido en el ejército constitucional, ó de las autoridades superiores del Distrito federal, del Estado ó territorio donde resida el solicitante, que acrediten su aptitud, patriotismo y honradez.

1 Recopilacion de fin de Diciembre de 861, pág. 13.

Art. 3 ? La guerrilla tomará el nombre del que ha obtenido la patente para levantarla: él será su comandante, y no podrá resignar el mando en otra persona sin previa aprobacion de autoridad facultada para espedir la patente.

Art. 4 ? Ninguna guerrilla se compondrá de menos de veinticinco hombres montados y armados.

Art. 5 ? Formada en el número y con los requisitos prevenidos en el artículo anterior; se admitirá la guerrilla en revista en la Tesorería General, en las gefaturas de hacienda en los Estados ó en las administraciones de correos de los pueblos donde no hubiese aquellas oficinas. Desde este acto se considerará en activo servicio y con derecho á percibir los haberes que en este reglamento se le designan.

Art. 6 ? La guerrilla que no pasare de veinticinco hombres se compondrá de un sargento primero, un segundo, tres cabos y veinte soldados. A cada nueve hombres que aumente se nombrará de entre ellos un cabo, y cuando aumentare en diez y nueve hombres, se nombrará de entre este número otro sargento segundo. Viniendo la fuerza al número de sesenta hombres de tropa, se organizará en una compania compuesta de un capitan, que lo será el que obtuvo la patente para levantar la guerrilla, un teniente y dos alféreces, cuyos nombramientos propondrá el capitan, acompañando certificados, como para él se han exigido, de patriotismo, aptitud y honradez de los propuestos, para su aprobacion y espedicion de sus patentes; de un sargento primero, tres segundos, seis cabos y cincuenta soldados. Si la fuerza aumentare á dos compañías, se formará un escuadron de que será comandante el capitan de la primera compañía, pasando á cubrir la plaza que él deja el capitan de la segunda, la de éste el teniente de la primera, y así sucesivamente se seguirán alternando: del mismo modo se cubrirá toda vacante, cualquiera que sea la causa por que ocurriere.

## SERVICIO.

Art. 7.º Luego que se dé de alta una guerrilla, quedará á las órdenes del gefe de la plaza, haciendo el servicio que allí se le designare, entretanto se le mande que espedicione por otros puntos.

Art. 8.º Cuando se le mande á campaña no podrá desviarse del camino que se le determine, sino por causas graves que justifique, ni separarse del teatro que se le demarque para sus operaciones. Solamente lo podrá hacer, salvo órden espresa en contrario del general en gefe porque así lo exijan las circunstancias, en persecucion de alguna partida de malhechores ó ladrones que aparecieren cerca del territorio que ha de recorrer, habiendo probabilidad de alcanzarla, ó cuando por la autoridad se le pidiere este auxilio. Prestado el servicio, pondrá á los malhechores á disposicion de la autoridad, y volverá inmediatamente á su destino.

Art. 9.º Cuando dos ó mas guerrillas tengan que operar simultáneamente, tomará el mando el gefe mas caracterizado ó de mayor graduacion. Esta se calificará por el mando en guerrilla de los respectivos comandantes, sin tener en cuenta otros despachos militares. En igualdad de circunstancias preferirá la antigüedad, tomada de la fecha de la patente.

Art. 10. El servicio del guerrillero durará seis meses, y antes de este tiempo no podrá dejarlo sin causa justificada y con aprobacion del Ministerio de la Guerra, del general en gefe de quien dependa, del comandante militar, ó si no lo hubiere, del Gobernador del Estado donde solicite la baja.

## OBLIGACIONES.

Art. 11. Es obligacion del comandante ó gefe de la guerrilla:

1.º Estar siempre preparado y listo con su fuerza

para ponerse en marcha y emprender desde luego las operaciones que se le prevengan.

2.ª No salir del radio que le designe el general ó gefe á cuyas órdenes esté, salvo en los casos comprendidos en el art. 8.º no habiéndola espresa en contrario.

3.ª Llevar una libreta rubricada en los términos de costumbre por el gefe de la oficina donde fuere dada de alta la fuerza, y con la anotacion del número de fojas que contiene. En esta libreta asentará la cantidad que en dinero ó en efectos, cuyo valor hará constar, se le suministre, y la partida será firmada por la autoridad, empleado ó particular que le diere el auxilio, espidiéndole él sin escusa ni pretesto el recibo, si se le pide, de lo que se le hubiere dado.

4.ª Presentar cuando pidiere auxilio el documento de revista del mes, el presupuesto y la libreta para que se confronte lo que vence su fuerza con lo que haya recibido, no pudiendo exigirlo si estuviere cubierto hasta el dia que lo pide, á no ser que tuviere que salir á puntos donde sea imposible que se los proporcionen, pues entonces, los podrá pedir para un tiempo que no pase de cinco dias, y tomando siempre en consideracion las facultades de la poblacion para no exigir mas de lo que sin grande sacrificio pueda proporcionársele.

5.ª Pasar revista en los cinco primeros dias de cada mes, formando de ella cinco juegos de listas para conservar uno en su poder, dejar otro en el del empleado ante quien la pase, y remitir los otros tres al Ministerio de la Guerra, á la Tesorería general y á la Comisaría del cuerpo de ejército á que pertenezca, todos autorizados por dicho empleado. Igualmente formará tres presupuestos, uno para la Tesorería general, otro para la Comisaría del cuerpo de ejército á que pertenezca, y otro para su pagaduría.

6.ª Cuidar de que sus subordinados observen buena conducta, evitando que atropellen á los ciudadanos ó que cometan otras violencias contra sus intereses, sien-

do personalmente responsable cuando al atropello, robo
ó desórden no siga inmediatamente el castigo respectivo, si fuere de sus facultades, ó la consignacion del de-
lincuente ó delincuentes al juez que corresponda, en
cuyo caso con solo esto quedará libre de toda responsabilidad.

## REMUNERACIONES.

Art. 12. El haber del comandante de una guerrilla
será de sesenta pesos cada mes, treinta y ocho el del
sargento primero, treinta y cinco los segundos, treinta
y dos los cabos y treinta los soldados, siendo de su
cuenta todo gasto personal y el de la manutencion de
su caballo. Cuando la guerrilla pase á formar compania o escuadron, sus gefes y oficiales disfrutarán los
sueldos designados á su clase en la caballería del ejército permanente.

Art. 13. Si por actos distinguidos de valor ó por otros
servicios especiales se consideraren algunas guerrillas
ó algunos individuos de los que la componen dignos de
una especial remuneracion, el gefe así lo representará
al Supremo Gobierno, para que éste resuelva lo que estimare por conveniente.

Art. 14. Los servicios prestados en las guerrillas, sirven de título para que sus individuos sean considerados
cuando aquellas fueren disueltas, en la colocacion de
empleos vacantes.

Art. 15. Los ciudadanos que hayan prestado el servicio de guerrillas por el tiempo designado en el art. 10,
quedarán por doble tiempo esceptuados de cargos con-
cejiles y de todo servicio militar forzado. Para que puedan justificar esta escepcion, se hará constar en el documento de baja que se les dé, que han cumplido con
el servicio en virtud del cual se les concede. Tambien

19

gozarán de este beneficio, aun cuando no hayan servido el tiempo prefijado, si por no ser ya necesario á
causa de haber cesado la guerra, se les mandase poner
en receso.

## PENAS.

Art. 16. Los guerrilleros, desde el dia en que se pongan en servicio, quedan sujetos á la ordenanza general
del ejército, y por consiguiente, á las penas que este
código y demas leyes militares imponen por las faltas
de subordinacion, á la disciplina, y por los demas delitos que ellas comprenden.

Art. 17. El atentado contra las personas y los bienes
de los particulares, serán castigados con pena de muerte, segun las fracciones 1ª, 2ª y 3ª del art. 4º y el art. 27
de la ley de 25 de Enero del presente año.[1]

Art. 18. Todo individuo de una guerrilla que fuere
receptador de robo en despoblado, sufrirá la pena de
muerte, segun el art. 29 de la citada ley, sujetándose
en los demas casos á las disposiciones generales de
la misma.

### ARTICULO TRANSITORIO.

Los guerrilleros que han obtenido patentes y se hallan dentro del Distrito, ocurrirán al Ministerio de la
Guerra con los justificantes que este reglamento re-
quiere, á fin de que sus patentes les sean revalidadas,
en el término de ocho dias. Los que estuvieren fuera
de él, lo verificarán ante el general en gefe, comandante militar ó Gobernador del Estado en que se encuentren, dentro del mismo término, contado desde la publicacion de este reglamento en el Estado en que estuvieren.

1 Recopilacion de eso mes, pág. 49.

Si·pasado este tiempo no verificaren la presentacion, serán reputados como malhechores y castigados con las penas respectivas.

Por tanto, mando que se publique y se le dé cumplímiento. Palacio del Gobierno nacional en México, á 23 de Mayo de 1862.—*Benito Juarez.*—Al C. general Miguel Blanco, Ministro de Guerra y Marina."

Y lo trascribo á V. para su inteligencia y fines consiguientes.

Libertad y Reforma, México, &c.—*Blanco.*

Se publicó por bando en 5 de Junio.

---

### Mayo 24.

#### GOBIERNO DEL DISTRITO FEDERAL.

#### BANDO.

En el de este dia se publicó el decreto espedido por la Secretaría de Justicia en 17 del actual.[1] Se legitima para los efectos que se espresan, á la niña Clemencia Boves.

---

### Mayo 24.

#### CIRCULAR NUM. 51 POR LA SECRETARIA DE HACIENDA.

---

*Subsidio estraordinario de guerra. Su cobro se haga en los Estados por las tesorerías. Facultades de los gobernadores con respecto á esa contribucion.*

Deseando el Supremo Gobierno facilitar á los ciudadanos gobernadores el cumplimiento de las órdenes da-

1 Página 70.

das por esta Secretaría por las que se senala á los Estados el contingente con que deben contribuir para las atenciones generales de la guerra, el C. Presidente se sirvió espedir en 29 del mes próximo pasado [1] un decreto estableciendo el subsidio estraordinario, que consiste en el uno por ciento sobre el valor de todo edificio; y á fin de evitar las dudas que pudieran suscitarse acerca de dicho decreto, así como tambien para hacer efectivo el cobro de ese impuesto, dispone el mismo C. Presidente que este cobro se haga por las tesorerías de los Estados, facultándose á los ciudadanos gobernadores de los mismos para que dicten las providencias que creyeren convenientes al mas exacto cumplimiento de la ley.

Lo que comunico á V. para su inteligencia y fines consiguientes.

Libertad y Reforma. México &c.—*Doblado.*

Se publicó en bando de 29 del corriente.

## Mayo 25.

CIRCULAR POR LA SECRETARIA DE GUERRA.

*A los gobiernos de los Estados para el mas pronto envío del contingente de sangre y reemplazos socorridos hasta su llegada á esta capital.*

Favorable como ha sido hasta ahora la suerte en los combates al cuerpo de Ejército de Oriente en la resistencia que ha opuesto á la invasion del ejército francés, tiene por lo mismo el Supremo Gobierno un mas estricto deber de esforzarse por hacer que continúen las glo-

---

1 Recopilacion de ese mes, pág. 44.

rias de México adquiridas en aquellos memorables combates, que han puesto su nombre como guerreros, al ni-
vel de la mas belicosa potencia de Europa. Por esto, el
C. Presidente quiere insistir en recomendar á los ciudadanos gobernadores de los Estados, el cumplimiento
de la ley de 17 de Diciembre del año próximo pasado [1]
que les marcó el contingente con que han de contribuir
á la defensa nacional; bien convencido—y en esto llamo
fuertemente la atencion de V ,—que con tales auxilios
se consumará, fuéra de duda, la completa derrota de las
primeras fuerzas que el emperador de los franceses ha
destinado para la invasion de nuestro territorio; y ademas la destruccion de las reaccionarias que, abrazando
decididamente la causa de los enemigos de su patria,
se han manchado con el abominable crímen de traicion.

Pero si el auxilio no llega con la debida oportunidad,
si se da tiempo para que el enemigo reciba nuevos re-
fuerzos, para que organice, discipline y ponga en órden
las gavillas informes que se le están uniendo de perver-
sos mexicanos, V. comprenderá que seria necesario
apelar á sacrificios de mucha mayor magnitud, para salvar la nacionalidad. Por lo mismo, se hace preciso que
la remision que V. haga de la fuerza que falte al Estado de su digno mando para completar el contingente,
sea con la mayor brevedad posible, y afrontando y ven-
ciendo cuantos obstáculos se le presenten, supuesto que
así se lo exige en la actualidad, el patriotismo, y su deber como gobernante que ha sabido llenar, en circunstancias menos aciagas, con un celo y actividad reco-
mendables.

Ademas, considerando que por consecuencia de las
enfermedades tan fáciles de contraerse en la campana;
por los combates que se han dado y por otras muchas
causas bien conocidas, aquel benemérito cuerpo de ejército ha sufrido muchas bajas, desea el C. Presidente, y

1 Recopilacion de fin de Diciembre de 861, pág. 35.

así me previene lo diga á V., que, sin pérdida de tiempo
y con toda diligencia, reúna, aliste y ponga inmediatamente en marcha el mayor número de reemplazos que
pueda; pues es bien sabido que mucho contribuye al
buen éxito de las operaciones militares, el que los cuerpos estén con todas sus plazas; y seria de consecuencias muy trascendentales al honor de la República, que
por falta de fuertes sacrificios, que aceptándose ahora,
darian definitivos, seguros y siempre favorables resultados, tuvieran que hacerse despues enormes, y con menos esperanzas, tal vez, de conseguir el fin apete-
cido.

Toda diligencia pues, sobre el particular por parte de
V., toda actividad y energía será considerada por el Supremo Magistrado de la República como un acto debi
do de verdadero y loable patriotismo, así como la negligencia ó apatía, que de ningun modo espera, lo haria
acreedor á muy graves cargos; puesto que la pérdida de
tiempo y el desprecio de las oportunidades, ocasiona-
rian en la actualidad consecuencias que interesan la
misma existencia de la nacion.

Desea tambien el C. Presidente, que las fuerzas que
V. remita vengan socorridas hasta esta capital, á fin de
evitar la desercion y otros males que con frecuencia
traen consigo la desnudez y el hambre, cuando la sufre
el soldado, originándose ademas de esto, que los que
quedan fieles dando pruebas de su abnegacion y patriotismo, no pueden llegar con el valor y brío que acompanan al soldado cuando está asistido con sus alimentos y con el prest que les corresponde. El Supremo
Gobierno cuidaria por sí de atender esa necesidad, si
no tuviera la muy imperiosa de destinar con toda preferencia al ejército que tiene al frente del invasor, los
recursos que con asíduos afanes logra conseguir; considerando por esto que por graves que á V. parezcan
los inconvenientes que se le presenten en ese Estado
para proporcionárselos, son infinitamente menores que

los que tiene y cada dia disfruta la satisfaccion de vencer el Gobierno general.

En resúmen, el C. Presidente me ordena que haga á V. formal escitativa para que sin pérdida de tiempo y sin omitir sacrificio, ponga en marcha la fuerza que falta al Estado de su mando para completar el contingente; y si este estuviere ya lleno, lo verifique sin embargo y con la misma prontitud con los reemplazos necesarios para cubrir sus bajas, y ademas con la mayor fuerza que de pronto pudiere organizar, viniendo toda con el mejor equipo posible y socorrida con sus correspondientes haberes hasta esta capital, y dando aviso por estraordinario de su salida.

Al recibir la contestacion de V. á esta circular, me lisongeo de que tendré la muy grata satisfaccion de dar cuenta al C. Presidente de haber sido debidamente acatada y cumplida por V., y que por lo mismo debe descansar en que, estando comprendido y secundado en sus miras por los ciudadanos gobernadores, se conseguirá el honorífico triunfo que con fé cierta augura para bien y gloria de nuestra patria.

Libertad y Reforma. México, &c.—*Blanco.*

Se recordó en circular de 17 de Junio de este ano.

---

**Mayo 27.**

GOBIERNO DEL DISTRITO FEDERAL.

BANDO.

'En el de este dia se publicó el decreto espedido por la Secretaría de Hacienda en 21 de éste. [1] Penitenciaría del Estado de Durango.

1 Página 99.

## Mayo 27.

GOBIERNO DEL DISTRITO FEDERAL.

BANDO.

En el de este dia se publicó la comunicacion de la Secretaría de Relaciones en 23 de éste.[1] Aclaracion á la circular de 2 del corriente, sobre suspension de enagenacion de los bienes que fueron llamados del clero.

---

## Mayo 27.

GOBIERNO DEL DISTRITO FEDERAL.

BANDO.

En el de este dia se publicó el decreto espedido por la Secretaría de Guerra en 21 del actual.[2] Premios á los que defendieron la independencia de la patria contra la invasion estrangera.

---

## Mayo 27.

ADMINISTRACION DE RENTAS MUNICIPALES.

AVISO.

Por el art. 6.º de la ley de 31 de Marzo último, todas las personas que en la actualidad estén haciendo obras esteriores en las fincas de esta capital, están obligadas á refrendar sus respectivas licencias, por las que deben pagar en esta oficina desde 1.º del entrante mes de Junio, á razon de veinticinco centavos diarios por el tiempo que dure la obra.

México, &c.-Administrador, *Vicente Larrea.*—Contador, *Francisco Nájera.*

1 Página 100.
2 Idem idem.

## Mayo 27.

DECRETO POR LA SECRETARIA DE HACIENDA.

*Losas para tapas y guarniciones. Quedan exentas del derecho de doble alcabala.*

El C. Presidente constitucional de la República se ha servido dirigirme el decreto siguiente:

"*Benito Juarez, Presidente constitucional de los Estados-Unidos Mexicanos. á sus habitantes, sabed:*

Que en uso de las amplias facultades de que me hallo investido, he tenido á bien decretar lo que sigue:

Artículo único. Se comprenden en el art. 1? del decreto de 5 del actual los artículos siguientes:

Losas para tapas.
Idem para guarniciones.

Por tanto, mando se imprima, publique, circule y se le dé el debido cumplimiento. Palacio nacional de México, á veintisiete de Mayo de mil ochocientos sesenta y dos.—*Benito Juarez.*—Al C. Manuel Doblado, Ministro de Relaciones y Gobernacion, y encargado de la Secretaría de Hacienda y Crédito Público."

Y lo comunico á V. para su inteligencia y cumplimiento.

Libertad y Reforma. México, &c.—*Doblado.*

Se publicó en bando de 2 de Junio.

DECRETO POR LA SECRETARIA DE HACIENDA.

—

*Pago de derechos establecidos por la Ordenanza de Aduanas. Es inconstitucional y de ningun efecto el decreto espedido por el Gobernador de Nuevo-Leon y Coahuila, respecto de los artículos de comercio que espresa.*

Con esta fecha se ha servido dirigirme el C. Presidente constitucional el decreto que sigue:

"*El C. Benito Juarez, Presidente constitucional de los Estados-Unidos Mexicanos, á todos sus habitantes, sabed:*

Que en uso de las amplias facultades concedidas al Ejecutivo por las leyes de 11 de Diciembre del ano próximo pasado[1] y 3 del presente mes,[2] y teniendo en considercion que el C. Gobernador del Estado de Nuevo-Leon y Coahuila, investido con el carácter de Comandante militar nato del de Tamaulipas, al dar su decreto de 12 del actual, en que previene se reduzca á la mitad la gracia concedida al comercio por la zona libre establecida en la orilla derecha del Rio Bravo, pagando en consecuencia los efectos existentes en ella ó los que se importen en lo sucesivo, la mitad de los derechos establecidos por la Ordenanza[3] y la otra mitad al hacerse la internacion, ha legislado sobre asuntos que son de la esclusiva incumbencia de las autoridades federales, conforme á la parte IX del art. 72 de la

1 Recopilacion de ese mes pág. 13.
2 Página 10.
3 Es de 31 de Enero de 856. Archivo Mexicano, tomo I, pág. 521.

Constitucion de la República, [1] he venido en declarar y declaro lo siguiente:

Es inconstitucional y de ningun efecto, el decreto de 12 del actual espedido por el C. Gobernador de Nuevo-Leon y Coahuila y Comandante militar de Tamaulipas, en el que dispuso que los efectos existentes en la zona libre y los que en lo sucesivo se importen, paguen la mitad de los derechos que establece la Ordenanza general de Aduanas marítimas y fronterizas, y la otra mitad al hacerse la internacion.

Por tanto, mando se imprima, publique, circule y se le dé el debido cumplimiento. Palacio del Gobierno federal en México, á 28 de Mayo de 1862.—*Benito Juarez.* —Al C. Manuel Doblado, Ministro de Relaciones y Gobernacion, y encargado de la Secretaría de Hacienda y Crédito Público."

Y lo comunico á V. para su inteligencia y fines consiguientes.

Libertad y Reforma. México, &c.—*Doblado.*

Se publicó en bando de 3 de Junio.

---

## Mayo 28.

CIRCULAR NUM. 53 POR LA SECRETARIA DE HACIENDA.

---

*Papel sellado. No surtirán efecto alguno las solicitudes y documentos que no estén escritos en el que corresponde.*

Habiéndose notado que las solicitudes y otros documentos que los interesados presentan al Supremo Gobierno, no están escritos en el papel sellado que corres-

---

[1] Recopilacion de fin de Diciembre de 860, pág. 24.

ponde, el C. Presidente se ha servido acordar que no se dé curso á ninguno de los que se encuentren en ese caso, los cuales por lo mismo no surtirán efecto alguno.

De órden suprema lo digo á V. para su mas exacto cumplimiento.

Dios, Libertad y Reforma. México, &c.—*Doblado.*

---

## Mayo 29.

### GOBIERNO DEL DISTRITO FEDERAL.

#### BANDO.

En el de este dia se publicó el decreto espedido en 22 del presente por la Secretaría de Justicia.[1] Habili- tacion de edad al menor Javier Echeverría.

---

## Mayo 29.

### GOBIERNO DEL DISTRITO FEDERAL.

#### BANDO.

En el de este dia se publicó el decreto espedido por la Secretaría de Justicia en 23 del actual.[2] Dispensa á favor del C. Trinidad Carrion.

---

## Mayo 29.

### GOBIERNO DEL DISTRITO FEDERAL.

#### BANDO.

En el de este dia se publicó el decreto espedido en 23 del presente por la Secretaría de Justicia.[3] Dispen- sa de edad al C. José de la Lama.

1 Página 102.
2 Página 133.
3 Página 134.

## Mayo 29.

### GOBIERNO DEL DISTRITO FEDERAL.

#### BANDO.

En el de este dia se publicó la circular espedida por la Secretaría de Hacienda en 24 del actual.[1] Subsidio estraordinario de guerra. Su cobro se haga en los Estados por las tesorerías. Facultades á los Gobernadores con respecto á esa contribucion.

------

## Mayo 29.

### AYUNTAMIENTO DE LA CAPITAL.

#### AVISO IMPORTANTE.

El Ayuntamiento de esta capital ha tenido á bien aprobar las siguientes proposiciones:

1ª Se mandará publicar un aviso que contenga el art. 95 de la ley de 31 de Marzo último, que previene á los inspectores de los cuarteles espidan gratis á los causantes de contribuciones, los certificados conducentes á ellas.

2ª Se pasará circular á los inspectores, para que al márgen de todos los certificados pongan la anotacion de haber sido espedidos gratis.

3ª Se les prevendrá igualmente que en un lugar visible de la inspeccion coloquen un ejemplar del aviso á que se contrae la 1ª proposicion.

El artículo de la ley de que habla la primera proposicion dice:

Art. 95. Las autoridades están en la obligacion de dar gratis y sin demora los documentos que les pidan los causantes y necesiten para hacer constar alguna circunstancia relativa á las contribuciones; y estos docu-

1 Página 143.

mentos se estenderán en papel simple. Asimismo están obligados á prestar á la oficina municipal recaudadora, los auxilios que requiera para el desempeno de sus facultades y deberes."

Lo que se pone en conocimiento del público para su inteligencia y gobierno.

México, &c.—Por el ciudadano secretario, *Ladislao Rosales*, oficial mayor.

---

### Mayo 29.

#### DECRETO POR LA SECRETARIA DE HACIENDA.

---

*Trigo. Se declara exento del derecho de doble alcabala.*

El C. Presidente constitucional de la República se ha servido dirigirme el decreto siguiente:

"*Benito Juarez, Presidente constitucional de los Estados-Unidos Mexicanos, á sus habitantes, sabed:*

Que en uso de las amplias facultades de que me hallo investido, he tenido á bien decretar lo que sigue:

Artículo único. Se comprende en el art. 1 $^\circ$ del decreto de 5 del actual, [1] el trigo.

Por tanto, mando se imprima, publique, circule y se le dé el debido cumplimiento. Palacio nacional de México, á veintinueve de Mayo de mil ochocientos sesenta y dos.—*Benito Juarez.*—Al C. Manuel Doblado, Ministro de Relaciones y Gobernacion, y encargado de la Secretaría de Hacienda y Crédito Público."

Y lo comunico á V. para su inteligencia y cumplimiento.

Libertad y Reforma. México, &c.—*Doblado.*

---

1 Página 13.

## Mayo 31.

### GOBIERNO DEL DISTRITO FEDERAL.

#### AVISO.

*Contribucion de exentos del servicio de la Guardia Nacional. Dónde debe pagarse.*

El C. Gobernador ha tenido á bien disponer que desde el dia 1? del entrante mes, cesen en sus funciones las recaudaciones sucursales de la contribucion de exentos, y que hagan éstos sus enteros en la Recaudacion principal, situada en el edificio de la Diputacion, en los términos establecidos por las disposiciones vigentes; bajo el concepto de que se exigirá irremisiblemente á los morosos las cuotas que dejen de satisfacer y los recargos correspondientes.

México, &c.—*Francisco J. Villalobos*, secretario.

---

### Mayo 31.

#### DECRETO POR LA SECRETARIA DE JUSTICIA.

---

*Nombramiento de Presidente y Magistrados de la Suprema Corte de Justicia, como tambien de Procurador general de la nacion, todos constitucionales.*

El C. Presidente constitucional de la República se ha servido dirigirme el decreto que sigue:

"*Benito Juarez, Presidente constitucional de los Estados-Unidos Mexicanos, á sus habitantes, sabed:*

Que el Congreso de la Union ha tenido á bien decretar lo siguiente:

Art. 1? Es Presidente constitucional de la Suprema Corte de Justicia el ciudadano Jesus Gonzalez Ortega.

Art. 2? Son Magistrados constitucionales de la misma Suprema Corte de Justicia: primero, el C. Juan José de la Garza; tercero, el C. Joaquin Ruiz; sesto, el C. Manuel Ruiz, y tercer Magistrado supernumerario el C. Guillermo Valle.

Art. 3? Es Procurador general constitucional de la Nacion, el C. Antonio Florentino Mercado.

Dado en el salon de sesiones del Congreso de la Union en México, á treinta de Mayo de mil ochocientos sesenta y dos.—*José Linares,* diputado presidente.—*Remigio Ibanez,* diputado secretario —*Anselmo Cano,* diputado secretario.

Por tanto, mando se imprima, publique, circule y se le dé el debido cumplimiento Palacio del Gobierno federal eu México, á treinta y uno de Mayo de mil ocho cientos sesenta y dos.—*Benito Juarez.*—Al C. Lic. Jesus Teran, Ministro de Justicia, Fomento é Instruccion pública."

Y lo comunico á V. para su inteligencia y fines consiguientes.

Dios, Libertad y Reforma. México, &c.—*Teran.*

Se publicó en bando de 5 de Junio.

# INDICE CRONOLÓGICO

DE LAS DISPOSICIONES

## CONTENIDAS EN ESTE CUADERNO.

21

# ÍNDICE ALFABÉTICO

POR MATERIAS

DE LAS DISPOSICIONES CONTENIDAS EN ESTE
CUADERNO.

## C.

# INDICE CRONOLÓGICO

POR SECRETARIAS

DE LAS DISPOSICIONES CONTENIDAS EN ESTE CUADERNO.

Páginas.

## SECRETARIA DE RELACIONES
### Y GOBERNACION.

## GOBIERNO DEL DISTRITO.

Páginas.

## SECRETARIA DE JUSTICIA, FOMENTO

### E INSTRUCCION PUBLICA.

## SECRETARIA DE HACIENDA.

DIRECCION GENERAL

## DE LA RENTA DEL PAPEL SELLADO.

# RECOPILACION

DE

# LEYES, DECRETOS, BANDOS,

REGLAMENTOS, CIRCULARES Y PROVIDENCIAS

DE LOS

## SUPREMOS PODERES

Y OTRAS AUTORIDADES DE LA REPUBLICA MEXICANA.

Obra útil á toda clase de personas
y necesaria á muchos individuos, como funcionarios públicos, curiales y
empleados en las oficinas,

FORMADA

DE ORDEN DEL SUPREMO GOBIERNO

POR EL

Licenciado Basilio José Arrillaga.

JUNIO DE 1862.

~~~~~~~

MEXICO.

Imprenta de A. Boix, á cargo de M. Zornoza,
Calle del Aguila No. 13.

**1864.**

## GOBIERNO DEL DISTRITO FEDERAL.

---

### BANDO.

En el de este dia se publicó el decreto espedido por la Secretaría de Hacienda en 27 de Mayo anterior. [1] Artículos exentos de doble alcabala en el Distrito.

---

**Junio 3.**

### DECRETO POR LA SECRETARÍA DE RELACIONES Y GOBERNACION.

*Nombramiento que ha de hacerse de primero y cuarto Magistrados supernumerarios de la Suprema Corte.*

El C. Presidente de la República se ha servido dirigirme el decreto que sigue:

*"Benito Juarez, Presidente constitucional de los Estados-Unidos Mexicanos, á sus habitantes sabed:*

Que la Diputacion permanente del Congreso de la Union ha tenido á bien decretar lo siguiente:

La Diputacion permanente del Congreso de la Union,

---

1 Recopilacion de ese mes, pág. 149.

usando de las facultades que le concede el art. 53 de la ley electoral, [1] decreta lo siguiente:

Artículo único. Al dia siguiente en el que se nom-bren los diputados al Congreso de la Union, en las próximas elecciones, se reunirán los colegios electorales de Distrito, y nombrarán primero y cuarto Magistrados supernumerarios de la Suprema Corte de Justicia, cu-yas plazas están vacantes, la primera por fallecimiento del C. Manuel Baranda, y la segunda por promocion del C. Antonio Florentino Mercado á Procurador gene-ral de la Nacion.

Dado en el salon de sesiones del Congreso de la Union en México, á tres de Junio de mil ochocientos sesenta y dos.—*M. Riva Palacio,* diputado presidente.—*M. Rojo,* diputado secretario.—*M. M. Ovando,* diputado secretario.

Por tanto, mando se imprima, publique, circule y ob-serve. Palacio Nacional de México, á tres de Junio de mil ochocientos sesenta y dos.—*Benito Juarez*—Al C. Manuel Doblado, Ministro de Relaciones y Goberna-cion."

Y lo comunico á V. para su inteligencia y demas fines. Libertad y Reforma. México, &c.—*Doblado.*

Se publicó en bando del dia 20.

---

**Junio 3.**
GOBIERNO DEL DISTRITO FEDERAL.

BANDO.

En el de este dia se publicó el decreto espedido por la Secretaría de Hacienda en 28 de Mayo próximo pasado [2] anulando el decreto de 12 del mismo mes, dado por el Gobernador del Estado de Nuevo Leon y Coahuila.

---

1  Es de 12 de Febrero de 857. Arch'vo Mexicano, tomo III. pág. 180.
2  Recopi'acion de ese mes pág. 150.

GOBIERNO DEL DISTRITO FEDERAL.

BANDO.

En el de este dia se publicó el decreto espedido por la Secretaría de Hacienda en 29 de Mayo anterior. [1] Exencion de doble alcabala en el Distrito al trigo.

———

**Junio 3.**

CIRCULAR NUM. 55 POR LA SECRETARÍA DE HACIENDA.

Inserta la providencia dictada por la Secretaría de Relaciones y Gobernacion el dia anterior.

*Guardia Nacional del Distrito. Prevenciones para hacer efectiva su organizacion.*

El C. Ministro de Relaciones y Gobernacion, con fecha de ayer, me dice:

"Hoy digo al C. Gobernador del Distrito lo que sigue.—El C. Presidente se ha servido disponer, para que pueda ser efectiva la organizacion de la Guardia Nacional del Distrito, que los cuerpos de que ella conste dejen de tener denominaciones especiales, y que no pueden ser gefes de esos cuerpos aquellos funcionarios que por razon de su carácter y ocupaciones, como son los Ministros de Estado, Diputados ó empleados de primera categoría, no pueden hacer sin perjuicio de las atenciones de su empleo, el servicio efectivo que exige aquella instruccion, quedando en ella únicamente las personas que estén espeditas para dar puntual cumplimiento al

---

1 Recopilacion de ese mes, pág. 154.

servicio militar que se les señale, como gefes de la Guardia Nacional, cuyo arreglo se ha encargado especialmente á ese Gobierno.—Y lo inserto á V. para su conocimiento y fines consiguientes."

Y lo inserto á V. para su conocimiento.
Libertad y Reforma. México, &c.—*Doblado.*

———

### Junio 5.

#### GOBIERNO DEL DISTRITO FEDERAL.

##### BANDO.

En el de este dia se publicó el decreto espedido por la Secretaría de Hacienda en 31 de Mayo anterior. [1] Nombramiento de Presidente y Magistrados de la Suprema Corte de Justicia y Procurador general de la Nacion, todos constitucionales, que se dan á reconocer.

———

### Junio 5.

#### CIRCULAR NUM. 51 DE LA DIRECCION GENERAL DE LA RENTA DEL PAPEL SELLADO.

#### *Remision de sus productos.*

Desde la fecha en que reciba V. la presente y hasta nueva órden, entregará V. los productos de la renta en esa administracion principal á los agentes de los Sres. Estevan Benecke y C.ª de este comercio, remitiendo sin demora los recibos que se otorguen, para verificar el

———

1 Recopilacion de ese mes, pág. 155.

cambio en esta capital y mandarle por sus va'ores los correspondientes certificados.

Por la presente circular se servirá V. acusarme el correspondiente recibo y devolver la que bajo el mismo número se dirigió á V. en 3 del corriente.

Dios, Libertad y Reforma. México, &c.—*J. Enciso.* —C. Administrador principal de la renta del papel se-llado de....

---

### Junio 5.

#### GOBIERNO DEL DISTRITO FEDERAL.

#### BANDO.

En el de este dia se publicó el reglamento espedido en 23 de Mayo último [1] por la Secretaría de Guerra, para el servicio de guerrillas.

---

### Junio 7.

#### DECRETO POR LA SECRETARÍA DE RELACIONES Y GOBERNACION.

*Estado de México. Formacion de tres Distritos milita-res en él. Se agregan otros al Distrito federal.*

El C. Presidente de la República ha tenido á bien dirigirme el decreto que sigue:

"*Benito Juarez, Presidente constitucional de los Esta-dos-Unidos Mexicanos, á sus habitantes, sabed:*

Que en atencion á que en el Estado de México ha venido á radicarse la guerra civil: que para terminarla hay estrema dificultad en razon de que por ella misma las comunicaciones se hallan interrumpidas en el mis-

---

1 Recopilacion de ese mes, pág. 136.

mo Estado y aun con la capital de la República, y á que la situacion se prolongaria indefinitivamente porque el Estado de México, tan estenso como es, no puede recibir los auxilios eficaces y directos que necesita, de su propia capital; en uso de las amplias facultades de que me hallo investido, he venido en decretar lo siguiente:

Art. 1° Se formarán tres Distritos militares en el Territorio del Estado de México.

Art. 2° El primero se compondrá de los actuales Distritos de Sultepec, Temascaltepec, Tenango del Valle, Tenancingo, Toluca, Villa del Valle, Ixtlahuaca y Jilotepec, considerándose como capital Toluca.

Art. 3° El segundo, de los actuales Distritos de Tula, Ixmiquilpan, Zimapan, Huichapan, Actopan, Pachuca, Huascasaloya, Huejutla, Zacualtipan, y el antiguo Distrito de Apan, considerándose como capital Actopan.

Art. 4.° El tercero, de los Distritos de Jonacatepec, Yautepec, Morelos, Cuernavaca y Tetecala, considerándose como capital Cuernavaca.

Art. 5.° Los Distritos de Chalco, Texcoco, Otumba, con escepcion del antiguo Distrito de Apan, Zumpango de la Laguna y Tlalnepantla, [1] se agregan al Distrito Federal y quedarán sujetos á las autoridades constituidas y leyes vigentes en él.

Por tanto, mando se imprima, publique, circule y observe. Dado en el Palacio Nacional de México, á siete de Junio de mil ochocientos sesenta y dos.—*Benito Juarez.*—Al C. Manuel Doblado, Ministro de Relaciones y Gobernacion.

Y lo comunico á V. para su inteligencia y fines espresados.

Libertad y Reforma. México, &c.—*Doblado.*

Se publicó en bando del dia 18.

1 Véase el bando del dia 20 y el decreto de 5 de Agosto de este año.

DECRETO POR LA SECRETARÍA DE RELACIONES
Y GOBERNACION.

*Para las próximas elecciones de diputados, cómo han de obrar los Distritos militares del Estado de México y los agregados al Distrito federal.*

El C. Presidente de la República se ha servido dirigirme el decreto que sigue:

"*Benito Juarez, Presidente constitucional de los Estados-Unidos Mexicanos, á sus habitantes, sabed:*

Que en uso de las omnímodas facultades de que me hallo investido, he tenido a bien decretar lo siguiente:

Artículo único. Para las próximas elecciones de diputados al Congreso general, los Distritos militares en que se ha dividido el Estado de México y de que habla el decreto de esta fecha, obrarán independie te y separadamente unos de otros, eligiendo sus diputados en el número que les coresponda segun el censo respectivo que consta en seguida.

| DISTRITOS. | NUMERO DE HABITANTES. | | |
|---|---|---|---|
| Sultepec................... | 35,845 | 61,518 | |
| Temascaltepec ....... ..... | 25,673 | | |
| Tenango del Valle........... | 42.381 | | |
| Tenancingo............ .... ... | 25,153 | | |
| 1.º Toluca.................... | 102,726 | 229,321 | 325,566 |
| Villa del Valle ............ | 10,510 | | |
| Ixtlahuaca..... ............ | 48,551 | | |
| Jilotepec........ ....... ... | 34,727 | 34,727 | |

2

| DISTRITOS. | | NUMERO DE HABITANTES. | | |
|---|---|---|---|---|

| | | | | |
|---|---|---|---|---|
| 2° | Tula......................... | 25.073 | } 151,509 | } 321,907 |
| | Ixmiquilpan ................. | 41 040 | | |
| | Zimapan ..................... | 19,662 | | |
| | Huichapan.................... | 27 571 | | |
| | Actopan...................... | 38,163 | | |
| | Pachuca...................... | 31,123 | 84,298 | |
| | Huascasaloya................. | 53,175 | | |
| | Huejutla..................... | 56 954 | 86,100 | |
| | Zacualtipan.................. | 49,146 | | |
| 3° | Jonacatepec.................. | 19,581 | } 110 409 | 110,409 |
| | Yautejec. ................... | 17 009 | | |
| | Morelos ..................... | 21 519 | | |
| | Cuernavaca................... | 30,575 | | |
| | Tetecala..................... | 21,725 | | |
| ♦ | Chalco....................... | 44,736 | 133,854 | } 208,756 |
| | Texcoco...................... | 42,320 | | |
| | Otumba....................... | 46 798 | | |
| | Zumpango de la Laguna........ | 45.348 | 74,902 | |
| | Tlalnepantla................. | 29,554 | | |

Por tanto, mando se imprima, publique, circule y observe. Palacio nacional de México, á siete de Junio de mil ochocientos sesenta y dos.—*Benito Juarez.*—Al C. Manuel Doblado, Ministro de Relaciones y Gobernacion.''

Y lo comunico á V. para su inteligencia y fines consiguientes.

Libertad y Reforma. México, &c.—*Doblado.*

Se publicó en bando del dia 18.

DECRETO POR LA SECRETARÍA DE HACIENDA.

—

*Yucatán. Decretos de su legislatura que se declaran nú-
los y anticonstitucionales.*

El C. Presidente constitucional se ha servido dirigirme el decreto que sigue:

"*Benito Juarez, Presidente constitucional de la República Mexicana, á los habitantes de ella, sabed:*

Que en uso de las amplias facultades de que me hallo investido, he tenido á bien decretar lo que sigue:

Artículo único., Se declaran nulos y anticonstitucionales los decretos espedidos por la legislatura del Estado de Yucatan con fecha 26 de Febrero y 14 de Marzo
próximo pasados, [1] que suspendían en el Estado el cumplimiento de las leyes de 16 y 26 de Diciembre [2] y 1.°
de Febrero últimos. [3]

Por tanto, mando se imprima, publique, circule y se
le dé el debido cumplimiento. Dado en el Palacio nacional de México, á 7 de Junio de 1862.—*Benito Jua
rez.*—Al C. Manuel Doblado, Ministro de Relaciones y
Gobernacion, y encargado de la Secretaría de Hacienda
y Crédito Público."

Y lo comunico a V. para los efectos correspondientes.
Dios y libertad. México, &c.—*Doblado.*

Se publicó en bando del dia 11.

1 No se estampan por no haberlos en los archivos.
2 Recopilacion de ese mes, págs. 23 y 59.
3 Idem de Febrero, pág. 3.

*Corte Suprema de Justicia. Magistrados interinos que se nombran para cubrir las vacantes actuales, y un supernumerario.*

El C. Presidente de la República ha tenido á bien dirigirme el decreto que sigue:

"*El C. Benito Juarez, Presidente constitucional de los Estados-Unidos Mexicanos, á todos sus habitantes, sabed:*

Que en uso de las amplias facultades de que me hallo investido, he tenido á bien decretar lo siguiente:

Artículo único.   Para cubrir las vacantes que han resultado en la Suprema Corte de Justicia, se nombran magistrados interinos al C. Lic. José María Urquidi, por renuncia del C. Lic. Joaquin Ruiz; al C. Lic. Mariano Macedo, por la ausencia del C. Manuel T. Alvirez, y cuarto magistrado supernumerario al C Lic. Joaquin Degollado por la promocion del C. Lic. Florentino Mercado para Procurador general de la nacion.

Por tanto, mando se imprima, publique y circule. Palacio del Gobierno federal en México, á 9 de Junio de 1862.—*Benito Juarez.*—Al C. Jesus Teran, Ministro de Justicia, Fomento é Instruccion Pública."

Y lo comunico á V. para su inteligencia y fines consiguientes.

Dios, Libertad y Reforma.—México, &c.—*Teran.*

Se publicó en bando del dia 12.

DECRETO POR LA SECRETARÍA DE RELACIONES
Y GOBERNACION.

## Guardia Nacional móvil. Su formacion.

El C. Presidente constitucional de la República se ha servido dirigirme el decreto que sigue:

"*Benito Juarez, Presidente constitucional de los Esta-dos-Unidos Mexicanos, á sus habitantes, sabed:*

Que en uso de las facultades de que me hallo investido, he tenido á bien decretar lo siguiente:

Art. 1? Con la fuerza de alta de todos los cuerpos de Guardia Nacional del Distrito, se formarán cuatro batallones que se denominarán 'Guardia Nacional Móvil," y que se distinguirán entre sí por el número ordinal que á cada uno se designe.

Art. 2? Cada batallon tendrá la fuerza que establece el reglamento, y el número proporcional de gefes y oficiales que conforme á las disposiciones vigentes le correspondan. Unos y otros serán nombrados por el Supremo Gobierno.

Art. 3° Se destinará á los cuerpos de Guardia Nacional móvil, el armamento que actualmente tiene la Guardia Nacional, procurando que sea de una misma clase todo el que se destine á cada cuerpo.

Art. 4? El uniforme será: pantalon azul de paño; levita idem de idem con sardinetas y cabos amarillos; schacó negro con pompon verde y con el número del cuerpo.

Art. 5? El primer batallon se formará de la fuerza de alta de "Auxiliares de la Union," "Auxiliares de la Comandancia," y Batallon Hidalgo." El segundo batallon de los del de "Independencia," "Industriales" y

"General Leon." El tercer batallon se formará de la fuerza de alta de los batallones "Ocampo," "Libertad," "Zuavos" y "Zapadores del Pueblo." El cuarto bata- llon se formará de los del de "Defensores de la Patria," 'Lerdo" y "5? del Orden."

Art. 6? Continúan los demas cuerpos de Guardia Nacional con la fuerza que tienen de asamblea con el carácter de "SEDENTARIOS," y con el número ordinal que se les señalará.

Art. 7? Quedan reducidos á ocho los demas cuer- pos de infantería del Distrito; seis en la capital y dos fuera de ella; uno en el distrito de Tlalpam y otro en la prefectura de Tacubaya.

Art. 8? El primero se formará de los batallones( "Independencia" y "Lerdo." El segundo del "Tercer batallon Libertad" y de los que se decian "Zuavos de Tenoxtitlan." El tercero del "Cuarto batallon Hidal- go" y del de "Industriales." El cuarto del de "Cazado- res del Orden." El quinto, del de "Ocampo" y "Volun- tarios de la Union." El sesto, del de "Empleados." El sétimo, de las fuerzas de asamblea del distrito de Tlal- pam y Xochimilco. El octavo, de los partidos de Tacu- baya, Guadalupe Hidalgo y la Piédad.

Art. 9? Subsiste el batallon llamado "Artillería de Mina," con el carácter de PRIMER BATALLON DE ARTI- LLERIA DE LA GUARDIA MÓVIL," y su fuerza de asamblea con el de Batallon de artillería sedentaria.

Art. 10. Subsiste el escuadron llamado "Valle" con la denominacion de PRIMER ESCUADRON DE GUARDIA NA- CIONAL DEL DISTRITO EN ESTADO SEDENTARIO."

Art. 11. Los cuerpos de la Guardia Móvil serán ves tidos, armados y municionados por cuenta del Gobierno de la Union, y se les atenderá con los haberes que se- ñala la tarifa del ejército para los diversos grados de la milicia con arreglo á la ley de 20 de Julio de 1848. [1]

---

1 Coleccion de leyes y decretos de ese año, edicion del "Constitucional," pág. 253.

Art. 12. La Guardia sedentaria se vestirá, armará y equipará de la manera que señala el art. 48 de la mencionada ley, y los cuerpos de caballería conforme al art. 5º [1]

Art. 13. Subsiste en todo su vigor la ley de 20 de Julio de 1848 en todo lo que no se oponga á la presente.

Por tanto, mando se imprima, publique y observe. Palacio nacional de México, á once de Junio de mil ochocientos sesenta y dos. —*Benito Juarez.*—Al C. Manuel Doblado, Ministro de Relaciones y Gobernacion."

Y lo comunico á V. para su intel gencia y fines consiguientes.

Lidertad y Reforma. México, &c.—*Doblado.*

Se publicó en bando del dia 18.

---

### Junio 11.
#### ' GOBIERNO DEL DISTRITO FEDERAL.
#### BANDO.

En el de esta fecha se publicó el decreto espedido por la Secretaría de Hacienda en 7 del presente. [2] Cuáles decretos espedidos por la legislatura del Estado de Yucatan, se declaran nulos y anticonstitucionales.

---

### Junio 11.
#### DECRETO POR LA SECRETARÍA DE HACIENDA.

*Gefatura de hacienda en la capital del Estado de Campeche. Su establecimiento y planta.*

El C. Presidente de la República se ha servido dirigirme el decreto que sigue:

1 Nada dice de caballería.
2 Página 11.

"*Benito Juarez, Presidente constitucional de los Estados-Unidos Mexicanos, sabed:*

Que en uso de las amplias facultades de que me hallo investido, he venido en decretar lo siguiente:

Art. 1.° Se establece en la capital del Estado de Campeche una gefatura de Hacienda.

Art. 2.° La planta de ella será de

| | | |
|---|---:|---|
| Un gefe con | $ 1.200 | anuales. |
| Un oficial | 720 | ,, |
| Un escribiente | 420 | .. |
| Un mozo de oficios | 240 | |
| Para gastos | 220 | ,, |
| | $ 2,800 | |

Por tanto, mando se imprima, publique, circule y se le dé el debido cumplimiento. Dado en el Palacio nacional de México, á once de Junio de mil ochocientos sesenta y dos.—*Benito Juarez.*—Al C. Manuel Doblado, Ministro de Relaciones y encargado del Ministerio de Hacienda y Crédito público."

Y lo comunico á V. para su inteligencia y demas fines.

Dios y libertad. México, &c.—*Doblado.*

Se publicó en bando del dia 13.

*Clases pasivas.* [1] *Están comprendidas en el decreto de 19 de Mayo, que previene el descuento de la tercera parte de sus vencimientos por cuatro meses corridos de Junio á Setiembre.*

Dada cuenta al C. Presidente con la consulta de V., fecha de ayer, se ha servido disponer que se le diga en contestacion, que están compren lidas en el decreto de 19 de Mayo último [2] las clases pasivas, como son las viudas, cesantes, jubilados, &c., y que circule esa Tesoreria la presente aclaracion.

Libertad y Reforma. México, &c.—*Doblado.*—Ciudadano encargado de la Tesorería general.

En 17 de Junio se circuló á todas las gefaturas.

---

## JUNIO 11.

### DECRETO POR LA SECRETARÍA DE HACIENDA.

*Gracia concedida por cinco años á la fábrica de porcelana que estaba establecida en Tacubaya.*

El C. Presidente constitucional se ha servido dirigirme el decreto que sigue:

"*Benito Juarez, Presidente constitucional de los Estados-Unidos Mexicanos, á sus habitantes, sabed:*

Que deseando el Supremo Gobierno cooperar al adelanto de la industria nacional dictando medidas eficaces

1 Véase la ley de presupuestos generales de 16 de Agosto de 1861. Recopilacion de ese mes, pág. 33.
2 Recopilacion de ese mes, pág. 94.

3

al efecto, en uso de las amplias facultades de que me hallo investido, he tenido á bien decretar lo siguiente:

Artículo único. La fábrica de porcelana que estaba establecida en Tacubaya, y que actualmente se halla situada en la casa núm. 12 de la calle de Revillagigedo de esta capital, queda exenta del pago del impuesto á la leña y á la arcilla por el término de cinco años.

Por tanto, mando se imprima, publique, circule y se le dé el debido cumplimiento. Palacio nacional de México, a once de Junio de mil ochocientos sesenta y dos. —*Benito Juarez.*—Al C. Manuel Doblado, Ministro de Relaciones y Gobernacion, y encargado de la Secretaría de Hacienda."

Y lo comunico á V. para su inteligencia y fines consiguientes.

Libertad y Reforma. México, &c.—*Doblado.*

Se publicó en bando del dia 14.

---

**Junio 11.**

CIRCULAR NUMERO 56 POR LA SECRETARÍA DE HACIENDA.

—

*Próroga del plazo para la presentacion de pagarés.*

El C. Presidente constitucional tiene á bien prorogar por un mes mas el plazo que señaló la suprema órden circular fecha 23 del próximo pasado, [1] para que presentasen en la seccion respectiva de esta Secretaría sus pagarés vencidos las personas que redimieron fincas ó capitales de nacionalizacion.

Dígolo á V. para su conocimiento y efectos que correspondan.

Libertad y Reforma. México, &c.—*Doblado.*

1 Recopilacion de Mayo, pág 136.

GOBIERNÒ DEL DISTRITO FEDERAL.

BANDO.

En el de este dia se publicó el decreto espedido por la Secretaría de Justicia el dia 9. [1] Designando las personas que se nombran para cubrir las vacantes actuale. de Magistrados interinos y un supernumerario de la Su prema Corte.

———

**Junio 12.**

GOBIERNO DEL DISTRITO FEDERAL.

BANDO.

*Division de él para las próximas elecciones de diputados.*

JOSE MARÍA GONZALEZ MENDOZA, General de Brigada, Gobernador y Comandante militar de este Distrito, á sus habitantes, sabed:

Que en cumplimiento de lo que previene el art. 52 de la ley electoral de 12 de Febrero de 1857 [2] y para que se verifiquen las elecciones de diputados; teniendo presente el censo de la poblacion, he dispuesto lo siguiente:

Art. 1 ? El Distrito de México se divide en las secciones siguientes de cuarenta mil habitantes.

I. La ciudad de México en seis secciones, que son:

Primera. Las manzanas comprendidas en el cuartel mayor núm. 1, que se forma de los menores 1, 2, 3 y 4, y cuyo centro ó lugar donde se han de reunir los electores es el Teatro de Iturbide.

Segunda. Las manzanas comprendidas en el cuartel mayor núm. 2, que se forman de los menores 5, 6, 7 y 8, y cuyo centro será el Teatro Principal.

---

1 Pégina 12.
2 Archivo Mexicano, tomo III pág. 179.

Tercera. Las manzanas comprendidas en el cuartel mayor núm. 3, que se forma de los menores 9, 10, 11 y 12, y cuyo centro será la Diputacion.

Cuarta. Las manzanas comprendidas en el cuartel mayor núm. 4, que se forma de los menores 13, 14, 15 y 16, cuyo centro será el Colegio de San Ildefonso.

Quinta. Las manzanas comprendidas en los cuarteles mayores números 5 y 7, que se forman de los menores 17, 18, 19, 20, 25, 26, 27 y 28, y cuyo centro será el Teatro de Oriente.

Sesta. Las manzanas comprendidas en los cuarteles mayores 6 y 8, que se forman de los menores 21. 22, 23 y 24. 29, 30, 31, 32 y 33, y cuyo centro será el Colegio de San Juan de Letran.

II. La sétima seccion se forma de las municipalidades de Tacuba y Popotla, Guadalupe Hidalgo, Tacubaya y Mixcoac, con todos los pueblos que les estan anexos y que no se comprenden en los límites de la prefectura de Tlalpam.—El centro de esta seccion será el salon de sesiones del Ayuntamiento de Tacuba.

III. El partido de Tlalpam se divide en dos secciones, que son:

La octava que se forma de la municipalidad de Tlalpam, y el partido de Coyoacan.—El centro de esta seccion será en las casas consistoriales de Tlalpam.

La novena, que se forma del partido de Xochimilco, y cuyo centro será en la sala de sesiones del Ayuntamiento del espresado lugar.

Art. 2.° El Exmo. Ayuntamiento de México, y los funcionarios municipales de fuera de la capital, se arreglarán á estas demarcaciones para ejercer las funciones que les cometa la ley electoral.

Y para que llegue á noticia de todos, mando se imprima, publique y circule á quienes corresponda.

México, &c.—*J. M. Gonzalez Mendoza.—Luis G. Picazo*, oficial mayor.

CIRCULAR NUM. 51 DE LA DIRECCION GENERAL DE LA RENTA DEL PAPEL SELLADO.

*Sus comunicaciones se remitan numeradas correlativamente, y en union del corte de caja mensual un índice de las enviadas.*

Esta Direccion general ha notado que la mayor parte de las administraciones principales de la renta omiten en sus comunicaciones la numeracion de ellas que se debe llevar anualmente; y como de tal práctica resulten grandes ventajas, entre ellas la de advertirse por la numeracion correlativa cuándo ha sido estraviada alguna comunicacion, se recomienda á V. la observe desde el momento en que reciba ésta, así como que lleve un índice de las comunicaciones que dirija á esta oficina, para que en union del corte de caja remita una copia del que en el mes anterior haya formado.

De la presente circular espero conteste V. acusando su recibo.

Dios, Libertad y Reforma. México, &c.—*J. Enciso.*

———

**Junio 13.**

GOBIERNO DEL DISTRITO FEDERAL.

BANDO.

En el de este dia se publicó la ley de 12 de Mayo anterior, [1] espedida por la Secretaría de Relaciones esteriores y Gobernacion. Tratado de amistad, comercio y navegacion entre la República Mexicana y el Rey de los Belgas.

———

1 Recopilacion de ese mes, pág. 29.

GOBIERNO DEL DISTRITO FEDERAL.

BANDO.

En el de esta fecha se publicó el decreto espedido por a Secretaría de Hacienda en 11 del mismo mes. [1] Establecimiento de una gefatura de Hacienda en la capial del Estado de Campeche.

———

**Junio 14.**

GOBIERNO DEL DISTRITO FEDERAL.

BANDO,

En el de este dia se publicó el decreto espedido por la Secretaría de Hacienda en 11 del actual. [2] Gracia concedida por cinco años á la fábrica de porcelana que estaba establecida en Tacubaya.

———

**Junio 14.**

DECRETO POR LA SECRETARÍA DE HACIENDA.

*Subsidio de guerra. Se reforma el decretado en 29 de Abril último.*

"El C. Presidente se ha servido dirigirme el decreto que sigue:

'El C. *Benito Juarez, Presidente constitucional de los* ' *Estados-Unidos Mexicanos, á sus habitantes, sabed:*

Que en uso de las amplias facultades de que me hallo investido, he tenido á bien decretar lo siguiente.

Art. 1 ° El subsidio de guerra impuesto á los inquilinos por el decreto de 29 de Abril útimo [3] se refor-

1 Página 15.
2 Página 17.
3 Recopilacion de ese mes, pág. 44.

ma reduciéndolo á una cuota equivalente á un mes de renta.

Art. 2.º Quedan esceptuadas todas las personas menesterosas que habitan en casas llamadas de vecindad y que paguen rentas menores de cuatro pesos al mes. Quedan igualmente esceptuados los empleados civiles y milit ires que sufren el descuento de sueldo impuesto por decreto de 19 de Mayo próximo pasado. [1]

Art. 3.º El pago se hará por terceras partes, exhibiendo la primera dentro de ocho dias, la segunda dentro de treinta y la tercera dentro de sesenta.

Art. 4.º Las personas que á título gratuito ó por cualquier motivo ocupen el todo o parte de un edificio sin pagar renta, causan la contribucion; y para graduarla se regulará la renta que debiera pagar por los procedimientos que prescribe la ley de 4 de Febrero de 1861 [2] para el cobro de la contribucion predial.

Art. 5.º Los sub-inquilinos causan igualmente esta contribucion sobre el valor de la renta que paguen al inquilino, y éste pagará sobre la diferencia que resulte entre la renta que paguen al propietario y la que perci·ba del sub-inquilino.

Art. 6.º Los contribuyentes omisos en el cumplimiento de esta ley incurrirán en un recargo de 25 por 100 sobre la cuota primitiva, y en los gastos de cobranza consiguientes, segun la legislacion vigente para el co bro de las contribuciones ordinarias

Art. 7.º En el caso de embargo por adeudos proce·dentes de esta contribucion, los bienes secuestrados sean de la clase que fueren, serán vendidos dentro de tercero dia en asta pública.

Art. 8.º Toda resistencia al pago de este impuesto será castigada por la autoridad local con las penas impuestas á los que resisten a la justicia.

---

1 Recopilacion de ese mes, pág. 94.
2 Ilem       idem   idem 19.

Art. 9.° Lo que se haya cobrado dé esceso segun las reformas precedentes, será devuelto á los interesados.

Art. 10. Queda derogado por este decreto el de 29 de Abril último

Por tanto, mando se imprima, publique, circule y se le dé el debido cumplimiento. Dado en el Palacio Nacional de México, á catorce de Junio de mil ochocientos sesenta y dos.—*Benito Juarez.*—Al C. Manuel Doblado, Ministro de Relaciones y Gobernacion, y encargado de la Secretaría de Hacienda y Crédito Público."

Y lo comunico á V. para su exacto cumplimiento.

Libertad y Reforma. México, &c.—*Doblado.*

Se publicó en bando del dia 17.

---

### Junio 14.

#### SECRETARÍA DE HACIENDA.

*Circular con que se acompañó el decreto de esta fecha que antecede.*

Acompaño á V. el decreto del 14 del corriente que reforma (á favor de los estrangeros) el subsidio de guerra impuesto á los inquilinos.

Por la calidad del impuesto subsiste la escepcion á favor de los estranjeros que comprobará V. en su cuenta con copia de la carta de seguridad refrendada al presente año.

La escepcion que favorece á las personas menesterosas se comprobará citando la manifestacion del propietario en la cuenta de las contribuciones ordinarias, donde se esprese que se trata de inquilinos de casa de vecindad, y que las rentas no lleguen á cuatro pesos al mes.

Respecto de la escepcion referente á los empleados

que sufran el descuento que impuso el decreto de 19 de Mayo próximo pasado, cada interesado presentará un certificado de la oficina ó habilitado que le abona sus haberes, en que se justifique estar hecho el descuento de la tercera parte del sueldo; cuyo certificado se agregará á la boleta.

Cuando se vaya á cobrar el impuesto á los inquilinos que ocupen parte de una localidad y subarrien den el resto, procederá esa recaudacion por los medios que espresa la ley de 4 de Febrero del año próximo pasado [1] á regular la renta correspondiente á la parte ocupada por el inquilino, haciendo luego la computacion que previene el art. 5.º del citado decreto adjunto.

Convoque V. desde luego á los causantes al pago del primer plazo, y proceda en todo con la eficacia, actividad y diligencia que demandan las angustiadas circunstancias del tesoro público.

Libertad y Reforma, México, &c.—*Doblado.*

----

**Junio 17.**

GOBIERNO DEL DISTRITO FEDERAL.

----

BANDO.

En el de este dia se publicó el decreto espedido por la Secretaría de Hacienda en 14 del actual. [2] Subsidio estraordinario de guerra. Se reforma el decretado en 29 de Abril último.

----

1  Recopilacion de ese mes, pág. 19.
2  Página, 22

Recuerda la de 25 de Mayo último [1] relatiba al pronto envío del contingente de sangre y reemplzos socorridos hasta su llegada á la capital.

———

**Junio 18.**

GOBIERNO DEL DISTRITO FEDERAL.

BANDO.

En el de este dia se publicó el decreto espedido por la Secretaría de Relaciones y Gobernacion en 7 del actual [2] sobre formacion de tres Distritos militares en el Territorio del Estado de México. Se agregan otros Distritos al federal.

———

**Junio 18.**

GOBIERNO DEL DISTRITO FEDERAL.

BANDO.

En el de este dia se publicó el decreto espedido por la Secretaría de Relaciones en 7 del actual [3] sobre la independencia con que deben obrar los Distritos militares del Estado de México en las próximas elecciones de diputados.

———

1  Recopilacion de ese mes pág. 141.
2  Página. 7.
3  Página 9.

GOBIERNO DEL DISTRITO FEDERAL.

· BANDO.

En el de este dia se publicó el decreto espedido por la Secretaría de Relaciones en 11 del presente, [1] Guardia nacional móvil del Distrito. Su formacion.

Junio 20.

GOBIERNO DEL DISTRITO FEDERAL.

BANDO.

En el de este dia se publicó el decreto espedido en 3 del presente [2] por la Secretaría de Relaciones y Gobernacion. Prevenciones relativas al nombramiento de 1.º y 4.º magistrados de la Suprema Corte.

Junio 20.

GOBIERNO DEL DISTRITO FEDERAL.

BANDO.

*Distritos anexados al federal. Cómo han de proceder en las elecciones de diputados.*

JOSE MARIA GONZALEZ MENDOZA, general de brigada, gobernador y comandante militar de este Distrito, á los habitantes del mismo, sabed:

Que en virtud de lo prevenido en el art. 5.º del decreto de 7 del corriente, [3] que agrega al Distrito Fede-

Página. 13.
2  Página. 12.
3  Página. 8.

ral, los de Chalco, Texcoco, Otumba, Zumpango de la Laguna y Tlalnepantla, y debiendo procederse á las elecciones de diputados con arreglo á lo mandado en el art. 52 de la ley de 12 de Febrero de 1857, [1] y á la de 1.º y 4.º magistrados supernumerarios de la Suprema Corte de Justicia, en cumplimiento del decreto de 3 del presente; [2] conforme al del c.t. do 7 del corriente, que divide en Distritos milita es el Estado de México, [3] las autoridades civiles de los Distritos anexados al federal se sujetarán al censo señalado en dicho decreto, y los Distritos electorales serán los siguientes:

Chalco,
Texcoco,
Otumba,
Zumpango de la Laguna,
Tlalnepantla,

siendo el centro de ellos las casas consistoriales de lós mismos Distritos.

Y para que llegue á noticia de todos, mando se imprima, publique y circule á quienes corresponda.

México, &c.—*José María Gonzalez Mendoza.—Luis G. Picazo,* oficial mayor.

---

**Junio 20.**

GOBIERNO DEL DISTRITO FEDERAL.

BANDO.

En el de este dia se publicó la ley espedida por la Secretaría de Relaciones en 23 de Mayo último. [4] Tratado de estradicion entre los Estados-Unidos Mexicanos y los Estados-Unidos de América.

1 Archivo Mexicano, tom. III, pág. 179.
2 Pág. 3.
3 Pág 7.
4 Recopilacion de e e mes, pág. 105.

CIRCULAR POR LA SECRETARÍA DE HACIENDA.

*Derecho de contraregistro. Aclaracion á la circular núm. 48 espedida por dicha Secretaría.*

Habiéndose suscitado algunas dudas acerca de la intéligencia que deba darse á la circular de esta Secretaría número 48, [1] que redujo el derecho de contraregistro á 20 por 100, el C. Presidente se ha servido declarar que la citada circular solamente modificó el art. 10 de la ley de 16 de Diciembre último, y no el 12 de la misma que queda vigente. En consecuencia, el derecho de contraregistro referido se pagará en el lugar del consumo, y los efectos que lleguen á la capital de la Repú blica lo pagarán en ella, aun cuando lo hayan satisfecho en otra parte y los que salgan de ella serán libres en cualquiera otra localidad.

Lo que digo á V. para su conocimiento y fines consiguientes, en concepto de que sobre el espresado 20 por 100 á que queda reducido el derecho de contraregistro, debe cobrarse el 25 por 100 de la contribucion federal.

Libertad y Reforma. México, &c.—*Doblado.*

Se publicó en bando del dia 23.

---

**Junio 21.**

PROVIDENCIA POR LA SECRETARÍA DE RELACIONES
Y GOBERNACION.

*Capitales á favor del Golegio de Agricultura. Se rediman.*

El C. Presidente de la República, en virtud de las circunstancias en que se encuentra la Nacion, y usando

1 Recopilacion de Mayo, pág. 61.

de las amplias facultades de que se halla investido, ha
tenido á bien disponer: que todas las personas que reconozcan capitales al Colegio de Agricultura se presenten
dentro de tercero dia, contados desde el lúnes próximo
23 del corriente, en esta Secretaría de Relaciones á redimir los espresados capitales con la cuarta parte de
ellos en dinero efectivo en el acto de hacerse la redencion, y las tres cuartas partes restantes en bonos ó créditos reconocidos contra el erario nacional, para cuya
entrega se concede dos meses de plazo; en la inteligencia que de no verificarlo, el Supremo Gobierno enage-
nará sus acciones subrogando sus derechos en tercera
persona, sin que los que hoy reconocen esos capitales
puedan alegar alguno en su favor, pues que pasado el
plazo de tres dias se procederá á lo que haya lugar.

Y lo comunico a V. para que se sirva darle á esta
suprema órden la publicidad debida.

Libertad y Reforma. México, &c.—*Doblado.*

Se publicó en bando del dia 23.

----

**Junio 21.**

GOBIERNO DEL DISTRITO FEDERAL.

BANDO.

En el de este dia se publicó la ley espedida por
la Secretaría de Relaciones en 23 de Mayo último. [1]
Convencion postal entre los Estados-Unidos Mexicanos
y los Estados-Unidos de América.

----

1 Recopilacion de ese mes, pág. 117.

GOBIERNO DEL DISTRITO FEDERAL.

BANDO.

En el de este dia se publicó el decreto espedido en 21 del actual [1] por la Secretaría de Relaciones.—Colegio de Agricultura. Se mandan redimir los capitales que se le reconocen.

---

Junio 23.

GOBIERNO DEL DISTRITO FEDERAL.

—

BANDO.

En el de este dia se publicó la circular espedida por la Secretaría de Hacienda en 20 del presente.[2] Se aclara la núm. 48 de esta Secretaría fecha 13 de Mayo anterior [3] que redujo el derecho de contraregistro al 20 por 100.

---

Junio 25.

SECRETARÍA DE HACIENDA.

*Circular núm. 58. Veinticinco por ciento adicional ó sea contribucion federal. Cómo debe pagarse.*

Está inserta en la circular núm. 54 de la Direccin general de la renta del papel sellado.

1  Página 29.
2  Página 29.
3  Recopilacion de ese mes, pág. 61.

*Capitales que se reconocen á Beneficencia y al Colegio de Agricultura. Aclaracion sobre su redencion.*

Se han presentado dudas sobre la inteligencia qué debe darse a las circulares de 7 de Mayo [1] y 21 del corriente,[2] que previenen la redencion de capitales que reconocen á Beneficencia y Colegio de Agricultura, en la parte que priva de todos sus derechos y acciones á quienes no cumplan con aquellas disposiciones supremas.

Pará evitar toda dificultad en lo sucesivo, á los que adquirieren derechos por haber efectuado la redencion, y en quienes el Gobierno ha subrogado los suyos, se hace necesaria la conveniente aclaracion, de que, por solo el hecho de no haber presentádose los interesados á redimir, en los plazos fijados en aquellas disposiciones, se tendrán por caducados los de las escrituras respectivas; quedando espeditos los que redimen para exigir en el acto los capitales que aquellas representen.

Lo comunico á V. para que se sirva publicarlo y surta los efectos consiguientes.

Liberad y Reforma. México, &c.—*Doblado.*

Se publicó por bando en 28 del presente.

---

1   Recopilacion de ese mes, pág. 18
2   Página 29

*Que á las clases pasivas no les comprende el pago
del subsidio de guerra.*

Dispone el ciudadano presidente, que habiéndose prevenido por suprema órden de 11 del corriente, que todas las clases pasivas, como viudas, cesantes, jubilados,
&c., están comprendidos en el art. 1.º del decreto de
19 de Mayo último, tambien debe considerarse á las
clases espresadas en el art. 2.º del decreto de 14 del
presente.

Lo que participo á V. para que lo haga saber á las
oficinas de su resorte.

Libertad y Reforma. México, &c.—*Doblado.*

---

**Junio 27.**

DECRETO POR LA SECRETARÍA DE HACIENDA.

*Impuesto estraordinario que se establece. Se pagará
por una sola vez á razon de cien pesos por persona.*

"Benito Juarez, Presidente constitucional de los Estados-Unidos
Mexicanos, á sus habitantes, sabed:

Que en uso de las amplias facultades de que me hallo investido, he tenido á bien decretar lo que sigue:

Art. 1.º   Se establece en toda la República un impuesto estraordinario que se pagará por una sola vez á
razon de 100 pesos por persona.

Art. 2.º   El Gobernador del Distrito en la capital

de la República, los Gobernadores en los Estados y los Gefes en los tres Distritos en que se ha dividido el de México, formarán y publicarán dentro de tercero dia de recibida esta ley, una lista de las personas que á su juicio tengan posibilidad de pagar la cuota de que habla el artículo anterior, con escepcion de los estranjeros, designando aquellas en número suficiente hasta completar la cantidad que se señala á cada Estado en el último artículo de este decreto.

Art. 3.° Es obligacion de los comprendidos en la lista ocurrir á enterar los cien pesos dentro de los tres dias siguientes al de la publicacion de aquella, pues pasado el término incurrirán en la pena de que se hablará adelante.

Art. 4.° Los Gobernadores y Gefes de Distrito de que se hace mencion en el art. 2.°, son los encargados de hacer efectivo el pago del impuesto referido, y todos quedan ampliamente facultados para obrar discrecionalmente en la eleccion de agentes y modo de verificar el cobro, para lo cual emplearán la policía y demas empleados que estén á sus inmediatas órdenes.

Art. 5.° Los pagos se harán en la Tesorería del Gobierno del Distrito en la Capital de la República, y en los Estados y Distritos en las oficinas que señalen sus respectivos Gobernadores. Estos remitirán directamente á la Tesorería General de la Nacion el producto de lo que se recaudare en sus respectivos Estados, sin mas descuento que el cambio.

Art. 6.° Se hará en una sola entrega el pago de los cien pesos, y la pena del que así no lo efectúe en el término prevenido en el art. 3.°, será destierro á cincuenta leguas del lugar de su habitacion, por seis meses.

Art. 7.° Las personas cuotizadas en un lugar no podrán serlo en otro, aun cuando allí tengan bienes, y residan temporalmente.

Art. 8.° No se admitirá papel, compensacion ni

negocio de ninguna clas°, en el pago de este subsidio,
pena de destierro por un año al empleado que lo autorice.

Art. 9 ° Los Estados distribuirán como queda dicho en los artículos 1 ° y 2 °, las cantidades siguientes:

| | |
|---|---:|
| Actopan | 20,000 |
| Aguascalientes | 6,000 |
| Campeche | 18,000 |
| Colima | 9,000 |
| Cuernavaca | 15,000 |
| Chiapas | 8,000 |
| Chihuahua | 21,000 |
| Durango | 15,000 |
| Guanajuato | 60,000 |
| Guerrero | 15 000 |
| Jalisco | 70,000 |
| Michoacan | 50,000 |
| Nuevo Leon y Coahuila | 20,000 |
| Oajaca | 40,000 |
| Puebla | 60,000 |
| Querétaro | 10,000 |
| San Luis Potosí | 40,000 |
| Sinaloa | 15,000 |
| Sonora | 10.000 |
| Tabasco | 9,000 |
| Tamaulipas | 10,000 |
| Toluca | 25,000 |
| Tlaxcala | 5,000 |
| Veracruz | 20,000 |
| Yucatan | 15,000 |
| Zacatecas | 60,000 |
| Distrito | 154,000 |
| Suma | 800,000 |

Por tanto, mando se imprima, publique, circule y se

le dé el debido cumplimiento. Palacio del Gobierno Nacional en México, á 27 de Junio de 1862.—*Benito Juarez.*—Al C. Manuel Doblado, Ministro de Relaciones y Gobernacion, y encargado de la Secretaría de Hacienda y Crédito Público."

Y lo inserto á V. para su debido cumplimiento.

Libertad y Reforma. México, &c.—*Doblado.*

Se publicó en bando del dia 28.

Se reglamentó por el Gobierno del Distrito federal en 2 de Julio.

---

### JUNIO 27.

#### DECRETO POR LA SECRETARÍA DE HACIENDA.

*Derogacion del de el Gobierno de Oajaca que suprimió los empleos de Asesor militar y Secretario de Hacienda de la federacion en dicho Estado.*

"El C. Presidente constitucional de la República se ha servido dirigirme el decreto que sigue.

"*Benito Juarez, Presidente Constitucional de los Estados-Unidos Mexicanos, á todos sus habitantes, sabed:*

Que en uso de las ámplias facultades de que me hallo investido, he tenido á bien decretar lo siguiente:

Artículo único. Se deroga el decreto espedido por el Gobierno de Oajaca con fecha 18 del actual, que suprime los empleos de Asesor militar y Secretario de Hacienda de la Federacion, por ser anti-constitucional.

Por tanto, mando se imprima, publique, circule y se le dé el debido cumplimiento.

Dado en el Palacio nacional de México, á veintisiete de Junio de 1862.—*Benito Juarez.*—Al C. Manuel Doblado, Secretario de Estado y del Despacho de Relaciones y Gobernacion y encargado del de Hacienda."

Y lo comunico á V. para su conocimiento y demas fines.

Dios y Libertad. México, &c.—*Doblado.*

Se publicó en bando de 1 ° de Julio.

———

**Junio 27.**

DECRETO POR LA SECRETARÍA DE HACIENDA.

—

*Empleos.—Se suprimen los de Asesor militar y Secretario de Hacienda de la federacion, en el Estado de Oajaca.*

"El C. Presidente constitucional de la República se ha servido dirigirme el decreto que sigue:

"*Benito Juarez, Presidente constitucional de los Estados-Unidos Mexicanos, á todos sus habitantes, sabed:*

Que en uso de las ámplias facultades de que me hallo investido, he tenido á bien decretar lo siguiente:

Artículo único Se suprimen los empleos de Asesor militar y Secretario de Hacienda de la Federacion en el Estado de Oajaca.

Por tanto, mando se imprima, publique, circule y se le dé el debido cumplimiento.

Dado en el Palacio nacional de México, á veintisiete

de Junio de 1862.—*Benito Juarez.*—Al C. Manuel Doblado, Ministro de Relaciones y Gobernacion y encargado del Ministerio de Hacienda.

Y lo comunico á V. para su conocimiento y demas fines.

Dios y Libertad. México, &c.—*Doblado.*

Se publicó en bando de 1.º de Julio.

---

**Junio 27.**

—

*Las habilitaciones de papel que hagan las administraciones, cómo deben constar en las respectivas cuentas.*

Esta Direcion General, deseando la mayor claridad en las cuentas de sus Administraciones Principales, previene á V. que en adelante haga figurar en aquellas las habilitaciones con esta distincion.—*Habilitados en esta Principal* (ó en tal subalterna) en papel del bienio de. y—*Habilitados en esta Principal* (ó en tal subalterna) en papel comun.

Dios, Libertad y Reforma. México, &c.—*J. Enciso.*

---

**Junio 28.**

GOBIERNO DEL DISTRITO FEDERAL.

BANDO.

En el de esta fecha se publicó la providencia espedida por la Secretaría de Relaciones en 26 del actual.

Capitales que se reconocen á Beneficencia y al Colegio de Agricultura. Aclaraciones sobre su redencion.

---

**Junio 28.**

GOBIERNO DEL DISTRITO FEDERAL.

BANDO.

En el de este dia se publicó el decreto espedido por la Secretaría de Hacienda en 27 del que rige. Impuesto estraordinario que se pagará por una vez á razon de 100 pesos por persona.

---

**Junio 30.**

CIRCULAR NUM. 54 DE LA DIRECCION GENERAL DE LA RENTA DEL PAPEL SELLADO.

*Inserta la núm. 58 espedida en 25 del que rige por la Secretaría de Hacienda. Contribucion federal ó sea 25 por 100 adicional. Cómo debe pagarse.*

En la suprema circular número 58, espedida por el Ministerio de Hacienda en 25 del que fina, se dice lo que copio:

"El Supremo Gobierno ha tenido noticia de que algunas oficinas, tanto de los Estados como de la Federacion, no han dado el debido cumplimiento á los artículos 2.° y 5.° de la ley de 16 de Diciembre del año próximo pasado, que dicen:

"Este veinticinco por ciento adicional se pagará en Papel Sellado, cuyas hojas serán inmediatamente marcadas por las oficinas recaudadoras, quitando ademas un bocado en el sello para inutilizarlo.

"A falta de sellos de una y otra clase, se pagará en dinero la "Contribucion Federal" con calidad de que tan luego como los recaudadores hagan el entero respectivo en cualquiera oficina superior, cuide ésta de comprar los sellos y amortizarlos.

"En tal virtud el C. Presidente dispone que V. cumpla y haga se observen debidamente las prevenciones que contienen los artículos insertos, en concepto de que á los infractores de ellos se les aplicarán irremisiblemente las penas que les impone el artícu'o 15 de la misma ley."

Lo trascribo á V. para su conocimiento y fines consiguientes, acompañándole ejemplares para que los circule á todas sus subalternas, y de los cuales espero acuse el recibo correspondiente.

Dios, Libertad y Reforma. México, &c.—*J. Enciso.*

---

**Junio 30.**

DECRETO POR LA SECRETARÍA DE RELACIONES
Y GOBERNACION.

*Bienes ó capitales que fueron del clero. Pena á cuantos se los hubieren adjudicado ó redimídolos, si no cumplen con lo que se les previene.*

"El C. Presidente constitucional de la República se ha servido dirigirme el decreto que sigue:

"*Benito Juarez, Presidente constitucional de los Estados-Unidos Mexicanos, á sus habitantes, sabed:*

Que en uso de las omnímodas facultades de que me hallo investido, he tenido á bien decretar lo siguiente:

Artículo único. Todos los individuos que conforme á

la ley se hayan adjudicado ó redimido fincas ó capita·
les de corporaciones civiles ó eclesiásticas, entrados al
dominio de la Nacion por virtud de la misma ley, se presentarán en los oficios públicos para anotar en las res·
pectivas escrituras la persona y tiempo en que se hizo
la adjudicacion ó redencion, de modo que conste muy
espresamente este dato, y si no lo verifican en el térmi·
no de ocho dias contados desde la publicacion de este
decreto, por solo esta omision perderán todo derecho, y
les fincas ó capitales volverán al dominio del Supremo
Gobierno.

Por tanto, mando se imprima, publique, circule y observe.

Dado en el Palacio nacional de México, á treinta de
Junio de mil ochocientos sesenta y dos.—*Benito Jua-*
*rez.*—Al C. Manuel Doblado, Ministro de Relaciones y
Gobernacion.”

Y lo comunico á V. para su inteligencia y fines consiguientes.

Libertad y Reforma. México, &c.—*Doblado.*

Se publicó en bando de 4 de Julio.

---

### Junio 30.

#### ÓRDEN DE LA SECRETARÍA DE HACIENDA

*á la Contaduría mayor, á fin de que espida una con-*
*vocatoria á todas las personas que poseen capitales que*
*fueron del clero, para que registren los títulos que acre-*
*diten haber redimido los gravámenes que aquellos re-*
*portaban.*

“He dado cuenta al C. Presidente de la República
con el oficio de V. fecha de hoy, en que consulta se or·
dene á todas las personas que han redimido ó se han adjudicado capitales impuestos á censo por las corporacio·

nes eclesiásticas, *que registren* en la Contaduría mayor de
su cargo, los títulos que acrediten haber redimido los
gravámenes que reportan las fincas rústicas ó urbanas;
y aquel supremo Magistrado, considerando acertada la
consulta de que se hace mérito, ha tenido á bien acor
dar de conformidad, autorizándose á V. para que cite
por los periódicos, ó como lo estimare conveniente, á las
personas que reconocian los capitales referidos, á fin de
que en el término que se les señale, se presenten en esa
Contaduria con el objeto indicado, dando aviso á esta Secretaría de las que lo verifiquen y estén en el caso de
que se les exija alguna cantidad por no haber puesto de
manifiesto la suma de capitales que reconocía y admi-
nistró el clero."

# ÍNDICE CRONOLÓGICO

DE LAS

## DISPOSICIONES CONTENIDAS EN ESTE CUADERNO. [1]

---

### Junio de 1862.

---

1 No comprende este índice la noticia de los decretos ó providencias do meses anteriores, y aun de los del presente, que se han publicado por Bando, por razon de encontrarse en el índice alfábético en dicha palab a, donde pueden buscarse.

# ÍNDICE ALFABÉTICO

## de las disposiciones contenidas en este cuaderno.

---

### A.

### B.

## D.

# ÍNDICE CRONOLÓGICO

POR SECRETARÍAS,

## de las disposiciones contenidas en este cuaderno.

——

## SECRETARIA DE JUSTICIA.

## SECRETARIA DE HACIENDA.

## ERRATAS NOTABLES.

| PÁGINAS. | LÍNEAS. | DICE. | LÉASE. |
|---|---|---|---|
| 6 | 12 | Hacienda. | Justicia. |
| 32 | 25 | pág. 18 | pág. 15 |

# RECOPILACION

DE

# LEYES, DECRETOS, BANDOS,

## REGLAMENTOS, CIRCULARES Y PROVIDENCIAS

DE LOS

## SUPREMOS PODERES

### Y OTRAS AUTORIDADES DE LA REPUBLICA MEXICANA.

Obra útil á toda clase de personas
y necesaria á muchos individuos, como funcionarios públicos, curiales y
empleados en las oficinas,

**FORMADA**

### DE ORDEN DEL SUPREMO GOBIERNO

POR EL

### Licenciado Basilio José Arrillaga.

JULIO DE 1862.

## MEXICO.

Imprenta de A. Boix, á cargo de M. Zornoza,
*Calle del Aguila No.* 13.

**1864.**

# 1862.—JULIO 1?

## GOBIERNO DEL DISTRITO FEDERAL.

---

## BANDO.

En el de este dia se publicó el decreto espedido por la Secretaría de Hacienda en 27 de Junio anterior, derogando el que dió el Gobierno de Oajaca en 18 del mismo, suprimiendo los empleos de Asesor militar y Secretario de Hacienda de la federacion en aquel Estado.

---

### Julio 1?

#### GOBIERNO DEL DISTRITO FEDERAL.

##### BANDO.

En el de esta fecha se publicó él decreto espedido por la Secretaría de Hacienda en 27 de Junio último, [1] suprimiendo los empleos de Asesor militar y Secretario de Hacienda de la federacion en el Estado dé Oajaca.

---

1 Pág. 37.

GOBIERNO DEL DISTRITO FEDERAL.

BANDO.

*Reglamento para el pago del impuesto de 100 pesos por persona, que establece el decreto de 27 de Junio último.*

JOSE MARÍA GONZALEZ MENDOZA, General de Brigada, Gobernador y Comandante Militar de este Distrito, á los habitantes del mismo, sabed:

Que en uso de las facultades que me concede el art. 4.° del decreto de 27 de Junio último, [1] que establece en toda la República un impuesto estraordinario de cien pesos por persona, y para cumplir con lo que previene el art. 5.° del mismo decreto, he dispuesto se observe el siguiente

## REGLAMENTO.

· Art. 1.°    Todas las cantidades que deben enterarse segun el decreto de 27 del corriente, se recibirán en la Tesorería del Ayuntamiento, establecida en el edificio de la Diputacion, la que estará dispuesta para verificarlo, desde las ocho de la mañana hasta las siete de la noche.

Art. 2.°    En dicha oficina se llevarán tres libros numerados correlativamente, en los que se harán las anotaciones siguientes: primera, el número: segunda, la fecha: tercera, el nombre de la persona que hace el entero, ó por quien lo hace; y cuarta, la cantidad.

Art. 3.°    Todo entero que se haga sin que en el li-

1  Pág. 33.

bro respectivo conste la razon firmada por la persona que lo hizo, ó del comisionado en su caso, se tendrá por no hecho, y estará sujeto á segundo pago.

Art. 4.° Inmediatamente que se verifique el entero, recibirá la persona interesada el certificado correspondiente, en el que literalmente constará lo asentado en el libro respectivo, cuyo documento llevará la numeracion correlativa que le corresponda, estando suscrito por el Administrador, Contador y Gobernador, y el que le servirá de comprobacion de haber cumplido.

Art. 5.° Las cantidades que se reciban serán introducidas en una caja con tres llaves, que quedarán: una en poder del C. Gobernador, otra en el del Administrador, y la otra en el del Contador.

Art. 6.° Diariamente se remitirá á la Tesorería General de la nacion la cantidad que se recaude, recogiendo de ella el certificado respectivo, y haciendo el asiento de data en la cuenta correspondiente: la partida de salida será firmada por el Administrador y Contador y visada por el Gobernador. Semanariamente se publicarán y fijarán en parajes públicos, listas de las cantidades que se colecten, con espresion de la persona que hace el entero y anotacion de por quién se hace: la persona que no viese su nombre y hubiese exhibido alguna ó algunas cantidades, tiene derecho á reclamar en el acto, y se hará el debido cargo de omision á quien corresponda y lo mas á que hubiere lugar.

Y para que llegue á noticia de todos, mando se imprima, publique y circule á quienes corresponda.—*José María Gonzalez Mendoza*—*Luis G. Picazo*, oficial mayor.

*Las listas de los CC. que fueron autorizados conforme al art 2.° de la ley mencionada, no se estampan por no considerarlas necesarias.*

DECRETO POR LA SECRETARÍA DE HACIENDA.

*Facultades que se restrinjen á las autoridades civiles y militares locales, sobre disponer de los derechos pertenecientes á la federacion.*

El primer Magistrado de la República con esta fecha se ha servido dirigirme el decreto que sigue:

"*El C. Benito Juarez, Présidente constitucional de los Estados-Unidos Mexicanos, á sus habitantes, sabed:*

Que en uso de las amplias facultades de que me hallo investido, he tenido a bien decretar lo siguiente:

Art. 1.º Perteneciendo á las rentas de la federacion, conforme á la Constitucion y demas leyes vigentes, todos los derechos que la Ordenanza de aduanas ha establecido sobre el comercio estranjero, queda espresamente prohibido el que las autoridades locales, ya civiles, ya militares, cualesquiera que sea su categoría y las circunstancias en que se encuentren, puedan disponer en todo ó en parte de los mismos derechos, alterar las cuotas fijadas, variar los términos y lugares del pago, ó intervenir de cualquiera manera que sea, en la recaudacion y distribucion de los mismos derechos.

Art. 2.º Quedan derogadas las facultades estraordinarias que el gobierno general haya concedido a los gobernadores ó comandantes militares para negociar los derechos, autorizar descuentos de letras ó hipotecar los productos de las aduanas marítimas. Los importadores tendrán entendido que solo el Gobierno general, por medio de las órdenes debidamente autorizadas por el Ministerio de Hacienda, tiene facultad de negociar los derechos y de darles la distribucion que crea conveniente, segun las necesidades del erario.

Art. 3.° Se declaran nulos los contratos que hayan celebrado ó celebren los gobernadores ó comandantes militares de los Estados, para el descuento de los derechos de importacion, municipal, mejoras materiales, internacion, contraregistro, ferrocarril, circulacion, esportacion, contribucion federal y cualquiera otros que correspondan á las rentas federales; y los comerciantes quedarán sujetos al triple pago de los derechos íntegros que han debido satisfacer conforme á las leyes.

Art. 4.° Todos los efectos estranjeros que circulen en las plazas del interior sin la constancia de haber pagado los derechos de la manera que establece la Ordenanza de aduanas [1] y leyes vigentes, caerán en la pena' de comiso. Los denunciantes y aprehensores tendrán la tercera parte del valor del comiso, y las dos restantes ingresarán á la Tesorería federal.

Por tanto, mando se imprima, publique, circule y cumpla. Dado en el Palacio del Gobierno Federal en México, á tres de Julio de mil ochocientos sesenta y dos.—*Benito Juarez.*—Al C. Manuel Doblado, Ministro de Relaciones y Gobernacion, encargado del Despacho de Hacienda y Crédito Público."

Y lo comunico á V. para su inteligencia y fines espresados.

Libertad y Reforma.—*Doblado.*

Se publico en bando del dia 7.

Se acompañó este decreto á las aduanas marítimas y fronterizas en 5 del corriente con la circular número 59, como se verá adelante.

---

1 Es de 31 de Enero de 1856. Archivo mexicano, tomo I. pág. 521.

### Julio 3.

En esta fecha se espidió por la Contaduría mayor de Hacienda y Crédito Público, la convocatoria prevenida en suprema órden de 30 de Junio último. [1]

---

### Julio 4.

#### GOBIERNO DEL DISTRITO FEDERAL.

##### BANDO.

En el de éste dia se publicó el decreto espedido en 30 de Junio anterior [2] por la Secretaría de Hacienda. Fincas ó capitales que fueron del clero. Pena á cuantos se hayan adjudicado ó redimido aquellas ó estos, que no cumplan lo que se les previene.

---

### Julio 5.

#### DECRETO POR LA SECRETARÍA DE RELACIONES Y GOBERNACION.

*Matrimonios en artículo de muerte.   Declaracion sobre esta materia.*

El C. Presidente de la República se ha servido dirigirme el decreto que sigue:

"*Benito Juarez, Presidente constitucional de los Estados-Unidos Mexicanos, á sus habitantes, sabed:*

Que en uso de las facultades de que me hallo investido, he tenido á bien decretar lo que sigue:

1  Pág. 42.
2  Pág. 41.

Art. 1 ? En los matrimonios que han de celebrarse hallándose en artículo de muerte uno de los contrayentes, no es necesario el requisito de las publicaciones establecido en el art. 9 ? de la ley de 23 de Julio de 1859. [1]

Art. 2 ? Para la celebracion de esta clase de matrimonios no son impedimentos el parentesco en línea colateral desigual, ni los esponsales legítimos.

Por tanto, mando se imprima, publique, circule y se le dé el debido cumplimiento. Palacio Nacional de México, á 5 de Julio de 1862 — *Benito Juarez.*—Al C. Manuel Doblado, Ministro de Relaciones y Gobernacion."

Y lo traslado á V. para su inteligencia y fines consiguientes.

Libertad y Reforma. México, &c.—*Doblado.*

Se publicó en bando del dia 16.

---

### Julio 5.

DECRETO POR LA SECRETARÍA DE JUSTICIA
Y FOMENTO.

*Tribunal de Justicia que se establece en cada uno de los tres Distritos militares que espresa.*

El C. Presidente de la República se ha servido dirigirme el decreto que sigue:

"*El C. Benito Juarez, Presidente constitucional de los Estados-Unidos Mexicanos, á sus habitantes sabed:*

Que en uso de las amplias facultades de que me hallo investido, he tenido á bien decretar lo siguiente:

[1] Recopilacion de leyes &c. espedidas en Veracruz. pág. 70.

2*

Art. 1.º Se establecerá en cada uno de los Distritos militares de Toluca, Actopan y Cuernavaca, un Tribunal formado de una sola Sala con tres Magistrados, el cual fallará en segunda instancia y sin mas recurso que el de responsabilidad, todos los asuntos del Distrito respectivo que por las leyes admitan mas de una instancia. La responsabilidad se exigira por ahora ante la Suprema Corte de Justicia.

Art. 2.º Concluida la vista de un negocio, ya sea civil ó criminal, y antes de proceder á la votacion en definitiva, uno de los Magistrados por turno, abrirá dictámen por escrito sobre el asunto que debe fallarse, el cual concluirá proponiendo la sentencia en artículos precisos, que se discutirán y votarán separadamente, quedando suprimido el ministerio fiscal. La votacion constará siempre en la sentencia.

Art. 3.º En los negocios que segun las leyes deben tener su primera instancia ante el mismo Tribunal, conocerá en ella el mismo Magistrado menos antiguo, y su falta se suplirá en la segunda instancia por los medios que establezca el reglamento respectivo.

Art. 4.º Los tres Tribunales dentro de un mes de su instalacion, formarán sus reglamentos interiores y los remitirán á la Secretaría de Justicia para la aprobacion del Supremo Gobierno.

Art. 5.º La planta de cada Tribunal y su Secretaría será la siguiente:

| | |
|---|---:|
| Tres magistrados á $2,400........$ | 7,200 |
| Un secretario..................... | 1,500 |
| Un oficial primero archivero........ | 1,200 |
| Un abogado defensor de pobres...... | 1,000 |
| Un escribano de diligencias........ | 600 |
| Dos escribientes a $ 300.......... | 600 |
| Un mozo..................... | 150 |
| Gastos de oficio .............. | 100 |
| Suma................$ | 12,350 |

Por tanto, mando se imprima, publique y circule para su cumplimiento. Palacio del Gobierno Federal en
México, á cinco de Julio de mil ochocientos sesenta y
dos.—*Benito Juarez*—Al C. Jesus Teran, Ministro de
Justicia, Fomento é Instruccion pública."

Y lo comunico a V. para su inteligencia y fines consiguientes.

Dios, Libertad y Reforma.—México, &c.—*Teran.*

Se publicó en bando del dia 22.

---

### Julio 5.

#### DECRETO POR LA SECRETARÍA DE HACIENDA

## *Clausura del Puerto de San Blas.*

"EL C. BENITO JUAREZ, Presidente constitucional de los Estados–Unidos Mexicanos, á sus habitantes, sabed:

Que en uso de las amplias facultades de que me hallo investido, he tenido á bien decretar lo siguiente:

Artículo único. Queda cerrado para el comercio de
altura y cabotaje el Puerto de San Blas en las Costas
del mar Pacífico.

Por tanto, mando se imprima, publique, circule y se
le dé el debido cumplimiento. Dado en el Palacio del
Gobierno Federal en México, á cinco de Julio de mil
ochocientos sesenta y dos.—*Benito Juarez.*—Al C. Manuel Doblado, Ministro de Relaciones y encargado del
Despacho de Hacienda y Crédito público."

Lo que comunico á V. para su cumplimiento y demas
fines.

Libertad y Reforna. México, &).—*Doblado.*—C.
Gobernador del Distrito."

Se publicó en bando del dia 8.

CIRCULAR NUM. 59 POR LA SECRETARÍA DE HACIENDA,

*á las aduanas Marítimas y Fronterizas, acompañándo-les el decreto del dia 3 del corriente.* [1]

Acompaño á V. ejemplares del decreto fecha 3 del cor·riente, que hará publicar por los periódicos de ese lugar para el debido conocimiento del comercio, cumpliendo ademas esa aduana marítima con las prevenciones si-guientes:

1ª Formará á la mayor brevedad una noticia porme-norizada de los ingresos y egresos habidos en esa ofici-na, en los seis meses corridos del 1.º de Enero á fin del próximo pasado, tanto en importaciones como en expor-taciones; la que remitirá V. á esta Secretaría acompa-ñada de un corte de caja estraordinario de segunda ope-racion, en que consten los ingresos, egresos, existencias en numerario, libranzas y bonos habidos del 1.º de Julio á la fecha del recibo del adjunto decreto, haciendo constar en él el número de liquidaciones pendientes, y el cálculo apróximativo de sus productos.

2ª Remitirá V. igualmente una noticia de los crédi-tos que pesen sobre esa aduana, especificando su proce-dencia, monto total y líquido adeudo.

3ª Segun está prevenido, remitirá V. cada quince dias un corte de caja y noticia de los buques nacionales y es-tranjeros, que lleguen ó salgan de ese puerto, con carga ó sin ella.

4ª Bajo su mas estrecha responsabilidad se sujetará esa oficina á cumplir con el adjunto decreto y presentes

1 Página 6.

prevenciones, así como á observar estriotamente lo dis
puesto en la ordenanza general, y reglamento de adua
nas marítimas y disposiciones vigentes, bajo la pena de
destitucion, y sin perjuicio de lo mas á que haya lugar
por el delito de desobediencia.

5ª Tanto de esta circular como del decreto que se
acompaña, acusará V. por el correo inmediato el correspondiente recibo.

Lo que de suprema órden comunico V. para su inteligencia.

Libertad y Reforma. México, &c.—*Doblado*.

———

**Julio 7.**

CIRCULAR POR LA SECRETARÍA DE RELACIONES.

### *Capitales de Beneficencia pública que se man-*
### *dan redimir.*

"Teniendo en consideracion el C. Presidente de la
República que subsisten aún las circunstancias que
obligan al Supremo Gobierno á prevenir las redenciones
de los capitales pertenecientes á los fondos de beneficencia pública que escedieran de ocho mil pesos, y considerando tambien que en las mismas angustiadas circunstancias, el deber mas sagrado es la salvacion de la
Patria y el mantenimiento de las fuerzas que se han
organizado para defender su independencia; el mismo
Supremo Magistrado se ha servido disponer: que todos
los individuos que reconocen á la Beneficencia pública
capitales de 4,000 pesos para arriba, se presenten en este Ministerio á redimir las imposiciones ó las fincas adjudicadas en el perentorio término de tres dias contados
desde el 9 del corriente, con una cuarta parte en dinero
efectivo que se entregará en este perentorio plazo, y las

tres restantes en bonos ó créditos contra el erario nacio·
nal dentro de dos meses; en la inteligencia de que de no
verificar o se les declarará sin título alguno, y el Gobierno subrogará sus derechos en tercera persona, dándose por nulos cuantos se puedan alegar por parte de
los censatarios ó tenedores de fincas ó escrituras perte·
necientes á la misma Beneficencia.

Lo que comunico á V. á fin de que disponga su publicacion.

Libertad y Reforma. México, &c.—*Doblado.*—C.
Gobernador del Distrito Federal."

Se publicó en bando del dia 9.

———

**Julio 7.**

*Aclaracion al decreto de 30 de Junio próximo pasado,
sobre chancelacion ó anotacion de escrituras.*

"Habiéndose suscitado dudas sobre la inteligencia del
decreto de 30 de Junio próximo pasado, [1] que manda
se chancelen ó anoten en los oficios públicos las escrituras respectivas por los adjudicatarios ó redentores
de los bienes nacionalizados; el C. Presidente, para fijar
el sentido del referido decreto, ha tenido á bien declarar: que solo estan obligados á chancelar ó anotar sus
escrituras los que no lo hayan verificado y quienes conforme al mismo decreto perderan todo derecho á los capitales ó fincas, ya estén redimidas, adjudicadas ó impuestas á reconocimiento.

———

1  Recopilacion de ese mes, pág. 41.

Lo que comunico á V. para que disponga su inme·
diata publicacion.

Libertad y Reforma. México, &c.—*Doblado.*—C.
Gobernador del Distrito Federal."

Se publicó en bando del dia 9.

---

### Julio 7.

#### GOBIERNO DEL DISTRITO FEDERAL.

##### BANDO.

En el de esta fecha se publicó el decreto espedido en
3 del actual [1] por la Secretaría de Hacienda sobre facul·
tades que se restrinjen á las Autoridades locales civi·
les y militares.

---

### Julio 7.

#### DECRETO POR LA SECRETARÍA DE HACIENDA.

*Se derogan los artículos relativos del decreto que en 12
de Mayo último se dió en Querétaro, modificando en
el Estado la ley que estableció la contribucion federal.*

El C. Presidente de la República se ha servido dirigirme el decreto que sigue:

"*Benito Juarez, Presidente constitucional de los Estados-Unidos Mexicanos, á sus habitantes, sabed:*

.Que en uso de las amplias facultades de que me
hallo investido, he tenido a bien decretar lo siguiente:

1  Pág. 6.

Art. 1? Se derogan los artículos 13, 14 y 22 del decreto que en 12 de Mayo próximo pasado espidió el Gefe Político y Militar de Querétaro, modificando en el Estado la ley de 16 de Diciembre último [1] que estableció la Contribucion Federal.

Art. 2? Cualquiera autoridad ó funcionario que no diere exacto cumplimiento á dicha ley de 16 de Diciembre, será juzgado con arreglo al art. 15 de la misma.

Por tanto, mando se imprima, publique, circule y se le dé el debido cumplimiento. Palacio del Gobierno nacional en México, á 7 de Julio de 1862.—*Benito Juarez.*—Al C. Manuel Doblado, Ministro de Relaciones y Gobernacion, y encargado del Despacho de Hacienda."

Y lo traslado á V. para su debido cumplimiento.

Dios y libertad. México, &c.—*Doblado.*—C. Gobernador del Distrito."

Se publicó en bando del dia 11.

———

**Julio 8.**

CIRCULAR NUM. 60. POR LA SECRETARÍA DE HACIENDA.

*Rectificando la fecha de la circular de 14 de Setiembre de 56.*

La circular de 14 de Setiembre de 1856, á que se refiere el supremo decreto de 9 de Abril del presente año, por el que se declararon comprendidos en la ley de 25 de Junio de 1856 [2] los capitales á censo ó cualesquiera otros dejados en testamento para objetos piadosos, no es de esa fecha, sino de 24 de Setiembre del

1 Recopilacion de ese mes, pág. 8.
2 Recopilacion de fin de Diciembre de 60, pág. 59.

mismo an·;[1] lo que de órden suprema comunico á V. como rectificacion del espresado decreto.

Libertad y Reforma. México, etc.—*Doblado.*

---

### Julio 9.

GOBIERNO DEL DISTRITO FEDERAL.

#### BANDO.

En el de esta fecha se publicó la circular espedida por la Secretaría de Relaciones y Gobernacion en 7 del mismo mes,[2] sobre redencion de capitales que se reconocen al fondo de Beneficencia pública.

---

### Julio 9.

GOBIERNO DEL DISTRITO FEDERAL.

#### BANDO.

En el de esta fecha se publicó la circular espedida en 7 del actual[3] por la Secretaría de Relaciones sobre chancelacion y anotacion de escrituras.

---

### Julio 9.

AVISO DE LA CONTADURIA MAYOR DE HACIENDA
Y CREDITO PUBLICO,

*Sobre presentacion de los títulos de adjudicacion, subrogacion ó redencion de los gravámenes de las fincas que fueron del clero.*

Conforme á la disposicion suprema de 30 del próximo pasado, deberán presentarse en la Contaduría Ma-

---

1 Recopilacion de ese mes, pág. 9.
2 Página 13.
3 Pág. 14.

yor de Hacienda y Crédito Público, *todas las personas que reconocian* capitales del clero secular y regular, con objeto de *registrar* en la Seccion de Crédito Público los títulos que *acrediten* haber redimido los gravámenes que reportaban las fincas rústicas ó urbanas de propiedad particular: en tal virtud, esta oficina cita á *toda persona* que ha redimido ó se ha adjudicado capitales pertenecientes á ambos cleros, para que presenten sus títulos de adjudicacion, subrogacion ó redencion, con el objeto espresado, fijándoles el plazo *improrogable* de treinta dias contados desde el dia 6 del corriente, segun el aviso publicado por esta Contaduría de 3 del corriente. [1] Trascurrido este término se procederá contra los infractores conforme al decreto de 30 de Junio próximo pasado.

México, etc.—*Juan Suarez y Navarro.*

---

### Julio 11.

### GOBIERNO DEL DISTRITO FEDERAL.

#### BANDO.

En el de esta fecha se publicó el decreto espedido por la Secretaría de Hacienda en 7 del mismo, [2] derogando algunos artículos del espedido por el Estado de Querétaro en 12 de Mayo último.

---

1 Pág. 9.
2 Pág. 15.

DECRETO POR LA SECRETARÍA DE JUSTICIA,

*Nombrando Magistrado de la Suprema Corte de Justicia al C. Lic. José María Herrera y Zavala.*

—

El C. Presidente de la República se ha servido dirigirme el decreto que sigue:

"*Benito Juarez, Presidente constitucional de los Estados-Unidos Mexicanos, á sus habitantes, sabed:*

Que en uso de las amplias facultades de que me hallo investido, he tenido á bien decretar lo siguiente:

Artículo único. Es Magistrado de la Suprema Corte de Justicia, el C. Lic. José María Herrera y Zavala, por renuncia del Lic. Manuel Dublan.

Por tanto, mando se imprima, publique y circule. Palacio del Gobierno federal en México, á 11 de Julio de 1862.—*Benito Juarez.*—Al C. Jesus Teran, Ministro de Justicia, Fomento é Instruccion Pública."

Y lo comunico á V. para su inteligencia y finés consiguientes.

Dios, Libertad y Reforma. México, etc —*Terán.*— C. Gobernador del Distrito Federal."

Se publicó en bando de 16 del mismo.

Julio 12.

CIRCULAR POR LA SECRETARÍA DE HACIENDA,

*relativa á facultades coactivas, y devolución de cantida-*
*des cobradas por multas y recargos no*
*determinadas en las leyes.*

—

Ha tenido noticia el Supremo Gobierno, que algunas
Gefaturas y otras oficinas de hacienda, se han converti-
do en agentes ó auxiliares de las personas que denun-
ciaron fincas y capitales de los llamados del clero, y
que para su cobro se hizo uso de las facultades coactivas, las cuales conceden las leyes á las oficinas para la
esaccion de los créditos en favor del Erario, y nunca
para los del dominio de particulares: en consecuencia y
para evitar esos abusos, el C. Presidente ha tenido á
bien hacer las declaraciones siguientes:

1ª Las Gefaturas y demas oficinas de hacienda no
deben ni han debido hacer uso de las facultades econó-
mico-coactivas en el cobro de capitales que han sido ya
redimidos por los particulares, ó cuya redencion se ha
declarado válida por las autoridades competentes.

2ª Ni las oficinas de hacienda, ni mucho menos los
particulares, han tenido derecho para exigir de los tenedores de bienes nacionales, mas que los gastos de ejecucion, multas, penas &c., que las leyes tienen establecidas en los casos respectivos en que el fisco ó un particular sea el ejecutante.

3ª Las cantidades cobradas á los tenedores de bienes nacionalizados, procedentes de multas y recargos
no determinadas en las leyes, que resultaron sobrantes
y fueron repartidas entre el ejecutor y el mandatario,

serán devueltas por éstos á aquellos sin oposicion de ninguna clase.

4ª Se esceptúan de las aclaraciones que anteceden las ejecuciones que se hubieren hecho hasta el dia 4 de Febrero de 1861, en virtud de las facultades de los Gobernadores y Gefes de hacienda de los Estados, y por contratos especiales que éstos celebraron con los denunciantes para exigir los capitales, haciendo uso de las facultades coactivas.

De suprema órden lo comunico á V. para su conocimiento y fines consiguientes.

Libertad y Reforma. México, &c.—*Doblado.*

----

### Julio 15.

#### DECRETO POR LA SECRETARÍA DE RELACIONES Y GOBERNACION.

*Se deroga, en la parte que espresa, el art.* 3 ° *y el* 9 °
*del decreto que la Comandancia militar de Jalisco y
Colima espidió en* 27 *de Junio próximo pasado.* [1]

El C. Presidente de la República se ha servido dirigirme el decreto que sigue:

"*Benito Juarez, Presidente constitucional de los Estados-Unidos Mexicanos, á sus habitantes, sabed:*

Que en uso de las omnímodas facultades de que me hallo investido, he decretado lo que sigue:

Artículo único. Se deroga el art. 3 ° y el 9 ° del decreto espedido por la Comandancia militar de los Estados de Jalisco y Colima con fecha 27 de Junio del corriente año, en la parte en que obligan los bienes nacionalizados y las rentas federales al pago de un préstamo de doscientos mil pesos impuesto á los habitantes del primero de los Estados mencionados.

Por tanto, mando se imprima, publique, circule y observe. palacio nacional de México, á 15 de Julio de 1862.—*Benito Juarez.*—Al C. Manuel Doblado, Ministro de Relaciones Esteriores y Gobernacion."

Y lo comunico á V. para su inteligencia y fines consiguientes.

Libertad y Reforma. México, &c.—*Doblado.*

Se publicó en bando del dia 23.

---

### Julio 16.

#### GOBIERNO DEL DISTRITO FEDERAL.

#### BANDO.

En el de esta fecha se publicó el decreto espedido por la Secretaría de Relaciones en 5 del actual [1] sobre matrimonios.

---

### Julio 16.

#### GOBIERNO DEL DISTRITO FEDERAL.

#### BANDO.

En el de esta fecha se publicó el decreto espedido por la Secretaría de Justicia en 11 del actual, [1] en que se nombra Magistrado al C. Lic. José María Herrera y Zavala.

1 Página 8.
1 Pág 19.

DECRETO POR LA SECRETARÍA DE RELACIONES
Y GOBERNACION.

*Ayuntamiento de México. Créditos cuyo cobro puede encargar á alguno ó algunos abogados estranos á la propia corporacion.*

El C. Presidente de la República se ha servido dirigirme el decreto que sigue:

"*Benito Juarez, Presidente constitucional de los Estados-Unidos Mexicanos, á sus habitantes, sabed:*

Que en uso de las facultades de que me hallo investido, he tenido á bien decretar lo siguiente:

Art. 1.° El Ayuntamiento de esta Capital puede encargar el cobro de los créditos dudosos, ó que tengan mas de tres años de no pagar réditos, á alguno ó algunos abogados estraños á esta corporacion.

Art. 2.° El abogado que reciba este encargo no podrá cobrar honorario alguno por su trabajo sea el que fuere, limitándose á recibir el seis y cuarto por ciento que la ley otorga á los cobradores, si el pago se consigue por sus trabajos en lo extrajudicial, ó el doce por ciento si lo obtiene durante la primera instancia. Si el juicio llegare á la segunda ó tercera instancia, el Ayuntamiento, con el informe pormenorizado de los trabajos del abogado y el de la Junta de hacienda, podrá aumentar sobre el doce, desde un dos hasta un ocho por ciento, sin que pueda esceder jamás de un veinte por ciento la total percepcion.

Art. 3.° Tiene ademas derecho el abogado que se

encargue del cobro de esos créditos á percibir del deudor
el importe de las costas á que sea condenado.

Art. 4.º  Los abogados que se encarguen de esos
cobros, tendrán obligacion de dar cuenta mensualmente
al Ayuntamiento de lo que hayan adelantado en cada
negocio, ya judicial ó extrajudicialmente, y del estado
que guarde; y por el hecho de abandonar, durante un
mes, un cobro ó la prosecucion del juicio, pierden todo
derecho á la remuneracion de sus trabajos, pudiéndose
encargar á otro abogado de aquel negocio.  Cada mes,
al dar cuenta de sus trabajos, recibirán el importe del
papel sellado que hayan gastado en ese período.

Art. 5.º  El abogado no tiene facultad alguna para
transijir, reservándose ésta á la corporacion, plenamente
instruida de los motivos que justifiquen la necesidad de
una transaccion, para lo cual se oira siempre á la Junta de hacienda, teniendo ésta obligacion de dar su dictámen por escrito á la mayor brevedad.

Art. 6.º  El abogado no podra nunca recibir cantidad alguna de las que demande, pues todo el que pague debe hacerlo precisamente á la caja municipal y
con las formalidades que la ley previene, sin lo cual el
pago se tendrá por de ningun valor.

Art. 7.º  Los abogados que se encarguen de los cobros obrarán en virtud de poder especial que les confe-
rirá la Junta de hacienda, por ante escribano público.

Art. 8.º  Se llevará un libro de conocimientos para
la entrega de documentos ó espedientes, de los que se
hará una relacion minuciosa que firmará el abogado
con el secretario; y otro libro en que mensualmente se
trascriba el informe de lo que se haya hecho en cada
negocio.

Art. 9.º  Se convocará á todos los deudores del
Ayuntamiento para que en el término de ocho dias se
presenten á pagar lo que adeuden, pudiendo hacer arreglo de pago con la Junta de hacienda; cuyos arreglos
se sujetarán á la aprobacion del cabildo, procediéndose

ejecutivamente en virtud de la facultad coactiva contra tcdos los que pasado ese término no hayan celebrado convenios de pago.

Por tanto, mando se imprima, publique, circule, y se
le dé el debido cumplimiento. Palacio del Gobierno
nacional en México, á 18 de Julio de 1862.—*Benito Juarez.*—Al C. Manuel Doblado, Ministro de Relaciones y
Gobernacion."

Y lo comunico á V. para su inteligencia y fines consiguientes.

Libertad y Reforma. México, &c.—*Juan de D. Arias,*
oficial mayor.—C. Gobernader del Distrito.

Se publicó en bando de 6 de Agosto.

———

**Julio 18.**

DECRETO POR LA SECRETARÍA DE GUERRA.

*Premios y recompensas á los militares que hayan su-
cumbido y sucumban en la actual guerra de invasion,
y á sus familias.*

El C. Presidente constitucional se ha servido dirigirme el decreto que sigue:

"*Benito Juarez, Presidente constitucional de los Estados-Unidos Mexicanos, á sus habitantes, sabed:*

Que usando de las facultades de que me hallo investido, y considerando que es de alta justicia nacional el
acordar premios y recompensas á los valientes que de-
fienden la independencia, la integridad y la honra de
México, he tenido á bien decretar lo siguiente:

4*

Art. 1.° Se inscribirán y mantendrán. perpetua-
mente en el escalafon general del Ejército, considerán-
dolos como vivos, los nombres ilustres de los CC. Generales, Gefes y Oficiales que hayan sucumbido y sucumban en las batallas contra las fuerzas francesas en la
actual guerra de invasion, añadiendo á los dichos nombres la siguiente razon: *"Sucumbió por salvar á su patria (en tal punto) (aquí la fecha)."*

Art. 2.° Se concede igualmente á aquellos beneméritos militares el ascenso inmediato, y bajo este ascenso serán inscritos sus nombres, como se previene en
el artículo anterior; considerándose la antigüedad del
dia de la accion en que sucumbieron.

Art. 3.° Las viudas, hijos ó madres viudas de tan
leales servidores de la Nacion, gozarán desde la publicacion de este decreto, conforme á las leyes, del montepío que les corresponda, segun el nuevo ascenso que por
él se confiere.

Art 4.° Estas pensiones se pagarán con toda reli-
giosidad y con entera igualdad á los haberes de la guar-
nicion del lugar donde se hallen establecidos los interesados en ellas, siendo caso de responsabilidad de los
empleados de Hacienda á quienes tocare, la falta de
cumplimiento de esta suprema disposicion.

Por tanto, mando se imprima, publique, circule y se
le dé el debido cumplimiento. Dado en el Palacio nacional de México, á 18 de Julio de 1862.—*Benito Juarez.*—Al C. General Miguel Blanco, Ministro de Guerra y Marina."

Y lo comunico á V. para su conocimiento y demas
fines.

Libertad y Reforma. México, &c.—*Blanco.*—C. Gobernador del Distrito."

Se publicó en bando de 4 de Agosto.

## Julio 19.

### *Réditos que no son redimibles.*

El C. Presidente de la República ha tenido á bien declarar que no son redimibles los réditos que se adeudan por los capitales pertenecientes al fondo de Beneficencia pública, y me manda comunicar á V. este acuerdo, á fin de que disponga su inmediata publicacion.

Libertad y Reforma. México, Julio 19 de 1862.—*Doblado.*—C. Gobernador del Distrito Federal.

Se publicó en bando de 22 del mismo.

————

## Julio 21.

### GOBIERNO DEL DISTRITO FEDERAL.

#### BANDO DE POLICÍA.

### *Prevenciones relativas á la presentacion á la autoridad de objetos hallados.*

JOSÉ MARIA GONZALEZ MENDOZA, general de brigada, gobernador y comandante militar de este Distrito, á los habitantes del mismo, sabed:

Que en uso de mis facultades y de acuerdo con el Supremo Gobierno, he dispuesto se observen las prevenciones siguientes:

Art. 1.° Toda persona que encuentre algun objeto, sea de la clase ó condicion que fuere, lo presentará inmediatamente á la primera autoridad política de la población mas próxima al lugar del hallazgo, ya se verifique éste en las plazas ó lugares públicos, en las calles, puertas-calles, patios de casas de vecindad, caminos, egidos ó sementeras, coches ó carruajes, habitaciones de mesones ú hospederías, etc., etc., recabando de dicha autoridad el certificado correspondiente.

Art. 2.º Toda persona en cuyo poder se encontrare alguna cosa estraviada sin haberla presentado á la autoridad, podrá ser aprehendida como sospechosa de hurto ó receptacion.

Art. 3.º Las personas que encontraren niños ó animales estraviados, y no los presentaren á la autoridad, serán aprehendidos y puestos á disposicion de la autoridad judicial como sospechosas de plagio ó abigeato.

Art. 4.º Los que encontraren cualquier objeto y lo presentaren á la autoridad oportunamente, tienen derecho á una recompensa proporcionada que satisfará el interesado.

Art. 5.º Todo el que hubiere perdido cualquier objeto, se dirigirá á la autoridad inmediatamente, dará las señas de él, segun le conviniere, en pliego abierto ó cerrado, para comprobar, cuando se encuentre, la identidad de la cosa, y deducir el derecho de la persona.

Art. 6.º Las autoridades llevarán un libro en que anotarán las pérdidas y los hallazgos que se les denuncien, con espresion de todas las circunstancias del caso; y se tendrá como un acto de moralidad la presentacion á la autoridad de cualquier cosa encontrada.

Art. 7.º A mas de la recompensa que se designa en el art. 4.º, las autoridades remitirán anualmente á la cabecera del distrito, copia á la letra de las relaciones en que conste: los nombres de las personas que han entregado los objetos estraviados, diciendo qué ciudadano ha dado mayor número de pruebas de moralidad, para publicar su nombre en los periódicos y concederle un premio.

Art. 8. ° Esta ley no se refiere para las recompen-sas de parte de la persona que ha perdido la cosa, á los casos de incendio, cataclismo, inundacion, etc., pues que subsisten las leyes vigentes y la obligacion de pre-sentar los objetos á la autoridad.

Por tanto, mando se imprima, publique, circule y se le dé el debido cumplimiento.

Dado en México, á 21 de Julio de 1862 —*J. M. Gonzalez Mendoza.—Luis G. Picazo*, oficial mayor.

---

**Julio 21.**

DECRETO POR LA SECRETARÍA DE JUSTICIA
Y FOMENTO.

*Queda libre de todo derecho la esportacion de piedras mi-nerales que se haga de la Baja California.*

El Presidente de la República se ha servido dirigirme el decreto que sigue:

' *El C. Benito Juarez, Presidente constitucional de los Estados-Unidos Mexicanos, á sus habitantes, sabed:*

Que en uso de las amplias facultades de que estoy investido, he tenido á bien decretar lo siguiente:

Art. 1 ° Queda libre de todo derecho la esportacion de las piedras minerales de cualquiera clase que sean que se haga de la Baja California.

Art. 2 ° Cada quintal de concha de perla que se esporte del mismo Territorio, pagará un real de derechos y medio real cada pel de res al pelo.

Art. 3 ° La recaudacion de estos derechos se hará efectiva en la administracion de la Aduana marítima de la Paz, aplicándose sus productos á la Instruccion pública en dicho Territorio.

Por tanto, mando se imprima, publique, circule y cumpla. Palacio Nacional del Gobierno Federal de la República en México. á 20 de Julio de 1862 —*Benito Juarez* —Al C. Lic. Jesus Terán, Ministro de Justicia, Fomento é Instruccion Púbica"

Y lo comunico á V. para su observancia y cumplimiento.

Dios, Libertad y Reforma. México, &c.—*Terán.*—C. Gobernador del Distrito Federal.

Se publicó en bando del dia 31 de Agosto.

___

### Julio 22.

GOBIERNO DEL DISTRITO FEDERAL.

BANDO.

En el de esta fecha se publicó el decreto espedido por la Secretaría de Relaciones en 19 del actual, [1] sobre los réditos no redimibles.

___

### Julio 22.

GOBIERNO DEL DISTRITO FEDERAL.

BANDO.

En el de esta fecha se publicó el decreto espedido por la Secretaría de Justicia y Fomento en 5 del presente, [2] estableciendo un Tribunal de Justicia en los Distritos militares que espresa.

___

1 Página 27.
2 Págma 9.

**Julio 23.**

GOBIERNO DEL DISTRITO FEDERAL.

BANDO.

.En el de esta fecha se publicó el decreto espedido por la Secretaría de Relaciones en 15 del mismo, [1] derogando el art. 3 º y 9 º del decreto que espresa.

———

**Julio 23.**

PROVIDENCIA POR LA SECRETARÍA DE HACIENDA.

———

*Contrato de las salinas del Peñol Blanco y otras aclaraciones.*

Con fecha 9 del corriente se dijo por esta Secretaría al C. Ramon Errazu, lo que copio:

"De conformidad con lo que solicita V. en su ocurso de 8 corriente, el C. Presidente de la República ha tenido á bien declarar:

1 º Que el contrato de compra y venta de las salilinas del Peñol Blanco, celebrado en 29 de Octubre de 1842 entre el supremo gobierno y el Sr. D. Cayetano Rubio, es válido y subsistente, por hallarse aquella administracion investida de facultades omnímodas, aun cuando no se observaran alguna ó algunas de las solemnidades prescritas por las leyes para la enagenacion de bienes pertenecientes á la hacienda pública, y aun cuando hubiera lesion enorme ó enormísima.

———

1 Pág. 21.

2.º   Que el supremo gobierno hace esta declaracion en uso de las amplias facultades con que se halla investido por las leyes de 11 de Diciembre del año próximo pasado, [1] y 10 de Mayo del presente, [2] confirmando y ratificando en uso de esas mismas facultades el citado contrato de venta de las salinas del Peñol Blanco, en los términos y con las condiciones que espresa la escritura otorgada por los señores ministros tesoreros D. Tranquilino de la Vega y D. Nicolás María Fagoaga á favor del Sr. D. Cayetano Rubio en 29 de Octubre de 1842, ante el escribano público D. Ramon Villalobos.

3.º   Que las lagunas y aguas saladas que comprende esa venta, y son las que espresa el testimonio del plano levantado en 18 de Mayo de 1794, certificado por la tesorería general y el mismo certificado, y entre ellas las de las villas de Cuz y de Santa-Anna en tierras de Bañon, no son denunciables, ni necesitan de amparo para conservar su propiedad, ni la tienen en ella los dueños de los terrenos en que estuvieren situadas.

4.º   Que para conservar y defender todas las que espresa el plano certificado, el Sr. D. Joaquin de Errazu, ó quien tenga derecho que de él vengá, tiene todos los privilegios fiscales de los cuales es uno que de todas las causas y pleitos que sobre las salinas les susciten, solo puedan conocer y decidir los tribunales federales, con esclusion de cualesquiera otros.

Libertad y Reforma. México, &c.—*Doblado.*—C. Gobernador dél Estado de San Luis Potosí.

---

1 Recopilacion de ese mes, pág. 13.
2 Es del dia 3, promulgada con fecha 10. Véase la Recopilacion de ese mes, págs. 10 y 25.

**Julio 29.**

DECRETO POR LA SECRETARÍA DE JUSTICIA
Y FOMENTO.

## Reglamento de la Suprema Corte.

El C. Presidente de la República se ha servido dirigirme el decreto que sigue:

"El C. Benito Juarez, Presidente constitucional de los Estados-Unidos Mexicanos, á sus habitantes, sabed:

Que en uso de las amplias facultades de que me hallo investido, he tenido á bien decretar el siguiente

## REGLAMENTO de la Suprema Corte de Justicia de la Nacion.

### CAPÍTULO I:

#### DEL TRIBUNAL PLENO.

Art. 1 ° El Tribunal pleno de la Suprema Corte de Justicia se compone de los once Ministros propietarios, los cuatro supernumerarios, el Fiscal y el Procurador general. La asistencia es diariamente obligatoria para los Ministros propietarios y supernumerarios: para el Fiscal y Procurador general es voluntaria siempre, y obligatoria cuando sean llamados por la Corte ó su Presidente.

Art. 2 ° Todos los individuos que componen la Corte tienen voz y voto igual en ella, escepto el Fiscal y Procurador general en los negocios en que hubieren ped.-

5*

do por escrito ó de palabra, en los que tendrán voz, pero
no voto: el Ministro propietario ó supernumerario que hu-
tiere funcionado como Fiscal, tendrá voz y no voto en los
negocios que hubiere pedido de palabra ó por escrito como Fiscal. En el caso de empate ó igualdad de número de votos, el del Presidente será decisivo ó de calidad.

Art. 3.° Para todas las resoluciones que hayan de
dictarse en el Tribunal pleno, de cualquiera naturaleza
que sean, basta la presencia de seis Ministros en el Tribunal, incluso el caso de erigirse en jurado y pronunciar
sentencia, segun el art 105 de la Constitucion. [1] Toda
resolucion, aun la de sentencia en jurado, se formará por
mayoría de votos presentes, siendo de calidad ó decisivo
el del Presidente en caso de igualdad en el número de
los que voten con él, incluso el suyo, con los que voten
de otro modo, sumados éstos, sean acordes ó discordes.

Art. 4.° Ni recusacion ni escusa alguna es admisible en negocio del Tribunal pleno, incluso el jurado; solo están impedidos para conocer, y se abstendrán de hacerlo, los Ministros que sean parientes dentro del cuarto
grado civil por consanguinidad ó afinidad, del acusado
o del acusador, cuando éste fuera individuo particular y
no acusare de oficio.

Art. 5.° Todos los Ministros que sin licencia faltaren al Tribunal pleno, ó habiendo concurrido se separare
antes de la votacion, se considerarán como que votan
con la mayoría, sin poder salvar el voto ni hacerlo particular; y serán responsables por el voto de la mayoría
lo mismo que los que lo dieron y estaban presentes. Los
que estando presentes votan en contra; pueden, si quie-
ren, dar su voto contrario, asentándolo en el libro.

Art. 6.° Corresponde á la Suprema Corte en Tribunal pleno ocuparse de los asuntos siguientes:

I. Dar curso con su informe, si las creyere fundadas, á las consultas sobre duda de ley que los Tribuna-

1 Archivo Mexicano, tomo 3.° pág. 57.

les de la Federacion dirigieren al Poder legislativo, no pudiendo éstas dirigirse sino por conducto de la Suprema Corte.

II. Decidir sobre las reclamaciones que se hagan contra las providencias dictadas por el Presidenté de la misma Corte.

III. Nombrar los dependientes de la misma.

IV. Proponer ternas al Supremo Gobierno para el nombramiento de los Jueces de la Federacion; sus Promotores y Secretarios, cuando éstos no sean los mismos que los de los Estados, é igualmente para el nombramiento de los asesores de los Tribunales militares y Jueces de letras del Distrito federal.

V. Conceder licencias á todos los comprendidos en la fraccion anterior y á sus propios Ministros, incluso el Presidente, Fiscal y Procurador general, para separarse de sus destinos por mas de quince dias, dando cuenta al Supremo Gobierno.

VI. Erigirse en jurado para los casos en que lo previene la Constitucion, y resolver sobre todos los incidentes que ocurran respecto de los reos que para este objeto hayan sido puestos á su disposicion.

VII. Desempeñar todas las atribuciones que especialmente le cometan las leyes.

Art. 7° El Tribunal pleno se abrirá todos los dias á las once de la mañana y durara hasta que concluya todos los negocios con que se le dé cuenta. La falta sin licencia de los Ministros, les hace perder el sueldo del dia, descontándoseles de la primera cantidad efectiva que perciban.

Art. 8° El órden del despacho en él será el siguiente: Leida la acta de la sesion anterior se daiá cuenta con los negocios de que deba tratarse, cuidando de no pasar al siguiente hasta concluido el acuerdo de cada uno. Si el Presidente juzga, ó alguno de los Ministros quiere que el negocio tenga discusion detenida, le mandará dejar sobre la mesa, y retirados los Secretarios, se

procederá á discutir el asunto: si no hubiere quien tome
la palabra, emitirá su voto el Ministro que ocupe el último lugar, y en seguida, por su órden, los demas, hasta
el Presidente, que votará el último. Este dirigirá la discusion en caso de haberla, concediendo la palabra alter-
nativamente á los que hablen en pro ó en contra del voto
del primero que haya emitido.

Art. 9.º El Presidente y Ministros del Tribunal
asistirán á él diariamente en trage decoroso y en punto
de la hora señalada, y lo mismo el Fiscal y Procurador
general, cuando deban verificarlo.

Art. 10. Todos los Ministros guardarán en el Tribunal la mayor circunspeccion: prestarán toda su atencion
á los negocios que ocurran: no interrumpirán sin mediar
motivo muy justo y singular, á los otros Ministros cuando hablen, á los Secretarios, Abogados y partes en sus
relaciones é informes; y así como éstos deberán tratar á
los Magistrados con el respeto debido á su autoridad, así
aquellos lo harán á los subalternos y litigantes con la
consideracion que exigen sus cargos y la urbanidad que
corresponde á todo ciudadano, debiendo cuidar el Presidente del puntual cumplimiento de las disposiciones de
este artículo, y pudiendo imponer silencio á cualquiera,
inclusos los Ministros, que falten á él.

Art. 11. El Presidente llevará solo la palabra en toda audiencia pública; mas cuando algun Ministro duda-
re de un hecho, ó se ofreciere alguna pregunta instruc-
tiva o interesante para el acierto, podrá hacerlo, obtenien-
do préviamente el permiso del Presidente; pero siempre
cuidando de que en manera alguna se traslazca su modo de pensar, ni se favorezca ó increpe á alguna de las
partes, y reservando siempre que pudiere ser, estas aclaraciones para despues.

Art. 12. La correspondencia de oficio del Tribunal
pleno y de cada una de las Salas con los Supremos poderes de la Federacion, las legislaturas de los Estados, sus
Gobernadores y sus Tribunales supremos, será llevada

por unos de los Ministros de la Corte, guardando un turno rigoroso por tres meses entre todos, á escepcion del Presidente; y la demas que se ofrezca con las otras autoridades de la Federacion y de los Estados, se llevará por los Secretarios del Tribunal, segun la clase de los negocios y Salas á que correspondan. El Presidente dará á conocer las firmas de los Ministros y Secretarios de la Corte. El Ministro en turno no firmará correspondencia que se dirija por Sala diversa de la suya, sin que primero esté autorizada con la rúbrica al márgen, de su Presidente respectivo. El turno empezará por el Ministro de lugar primero.

Art. 13. Ni el Presidente ni otro alguno de los Ministros podrán retirarse del Tribunal, hasta que el mismo Presidente levante la sesion, y cada uno haya acabado de firmar lo que le corresponde, á no ser que sobrevenga algun motivo urgente que no admita demora, calificado por el Presidente.

## [CAPITULO II.

### DE LAS SALAS Y SU DESPACHO.

Art. 1 ° Concluido el despacho del Tribunal pleno se dividirán las Salas para hacer el peculiar que les corresponda, empezándose éste dando cuenta con la correspondencia particular que les toque para acordarse la contestacion conveniente. Despues se continuará dando cuenta con lo que no sea de sustanciacion de los negocios, haciéndose las relaciones públicas para definitiva en que haya informes de abogados de las partes ó de sus apoderados, y cerrándose últimamente el despacho con las peticiones y firmas, á las que deberá llamarse un cuarto de hora antes de disolverse el Tribunal, todo lo cual deberá ejecutarse á puerta abierta, para que puedan presenciarlo las mismas partes ó sus apoderados.

Art. 2.º Para la vista y resolucion definitiva del negocio de algun incidente sustancial, se necesita la asistencia de los Ministros de dotacion de la Sala: para lo demas bastará la de dos en la segunda y tercera; mas en la primera serán necesarios tres.

Art. 3.º Cuando alguno de los individuos del Tribunal se considere legalmente impedido para entender en algun negocio, lo espresará así antes de que se comience á ver, ó aun despues, siempre que no teniendo antes noticia del impedimento resultare de la vista; *y oida y calificada de justa su escusa por la Sala*, se retirará inmediatamenre de ella, y será reemplazado conforme á la ley. Tanto la escusa por la asistencia como por la vista y votacion de algun negocio, deberán asentarse en el libro respectivo.

Art. 4.º Acabada la vista de un negocio se procederá desde luego á la votacion; pero si alguno de los Ministros espusiere que necesita de examinar personalmente los autos, se suspenderá hasta que lo verifique, con tal de que no pase de quince dias contados desde aquel en que se concluyó la vista, lo que se anotará por el Secretario en el mismo espediente, y si no fuere uno solo sino dos ó mas Ministros los que espusieren dicha necesidad, gozará *cada uno* el que se acordare por la Sala, con presencia del volúmen de los autos y circunstancias particulares del negocio, sin que en caso alguno pueda este término pasar de los quince referidos.

Art. 5.º La votacion de los negocios, de cualquiera clase que sean, se hará de un modo uniforme, comenzándose por el de inferior lugar hasta llegar al Presidente. La votacion se hará constar en la sentencia.

Art. 6.º Si despues de comenzada la vista de un negocio no pudiere asistir alguno de los Ministros de la Sala por enfermedad ú otro motivo justo, se suspenderá á lo mas por ocho dias, mientras que el impedido deje de estarlo; pero pasando de este término se comenzará de nuevo la vista, supliéndose su falta del modo que para éste ú otros casos semejantes disponen las leyes ó dispusieren en lo sucesivo.

Art. 7 ° Cuando el impedimento del Ministro sobreviniere despues de la vista del negocio y antes de la votacion, *remitirá su voto escrito, firmado y cerrado*, para que se abra y lea á tiempo de la votacion, y en el lugar que correspondiera votar al mismo Ministro si estuviera presente, y en tal caso surtirá este voto to los los efectos legales que si hubiera espuesto de palabra sin mediar dicho impedimento, y aun cuando al tiempo de votarse hubiese muerto el Ministro, con la circunstancia de que el Ministro enfermo *firme siempre la sentencia*, y estando imposibilitado de hacerlo, ó si hubiere muerto, se certificará así en autos por el Secretario del negocio: todo lo cual deberá ademas asentarse por el menos antiguo de la Sala en el libro respectivo, guardándose desde luego dicho voto escrito en el secreto de la Sala, con la nota correspondiente en el sobre, y con la media firma del mismo Ministro de inferior lugar.

Art. 8 ° Despues de visto algun pleito, si alguno de los Ministros fuere suspenso ó separado de su empleo, no podrá votar en él; pero si podrá hacerlo el jubilado.

Art. 9 ° Todos los Ministros firmarán lo que hubiese resultado de la mayoría de la votacion, aunque alguno hubiere sido de opinion contraria; pero éste tendrá el arbitrio de salvar su voto estendiéndolo por sí mismo dentro de veinticuatro horas y firmándolo en un libro que se llevará para este objeto en cada una de las Salas y en el Tribunal pleno, cuyo voto para su comprobacion será tambien firmado por el Ministro del último lugar de aquella ó de éste. Esta disposicion no se opone á la del art. 5 ° que previene se haga constar en la sentencia la votacion.

Art. 10. Todo Ministro tiene facultad para reformar su voto aun despues de estendido el auto ó sentencia

como sea antes de firmarlo; pero despues de firmado ya
no podrá variarlo en todo ni en parte, ni adicionarlo.

Art. 11.   Se tendrán en cada Sala y con la debida
reserva dos libros, uno en que se asienten los votos secretos y particulares que formularen los Ministros. Este
libro correrá á cargo del Ministro último en el lugar de
cada Sala, y sus asientos deberán ser autorizados con la
*media firma* del mismo Ministro, entendiéndose siempre,
que el voto particular ha de ser escrito de puño y letra
de su autor, y autorizado tambien con su media firma,
como queda dicho en el art. 9 ?   Otro libro donde se
asienten y autoricen tambien con la media firma del Ministro de último lugar, la asistencia de los demas, sus
escusas por enfermedad ú otro motivo, y las licencias que
obtuvieren por tiempo determinado. Los mismos libros
habrá en el Tribunal pleno. Todos estos libros deberán
guardarse en los cajones de la mesa respectiva, y su llave quedará en poder del Ministro á que el libro corresponde.

Art. 12.   Acordadas y firmadas las sentencias, se publicarán inmediatamente, leyéndolas el Ministro semanero á presencia del Secretario que deberá autorizarlas,
y de todos cuantos quieran oirlas, para cuyo acto se dará la voz correspondiente por el portero de la Sala, y se
cerrará con la fórmula de "pronunciada," que dirá el
Presidente.

Art. 13   Tocan á la primera Sala de la Suprema
Corte de Justicia:

I.   Los Exámenes de Abogados y Escribanos, ins-
truyendo el espediente respectivo.

II.   Los recursos de nulidad de sentencias que pronuncien las otras Salas. Si el recurso se interpusiere de
sentencia pronunciada por la primera Sala, conocerá de
él la Sala que no estuviere impedida integrada hasta
cinco Magistrados.

III.   Las competencias entre Jueces del Distrito Federal.

IV. La tercera instancia de todos los negocios que la admitan conforme á las leyes,

V. Las escusas y recusaciones con causa de los Magistrados de la misma Corte, conforme á las prevenciones de la ley de 4 de Mayo do 1857. [1]

VI. Los demás negocios de que deba conocer conforme á las leyes vigentes.

## CAPITULO III.

### DEL PRESIDENTE DE LA SUPREMA CORTE DE JUSTICIA.

Art. 1 º El Presidente de la Suprema Corte de Justicia es el primer gefe de toda la administracion de justicia Federal y del Distrito, y cuidará de que se administre pronta y rectamente en todos los Tribunales de la Federacion.

Art. 2 º Las atribuciones del Presidente nato ó accidental de la Suprema Corte, son:

I. Cuidar de que ésta y sus Secretarías y dependientes, y todos los empleados en los Tribunales de la Federacion y del Distrito, concurran puntualmente al despacho, y que éste se verifique conforme á las leyes y á este reglamento.

II. Visitar por sí mismo ó por las personas caracterizadas en el órden judicial de la Federacion ó de los Estados, cuando lo estime oportuno, las Secretarías de la misma Corte y los Tribunales todos de la Federacion, tanto residentes en el Distrito como en los Estados.

III. Recibir de palabra ó por escrito las quejas que se le dieren acerca de las retardaciones y otros cualesquiera gravámenes que se infieran en los negocios, y tomar las

1 Archivo Mexicano, tom. III, pág. 571.

6*

providencias oportunas para su remedio; y si los asuntos pertenecieren á una Sala de la misma Suprema Corte, comunicará las reclamaciones á su Presidente para el mismo objeto.

IV. Conceder á los Ministros, Fiscal, Procurador general y demas dependientes de la Corte y á los Jueces y Promotores de Circuito y de Distrito cuando no fueren los mismos que los de los Estados, y á los Asesores militares y Jueces del Distrito federal, licencia hasta por quince dias para separarse de su empleo: las licencias por mas término las concederá el Tribunal pleno. El mismo Presidente podrá separarse por igual término, dando aviso al que le haya de sustituir: si necesitare mas tiempo, lo hará pidiendo licencia al Tribunal pleno, y de esta licencia, cuando se conceda, se avisará al Supremo Gobierno.

V. Distribuir entre las Salas segunda y tercera, por turno rigoroso, todos los negocios que entren en la Corte, y á la primera ó al Tribunal pleno los que por sus atribuciones les corresponden.

VI. Multar, con acuerdo del Tribunal pleno, hasta en el sueldo de un mes á los dependientes de la Corte y á los Jueces de Circuito y Distrito y dependientes de estos Juzgados, y á los Asesores militares y Jueces del Distrito Federal por las faltas de asistencia ú otras ligeras que descubra ó de que recibiere quejas, sin perjuicio de las penas ó responsabilidades en que puedan incurrir á la revision de las causas ó autos.

VII. Suspender, con acuerdo del Tribunal pleno de su empleo, á todos los contenidos en la atribucion anterior, consignándolos inmediatamente al Tribunal que conozca de sus responsabilidades, el que en este caso comenzará siempre con audiencia de su Fiscal y el interesado, por ratificar ó levantar la suspension.

VIII. Promover ante el Supremo Gobierno, por oficio, todo lo conducente á que se espedite el ejercicio y pago de los Jueces y empleados en los Tribunales de la Federa-

cion, y ante quien corresponda, el nombramiento de propietarios y suplentes, evitando las vacantes y suplencias
en cuanto sea posible.

IX. Designar los Ministros que deban suplir á los otros
Ministros, Fiscal y Procurador general.

Art. 3 ° El sueldo del Presidente de la Corte será
de 6,000 pesos.

## CAPITULO IV

### DEL MINISTRO SEMANERO Y DE LAS ATRIBUCIONES DE ESTE CARGO.

Art. 1 ° Habrá un Ministro en cada Sala, que se
distinguirá con el nombre de semanero.

Art. 2 ° Este cargo turnará entre los Ministros de
cada Sala, escepto el Presidente de todo el Tribunal, em-
pezando por el que ocupe el último lugar.

Art. 3 ° El semanero proveerá en peticiones los escritos de sustanciacion, los de términos y rebeldías, y demas de esta clase.

Rubricará precisamente todas las providencias dictadas por él. Lo mismo hará con las fojas de los memoriales ajustados, luego que se acabe de dar cuenta con los
negocios.

Art. 4 ° Decidirá económicamente los reclamos sobre regulacion de derechos, y si la cuestion versare acerca de los de un informe verbal en estrados sobre negocios
en que no hubiere sido Juez el semanero, la decidirá el
que hubiere servido este cargo al tiempo en que se vió.

Art. 5 ° Recibirá las declaraciones de los reos y
practicará las demas diligencias que se ofrecieren en la
sustanciacion y conocimiento de las causas del Tribunal.

Art. 6 ° Por último, proveerá los ocursos de urgente resolucion que se presentaren en los dias y horas en que no estuviere reunido el Tribunal, dándole luego cuenta con los proveidos.

---

# CAPÍTULO V.

## DEL MINISTRO FISCAL Y PROCURADOR GENERAL.

Art. 1 ?   El Fiscal estará exento de asistir diariamente al Tribunal, pero deberá hacerlo siempre que se le llame por él, ó por alguna de sus Salas para la vista ó determinacion de a'gun asunto, ó cuando él mismo estime necesaria su presencia, o tenga que promover algun punto en razon de su ministerio.

Art. 2 ?   El Fiscal deberá promover por escrito ó de palabra cuanto considere oportuno para la pronta administracion de justicia, ó que interese la autoridad del Tribunal, las demas de la Federacion, ó que por cualquiera capítulo afecte á la causa pública en materias de justicia; y cuando el Tribunal califique por mas conveniente que lo ejecute por pedimento escrito, así lo hará precisamente.

Art 3 °   El Fiscal podrá ser apremiado á instancias de las partes, como cualquiera de ellas. El apremio al Fiscal será la notificacion que se le haga de que despache en el término que el Tribunal ó alguna de las Salas le señalen, lo que cumplira precisamente.

Art. 4 ?   El Fiscal cuando haga veces de actor ó coadyuve los derechos de éste, *hablará en estrados antes que el defensor del reo,* pero podrá contestarle cuanto le ocurra, y nunca asistirá á la votacion de esta clase de negocios.

Art. 5 °   Todas las providencias de cualquiera clase que se dicten en negocios que toquen á este Ministerio, se harán saber al Fiscal.

En los negocios de esta especie se pasarán al Fiscal

los autos con sus memoriales ajustados para el cotejo cuando los pida.

Art. 6.º Se oirá al Fiscal en todas las causas criminales ó de responsabilidad, en todos los negocios que interesen á la jurisdiccion ó competencia de los Tribunales, en las consultas sobre duda de ley, y siempre que él lo pida ó el Tribunal lo estime oportuno.

Concluido el sumario en las causas criminales que toquen al conocimiento del Tribunal, se pasará al Fiscal para que en su vista promueva lo que estime conveniente.

Las listas y estracto de que habla el art. 45 de la ley de 14 de Febrero de 1826;[1] se pasarán de toda preferencia al Fiscal, para que examinadas préviamente por él, lo sean despues por el Tribunal y se proceda á su publicacion.

Art. 7.º El Procurador general será oido en todos los negocios en que se interese la Hacienda pública, sea porque se ventilen derechos de ella, sea porque se trate del castigo de fraudes contra ella, ó responsabilidad de sus empleados ó agentes, y en los que por los mismos motivos se interesen los fondos de los establecimientos públicos.

Art. 8.º Todos los Promotores Fiscales de los Juzgados de Circuito y Distrito comunicarán al Procurador general todos los negocios de Hacienda pública cuyo interes esceda de 500 pesos en que intervengan, y obsequiarán las instrucciones que reciban acerca de ellos del Procurador general, el que á su vez recibirá las que le comunique el Supremo Gobierno.

Art. 9.º El Tribunal pleno y cada Sala podrá cuando lo estime conveniente oir en un mismo negocio al Fiscal y al Procurador general, y reputar como partes á ambos.

Art. 10 El Procurador general tendrá las mismas

1 Coleccion de órdenes y decretos de la soberana Junta provisional, etc. Edicion de Galvan. tomo 4.º pág. 13.

consideraciones y obligaciones que el Fiscal en los negocios en que interviniere.

Art. 11 En los casos de vacante ó de impedimento
de cualquiera especie en que no pudieren despachar el
Fiscal ó el Procurador general en uno ó en todos los
asientos, se suplirán mútuamente, despachando cada
uno de ellos todos los asuntos que tocaban al otro. Si los
dos estuvieren imposibilitados, desempeñará el cargo el
Ministro propietario interino ó supernumerario que ocupe el último lugar en el Tribunal pleno, y en los negocios
de su Sala el que ocupe el último lugar en el Tribunal
pleno de los que no pertenezcan á la Sala.

———

## CAPITULO VI.

### DE LOS SECRETARIOS DEL TRIBUNAL, SUS CALIDADES, SUELDOS Y OBLIGACIONES.

Art. 1.º Los tres Secretarios del Tribunal deberán
ser letrados de conocida probidad, circunspeccion y decoro, de aptitud y práctica en el giro de los negocios, y
de reserva esperimentada en la importancia y gravedad
de los públicos.

Art. 2.º Serán dotados con los sueldos que señala
el presupuesto, y el de la primera Sala será secretario del
Tribunal pleno.

Art. 3.º Ninguno de los tres podrá cobrar derechos
á las partes ni aun por los memoriales ajustados, ni recibir gratificacion ni emolumento alguno, bajo ningun
título, ni aun por simple donacion libre.

Art. 4.º Darán cuenta á sus respectivas Salas con
los ocursos que las partes presentaren: la darán arriba á
primera hora y en la mesa del Tribunal, cuando no sean
de pura sustanciacion, ni de términos ó rebeldías, y con

los de esta segunda clase, la darán al tiempo de las peticiones.

Art. 5.º Harán las relaciones públicas de los negocios que mandare la Sala. Para este caso formarán un memorial ajustado de los autos, lo presentarán á la Sala bajo su firma y en el papel co respondiente, y prévia órden de la misma Sala lo entregarán á las partes ó sus apoderados, para su cotejo en el término que se prevenga, cuidando de recogerlo pasado que sea.

Cuando llanamente no puedan conseguirlo, darán cuenta á la Sala, para que tome la providencia que convenga, sin prerjuicio de que el interesado acuse rebeldía en caso de demora.

En los asuntos graves en que la Sala lo califique necesario, nombrará un Ministro que forme el memorial ajustado y haga la relacion, á que asistirá el Secretario.

Art. 6.º En las relaciones de una y otra clase, verificada que sea la votacion, el Secretario de la Sala recibirá el punto de su Presidente; en seguida lo estenderá en los autos bajo su firma, y recogerá la del Ministro de último lugar, quien desde luego la pondrá en comprobacion de estar el punto conforme con lo votado. S.n este indispensable requisito no se procederá al ingreso del auto ó de la sentencia.

Art. 7.º Sustanciado el negocio y concluido, ya para definitiva en lo principal, ó ya para la resolucion de algun artículo ó incidente, el Secretario dará cuenta inme liatamente á la Sala, para que ésta determine si alguno de los Ministros ó el mismo Secretario deba, á su tiempo, hacerlo con el negocio. Determinado que esto sea, se asentará la disposicion en el espediente y la autorizará el Secretario.

Art. 8.º Los Secretarios en el último dia útil de cada semana, presentarán á sus Salas lista de los asuntos que estuvieren ya en estado de verse, para que las mismas Salas señalen el dia de su vista, debiendo mediar seis por lo menos entre el señalamiento y vista de negocio, á escepcion de un caso urgente en que sea preciso abreviar este término.

Art. 9.º  Se hará saber á las partes ó sus apoderados el dia señalado para la vista, dejándoles papel instructivo si en primera busca no se les encuentra, y poniendo en los autos la razon aportuna.

Art. 10.  Deberán ademas todos los dias *lunes de cada semana poner á la puerta de la entrada de la ·Sala* una lista de todas las causas que hayan de verse por ella en la misma semana, con espresion de las partes, materia de la causa y dia señalado para su vista.

Art. 11.  El Secretario de la primera Sala llevará un libro en que se asienten todos los espedientes que entraren y no pertenezcan á Sala determinada; y el Presidente de la Suprema Corte los repartirá conforme al art. 26 de la última ley sobre su arreglo.

Art. 12.  Cada Secretario tendrá los libros siguientes: 1.º Actas de la Sala ó Tribunal pleno.  2.º Registro de todos los espedientes, autos ó causas, en que se anotarán las entradas y trámite que vayan teniendo.  3.º De conocimientos de autos entregados á los Ministros, Fiscal y Procurador general.  4.º De conocimientos de los Procuradores y demas dependientes.

En los negocios que sean del Tribunal Superior del Distrito se llevarán los libros de turno por el Secretario del Tribunal pleno, y los de registros por todos los Secretarios con distincion de lo civil y criminal, y distintos de los de los negocios que toquen á la Suprema Corte como tal Corte de Justicia Federal.

Art. 13.  Será del cargo y responsabilidad de los Secretarios el cobro de las multas: cobradas que sean, en el mismo dia las pasarán con oficio á los Ministros de la Tesorería General, y su contestacion deberá conservarse en legajo separado, poniéndose razon en el espediente.

Art. 14.  En el último dia útil de cada semana presentarán los Secretarios al Presidente de sus Salas lista de los negocios que corren por sus respectivas Secretarías, con espresion del estado en que se hallen y de la fecha de su último trámite; examinadas las listas por el Presidente, éste tomará las providencias mas eficaces para evitar su retardacion, las que se anotarán al márgen de cada partida, rubricándolas el mismo Presidente y poniendo su firma el Secretario, quien al segundo dia útil de la semana siguiente dará cuenta, con presencia de las mismas listas, del cumplimiento de aquellas providencias, y asentará la razon necesaria para constancia.

Art. 15. Autorizarán con su firma todos los decretos, autos y sentencias de sus Salas, y cuidarán de que los decretos tengan la rúbrica de todos los Ministros que los proveyeron: los autos definitivos ó interlocutorios de prueba ú otro artículo, media firma, y las sentencias en forma, firma entera.

Art. 16. Cuidarán de que lo acordado se cumpla exactamente y sin demora, dando cuenta al Presidente de cualquiera duda ú obstáculo que se presente para que se allane, pues es de la responsabilidad del Secretario todo atraso ó falta de ejecucion en lo mandado, sin admitírsele escusa por las faltas de los dependientes. Las notificaciones en los casos de que habla el artículo 105 de la Constitucion, las harán por sí mismos.

Art. 17. Recogerán personalmente á la hora de firmar y en el mismo dia, ó al siguiente á mas tardar, en que se hubieren proveído los decretos, las firmas de los Ministros: si alguna vez se tuviere que hacer en casa de alguno de ellos, lo verificarán por medio de uno de los oficiales de sus Secretarías, y nunca al tiempo de estarse en el Tribunal despachando otros negocios, ni menos informando los Abogados.

Art. 18. Tendrán en la mayor seguridad y en el mejor órden todos los libros, autos y papeles de sus Secretarías, coordinándolos; cosiéndolos y foliándolos; serán responsables de cualquiera falta que sobrevenga; estarán sujetos á las visitas que para este fin disponga el

7*

Tribunal en las veces que lo estime conveniente; dentro del primer mes del servicio de sus destinos formarán un inventario exacto y ordinario, con índice alfabético, por el que deberán entregar la Secretaría cuando varíe de mano su servicio.

Art. 19. El Secretario de la primera Sala, poniéndose préviamente de acuerdo con los otros dos, pasará razon al Presidente del Tribunal, en los primeros dias del mes de Diciembre, de todo el papel sellado que se necesite para el despacho de los asuntos de oficio en el año siguiente; con su visto bueno y por escrito, que pondrá al márgen bajo su rúbrica, se pedirá á quien toque remitirlo, y recibido, lo distribuirá entre el Fiscal, Procurador general, Abogado de pobres y las Secretarías, recogiendo recibos que le servirán de comprobante en la cuenta que al fin del año debe dar de él al Presidente.

Art. 20. Los Secretarios distribuirán los trabajos de sus respectivas oficinas entre los subalternos de las mismas, y á fin de que en todas se guarde un método uniforme, formarán dentro del primer mes de su servicio un plan sobre su gobierno y régimen interior, que presentarán á la Corte Suprema para su exámen y aprobacion.

Art. 21. Estarán en sus Secretarías una hora antes que el Tribunal comience; asistirán á él en trage decoroso; cuidarán de la puntual asistencia de los demas dependientes, y de que se presenten con una decencia regular; y concluido el despacho no se retirarán hasta que todo quede corriente.

Art. 22. Espondrán al Presidente de la Corte Suprema las faltas ó escesos de los subalternos de sus oficinas, para que éste las corrija económicamente si fueren leves.

# CAPITULO VII.

## DE LOS DEPENDIENTES DE LAS SECRETARÍAS.

Art. 1° En cada Secretaría habrá ademas del Secretario, un oficial primero, un segundo y dos escribíentes, y en la primera un oficial archivero para el cuidado del Archivo de todo el Tribunal.

Art. 2° Todos los subalternos obedecerán al Secretario en lo que fuere del servicio de la oficina; estarán en ella á la misma hora que el Secretario, y no se retirarán sino cuando él lo determine, y asistirán en horas estraordinarias cuando se les prevenga por él.

Art. 3° Los Oficiales mayores sustituirán á los Secretarios en los casos de ausencia ligera por motivo justo: cuando la falta fuere por mas de quince dias, el Tribunal pleno nombrará sustituto de entre los mismos empleados en las Secretarias ó á cualquiera otro abogado de fuera de ellas.

———

# CAPITULO VIII.

## DEL ESCRIBANO Y MINISTRO EJECUTOR.

Art. 1° Tendrá la Suprema Corte de Justicia dos Escribanos y un Ministro ejecutor que servirán para el Tribunal pleno y para todas las Salas.

Art. 2° El Escribano practicará todas las notificaciones y demas diligencias que se manden por el Tribunal pleno, por las Salas, por el Presidente ó Ministros semaneros cuando actúen solos. Se le entregarán los espedientes ó papeles por las Secretarías mediante conocimientos.

Art. 3.° El Ejecutor cobrará á las partes y curiales los autos ó papeles que deben devolver, y practicará las ejecuciones, apremios ó prisiones que se les prevengan por auto del Tribunal, Salas, Presidente ó Ministros semaneros, entregándosele los papeles por la Secretaría, prévio conocimiento.

Art. 4.° Ambos asistirán diariamente á las Secretarías el tiempo que dure su despacho.

———

## CAPITULO IX.

### DE LOS PORTEROS Y MOZOS DEL TRIBUNAL.

Art. 1.° Asistirán diarimente al Tribunal desde una hora antes que se empiece su despacho. Divididas las Salas, se repartirán para el servicio de la que se asigne á cada uno en su respectivo nombramiento, teniéndolas dispuestas para que los Ministros no se detengan á su entrada.

Art. 2.° Cada Portero custodiará, bajo su responsabilidad, todos los muebles y utensilios de su Sala, los que recibirá bajo la correspondiente fianza y por inventario, del que se sacarán dos copias firmadas por él y por el Secretario de cada Sala, quedándose cada uno con la suya.

Art. 3.° Cuidarán los porteros del aseo y limpieza de todas sus Salas, antesala y retretes del desahogo, y de que los recados de escribir estén limpios y corrientes del todo, con buena tinta, las plumas bien cortadas y la oblea y arenilla suficiente para el servicio.

Art. 4.° Para ello nombrarán de comun acuerdo un mozo, que se llamará de estrádos, que cuidará de barrer, sacudir y asear todas las piezas y oficinas de las Salas.

Art. 5.° Los porteros en sus respectivas Salas abrirán las puertas para las audiencias públicas; las cerra-

rán cuando los Ministros procedan á alguna votacion,
celando de que ninguno se acerque á escuchar lo que
por dentro se tratare, guardarán el mayor secreto en los
asuntos del servicio, y ejecutarán todo lo que oficial-
mente les manden sus Ministros.

Art. 6 ° Por ningun motivo ni pretesto exigirán ni
recibirán gratificacion a'guna de las partes, ni tendrán
emolumentos.

---

## CAPITULO X.

### DE LOS PROCURADORES.

Art. 1 ° Todo ciudadano es libre para representar
por sí sus derechos en la Suprema Corte de Justicia, ó
para hacerlo por medio de apoderados instruidos y es-
pensados.

Lo es igualmente para nombrar de apoderado á la
persona que quisiere.

Art. 2 ° Habrá en la Corte cuatro Procuradores de
número para los negocios de oficio, y para que por su
conducto se entreguen los autos á los Abogados de los
litigantes.

Art. 3 ° Los Procuradores de número darán una
fianza de dos mil pesos cada uno, para responder de los
daños y perjuicios que causen á los litigantes, ó de las
multas que se les impongan por estravíos de autos ó
papeles ó abusos en el ejercicio del empleo.

Art. 4 ° Los Secretarios no entregarán autos á los
litigantes ó sus apoderados ó Abogados, sino por medio
de los Procuradores de número, de quienes recogerán los
conocimientos en el libro respectivo: los Procuradores
no entregarán los autos sino á los Abogados, recogiendo
de éstos conocimiento en el libro del Procurador que estará en el papel sellado correspondiente, y tendrá todas
sus hojas foliadas y rubricadas por el Secretario de la

primera Sala: los conocimientos fuera del libro ó recibos particulares sueltos, son enteramente nulos, como
si no existiesen.

Art. 5.° Los Procuradores de número se presentarán todos los dias despues de concluido el despacho á
las Secretarías y concurrirán al Tribunal pleno ó á las
Salas siempre que aquel ó éstas lo prevengan espresamente.

## CAPITULO XI.

### PREVENCIONES GENERALES.

Art. 1.° Los Ministros y todos los subalternos de
la Suprema Corte disfrutarán el sueldo que se les asigne en el presupuesto, sin poder cobrar ni recibir aunque
se les ofrezca otro emolumento, sea de la clase que fuere: se prohibe á todos admitir donaciones de cualquiera
especie de los litigantes, ni remuneracion alguna por
sus trabajos, aunque éstos se digan ó sean estraordinarios.

Art. 2.° Se prohibe á los Ministros, así propietarios
como supernumerarios, y á todos los dependientes de la
Suprema Corte, ser Apoderados, Abogados Arbitros ó
arbitradores, no solo en los negocios que se ventilen en
la Corte, sino en cualquiera otro Tribunal, sea de la
Federacion, Estado, Distrito ó Territorio.

Art. 3.° Todos los empleados en la Corte, desde
los Secretarios para abajo, pueden ser privados de empleo por acuerdo del Tribunal pleno aun sin espresion
de causa, pero concurriendo en el voto de destitucion
las dos terceras partes de los votos presentes.

Art. 4.° Ni en el caso del artículo anterior ni en
otro alguno, gozarán los empleados de la Suprema Corte, cesantía ni jubilacion, ni montepío para sus familias.

Aunque los servicios de cada uno serán considerados

á discrecion de los Magistrados en los nuevos nombramientos, no habrá escala para los ascensos, ni se darán
éstos por antigüedad.

Por tanto, mando se imprima, publique, circule y
se le dé el debido cumplimiento. Dado en el Palacio del
Gobierno Nacional en México, á 29 de Julio de 1862.
—*Benito Juarez.*—Al C. Lic. Jesus Teran, Ministro de
Justicia, Fomento é Instruccion Pública.''

Y lo comunico á V, para su inteligencia y fines consiguientes.

Dios, Libertad y Reforma.—México, &c.—*Teran.*

Se publicó en bando de 2 de Agosto.

---

### Julio 30.

#### CIRCULAR POR LA SECRETARÍA DE GUERRA

*á las comandancias militares para que remitan un
inventario de la artillería y demas objetos que espresa
bajo el formulario que se les acompana.*

Siendo de suma importancia para el mejor servicio
de la Nacion, que el Gobierno tenga á la vista, con la
debida justificacion y claridad, todos los documentos
que manifiesten las existencias del material de guerra
que se halla distribuido en el territorio de la República,
sea ó no perteneciente á la Federacion, el C. Presidente se ha servido disponer:

Que mientras tanto se dá al Ejército la organizacion
que sea mas compatible con la situacion del pais, remita V. á este Ministerio, en el improrogable término de
un mes despues de recibida esta circular, ó antes si le
fuere posible, un inventario circunstanciado de toda la
artillería, montajes, carruajes, armas, municiones y demas efectos de guerra que haya en la demarcacion de

su mando, clasificando por su órden, calidad y número, todo cuanto hubiere existente, ya sea *nuevo, de servicio é inútil,* conforme absolutamente á los títulos y artículos que se manifiestan en el adjunto formulario número 1.—Este inventario será formado por el guarda-almacen ó guarda-parque respectivo, con asistencia de uno ó de dos oficiales de artillería, que deberán ser nombrados al efecto por el Comandante del arma en ese Estado, interviniendo el acto el gefe de Hacienda, y en su defecto el gefe ú oficial á cuyo cargo esté la mayoría de ordenes, visando el espresado Comandante aquel documento.

Como prevencion general se tendrá presente, que dicho inventario se renovará en cualquiera de los casos que ocurran de muerte, ascenso ó salida del oficial á cuyo cargo inmediato se encuentren les almacenes: en el primer caso, ademas de las personas indicadas para autorizar dicho documento, concurrirán los herederos del difunto, ó bien el apoderado que nombren.

Concluido que sea el inventario general y autorizado del modo que se indica, inmediatamente se sacarán de él dos copias, de las cuales una mandará V. á este Ministerio, quedándose la otra en poder del gefe de Hacienda ó en el de quien lo sustituya, y el guarda-almacen con el original para que pueda servirle de primitivo cargo en su cuenta. Las mencionadas copias serán autorizadas por el propio gefe de Hacienda ó mayor de órdenes que intervenga.

Si en los almacenes de esa plaza, por ser de poca consideracion, no se encontrasen existencias de todos los ramos contenidos en el formulario de que se ha hecho mencion, se pondrán únicamente los *títulos* de las armas y efectos que se encuentren; pero observándose precisamente el órden que se indica, sin que por ningun motivo puedan variarse ó multiplicarse los nombres, en razon de que todos los que pueda haber deben tener aplicacion en alguno de ellos.

Como consecuencia de la formacion de inventarios, cada dia último de mes se formará por el guarda-almacen ó guarda-parque á cuyo cargo inmediato deben encontrarse los efectos, una relacion de todos ó parte de los artículos que por su órden se manifiestan en el adjunto formulario número 2, en la cual se hará constar por medio de notas puestas al calce, la alta ó la baja de efectos que haya ocurrido durante el mes anterior, espresando precisamente el nombre de la autoridad de quien haya emanado la órden que ocasionó el aumento ó la diminucion de los efectos.

Esta relacion estará firmada por el guarda-almacen ó guarda-parque respectivo, y visada por el Comandante de artillería, y donde no lo hubiere, por el mayor de órdenes respectivo.

De este documento, así autorizado, se formarán seis ejemplares, que se distribuirán del modo siguiente: dos para este Ministerio, que le serán remitidos en los primeros dias del mes siguiente, y los cuatro restantes entre esa Comandancia, Gefatura de Hacienda del Estado, Comandancia de artillería de esa plaza, y guarda-almacen á cuyo cargo se encuentren los efectos.

Y por órden del mismo C. Presidente lo digo á V. para su exacto cumplimiento.

Libertad y Reforma. México, Julio 30 de 1862.—*Blanco.*

# FORMULARIO NUM. 1.

INVENTARIO GENERAL *que comprende la artillería, montajes, carruajes, armas, municiones y demas efectos existentes en los almacenes de esta Plaza y Fuertes de su dependencia (si los hubiere), ejecutado conforme á lo que previene la circular de 30 de Julio de 1862.*

|  | Nuevos. | De servicio. | Inútiles. |
|---|---|---|---|
| Cañones y culebrinas de bronce de varios calibres. | | | |
| Cañones de calibre de &c. &c. | | | |
| Cañones de hierro. | | | |
| Morteros de bronce. | | | |
| Morteros de hierro. | | | |
| Pedreros de bronce. | | | |
| Pedreros de hierro. | | | |

| | Nuevos. | De servicio. | Inútiles. |
|---|---|---|---|
| Obuses de bronce. | | | |
| Bronces, cobres y varias piezas sueltas de estos metales. | | | |
| Plomo. | | | |
| Piezas de hierro colado. | | | |
| Hierro nuevo. | | | |
| Hierro viejo. | | | |
| Acero nuevo. | | | |
| Clavazon. | | | |
| Cureñas de batalla. | | | |
| Carricureñas. | | | |
| Cureñas de plaza. | | | |

| | Nuevos. | De servicio. | Inútiles. |
|---|---|---|---|
| Cureñas de marina. | | | |
| Cureñas para obuses. | | | |
| Afustes para morteros y pedreros. | | | |
| Carros de municiones. | | | |
| Carruajes. | | | |
| Máquinas y efectos para mover y montar las piezas. | | | |
| Armas y utensilios para servicio de los cañones. | | | |
| Armas y utensilios para servicio de morteros, pedreros y obuses. | | | |
| Instrumentos para reconocer las piezas de artillería. | | | |
| Balas rasas de calibres regulares. | | | |
| Balas rasas de calibres irregulares. | | | |

| | Nuevos. | De servicio. | Inútiles. |
|---|---|---|---|
| Balas sueltas de hierro para metralla. | | | |
| Balas sueltas de plomo y metralla. | | | |
| Metralla en botes de hoja de lata, racimos y saquillos. | | | |
| Bombas y granadas. | | | |
| Vitolas para calibrar bombas y granadas. | | | |
| Cartuchos vacíos de lanilla, papel ó lienzo. | | | |
| Espoletas vacías para bombas y granadas. | | | |
| Fuegos artificiales. | | | |
| Plantillas de hierro para herrajes, cureñas, carruajes y máquinas para el servicio de la artillería. | | | |
| Instrumentos para echar granos. | | | |
| Instrumentos y utensilios de minadores. | | | |

| | Nuevos. | De servicio. | Inútiles. |
|---|---|---|---|
| Instrumentos de gastadores. | | | |
| Instrumentos para fundir balas de plomo y construir plomadas. | | | |
| Herramientas y utensilios para carpinteros, carreteros y aserradores. | | | |
| Herramientas y utensilios para herreros y cerrajeros. | | | |
| Herramientas para armero. | | | |
| Herramientas y utensilios para toneleros. | | | |
| Herramientas y utensilios para torneros. | | | |
| Herramientas y utensilios para linterneros y hojalateros. | | | |
| Herramientas y utensilios para mariscales. | | | |
| Armas para la infantería y piezas sueltas correspondientes á ellas. | | | |

| | Nuevos. | De servicio. | Inútiles. |
|---|---|---|---|
| Armas para la caballería y piezas sueltas correspondientes á ellas. | | | |
| Municiones para la infantería y caballería. | | | |
| Pólvora. | | | |
| Cartuchería cargada para artillería de sitio y batalla. | | | |
| Atalajes completos para ganado de tiro. | | | |

NOTA.—En las plazas donde hubiere Comandancia de artillería con Maestranza ó talleres de recomposicion, se pondrán los demas artículos que existan y que aquí no consten, conforme al formulario de la Ordenanza de artillería.

La fecha.

# FORMULARIO NUM. 2.

## 𝕻𝖑𝖆𝖟𝖆 𝖉𝖊

RELACION *de la artillería, armas y municiones existentes en los al macenes y baterías de dicha, hoy dia de la fecha.*

| DESMONTADAS. | | | | PIEZAS DE ARTILLERÍA.<br>CLASES Y CALIBRES. | MONTADAS. | | | |
|---|---|---|---|---|---|---|---|---|
| NUEVOS. | | DE SERVICIO. | | | NUEVOS. | | DE SERVICIO. | |
| Bronce. | Hierro. | Bronce. | Hierro. | *De sitio y plaza.* | Bronce. | Hierro. | Bronce. | Hierro. |
| | | | | Cañon obus de 25 centímetros, ingles | | | | |
| | | | | „ „ de 22 „ frances | | | | |
| | | | | „ „ de 20 „ ingles | | | | |
| | | | | „ „ de 20 „ norte-americano | | | | |
| | | | | „ „ de 17 „ ingles | | | | |
| | | | | Cañon de á 24 | | | | |
| | | | | „ de á 24, nerlandes | | | | |
| | | | | „ de á 24, belga | | | | |
| | | | | „ de á 22½ | | | | |
| | | | | „ de á 16 | | | | |
| | | | | „ de á 12 | | | | |
| | | | | „ de á 12, americano | | | | |
| | | | | „ de á 8 | | | | |
| | | | | „ de á 4 | | | | |
| | | | | „ de á 12, rayados | | | | |
| | | | | „ de á 8 „ | | | | |
| | | | | „ de á 4 „ | | | | |
| | | | | Obus de sitio de 22 centímetros | | | | |
| | | | | Mortero de 32 centímetros, recámara cilíndrica | | | | |
| | | | | „ de 32 „ á la Gomer | | | | |
| | | | | „ de 30 „ á la Gomer | | | | |
| | | | | „ de 25 „ recámara cilíndrica. | | | | |
| | | | | „ de 24 „ „ „ | | | | |
| | | | | „ de 20 „ „ „ | | | | |
| | | | | „ de 12, Coehorn | | | | |
| | | | | Probeta | | | | |
| | | | | **Artillería de marina.** | | | | |
| | | | | Cañon de á 30 | | | | |
| | | | | „ de á 12, americano | | | | |
| | | | | Carronadas de á 6 | | | | |
| | | | | **De campaña.** | | | | |
| | | | | Cañon de á 24, belga | | | | |
| | | | | „ de á 12 | | | | |
| | | | | „ de á 8 | | | | |
| | | | | „ de á 6 | | | | |
| | | | | „ de á 4 | | | | |
| | | | | „ de á 12, rayados | | | | |
| | | | | „ de á 8 „ | | | | |
| | | | | „ de á 4 „ | | | | |
| | | | | Obus de 16 centímetros | | | | |
| | | | | „ de 15 „ | | | | |
| | | | | **De montaña.** | | | | |
| | | | | Obus de 12 centímetros | | | | |

# ARMAS

PARA

## INFANTERIA Y CABALLERIA.

| DE FUEGO. | NUEVO. | SERVICIO. |
|---|---|---|
| Fusiles de chispa de 19 adarmes. ... ............. | | |
| de percusion de 19 adarmes..... ,............... | | |
| de chispa de 15 adarmes.. ........ ..... .. .. | | |
| de percusion de 15 adarmes..... ............. | | |
| „ cortos de chispa de 15 adarmes............... | | |
| idem de percusion de 15 adarmes.............. | | |
| rayados de Enfield...... .- ... _......... | | |
| idem de muralla..... . ................. .,.. | | |
| „ de diferentes fábricas ....·..... ........ .. . | | |
| Rifles del Mississipí............... . ·........... | | |
| Mosquetones rayados de gendarmes................. .. | | |
| de artillería de..... ........ ... | | |
| „ „ de.... .. ..... ,........... ... | | |
| „ de percusion para caballería de ..... | | |
| „ de chispa para idem.. ........... | | |
| Carabinas Minié..... , .......... ............. | | |
| „ Tige .................·......... ..... | | |
| de chispa para caballería de .... | | |
| „ de percusion para idem de .... | | |
| Pistolas de percusion para caballería de .... | | |
| „ de chispa para idem de .... | | |
| Esmeriles de ................ ....... | | |

## BLANCAS.

| | NUEVO. | SERVICIO. |
|---|---|---|
| Sables para caballería de línea. ......... ............ | | |
| „ para idem ligera......................... | | |
| „ para artilleros montados............... .... | | |
| „ para infantería.. .,... . ... ...... ..... .... | | |
| Lanzas enastadas........... .. ................. | | |
| Moharras..... ................. ... · ....... | | |
| Puñales de abordaje... ............................. | | |
| Picas de abordaje... .......... .,........... ...-.... | | |
| Bayonetas sueltas..... .. ..................... | | |

# MONTAJES Y CARRUAJES.

| | NUEVO. | SERVICIO. |
|---|---|---|
| Cureñas con correderas de p. y c., sistema frances, para cañon obus de 25, 22, 20 y 17 centímetros... ... ... ... ... | | |
|       "      de p. y c., sistema frances, para cañon de á 24 y 22½... ... ... ... | | |
|       "      sistema Dwarf, para cañon obus de de 25, 22, 20 y 17 centímetros.... | | |
|       "      sistema Dwarf, para cañon de á 24 y 22½... ... .. ... ... ... | | |
|       "      de plaza, sistema Griveaubal, para cañon de á 24 y 22½ . ... ... | | |
|       "      sistema Griveaubal, para cañon de á 16... ... ... ... ... ... | | |
|       "      sistema Griveaubal, para cañon de á 12... ... ... ... ... ... | | |
|   "      "      sistema Griveaubal, para cañon de á 8... ... ... ... ... ... | | |
| Cureñas de sitio, de 24, sistema frances .. ... ... ... ... | | |
|   "    de idem para obus de á 22, frances... ... ... . .. | | |
|   "    de batalla para cañon de á 12 y obus de 16 centímetros... ... ... .... ... ... ... ... | | |
|   "    de idem para cañon de á 8 y obus de 15 centímetros. | | |
|   "    para obus de montaña. . ... ... ... ... | | |
|   "    de marina de á ... ... ... ... .. ... | | |
| Afustes de bronce para morteros... ... .. ... ... .... | | |
|   "    de hierro para idem... ... ... ... ... | | |
|   "    de madera para idem... ... .... ... ... | | |
| Carros de municiones.... ... ... ... ... ... | | |
|   "    de batería... ... ... ... . .. ... ... | | |
|   "    de parque.... ... ... ... ... ... | | |
| Carro fuerte .... ... .. ... .. ... ... ... ... | | |
| Fraguas de campaña... ... ... ... ... ... | | |
|   "    de montaña .. ... ... ... ... ... | | |
| Trinquivales de cuatro ruedas ... ... ... ... .. | | |
|   "      de dos idem... ... ... ... ... ... | | |

# MUNICIONES.

| | NUEVO. | SERVICIO. |
|---|---|---|
| **BALAS.** | | |

Huecas para cañon obus de 25 centímetros ó 24.........
„   para   „   „   de 20   „   .... ........
Sólidas para   „   „   de 20   „   .............
„   para   „   „   de 17   „   .............
„   para cañon de á 24 ......................
„   para   „   de á 22½ ....... .... • .........  ...
„   para   „   de á 16..... ........ • .............
„   para   „   de á 12......... • .............
„   para   „   de á 12, americano...... ...........
„   para   „   de á 8............. .. ...........
„   para   „   de á 12, rayado........... ... ....
„   para   „   de á 8   „   • ... .............
„   para   „   de á 4   „   ......... ..... . ....
Metralla suelta de los núms. 1, 2, 3, 4, 5, y 6......libras.
Balas de á 6.. ............. .... ...... .....  ....

## BOMBAS VACIAS.

Para mortero de 32 centímetros.... ..................
„   „   de 30   „   .............. ........
„   „   de 25   „   ......................
„   „   de 20   „   .....................
„   „   de 12   „   Coehorn.. .......... ....

## BOMBAS CARGADAS.

Para mortero de 32 centímetros... ..................
„   „   de 30   „   .... • ................
„   „   de 25   „   ....... ......... . ....
„   „   de 20   „   ................. ...
„   „   de 12   „   Cochorn.. ...........

| | NUEVO. | SERVICIO. |
|---|---|---|

## METRALLA.

Para cañon obus de 25 centímetros ó de á 24.............
  „   „   „   de 22   „   ....................................
  „   „   „   de 20   „   ...................................
  „   „   „   de 17   „   ...................................
Para cañon de á 24....... . ........................
  „   „   de á 22½   .............................
    de á 16.. ..... .................. ....
  „   „   de á 12 . ................... . ....
  „   „   de á 12 americano..... ..................
  „   „   de á 8 ................................
  „   „   de á 4............. ... .........
Para obus de á 16 centímetros........ ............... .
  „   „   de á 15   „   .............................
  „   „   de á 12   „   de montaña.... ...........
Metrallas para cañon rayado de á 12.................
    „   de á 8..................
    „   de á 4..................

## GRANADAS VACIAS.

Para cañon obus de 25 centímetros ó de á 24. ..........
  „   „   „   de 22   „   .............................
  „   „   „   de 20   „   ......................... ...
  „   „   „   de 17   „   .... ................ .
Para obus de 16 centímetros.......................
  „   „   de 15   „   ó de á 24..................
  „   „   de 12   „   de montaña..... ....... .....
De mano.........................................
De á 22½.... ........... ...... ..............

## GRANADAS CARGADAS.

Para cañon obus de 25 centímetros ó de á 24.............
  „   „   „   de 22   „   ......................
  „   „   „   de 20   „   .......................
  „   „   „   de 17   „   .......................
  „   „   „   de 16   „   .......................
  „   „   „   de 15   „   .......................
Para cañon de á 24.....................
Para obus de 12 centímetros de montaña...... .........
De mano.........................................

| | NÚM. ORD. | SERVICIO. |

## GRANADAS CARGADAS.

De parapeto..................................................

De á 24, espoletas metálicas....................................

## SCHRAPNELL VACIAS.

De 25 centímetros............................................

„ 22 „ ...............................................

„ 20 „ ...............................................

„ 17 „ ...............................................

„ 16 „ ...............................................

„ 15 ó de á 24...................................

„ 12 para obus de montaña...................

## SCHRAPNELL CARGADAS.

De 25 centímetros............................................

„ 22 „ ...............................................

„ 20 „ ...............................................

„ 17 „ ...............................................

„ 16 „ ...............................................

„ 15 „ ...............................................

„ á 24............................................

„ á 12 para obus de montaña......................

## POLVORA.

De cañon americana........................libras.

„ „ mexicana........................ „

„ „ varias fábricas................. „

„ fusil americana.......................... „

„ „ mexicana.......................... „

„ „ varias fábricas................. „

„ cazadores...................................

„ mina......................................

## SAQUETES.

De brin para cañon obus de 25 centímetros..............

„ „ „ „ „ de 20 „ ..............

„ „ „ „ de á 24..................

„ lanilla para id. de á id......................

## SAQUETES.

De papel para cañon de á 24.......  ......  ..  ........
„ brin para cañon de á 16............................
„ papel para id. de á id....  .......................
„ brin para cañon de á 12.............  ...  .....
„ lanilla para id de á id...............  ...  .....
„ brin para cañon de á 8...  .......  ..........
„ lanilla para id. de id...  .....  .  .......
„ lanilla para cañon de á 4.........  .....  .
„ lanilla para obus de 12 centímetros de montaña...  ...
„ papel para morteros de 32 centímetros........:. .....
„    „    „      de 30    „    ...............
„                 de 25    „    ...  ..........
„    „    „      de 20    „    ...  ...........
„    „    „    „    de 12    „    .............
„ brin para cañon de á 4 liso......  ..  ..........
, lanilla de á 4 rayado................  ..........

## CARTUCHERIA CARGADA.

Para cañon obus de 25 centímetros ó 24    ........  .  ....
„    „    „      de 22      „    .     ...  ...........
„    „    „      de 20    „    .................
„        „      de 17      .............  ...
cañon de á 24. ...  ...............  ...  ...  ......
„    „    de á 22½.....................
     .    de á 16......  ..............  ....
     de á 12.........  .....  ..........
   ..      ., de á 12 americano .....................
„    „    de á 8 ..  ...................  .......
   ,,      ., de á 8 con bala.........................
„    „    de á 4 rayada................  ...........
„    de á 4 con metralla.........  ......  ......
obus de 16 centímetros con granada...............
     de 15      „          „    .......  .....
     de 12      „    de montaña con metralla. ...
„    de 12      „          „    con granada......
morteros de 32 centímetros    ...................
„      de 30      „    ....  ...............
„      de 25      „    ..  ....  .............
„      de 20      .,    ....................
„    „    ... de 12      „    Coëhorn..........  .....

NUEVO.    SERVICIO.

## CARTUCHERIA CARGADA.

Para esmeril........  .......................... ..
 „  fusil de muralla ...  ................:....... ...........

## MUNICIONES PARA INFANTERIA Y CABALLERIA.

Cartuchos para fusil de percusion de 19 adarmes..........
 „  para id: de chispa de 19 id ...... ........ ...
 „  para id. de percusion de 15 id..  .....  ......
Chicos para fusil de chispa de 15 adarmes.......... ....
 „  para id. do percusion de 15 id. con bala y 4 postas...
 „  para fusil de Enfield.. .....  .... .............
 „  para rifle del Mississipí.................. .....
 „  para mosqueton de artilleros....................
 „  para id. de 14 adarmes................. ........
 „  para carabina Minié.........  ............ ......
 „  para carabina Tige ....  ....  ...  .... ...
 „  para mosqueton de percusion de caballería de 15
      adarmes .......................... ... .......
 „  para mosqueton de chispa de caballería de 15 adarmes
 „  para pistolas de percusion de  .............
 „  para id. de chispa de  ...................
 „  con solo pólvora para instruccion............ ...
Balas de plomo para fusil de 19 adarmes...... ..Libras..
 „  de id. para id. id. de 15 id............... „
 „  de id. para fusil de Enfield... . .......... „  .
 „  de id. para rifle del Mississipí.......... ... „
 „  de id. para mosqueton de artilleros de .. „
 „  de id. para id. de  ............. .
 „  de id. para mosqueton de caballería de . „
 „  de id. para carabina Minié............... „
 „  de id. para carabina Tige................:... „
 „  de id. para carabina Sharp.............:... „

## FUEGOS ARTIFICIALES.

| | NUEVO. | SERVICIO. |
|---|---|---|
| Cohetes á la Congréwe ...................................... | | |
| Dichos para señales. ...................................... | | |
| Balas de iluminacion.... ...................................... | | |
| Estopines de varios calibres. ...................................... | | |
| Dichos fulminantes ...................................... | | |
| Lanzafuegos. ...................................... | | |
| Cebas fulminantes para cañon... ...................................... | | |
| Cápsulas para fusil.. ...................................... | | |
| Dichas para pistolas. ...................................... | | |
| Cargas para espoletas. ...................................... | | |
| Espoletas cargadas para bombas. ...................................... | | |
| Idem idem para granadas. ...................................... | | |
| Idem metálicos de Scrapnell. ...................................... | | |
| Piedras de chispa para fusil. ...................................... | | |
| Idem de idem para tercerolas. ...................................... | | |
| Idem de idem para pistolas . ...................................... | | |
| Paquetes de 12 cápsulas para paradas de fusil. ...................................... | | |
| Idem de 8 cápsulas para paradas de carabinas Minié y Tige. | | |
| Cuerdamecha de algodon..... .. ......... ...... Libras | | |
| Dicha de esparto.. ...................................... „ | | |
| Morrones. ...................................... | | |
| | | |
| Cartuchos vacíos de lanilla para obus de 16 centímetros.... | | |
| Idem de idem para obus de 15 idem. ...................................... | | |
| Idem con solo pólvora para metralla, obus de 16 centímetros | | |
| Idem, idem, para idem obus de 15 idem. ...................................... | | |
| Idem con granadas para cañon de á 24 belgas. ...................................... | | |

# RESUMEN DE LAS PIEZAS DE ARTILLERIA.

## ARTILLERIA DE SITIO Y PLAZA.

| | MORTEROS. | | | | | | CAÑONES OBUSES. | | | | CAÑONES DE PLAZA. | | | | | | | | |
|---|---|---|---|---|---|---|---|---|---|---|---|---|---|---|---|---|---|---|
| | 32.cs | 30.cs | 27.cs | 24.cs | 20.cs | 12.cs | 25.cs | 22.cs | 20.cs | 17.cs | 24 | 22½ | 16 | 12 | 8 | 4 | 30 | 6 |
| En cureñas de p. y c. francés | | | | | | | | | | | | | | | | | | |
| Id. id. sistema Dwarf. | | | | | | | | | | | | | | | | | | |
| Id. id. de plaza Grireaubal. | | | | | | | | | | | | | | | | | | |
| Id. id. de sitio frances. | | | | | | | | | | | | | | | | | | |
| Id. id. de marina. | | | | | | | | | | | | | | | | | | |
| En afustes de bronce. | | | | | | | | | | | | | | | | | | |
| Id. id. de hierro. | | | | | | | | | | | | | | | | | | |
| Id. id. de madera. | | | | | | | | | | | | | | | | | | |
| Desmontadas. | | | | | | | | | | | | | | | | | | |
| Suma. | | | | | | | | | | | | | | | | | | |

## DE BATALLA.

| OBUSES. | | CAÑONES. | | | | |
|---|---|---|---|---|---|---|
| 16.as | 15.cs | 24 | 12 | 8 | 6 | 4 |
| | | | | | | |

## DE MAÑA.

| OBUSES. |
|---|
| 12.cs |
| |

## NOTAS.

En cureñas de mástil.

**Julio 30.**

—

*Cuándo debe enterarse en las oficinas respectivas, el tercio de los impuestos ordinarios de Setiembre próximo venidero.*

El C. Presidente de la República se ha servido dirigirme el decreto que sigue:

"*Benito Juarez, Presidente constitucional de los Estados-Unidos Mexicanos, á sus habitantes, sabed:*

Que en atencion á las graves circunstancias actuales, y en uso de las amplias facultades de que me hallo investido, he tenido á bien decretar lo siguiente:

Art. 1° Dentro de tercero dia se enterará en las respectivas recaudaciones de contribuciones el tercio de los impuestos ordinarios que debian exibirse en Setiembre próximo.

Art. 2° Para mayor comodidad de los contribuyentes, pagarán por esta vez en dinero la contribucion federal que debian entregar en papel sellado.

Art. 3° De los productos del tercio que se manda anticipar por este decreto, no se admitirá compensacion de ningun género ni se hará pago alguno por privilegiado que sea: suspendiéndose para este caso los decretos ó disposiciones que hayan acordado unas ú otras.

Art. 4° Los contribuyentes que no hagan sus pagos en el plazo que fija el art. 1°, incurrirán en el recargo de un 50 p.$\frac{8}{8}$ que por ningun motivo podrá dispensarse.

Art. 5.º    Hasta Enero próximo no comenzará á surtir sus efectos el abono del tanto por ciento que á favor de la Direccion de Contribuciones acordó la ley de presupuestos. [1]

Por tanto, mando se imprima, publique, circule y se le dé el debido cumplimiento. Palacio del Gobierno Federal en México, á 30 de Julio de 1862.—*Benito Juarez.*—Al C. José H. Nuñez, Oficial mayor encargado de la Secretaría de Hacienda y Crédito público."

Y lo comunico á V. para los fines consiguientes. Libertad v Reforma, México, &c.—*Nunez.*

Se publicó en bando del dia 31.

[1] Recopilacion de Agosto de 1861 pág. 33.

# ÍNDICE CRONOLÓGICO

## DE LAS

## DISPOSICIONES CONTENIDAS EN ESTE CUADERNO. [1]

---

**Julio de 1862.**

---

[1]  No comprende este índice la noticia de los decretos ó providencias de meses anteriores, ni aun los del presente, que se han publicado por Bando, por razon de encontrarse en el índice alfabético en dicha palabra, donde pueden buscarse.

# ÍNDICE ALFABÉTICO

POR MATERIAS

## de las disposiciones contenidas en este cuaderno.

---

## A.

## B.

11*

# ÍNDICE CRONOLÓGICO

POR SECRETARÍAS,

## de las disposiciones contenidas en este cuaderno.

———— .

Páginas.

## SECRETARIA DE GOBERNACION.

## GOBIERNO DEL DISTRITO FEDERAL.

## SECRETARIA DE JUSTICIA.

Lightning Source UK Ltd.
Milton Keynes UK
UKOW06f0616050717

304716UK00011B/764/P